新しい民法がわかる本［全条文付］

こんなに身近にある民法！

「この売買契約の締結で、目的物の所有権を…」などと考えながらコンビニでおにぎりを買う人はいないでしょう。私たちは普段、法律を意識して生活していません。しかし、**私たちの日常生活は法律の枠の中で行われています**。何事もなく日常が過ぎてゆけば、法律を意識するこ　**トラブルが発生した場合**、法律でどのように定められてい　たも結論も変わってきます。**法律の知識がある**　す。

数多くの法律の中で、**最も私たちの**　です。民法は、私たちの日常で起こる様々な事　です。範囲も非常に広く、条文数も1050条と膨大な量になります。本書では、まったく民法を知らない人でも理解できるように、事例を挙げて、その解決法を中心として各項目の基本的な事項を解説しています。面白く読み進めるうちに、民法という法律の全体像がわかっていただけると思います。

学生にも

本書は大学で**民法の講義を履修しようとしている人**にオススメです。大学の先生も講義のうまい先生ばかりでありません。講義の内容がよくわからず、**民法が嫌になりかけたら本書を読んでみましょう！**

国家試験受験生にも

また、本書は**宅建試験、行政書士試験、公務員試験**など、民法が出題される**国家試験の受験生**にも役に立つことを考えて解説しました。各ページの下には**各試験で問われやすい、間違えやすい知識**を念頭にした**確認問題**も準備しているので、知識の確認に役立ちます！

ビジネスマンにも

さらに、ビジネスマンのあなた。**民法の基本くらいは知っておかないと大きな顔はできません。**企業活動については主に商法・会社法が適用されますが、**商法・会社法の根本にある法律が民法**です。契約書に何が書いてあるかくらいはわかるようになるよう、本書で民法の基礎を学びましょう！

ひと目でわかる民法改正の歴史

（小規模な改正は除く。施行日は原則的なもの。）

制定 明治29年（1896年）4月27日
◇法律第89号
施行 明治31年（1898年）7月16日

明治政府は、**資本主義体制の基盤作り**として、当時パリ大学助教授のボアソナードらに**民法典の起草**を依頼した。この民法典は、明治26年から施行される予定だったが、その内容が国情に合わないとする反対論（「民法出でて忠孝亡ぶ」をスローガンとした）が起こり、施行が延期された。その後穂積陳重、富井政章、梅謙次郎によって修正が加えられ、明治31年に施行された。

改正 昭和22年（1947年）12月22日
◇法律第222号
施行 昭和23年（1948年）1月1日

第二次世界大戦終了までは、民法の改正はほとんど行われることはなかった。しかし、**終戦後**、個人の尊厳と両性の本質的平等に立脚する**新憲法の制定**により、従来の民法の、家長を中心とする「家」制度を維持することは困難となった。そこで、**「家」制度を廃止**し、**「婚姻による家族」制度**を基盤とした近代的な家族制度を創設するため、**親族編・相続編の全面的な改正**が行われた。

改正 昭和46年（1971年）6月3日
◇法律第99号
施行 昭和47年（1972年）4月1日

古くから実務で行われ、判例でも認められていた**根抵当権に関する規定を新設する改正**が行われた。現行民法の398条の2～398条の22までの枝番号が付いた規定である。

改正 昭和55年（1980年）5月17日
◇法律第51号
施行 昭和56年（1981年）1月1日

従来相続財産の3分の1とされていた**配偶者の相続分**が、この改正により、**2分の1に引き上げられた**。

改正 平成11年（1999年）12月8日
◇法律第149号
施行 平成12年（2000年）4月1日

任意後見制度の創設及び、従来の無能力者制度に関する規定を大幅に改正した**制限行為能力者制度が創設**された。

改正 平成15年（2003年）8月1日
◇法律第134号
施行 平成16年（2004年）4月1日

担保物権及び民事執行制度の改善を目的とした改正。短期賃貸借保護制度の廃止、滌除（てきじょ）制度の廃止等に併せて**抵当権消滅請求制度の新設**などが行われた。財産法分野の改正としては**戦後最大の改正**と言われている。

口語体になった！

改正 平成16年（2004年）12月1日
◇法律第147号

施行 平成17年（2005年）4月1日

親族法・相続法を除き、**カタカナ文語体だった条文をひらがな口語体に改める改正**。同時に確定した**判例の解釈**を条文に盛り込んだ。また、**保証契約の成立要件として書面の作成を要求し**、**貸金等根保証契約**に関する規定が整備された。

改正 平成17年（2005年）7月26日
◇法律第87号

施行 平成18年（2006年）5月1日

会社法の成立に伴う改正が行われ、**字句の修正**とともに、**不要となった条文（旧364条2項、旧365条）の削除**が行われた。会社法制定前は、株式を質入れした場合の効力は、原則として民法の質権の規定に従うとされていた。また、記名社債の質入れの場合の第三者対抗要件についても、商法ではなく民法365条が規定していた。しかし、会社法自体が株式に質権を設定した場合の効力や、記名社債の第三者対抗要件を規定（会社法151条、154条1項、693条2項）したために、民法の該当規定が不要になった。

改正 平成18年（2006年）6月2日
◇法律第50号

施行 平成20年（2008年）12月1日

一般社団法人及び一般財団法人に関する法律、公益社団法人及び公益財団法人の認定等に関する法律の施行に伴って民法の**法人に関する規定が改正**され、**中間法人法が廃止**されることになった。**民法には法人に関する最低限の通則のみが残され、他は「一般社団法人及び一般財団法人に関する法律」、「公益社団法人及び公益財団法人の認定等に関する法律」に移された。**

改正 平成18年（2006年）6月15日
◇法律第73号

施行 平成19年（2007年）12月10日

遺失物法の改正に伴い、**民法240条が改正**され、遺失物の拾得者が、その物の所有権を得るまでの期間が公告後6か月から**3か月に短縮**された。

改正 平成18年（2006年）6月21日
◇法律第78号

施行 平成19年（2007）年1月1日

法律の施行時期や、渉外的（国際的）な法律問題についてどの国の法を準拠法として適用するかを定めた法律である**「法例」が改正**され、題名も**「法の適用に関する通則法」**とされた。社会経済情勢の変化や諸外国の国際私法に関する法整備の動向に対応するため、法律行為、不法行為、債権譲渡等に関する準拠法の指定等に関する規定が整備され、さらに**カタカナ文語体の表記がひらがな口語体へと改正**された。これにより、旧民法23条2項ただし書の文言が少し改正された。

改正 平成23年（2011年）6月3日
◇法律第61号
施行 平成24年（2012年）4月1日

児童虐待の防止、児童の権利利益の擁護等の観点から、**親権の停止制度が新設され、法人又は複数の未成年後見人の選任を認める等の改正**が行われた。

改正 平成25年（2013年）12月11日
◇法律第94号
施行 平成25年（2013年）12月11日

平成25年9月4日に最高裁判所が**民法の規定のうち嫡出でない子の相続分を嫡出子の相続分の2分の1とする部分**について、**法の下の平等を定める憲法14条1項違反であると決定**をしたことを受け、法定相続分を定めた民法の規定のうち**嫡出でない子の相続分を嫡出子の相続分の2分の1と定めた部分**（旧900条4号ただし書前半部分）が**削除**された。これにより嫡出子と嫡出でない子の相続分は同等とされた。

改正 平成28年（2016年）4月13日
◇法律第27号
施行 平成28年（2016年）10月13日

成年後見の事務の円滑化を図るため、**成年後見人が家庭裁判所の審判を得て、成年被後見人宛郵便物の転送を受けることができる**ようになり（郵便転送、旧860条の2、旧860条の3）、**成年後見人が成年被後見人の死亡後にも行うことができる事務（死後事務）の内容及びその手続が明確化**された（873条の2）。

改正 平成29年（2017年）6月2日
◇法律第44号
施行 令和2年（2020年）4月1日

明治29年（1896年）の民法制定後、**債権関係の規定は約120年間ほとんど改正されていなかった**が、その間に社会は大きく変化し、また、多数の判例の積み重ねで基本的なルールがわかりづらくなっていたため、**契約に関する規定を中心に見直し**が行われ、実務で通用している基本的なルールを明文化するなど、**債権法に関して大幅な改正**が行われた。

改正 平成30年（2018年）6月20日
◇法律第59号
施行 令和4年（2022年）4月1日

明治29年（1896年）に民法が制定されて以来、20歳と定められていた**成年年齢が18歳に引き下げられた**。また、従来、16歳と定められていた**女性の婚姻開始年齢を男性と同じく18歳に引き上げ、男女の婚姻開始年齢が統一**された。この改正により、いわゆる**婚姻による成年擬制の制度（婚姻することで未成年者が成年とみなされる）も消滅**した。

改正 平成30年（2018年）7月13日
◇法律第72号

施行 令和元年（2019年）7月1日

社会の高齢化が進んだことで、**相続時に残された配偶者の保護の必要性**から、**配偶者居住権等の制度が新設**された。また、相続をめぐる紛争防止等の観点から、**自筆証書遺言の方式を緩和**するなどの改正も行われた。

改正 令和元年（2019年）6月14日
◇法律第34号

施行 令和2年（2020年）4月1日

児童養護施設等に入所している子の中には、特別養子縁組を成立させることで、家庭において養育することが適切な子も少なくないため、**特別養子縁組の成立要件を緩和**し、この制度を利用しやすいものとするため、**特別養子縁組における養子となる者の年齢の上限**を原則6歳未満から**原則15歳未満に引き上げる**などの改正が行われた。

改正 令和3年（2021年）4月28日
◇法律第24号

施行 令和5年（2023年）4月1日

所有者が不明である土地等に関する問題の解決を目的として、所有者不明土地の利用・管理を行いやすくするため諸制度（**共有制度・財産管理制度**等）の**見直し**が行われ、**所有者不明土地を利用しやすくするための改正**がされた。また、ガス管や水道管といった**ライフライン設備の設置等に関する新設規定**を含め、**相隣関係に関する規定の整備**も行われた。

改正 令和3年（2021年）5月19日
◇法律第37号

施行 令和3年（2021年）9月1日

デジタル社会の進展を踏まえ、**債権の弁済者が債権者に請求できる受取証書**について、その内容を記録した**電磁的記録の提供を請求することができる**こととなった（486条2項）。なお、弁済の受領者に不相当な負担を課する場合はこの限りでない。

改正 令和4年（2022年）12月16日
◇法律第102号

施行 令和6年（2024年）6月16日まで

子の権利利益を保護すべく、**親権者の懲戒権を削除**し、子の監護及び教育において**子の人格を尊重する義務**を定める等の改正が行われた（令和4年12月16日施行）、さらに**嫡出の推定が及ぶ範囲の見直し**、これに伴う**女性に係る再婚禁止期間の廃止**、**嫡出否認をすることができる者の範囲の拡大**、**出訴期間の伸長**等もなされた（令和6年6月16日までの政令指定日に施行）。

本書の特長と使い方

❶ チェック条文

各項目の解説内容について、特に関連する条文番号を記載。巻末の民法条文でチェックしてみよう。

❷ 見出し

103の項目番号と、項目名(タイトル)、サブタイトルをつけました。

❸ 理解を深めるための例題と回答

「実際には、どういう場合に民法がかかわっているの？」という身近な例題を挙げ、上段の例題に対して、下段で簡単に答えています。

❹「基本！」と「ココ注意！」

国家試験の受験生が特に意識したい知識にはアイコンが付いています。

❺ 参照条文番号

具体的な解説に関連して、参照すべき条文番号です。巻末の民法条文で条文自体も確認できます。

---

040 根抵当権の変更
時期と承諾がカギ
チェック条文 398条の2～398条の20

例題 銀行からの継続的な融資のため、私の会社の不動産に設定した根抵当権があるけれど、今度会社の規模を拡大することになった。予定より多い追加融資を受ける可能性があり、根抵当権の内容を変えたいけれど、できるのかな？

➡この場合は「極度額の変更」の手続きが検討される。「極度額の変更」も利害関係人の承諾があれば可能だ！

「根抵当権の確定」とは 基本！

前テーマでの解説のとおり、根抵当権とは、継続的な取引などによって生じる不特定の債権を担保するものですが（398条の2）、この**根抵当権には「元本確定」という概念**が存在します。

当事者が設定した一定の「債権の範囲」に含まれる債権は、「極度額」の額に達するまで、すべての債権が自動的に担保されますが、**一定事由の発生によって、根抵当権の元本は「確定」し、その後の債権は担保されない**ことになっています。一定事由の発生で、**担保される債権が固定される**ということです。

●主な根抵当権の元本確定事由（398条の20、一部）

①債務者または根抵当権設定者（根抵当権を設定した不動産の所有者等）の破産
②元本確定期日の到来
③元本確定請求

②の「元本確定期日」は、**当事者間であらかじめ決めておくことができ**（398条の6第1項）、**その日の到来によって自動的に元本が確定**します。また、③の「元本確定請求」によって、**当事者自ら元本を確定させることも可能**です（398条の19）。**元本確定とは、その後の債権は担保させない**という状態を作ることであり、将来的に継続する取引の予定がなくなったことで担保される債権を固定させたり、すでに返済が滞っている債権があることなどから、根抵当権を実行する前提として行われることが一般的です。

確認問題 根抵当権の「極度額の変更」は、根抵当権の元本の確定の前後を問わず、することができる。

102

- 私たちの生活に密接した法律「民法」について、はじめて学ぶ人にもわかりやすく、身近な事例を例題に挙げて、やさしく解説しています。
- 各項目の事例と解説、確認問題が原則として見開きで完結しているので、短時間かつ効果的に理解できます。
- これから法律を学ぼうという人、法律に興味がある人に最適です。
- 巻末には、民法の条文全文を収載しているので、解説の根拠となる条文を、すぐに確認できます。

❻ 解説本文と赤シート

例題を使いながら、わかりやすく解説しています。本文中のキーワードは、太めの文字か赤色の文字で強調され、付属の赤シートを使うことで重要知識の確認ができます。

❹

「極度額の変更」だけ承諾が必要！ ココ注意！

根抵当権は、その**設定に必要な「極度額」「債権の範囲」「債務者」**に加えて、**「元本確定期日」も変更することが**　です（398条の4～398条の6）。しかし、**「いつなら変更できるか」、そして「利害関係人の承諾が必要か」という点で、一定の制約**が存在します。覚え方はさほど難しくはなく、**「極度額の変更」と「それ以外」で分類して把握**しておくとよいでしょう。

項　目	変更できる時期	利害関係人の承諾
極度額の変更	元本確定　可能	必要
債権の範囲の変更	のみ	不要
債務者の変更	のみ	不要
元本確定期日の変更	のみ	不要

なお、**「利害関係人」の代表例**としては**「後順位抵当権者」**が挙げられます。次の例で見てみましょう。

Aは、B所有の不動産に「根抵当権」を有しています。その後、さらにBは、Cにもお金を借り、同じ不動産にCのための「抵当権」を付けました。このときの**Aの根抵当権を1番根抵当権、Cの抵当権を2番抵当権**といい、（根）抵当権の登記がされた順に「1番、2番」と順位がつけられます。根抵当権や抵当権が実行されたとき、換価代金は1番のAが極度額の額を上限に返済に充て、余りがあればCの返済に充てられます。つまり、Aの取り分が多いほど、Cの取り分が少なくなる関係であり、このときのAから見たCが「後順位抵当権者」です。

Aの根抵当権の極度額を増額することは、将来のCの取り分に影響するかもしれません。そのため**「極度額の増額」変更の場合には、利害関係人として、後順位抵当権者の承諾が必要**とされています。

○　極度額の変更は、元本確定の前後を**問わない**（398条の5）。

103

❼ 分類インデックス

担保物権

インデックスとして右ページの端にも分類名を付けています。これは巻末の民法条文にも連動しています。

❽ イメージしやすい図解

学習を助けるための図も作成しました。わかりにく部分は図を見ながら学習しましょう。

❾ 確認問題

各項目の内容についての理解を確認するための簡単な問題です。実際に解いて考えてみましょう。

CONTENTS

担保物権

債権総論

債権各論

親族

相続

民法条文 …… 235

本書は原則として、令和5年（2023年）3月1日時点の法令をもとに作成しています。本書編集基準日以降の法改正等の最新情報は、本書専用ブログで公開します（アドレスは本書最終ページに記載しています）。

民法の構造

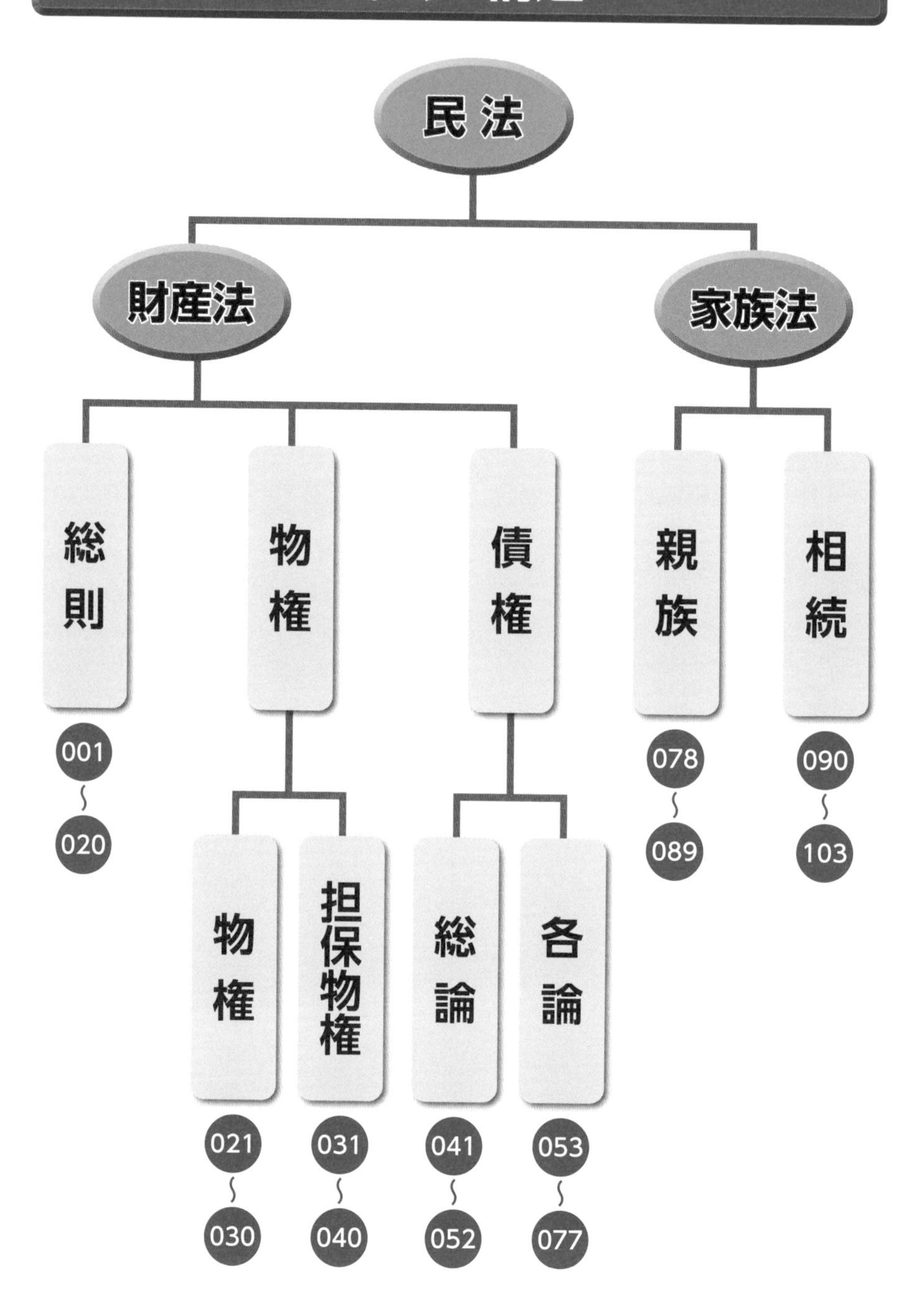

民法
財産法
家族法
総則
物権
債権
親族
相続
001
〜
020
物権
担保物権
総論
各論
021
〜
030
031
〜
040
041
〜
052
053
〜
077
078
〜
089
090
〜
103

民法の103のポイント

総則

総則の規定は、財産法（物権編・債権編）全体に適用される基本的な規則を定めたものです。ただし、総則の中の一定の規定は家族法（親族編・相続編）にも適用されます。

物権

動産、不動産を問わず、物を直接・排他的に支配（使用・収益・処分）するための権利である物権について規定した部分です。物権の発生から変更や消滅、そして物権相互の関係などについて規定しています。

担保物権

債権の弁済を確実にするための手段である担保物件について規定した部分です。留置権、先取特権、質権、抵当権、そして根抵当権に関する規定があります。

債権総論

特定の人に対して何かを請求する権利である債権について規定した部分のうち、債権の性質や債権が持っている効力、そして発生から変更、消滅などについて規定しています。

債権各論

債権が発生する原因となる行為である契約について、13種類の典型的な契約を挙げてその内容を規定しています。また、契約以外で債権発生原因となる一定の事実についても規定を置いています。

親族

社会の最小単位である親子・夫婦の関係と、それを含む親族の定義や関係、また、後見や扶養など、一定の人の保護について規定しています。

相続

人が死亡した場合に、死亡した人の財産関係や法的地位のうち、何が、誰に、どのように移転していくかの問題を相続といいます。相続を円滑に行うためのルールを規定しています。

001 信義則

民法ってどんな法律なの？

チェック条文 1条

例題 不用品をネットで出品したら見事に取引成立。しかし、約束の受渡し場所へ行けど、待てど暮らせど相手は来ない。後から「場所がわからなかった」と言われ、その後はのらりくらりの返答ばかり。取引が成立した以上、約束は守るものだと思うけれど、そんなのってアリなの？

➡契約をした当事者は、契約内容を信義に従って誠実に遂行する義務を負う。受渡し場所がわからないならば、相手に問い合わせるなどの誠実な行動が必要。それをしない不誠実な人に対しては、契約解除や違約金の請求ができる！

信義則（しんぎそく）って何？ 基本！

信義則とは、正しくは「信義誠実（しんぎせいじつ）の原則」といい、**これを略して「信義則」**と言われています。

民法は、人が持つさまざまな権利や義務についての規定を置いていますが、**始めの1条2項**では、この**「信義則」に関する規定**を置いて、**契約などの人と人との関係**において、**あるべき基本的な姿を示しています**。細かい規定の話の前に、大前提のルールを確認しているというわけです。

古い事件ですが、上記例題のようなことが実際にありました。大豆粕（だいずかす）を取引する契約が結ばれたものの、受渡し場所をはっきりとは決めず、大まかな地域だけを定めて、売主は商品を用意して待っていました。しかし、買主は「具体的な受渡し場所がわからない」と言い取引に応じなかったため、売主が買主に損害賠償などを求めたという事件です（大豆粕深川渡し事件）。

この事案に対して裁判所は、受渡し場所を売主に問い合わせることさえしなかった買主の不誠実さを指摘して、落ち度は買主にあることを言い渡したのでした。

要するに、**「信義則」とは、**契約を始めた人間同士の関係の中で、**相手の信頼を裏切ったり、不誠実な行動をしないように**しよう、また、非倫理的な行動がまかり通ることのないよう、権利の行使を含める私達の言動に釘を刺すものと考えることができるでしょう。

そして、民法において直接規定されてはいませんが、この**「信義則」をより具体化する派生（はせい）原則**が存在するので、紹介しておきます。

確認問題 信義誠実の原則から派生する「不行使の継続があった権利の行使は許されない」とする考え方をクリーンハンズの原則という。

●「信義則」からの派生原則

①**禁反言（きんはんげん）の原則**…矛盾する言動に釘を刺す！
自分の言動に反する主張をすることは許されないとする原則。
②**クリーンハンズの原則**…悪知恵による正当化に釘を刺す！
きちんと法律を尊重している人だけが法律によって救済されるという原則。
自分の手がきれいでなければ、法律の保護は受けられないという原則であり、**自分は違法な行為**をしておいて、困った場合に**法律の救済を求めることを許さない。**
③**事情変更（じじょうへんこう）の原則**…無理を押し付ける行為に釘を刺す！
契約などで決まったことであっても、大きな災害が発生するなど、その後に**世の中の事情が変わったとき**などは、**それに合わせて契約上の権利の内容も変わるべき**であるという原則。
④**権利失効（けんりしっこう）の原則**…不意打ちの権利行使に釘を刺す！
正当な権利でも、**権利を使わないことが一定期間続けば、その権利は行使できなくなる**という原則。

民法の三大原則　基本！

以上のように、民法は1条で権利行使についての基本原則（信義則）を置いています。さらに、**これとは別に、条文こそ設けられてはいないものの、3つの原則**があると考えられています。

●民法の三大原則

①**権利能力平等の原則**
人はみな、平等に権利を取得し、義務を負うものであるとする原則。
②**所有権絶対の原則**
所有権は、誰からも拘束されない**完全な支配権**であるとする原則。
③**私的自治の原則**
人は、**その自由な意思に**よらなければ**権利を取得し、義務を負うことはない**とする原則。

× クリーンハンズの原則は、自分は**違法行為**をしておきながら、**法律の救済を求める**ことを許さないという原則。本問の考え方は**権利失効**の原則である。

002 能力

人はみんな平等…だけど!? チェック条文 3条~21条、34条、712条等

例題 仕事帰りにお店で一杯のつもりが、飲みすぎて二日酔い。翌日に寝ていたら「昨夜話した契約の件だけど」との電話が。聞けば、店内にいた人から車を買う話になっていたみたい。そういえば、酔いつぶれていたときに何かの紙にサインを書いたような…。こんな契約でも守らなければいけないの？

➡酩酊（めいてい）状態の人は、物事を判断する能力（意思能力）を失っている。契約書にサインをしたとしても、意思能力のない状態で交わした契約は無効となる。

能力というものの意味

民法には「○○能力」という言葉が存在します。その人その人によって、その能力の「ある・なし」が異なることがあり、それによって法律上の立場も異なります。民法で問題となる「能力」には、以下のものがあります。

●民法上の「能力」

①**権利能力**（3条）
　法律上の**権利を持ったり、義務を負ったり**することができる能力。
②**意思能力**（3条の2）
　自身の行動に関する正常な判断能力。
③**行為能力**（4条～21条）
　自身の判断のみで**法律上の行為**（契約など）をすることができる能力。
④**責任能力**（712条）
　自身の行為によって生じる物事についての**責任を判断**することができる能力。

権利能力とは？

権利能力は、人が生まれる**ことによって取得**し、亡くなる**ことで喪失（そうしつ）**すると考えられています（3条参照）。生きている人間だからこそ、何かを請求する権利を取得したり、お金を払う義務などを負うことがあるのです。これに加えて、**「法人（ほうじん）」にも基本的には、権利能力が**認められています（34条）。

確認問題　法律上の権利義務の主体となりうる能力を「行為能力」といい、自身の判断のみで法律上の行為（契約など）をすることができる能力を「意思能力」という。

権利能力の例外？ ココ注意！

人は生まれることによって権利能力が認められますが、**胎児**（たいじ）**（母親のお腹の中にいる子ども）はどうでしょうか**。胎児は、まだ母体から生まれていない存在ですから、**権利能力はないとするのが基本的なルール**です。

しかし、これを一律に貫くと、不都合が生じることもあります。例えば、子どもが母親のお腹の中にいる間に父が亡くなった場合、権利能力がないと、その子どもは父の財産を相続できません。よって、**相続などの一部のケースに限り、胎児が権利能力を取得することが認められています**（886条、721条等）。これは**権利能力の例外**ということができるでしょう。

意思能力とは？

民法では、**意思能力がない人がした契約等は無効**であることが規定されています（3条の2）。例題の酩酊状態だけではなく、重度の認知症を患っている人なども、権利能力の有無が問題となることがあります。**意思能力の有無は一律に判断されるものではなく、その時の様子や状況などを総合的に考慮して判断**されます。

行為能力とは？

行為能力についての有無は、**民法に明確に規定**されています。**未成年者・成年被後見人**（ひこうけんにん）**・被保佐人**（ひほさにん）**・被補助人**（ひほじょにん）**と呼ばれる者は、総称して「制限行為能力者」**（せいげんこういのうりょくしゃ）といい、**行為能力（契約を行うことなど）に一定の制限**が付されています。

責任能力とは？

幼児（ようじ）**が他人の物を壊してしまった**としても、**幼児自身が法的な責任（損害賠償など）を負うことはありません**。幼児は、自身の行動によって起きるであろう物事を正確に判断することはできないからです。これは、幼児には**責任能力がないから**、というのが民法上の根拠です。なお、子どもの責任能力について、民法では明確な基準は規定されていませんが、**一般的には12歳程度を基準**として、その有無が判断されるものと考えられています（通説）。

× 法律上の権利義務の主体となりうる能力は「**権利**能力」であり、自身の判断のみで法律上の行為（契約など）をすることができる能力を「**行為**能力」という。

003 制限行為能力者

自分1人では、契約できない人？

チェック条文 5条〜17条、120条

例題 私のお店に小学校6年生くらいのお客様が。かわいいけれど、しっかりしていて、お小遣いでお菓子を買って、嬉しそうに帰っていった。しかし、後からその子のお母さんが来て「子どもに物を売るなんて非常識！返金しなさい！」って。お小遣いとはいえ、あの子のお金。返金しなければならないの？

➡小学生は未成年者であり、前テーマで話した「制限行為能力者」である。よって、原則として、単独で契約を行うことができないが、親権者のお小遣いの範囲内での買い物については有効であり、返金対応の必要はない。

制限行為能力者って何？ 基本！

前テーマで話したとおり、**未成年者・成年被後見人・被保佐人・被補助人は「制限行為能力者」**です。**行為能力とは、自身の判断のみで法律上の行為（契約など）をすることができる能力、自分1人で有効な契約等を行える能力**を言いますが、この点について制限行為能力者には制限があり、**一部の行為について、自身の判断のみではできない**とするのが**制限行為能力者制度**です。具体的に、**制限行為能力者が行った行為は、後で取り消すことができます**（120条1項）。

行為能力を制限する理由

制限行為能力制度が、一定の人の行為能力を制限する理由は、**制限行為能力者本人を守るため**です。例えば、未成年者は成長段階であり、一般的に成人と比べて、社会で必要な知識や経験が十分ではありません。もし仮に、未成年者にこのような制限が付されていないとすれば（＝自由に契約等を行える）、契約内容を十分に吟味せず、また、経験則（けいけんそく）に基づくこともなく契約を交わしてしまい、損をしてしまうことがあるかもしれませんし、悪徳業者の格好の的になることも考えられます。こういった不利益が生じないよう、法律による保護を目的として、あえて一定の人には、制限を付けているというわけです。成年被後見人などに対する制限も同様のことが考慮されています。

確認問題 未成年者は、日用品の購入、その他の日常生活に関する行為を除いては、単独で有効な契約を行うことはできない。

成年被後見人ってどんな人？ 基本！

成年被後見人とは、重度の認知症や精神的な疾患によって**判断能力を喪失**しているような者が代表例です。**家庭裁判所は**、こういった人に対して、**その者を成年被後見人とする決定（審判）**をします（7条）。**被保佐人や被補助人も同様の手続きで決定**され、**判断能力の不十分さに従って、成年被後見人、被保佐人、被補助人**と分類されています。

また、**家庭裁判所は、その決定と同時に、これらの人たちを保護し、ときに代理で契約などを行い、そして不利益な取引が発生しないように監護を行う人を選任**します。具体的には、**成年被後見人に対しては成年後見人、被保佐人には保佐人、被補助人には補助人**を選任します（8条、12条、16条）。制限を課すばかりで必要な契約ができなくなる不都合を防ぎ、この制限行為能力者制度の目的である「保護」を十分に図っているのです。

制限行為能力者も「単独」でできる行為がある ココ注意！

行為能力に制限が付されることで、一定の法律行為が単独で行えない制限行為能力者ですが、自身の判断のみで、全く契約などができないわけでは**ありません**。**以下の行為は、自らの判断のみで、有効に行う**ことができます。

●制限行為能力者が自身の判断のみでできる主な行為

【未成年者】…年齢の問題
- **単に権利を得る**（贈与で物を貰う行為など）、**処分が許された財産**（お小遣いなど）の範囲で行う契約、親権者から**許可**された**営業行為**など（5条、6条）

【成年被後見人】…最も制限が大きい
- **日用品や日常生活**で行う**買い物**など（9条ただし書）

【被保佐人】…次に制限が大きい
- 不動産の処分や訴訟などの難解な行為**以外**（13条）

【被補助人】…最も制限が小さい
- **家庭裁判所**から、自身ではできないと**決められた行為以外**（17条）

× 未成年者は、**単に利益を得る贈与**等の行為も単独で行うことができる。行為能力が、日用品の購入等の日常生活に関する範囲に限られているのは、**成年被後見人**である（5条）。

004 不在者財産管理人

行方不明の場合の救世主？ (チェック条文) 25条～29条、103条

例題 父が叔父(おじ)と一緒に買った不動産。もう誰も住んでいないし、父は売りたいようだ。しかしある日突然、叔父が行方不明になってしまった。風の噂では、叔父はどこかで元気にしているようだけれど、亡くなった祖母の相続の件も話がついてないし、父は叔父と話がしたいと困り顔。父がこれらの財産の処分や相続手続をするには、叔父が戻るまで待ってなきゃいけないの？

➡父は、行方不明者（不在者）の財産を管理する不在者財産管理人を選任するよう裁判所に申し立てることができ、この不在者財産管理人とともに、不動産の売却や相続手続を進めることが可能。

不在者財産管理人(ふざいしゃざいさんかんりにん)ってどういう人？

不在者財産管理人は、行方不明者（不在者）が持つ財産を管理することを主な仕事とします。なお、この場合の行方不明者（不在者）は、**どこかで生存**していると考えることが前提となります（24ページの「失踪宣告」参照）。

不在者財産管理人は、不在者の代わりとなって財産の売却や名義変更を行ったり、相続に関する話し合いに参加して、ストップしている手続きを再開させる役割を担うこともあります。行方不明者自身が誰かに管理をお願いするケースもありますが、**家族等の利害関係人(りがいかんけいにん)から手続きを行うことで、この不在者財産管理人を家庭裁判所に選任してもらうことが可能**です（25条）。

●不在者財産管理人の基本的権限（103条） ※家庭裁判所の許可で他の行為も可能

①財産の保存行為

財産の故障箇所を修理したり、**現状維持に必要な行為**をすること。

例）専門業者へ修理を依頼する。日常の清掃を行う。

②財産の利用行為

財産を活用し、利益を上げる行為をすること。

例）建物を貸し出して家賃を受け取り管理する。

③財産の改良行為

財産の価値を高める行為をすること。

確認問題 不在者財産管理人は、不在者の財産に関して、家庭裁判所の許可の上、売買契約を締結するなどといった処分行為を行うこともできる。

例）荒れた土地を整地する。

例題の事例において、「叔父」は自ら管理人などを置くことなく行方不明となったと推測できます。よって、不動産の売買や、相続手続を進めることができない「父」は、利害関係人として、家庭裁判所へ不在者財産管理人の選任を申し立てることができるでしょう（25条）。

そして、選任された不在者財産管理人は、その基本的権限に基づいて、「叔父」の財産の管理や保全に努めるとともに、**売買等の処分行為や相続の手続き**の必要もある場合は、**基本的な権限外の行為を行うことになるため、家庭裁判所の許可**を得る必要があります（28条）。

財産管理人がすでにいる場合は？

民法では、行方不明者自身が「自ら」管理人を置く場合も想定しています。しかし、この管理人は裁判所が選んだ人ではないため、専門的知識や責任感も乏しく、しっかり仕事をしてくれないケースもあるかもしれません。そういった場合に備え、民法は、**行方不明者が置いた管理人を変更（改任（かいにん））する手続きも規定**しています（26条）。この場合も**利害関係人などが家庭裁判所へ申し立て、これを受けて家庭裁判所が新しい不在者財産管理人を選任**します。

社会の救世主にもなる？

不在者財産管理人の役割は**社会全体としても重要視**されています。というのも現在、日本では**空き家問題が顕在化（けんざいか）**しています。所有者はいるものの、その所有者が行方不明である場合などでは、老朽化された建物などが放置され、庭の草木が生い茂り、大規模な火災の危険性をも危惧されているのです。この空き家問題の解決に向け、**不在者財産管理人の制度が着目**されています。

自治体が利害関係人として、この不在者財産管理人を選任するよう家庭裁判所へ申立てを行い、選任された管理人によって空き家の管理や売却等を進め、問題を解消しようというのです。

○ 不在者財産管理人は、基本的権限である**保存**行為や**利用**行為、**改良**行為のほか、**家庭裁判所の許可**を得ることによって、処分行為も行うことができる（28条前段）。

005 善意と悪意

「善い行いと悪い行い」ではない　チェック条文　93条~96条、120条

例題 近所の未成年の子にバイクを売ったら、そのお父さんが「契約は取り消す！」と抗議にきた。確かにお父さんが反対していたことは知っていたけれども、お母さんの同意があったはず。お父さん曰く「私が反対してるのは知ってただろ。あんたは悪意だった！」って。悪意って、私は別に悪いことをしたつもりはないんだけど、どういうことなの？

➡未成年者は、原則として、自分1人で契約を行うことができない（18ページ参照）。父母の一方の同意があったとしても、他方の親が反対していることを知っていた（悪意だった）ときは、その契約は取り消される可能性がある。

悪い人でも「善意（ぜんい）」、良い人でも「悪意（あくい）」になりうる　基本！

法律用語としての「善意」や「悪意」については、**「善いこと」「悪いこと」というイメージは一切持たない**ことが大切です。その言動の善悪自体とは、まったく関係ないといってよいでしょう。**法律の世界における「善意」とは、**あることを**知らないこと**を意味し、**「悪意」とは、知っている（た）こと**を指します。

「善意」と「悪意」の使い方

例題の事例において、**「私」は、**取引相手の「お父さん」がこの取引に反対していたことを**知っていた**わけです。この場合、今回の売買について、**「私」は**「相手方のお父さんが反対していことに**悪意であった**」と表現されます。

そして、**未成年者がする契約**では、原則として、**親権者（父母）の同意が必要**とされ（5条）、一定の事情下において、売主が**父母の一方が反対していることに悪意**であった場合、後で**父母から契約を取り消すことができる**と民法に規定されています（120条）。そのため、「私」は悪気がなかったとしても、悪意である以上、「お父さん」から今回の契約を取り消されてしまう可能性があります。

このように物事を知っていたことを表す「悪意」と同様に、**何も知らなかったことを示す「善意」も同じような使い方**をします。最初は少し違和感を持つかもしれませんが、この用語に慣れることは民法を学ぶ上でとても大事です。

確認問題 ある事実を知らなかった場合でも、それが他人に損害を及ぼす結果を生じた場合には、その事実につき「悪意」であると表現される。

「過失」という、もう１つの大事な言葉 基本！

ここで民法の学習において、もう1つ大事な言葉を紹介します。**法律では、人の行動の中の「落ち度」のことを「過失（かしつ）」**と表現します。

例えば、自転車に乗るＡが前方をよく見ず、歩行者にぶつかってしまったとしましょう。**前方をよく確認しなかったＡの行動には不注意（落ち度）**があったわけですから、**「Ａには過失がある」**と表現されます。**過失があることを「有過失（ゆうかしつ）」**、対して**過失がないことを「無過失（むかしつ）」**といい、民法では、これら善意や悪意、過失の有無を組み合わせて、当事者や関係者の状況を分類し、契約等で問題が起きたときなどのルールを決めています。

これらの言葉は、どんなときに使うのか？

上記のとおり、善意や悪意、過失の有無の分類によって、問題が起きたときのルールが異なります。詳細は次回以降で話しますが、予習も兼ねて、以下の文章に目を通してみてください。

●「善意と悪意」、「過失」の登場例

・**心裡留保に関する規定**（93条）
その気のない契約は無効になりうるが、無効であることを「善意」の第三者に主張することができない。

・**虚偽表示に関する規定**（94条）
当事者で意思疎通された嘘による契約は無効だが、無効であることを「善意」の第三者に主張することができない。

・**錯誤に関する規定**（95条）
間違いによる契約は取り消すことができるが、その間違いが重大な「過失」によるものであるときは、原則として、取り消すことができない。

× 「善意」と「悪意」はある事実を**知っているか否か**で決まり、ある事実を知らなかった以上、その事実については「善意」であって、その他の事情に影響されない。

006 失踪宣告

何もできない状態を一度終了

チェック条文 30条〜32条、882条

例題 父が行方不明になってもう7年。どこかで元気にしてるのか、亡くなってるのかもわからない。そして、実家のリフォームが必要となったが、実家は父の名義なので全く話を進められない。父を待ち続ける母も疲れてきているし、先が見えずに毎日過ごすのも正直苦しい。何かよい方法はないのだろうか？

➡原則として、7年以上の生死不明が継続するときは、裁判所へ失踪宣告の申立てができる。これによって行方不明者の財産は、相続人が取得する。

失踪宣告(しっそうせんこく)とは？ 基本！

失踪宣告とは、**行方不明者を亡(な)くなったことにして、相続を発生させる制度**です。家族などの利害関係人が家庭裁判所へ申し立てることによって利用することができ（30条）、**失踪宣告がされると行方不明者は死亡したものとみなされ**、行方不明者の財産は、その相続人（配偶者(はいぐうしゃ)や子など）に引き継がれることになります（31条、882条）。なお、**配偶者とは夫または妻のこと**です。

不在者財産管理人との違い

20ページで解説した**「不在者財産管理人」**の制度は、**行方不明者はまだどこかで「生きている」**ことを前提に、**その者が有する財産の管理人を選ぶもの**でした。これに対し、**失効宣告は、行方不明者が「死亡した」という効力を発生**させる点で異なります。そして、失踪宣告を申し立てる手続きには、以下の要件があります。

●失踪宣告の申立ての要件（30条） ココ注意！

【通常の失踪宣告】

・**行方不明者が7年以上生死不明**であること

【特別の失踪宣告】

・**危難(きなん)にあった行方不明者が、危難が去(さ)って**からも**1年以上生死不明**であること

確認問題 7年間の生死不明があることによってなされた当該生死不明者に対する失踪宣告により、当該生死不明者は、生死不明となった時に死亡したものとみなされる。

通常の失踪宣告は、**行方不明者が７年もの間、生きているのかも亡くなっているのかもわからない状態が続いている**ことが要件です(30条1項)。これを満たすとき、家庭裁判所での手続きを経て、失踪宣告がなされます。

例題の事例においては、「父は」すでに7年間生死不明ですから、失踪宣告の手続きが**可能**です。そして、**失踪宣告によって「父」は死亡したという効力が発生**し(31条)、その名義の財産は相続人のものとなるため（882条)、相続人である「母」からリフォームを進めることができるでしょう。

一方、**特別の失踪宣告**は異なります。まず**「危難にあった行方不明者」**であることが要件です。この**「危難」とは、戦争や船の沈没、その他の天災**をイメージするとよいでしょう。行方不明者がこれらの被害にあってしまい、そして生死不明であることが必要であり、かつ、その**危難が去ってから１年以上行方不明**であることも必要です（30条2項)。

また、**どちらの失踪宣告も、行方不明者を死亡したこととする点で違いはありません**が、**通常の失踪宣告では、要件にある７年の満了時に死亡したものとされる**のに対し、**特別の失踪宣告では、危難が去った時に死亡した**ものとみなされます。

●**失踪宣告の効力発生時期**

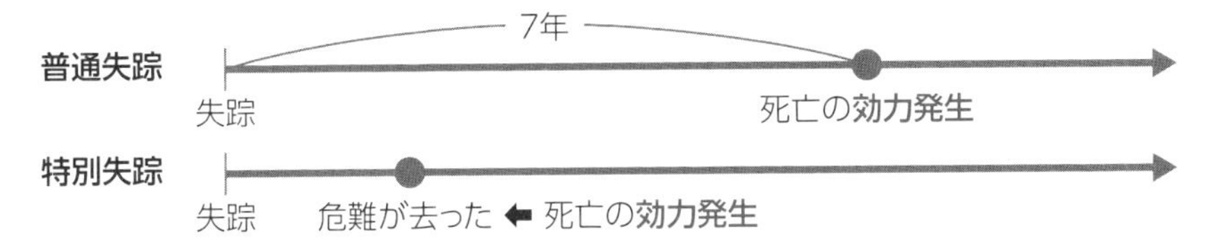

行方不明者が生きて戻ってきたら？

失踪宣告がなされた後、行方不明者が幸いにも戻ってくることもあります。この場合、**すでになされた失踪宣告は手続きによって取り消され、相続人に引き継がれていた財産は、生還した本人に戻される**ことになるのが原則です（32条)。

しかし、民法32条1項は「**失踪宣告から、失踪宣告の取消しまでの間に善意でした行為には影響がない。**」とも規定しています。

つまり、残された家族等とその取引相手がともに失踪者が生きているとは知らずに取引をしていたのであれば、**失踪宣告が取り消されたときもその売買には影響がなく、元には戻りません**。

× 通常の失踪宣告については、当該宣告によって、７年間の**期間満了時**に死亡したものとみなされる（31条)。死亡とみなされる時期は、生死不明となった時に遡る**わけではない**。

007 心裡留保

「冗談」が通じない契約はどうなる？　　チェック条文 93条

例題 ある日、知人が家にやってきて「早く100万円払って！」とすごい剣幕で言ってきた。そういえばこの前、冗談で「100万円あげる！」と言ったような。普通は冗談ってわかるはずだけど、約束だからと帰ってくれる素振りもない。冗談で言ったとしても、このような契約は成立するの？

➡真意ではなく（冗談で）契約した場合でも、原則として、その契約は成立する。ただし、相手が普通に考えて冗談とわかるような内容であれば、契約は無効となる。

心裡留保とは？　基本！

民法は、冗談や嘘による契約についての規定を置いています。これを**「心裡留保」**といいますが、原則としては、冗談などで言ったことであったとしても、その内容を守らなければなりません（93条1項）。**「言ったことの責任は持つ」というのが、法律上の原則**となっているのです。

上図のように、Aが冗談で「車を100万円で売ってあげる」とBに言ったところ、Bはこれを信じて買う旨を返答したケースを考えてみましょう。

Aは車を売る気がありませんが、Bはこれを真に受けてしまった場合です。この場合でも、**車の売買契約は有効に成立し、Bは、Aにその代金100万円を支払うことで、車を自分のものにすることができます。**Aは後から「冗談だよ！」といくら言っても、後戻りはできません。

これが**心裡留保の規定の原則**です。冗談だからと一方的になかったことにすれば、Aは助かります。しかしその場合、相手方であるBが困ってしまうでしょう。このような契約当事者間の対立構造も考慮し、どちらの保護を図るべきかという

確認問題　真意でない（心裡留保による）契約をした場合、その契約は無効であるが、相手が真意を知っていたときや真意を知ることができた場合、その契約は有効になる。

観点で、このように規定されています。

しかし、「冗談であっても責任を持つ」とは聞こえがよいものの、すべてのケースに対してこのルールで対応するのも、不都合が生じてしまうことがあります。よって、**例外規定**も設けられています。

新登場の「ただし書」！ 基本！

少し話が逸れますが、ここで1つ大事なことを勉強しておきましょう。世のルールを決める法律といっても、一律的に規定することばかりをしてしまうと、ときにその内容が状況にあわない不具合も生じかねません。そのため、そのようなことが起きないよう、**法律にはしばしば例外規定**が設けられています。

法律は「第○条」という数ある条文によって構成されています。そして、「○○のときは、△△である。**ただし、◎◎のときは、××である。**」という規定があり、この**「ただし」以降の部分が「ただし書」**と呼ばれています。原則は「○○」だけれども、「◎◎」の場合は別だよ…という例外規定です。そして、**心裡留保の規定の中でも「ただし書」**が設けられています。

心裡留保の例外規定とは？ ココ注意！

前述のとおり、**冗談や嘘で契約をした場合も有効であり、後で一方的になかったことにはできず、その契約は守らなければならないのが原則**です。しかし、**相手が冗談であることがわかっていたとき（＝真意でないことを知っていたとき）**や、通常であれば、**冗談であることがわかるとき（真意を知ることができたとき）**には、**その約束（契約）は無効**とされています（93条1項ただし書）。

例題の事例では「100万円」という金額が出ています。もし「私」がアラブの石油王であれば話は別かもしれませんが、一般的には、手軽にプレゼントするような金額ではありません。そういう意味では「車を売る」という話と一緒に語るべきものではないのです。このような当事者間の事情や世の中の常識などを考慮し、「普通は冗談とわかるでしょ」という気持ちや状況を、民法はただし書の中に認めているのです。

× 心裡留保による契約は原則「**有効**」であり、相手方が真意を知っていたときや真意を知ることができた場合は、契約は「**無効**」となる（93条1項）。

第三者への「対抗（たいこう）」とは？ ココ注意！

また、**心裡留保では第三者への「対抗」**についての規定が設けられています。**「対抗」とは「主張」という意味**なので、「対抗」という文字を見た場合、それを「主張」と置き換えて読めば理解しやすいでしょう。

ともかく、**「普通はわかるでしょ」といった話をもちかけた場合、それが冗談であると相手も知ることができれば、その約束（契約）は無効**となります。しかし、**この無効は「善意の第三者に対抗することができない」**と定められています（93条2項）。少し複雑な箇所ですから、下の例で見てみましょう。

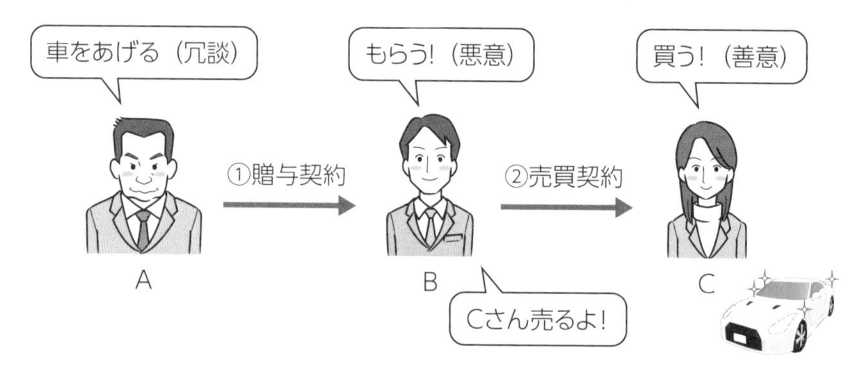

Aは冗談でBに「車をタダであげる！」と言いましたが、**Bはそれが冗談であるとわかっています。**しかし、その贈与の話を聞き、冗談と思わなかった**Cは、Bに対して「Aからもらった車を私に売って！」と代金を支払い、Bも代金を受け取ってしまった**というケースです。

Aは冗談で車をタダであげると言い、Bもそれをわかっていた以上、これまでの話のとおり、93条1項「ただし書」の部分の規定によって、**AとBとの間の契約は無効**となります。

しかし、ここからが問題です。**Cは**AB間の契約が冗談で無効になることを知らなかった**（善意であった）**わけであり、この場合について民法では、AやBは、今回の件が**「無効であることをCに対抗できない」**と規定しています。

結果として、**車の権利（所有権）はCに移り、Aは権利を失う**ことになります。つまり、「当事者間での契約は無効でも、**事情を知らずに関与してきた人には通用しない！**」というのが、この**「第三者への対抗」**の規定と考えてよいでしょう。

確認問題　契約の相手方が真意を知っていたことで、心裡留保による契約が無効となったとしても、その無効は、善意の第三者に対しては対抗することができない。

ただし、これはあくまで第三者であるCが「**善意**」である場合の話です。**仮にCが**AB間の契約が冗談で無効になるということを知っていた**（悪意であった）場合、AやBは、AB間の契約が無効であることをCに対抗することができます。**

具体的には、Cから車をよこせと請求されたAは、「あなたも贈与が無効と知っていたのだから、車は渡さない」とCに対して主張**できる**のです。

第三者保護規定（だいさんしゃほごきてい）について　基本！

以上の問題となった契約（AB間の贈与契約）に関して、いわば外から関与してきた**第三者であるCが保護される規定は「第三者保護規定」**と呼ばれています。「○○のときは、△△である。」という原則規定のみでは、その関係に巻き込まれた**第三者が不足の損害**を負う危険があるため、「ただし書」のほか、別途規定を付け足すことで**例外を設けておいて、何も悪くない第三者に迷惑がかからないよう保護**を図っているのです。

このような「第三者保護規定」は、心裡留保の規定に限らず、今後もあちこちの規定で出てきますので、なぜそのような例外があるのか、ということも意識しながら学習してください。なお、少し複雑だった心裡留保の規定を最後にまとめておきましょう。

●心裡留保の規定内容のまとめ

心裡留保による契約は…

原則：**有効**

例外：契約の相手方が**真意でない**ことを**知って**いた、または、**知ることができた**場合は、**無効**

↓

この無効は、**善意の第三者**に対抗することができない（第三者保護規定）

○ 心裡留保による契約が無効となる場合でも、その無効は善意の第三者に対抗することが**できない**（93条2項）。事情を知らない第三者を保護する趣旨である。

虚偽表示

知らざる者こそ報われる？　チェック条文　94条、414条

例題　知人が私に車を売ってくれることとなり、ずっと欲しかった車種なのですぐに購入。しかし買った後、車が知人のものじゃなかったことが判明した。知人は元の所有者に頼まれて、譲り受けたふりをして名義を貸していただけみたい。元の所有者からは「車を返せ！」と言われるし、お金もちゃんと支払ったのに、やっぱり返さなきゃいけないの？

➡ウソの売買などをでっち上げた名義貸し（虚偽表示）は、これを知らずに購入した人には通用しない。車を返す必要はない。

虚偽表示とは？　基本！

虚偽表示とは「嘘の契約」などを意味しますが、事例を使って説明します。

Aは多額の借金を背負っており、どうにも返済できそうにありません。借金をこのままにしておくと、**強制的に自分の財産を売却**させられてしまうことがあるため（この手続きを**「強制執行」**といいます。414条）、車を所有しているAは、この強制執行から車を守る方法をひらめきました。仲の良いBに事情を話し、Bに売ったことにしようと考えたのです。

AはBと話をあわせて、車がBのものになったように見せかけ、ほとぼりが冷めたら、こっそり自分の元に戻そうと思いついたのです。もう自分のものでないということにすれば、強制執行の対象にならないだろうと考えました。

そして、**この場合のAとBで話をあわせた、見せかけによる嘘の取引**などを**「虚偽表示」**といいます。当事者間で「通」じて、「謀」って行った契約なので「通謀虚偽表示」とも呼ばれています。

確認問題　虚偽表示に基づく契約は、有効になることはない。

虚偽表示でした契約は、どうなっていくか？

このAB間の虚偽表示に基づく契約は、嘘の取引ですから、もちろん**無効**です（94条1項)。よって、**買主であるBは車の権利を取得せず、この車はAのものであることに変化は生じません。**

このように「虚偽表示で契約をしても**無効**になる」というだけの話であれば簡単ですが、「虚偽表示」はこの続きがポイントです。前テーマの「心裡留保」と同様に、虚偽表示にも**「第三者保護規定」**が設けられているのです。

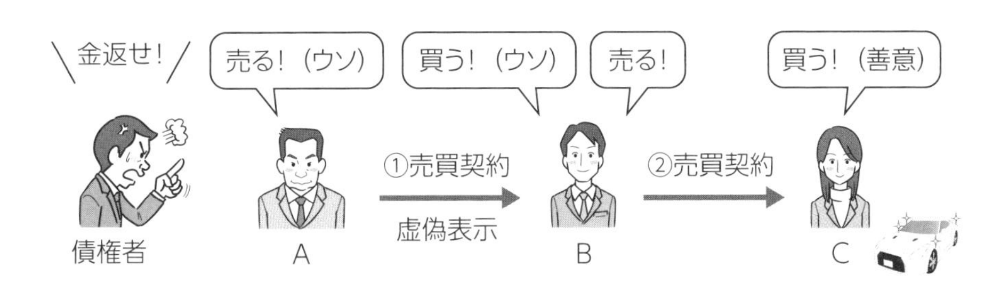

上図では、ABに加えて、新たにCが登場します。Cは、かねてから車が欲しいと考えていたところ、知り合いのBが車を買ったことを知り、そして、AB間の取引が嘘のもの（虚偽表示）であるとは知らず、Bに対して「Aから買った車を譲って！」と代金を支払い、Bもこの代金を受け取ってしまいました。

この場合、**民法は「虚偽表示は無効だが、善意の第三者には対抗できない」**と規定しています（94条2項)。これは心裡留保のときと同様に、「嘘の取引なので、当事者間では無効でも、事情を知らずに関与してきた人には通用**しない**！」というものです。よって、**AやBは、今回の件が虚偽表示によって無効であることを、善意のCには対抗できず、この車の権利はCに移ってしまいます。**

例題の事例でも、車の「所有者」と「知人」の間で嘘の取引をでっち上げ、名義貸しが行われていたようですから、この取引は**無効**であり、「知人」への権利の移転は**ありません**。しかし、「私」はそれが嘘の取引とは知らなかった（善意であった）わけですから、「所有者」たちは取引の無効を「私」に対抗することは**できず**、「私」は車を返す必要が**ありません**。

○ 虚偽表示に基づく契約は**無効**である（94条1項)。この**無効**を**善意の第三者**に対抗することはできないものの、虚偽表示による契約自体が有効となる**わけではない**。

009 錯誤

間違えて行った契約のゆくえ

(チェック条文) 95条

例題 転勤を機に自宅を売ることにしたら、ご近所さんが買ってくれることに。相場的に1,000万円くらいかなって思っていたのに、間違えて契約書に「100万円」と書いてしまった。お互いのサインは済ませてしまったし、買主のご近所さんも何か言ってくれればよいのに…。この契約も守らないといけないの？

➡原則として、間違い（錯誤）があって結んだ契約は、後から取り消すことができる！

契約に間違いがあったら？ 基本！

契約では、事細かにその内容が決められることも少なくありませんが、人間のすることですから、間違いが生じることもあります。**契約に間違い**があったとき、**民法は「錯誤（さくご）」**による契約として**「契約を取り消すことができる。」**と規定しています（95条）。

間違いの種類によっては、取り消せない！

ただし、どんな間違いであっても、取り消すことができるわけではありません。取り消すことができる間違い（錯誤）となるかは、原則として、以下のようになります。

●取り消すことのできる錯誤か否か（原則）

【取消しの対象となる間違い】

・意思表示に対応する意思を欠いているもの

　例）言い間違い、書き間違い、指定の間違い

【取消しの対象とならない間違い】

・契約に至った動機となる事情についての認識の誤り

　例）不動産価格が高騰するとの認識の間違い

確認問題 Aが将来的に価格が高騰すると勘違いして、Bから不動産を買い受ける契約をした場合、Aは錯誤に基づき、当該契約を取り消せることはない。

前ページの分類は**「心と表示の不一致」**であるか否か、と考えるのがわかりやすいかもしれません。対象となる間違いの1つとして「指定の間違い」があります。これは「品物Ａを100円で売るよ！」と言うつもりが、より高値の「品物Ｂを100円で売るよ！」と言ってしまったケースです。**心は「品物A」、表示は「品物B」という不一致**があります。この不一致は、言い間違いでも、書き間違いでも見られるケースです。

一方で、**「この土地を買うよ！」と言った理由が、土地の高騰を織り込んでいた**ものの、実際には高騰しなかったという例はどうでしょう。**「この土地を買う」という表示は心の中そのもの**ですから、心と表示に不一致は見られず、原則として、取消しの対象にはなりません。

ただし、このような場合であっても、**その事情が契約（法律行為）の基礎となっていることが表示されていた**場合には、**取り消すことができる**とされています（95条2項）。

つまり、「土地が高騰するから売買契約を行うのであって、そうでなければ行わない」ということが**示されて**いれば、後で取り消すことが可能となりうるということです。これは、いわゆる**動機の錯誤**と呼ばれていた事例ですが、令和2年4月に施行された改正民法において、正式に条文化されました。

ちなみに、錯誤として認められるためには「その**錯誤が法律行為の目的及び取引上の社会通念に照らして重要なもの**」であることも必要であり（95条1項柱書）、この点においても、勘違いがあれば何でも認められるわけではありません。

例題の事例において、契約書に「1,000万円」と書くつもりが、「100万円」という書き間違いが生じています。これは「重要」かつ「心と表示の不一致」と言えるものですから、取消しが**認められる**錯誤という判断ができます。

ウッカリが過ぎると取り消せない　ココ注意！

また民法では、契約を取り消すことができる間違いでも、それが**「重大な過失」によるものであるときは、取り消せない**という例外も規定されています（95条3項柱書）。この**「重大な過失」とは、普通ではやらないレベルの落ち度**といったところであり、普通は行うべき確認をしなかった場合や、通常では行わない行動によって間違いが生じた場合と考えるとよいでしょう。

× いわゆる動機の錯誤であっても、その事情が**契約の基礎**となっていることが表示されていた場合は、取り消すことができる（95条2項）。

「重大な過失」があっても取り消せる場合 ココ注意！

ただし、**重大な過失による錯誤**の場合でも、**取消しが認めれられるケース**も規定されています（95条3項各号）。

●重大な過失があっても取消しが認められる場合

①契約**相手**がその錯誤を**知っていた**とき
②契約**相手**も**重大な過失**によって、錯誤に気づかなかったとき
③契約**相手**も**同じ錯誤**に陥っていたとき

①は、契約の相手方が、錯誤があることをあえて黙っていたような場合です。間違えた本人に重大な過失があるとしても、それを逆手に取るような行動は許されません。そのため、表意者の取消しを例外的に認めています。

②は、契約相手にも重大な過失があるケースです。いわば**「どっちもどっち」**という状態なので、この場合も取消しが可能とされています。

また、そもそも**契約当事者双方の共通認識に誤りがあった場合を、**③と考えると良いでしょう。このように原則、例外、またその例外といった骨組みの中で、民法は錯誤による取消しを規定しています。

錯誤についても第三者保護規定がある！ ココ注意！

そして、心裡留保や虚偽表示と同じく、**錯誤についても第三者保護規定が設けられて**います。民法は、錯誤による取消しについて**「善意でかつ過失がない第三者に対抗することができない」**と規定しており（95条4項）、**錯誤のある契約関係**のなかに、いわゆる**善意・無過失の第三者が登場**した場合、**錯誤による取消しは、その第三者に対抗**できません。

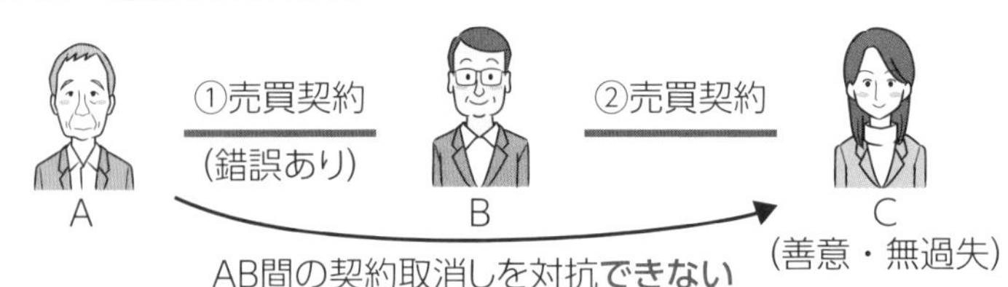

確認問題　契約の意思表示に錯誤があった場合において、その意思表示をした者に重大な過失があったとしても、契約を取り消すことができる場合がある。

以上のように、錯誤については「原則→例外→その例外」とケースにより結果が異なっていきます。ここも混乱しやすいので、最後に錯誤規定の全体像をまとめておきます。

●錯誤規定のまとめ

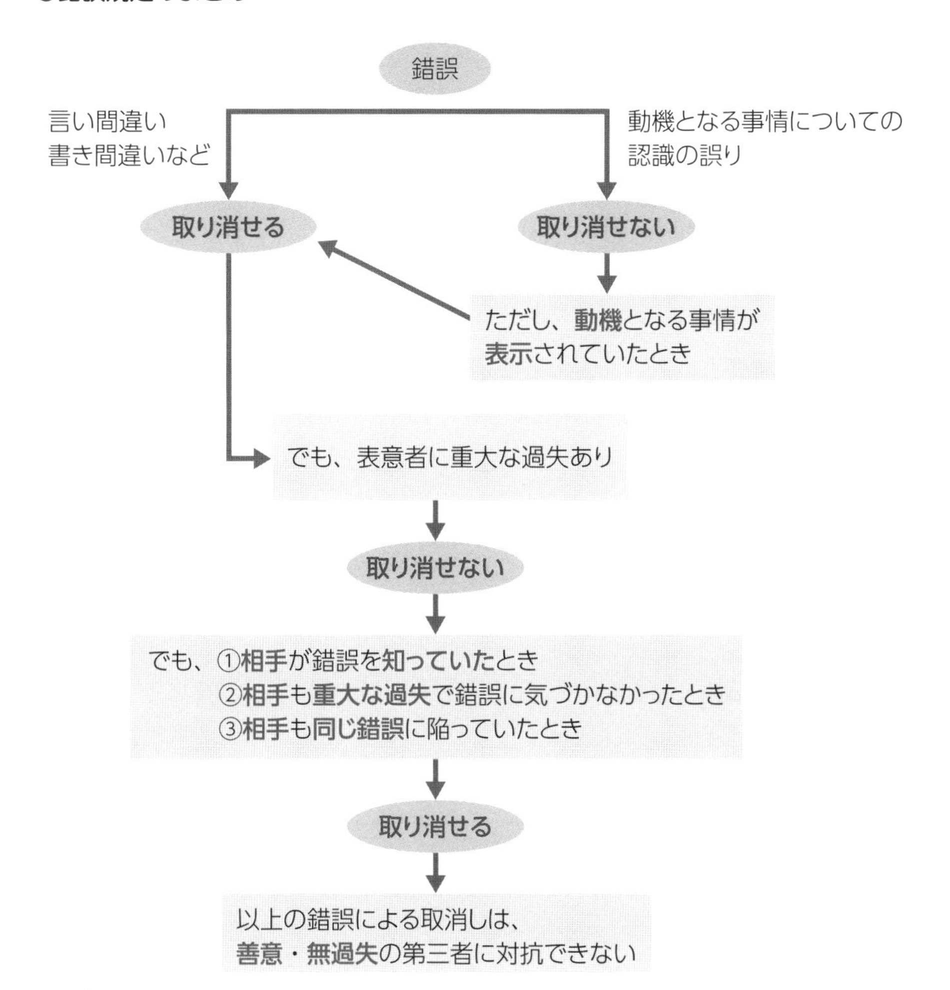

○ 錯誤の意思表示者に重過失があっても、契約**相手**が、①錯誤を**知っていた**、②**重大な過失**で錯誤に気づかなかった、③**同じ錯誤**に陥っていたときは取り消せる（95条3項）。

010 詐欺・強迫

騙された・脅された契約の行方

チェック条文 96条

例題 売却の広告が出ている土地周辺がリゾート開発されるというウワサ。知人も「価値が上がるから絶対買っとけ！」と言うので、お店に急いで即契約。でも、後から根も葉もない情報だったことが判明し、しかも、知人とお店はグルだったみたい。こんな契約は取り消したいけれど、できるのだろうか？

➡契約相手以外の人からの詐欺によって契約をした場合、騙されていることを契約相手が知っていたときは、契約を取り消すことができる。

詐欺(さぎ)や強迫(きょうはく)に基づく契約は「原則として」取り消せる！ 基本！

「詐欺」や「強迫」という言葉を見ると「逮捕される？」といった刑事手続を想像するかもしれません。しかし、ここでは**詐欺や強迫によって結んだ（結ばされた）契約がどうなるのか**、という点を見ていきます。答えは簡単であり、**原則として、その契約は後から取り消すことが認められています**（96条1項）。

しかし、「原則として」とは、どういうことでしょうか。契約相手から直接に騙(だま)されたり、脅(おど)されて契約を結んだ場合、その契約は取り消すことができます。ところが、このような詐欺や強迫に基づく契約についても、取り消すことができない、とする例外規定も存在します。**詐欺の学習では、この取り消すことができないケースを把握**することが重要なポイントです。

●詐欺に基づく契約を取り消せない場合（96条2項） ココ注意！

・**第三者の詐欺によって契約**をした場合であって、**（直接の）契約相手が、詐欺の事実に善意で、かつ、知ることができなかったとき**

この例外で大事なことは「詐欺」の場合の規定であること（**強迫ではない**）、そして、契約相手からではなく、**「第三者」から詐欺があった場合の規定**であることです。次ページの例で詳しく説明しましょう。

確認問題　契約当事者以外の第三者の詐欺によって契約を交わした場合、その契約の相手方が、その詐欺の事実について善意無過失であるときには、契約を取り消すことができない。

Aは、Cの詐欺によって（騙されて）、Bと契約を結んでしまいました。契約後にAは騙されていたことに気づき、Bとの契約を取り消したいと考えています。直接の契約相手であるBがAを騙したのであれば、契約を取り消すことに何の問題もありません。しかし、今回の**Aは、契約相手ではない（第三者である）Cに騙されてしまった**のです。

この場合、**契約相手であるBが、今回の詐欺の事実を知らず、かつ、これを知ることができなかった**ときには、**Aは、Bとの契約を取り消すことができなくなります**（96条2項）。確かに、騙されたAには酷ですが、Aを保護して契約を取り消せるとすると、今度は何も知らずに巻き込まれたBに酷な結果となります。AとBを見比べた際に、騙されたとはいえ、上手い話に乗ってしまったAよりBの保護を優先した、と考えればよいでしょう。

例題の事例でも、契約相手である「お店」が「私」を騙したのではなく、「第三者」である「知人」が詐欺を行っています。そのため、この例外規定の要件に該当するときは、取消しができないことになるわけです。

しかし、「知人」と「お店」はグルだった以上、「お店」は今回の詐欺を知っていたはずです。よって、「お店」は詐欺について善意無過失ではないことが推測できますから、「私」は契約を取り消すことが**できる**でしょう。

「強迫」の場合は事情が異なる！　ココ注意！

「詐欺」の場合とは異なり、**「強迫」により契約**させられた場合は、**常に取り消すことができます**（96条1項）。**「強迫」**については、**例外規定は設けられていない**のです（同条2項は「詐欺」としか規定していない）。

○ 第三者の詐欺によって交わした契約は、その詐欺について**相手方**が**善意無過失**であるときには、取り消すことはできない（96条2項）。

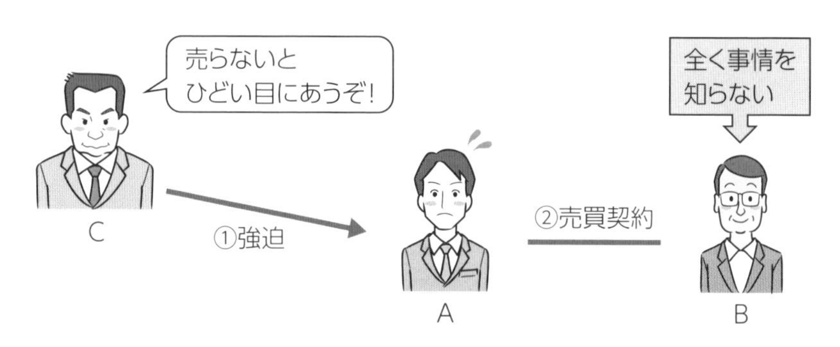

Aは、Cの強迫により、脅されてBと契約を結びました。よって、Bとの契約を取り消したいと考えています。**契約相手であるBが今回の強迫の事実を知らず、かつ、これを知ることができなかったときでも、AはBとの契約を取り消すことができます**。強迫は悪質なので、巻き込まれたBよりも、Aを保護するのです。

この点が「詐欺」の場合と大きく異なります。「**強迫**」は**いつでも取り消せる**と覚えておきましょう。

「詐欺」にも第三者保護規定がある！ ココ注意!

「心裡留保」や「虚偽表示」の場合と同様に、**詐欺**についても「第三者保護規定」が設けられています。下の例を見てみましょう。

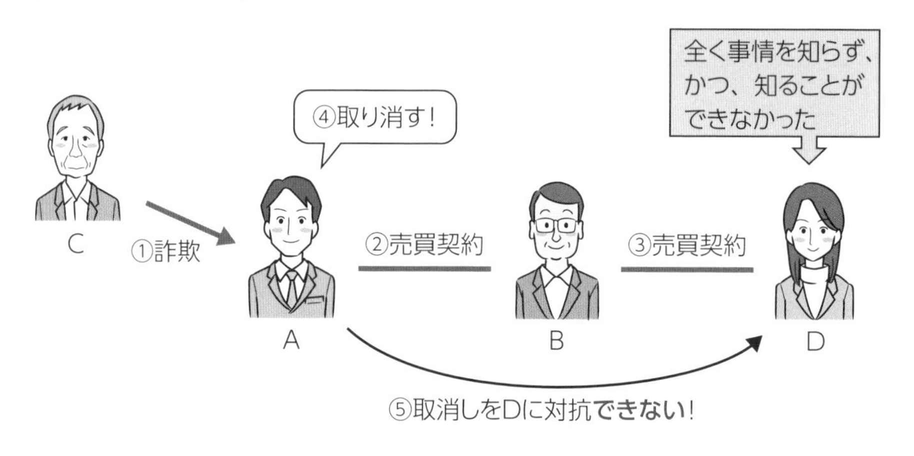

確認問題　契約当事者以外の第三者の強迫によって契約を交わした場合、その契約の相手方が、その強迫の事実について善意無過失であるときには、契約を取り消すことができない。

Aは、Cに騙されて、Bに車を売る契約を結んでしまいました。その後、Aが騙されたことに気づいたため、その契約を取り消したいと考えています。

しかし、DがBのところへやってきて「Aから買った車を私に譲って！」と代金を支払い、Bもこの代金を受け取ってしまいました。Dは、今回の詐欺のことなど全く知らず、かつ、知ることができなかったケースです。

このような場合、民法は**「詐欺による意思表示の取消しは、善意でかつ過失がない第三者に対抗することができない。」**と規定しています（96条3項）。つまり、**AはDに対して、車の権利が自分にあることを対抗することができません。**

「強迫」の場合、第三者保護規定はない！ ココ注意！

ところが、**「強迫」**の場合は、**第三者保護規定が設けられていません。**先ほどの例で、**Cが「強迫」**を行ったと考えてください。

強迫の場合、第三者保護規定は設けられていませんから、第三者であるDが強迫について善意であろうと無過失であろうと、**AはDに対して、車の権利が自分にあることを対抗することができ、権利を失うことにはなりません。**

「詐欺」のケースでは、確かに騙されたことは気の毒であるものの、騙された人よりも、何も知らず落ち度もない（善意無過失の）第三者が損をしないようにすることが優先されています。

しかし、**「強迫」は悪質な行為**であり、**第三者よりも強迫された本人を優先して守るべき**とされ、単に**「いつでも取り消せる」、「いつでも第三者に対抗できる」**として、脅された本人を考慮して、あえて一律に規定し、詐欺の場合との違いを明確にしています。

このように、**強迫による契約は「いつでも取り消せる」と同時に、「いつでも第三者に対抗することができる」というのが特徴**です。

冒頭の例題では、「知人」と「お店」がグルとなって詐欺を行ったものでしたが、仮に「強迫された」という内容だったらどうなるでしょうか。「取り消せる」、「取り消せない」といった答えだけでなく、「なぜ」そうなるのかも含めて、ぜひ考えてみてください。

✕ 第三者の強迫によって交わした契約は、その強迫について相手方が善意無過失であるときでも、取り消すことが**できる**（96条1項）。

011 意思表示の規定

気持ちの伝え方のルール

チェック条文 97条～98条の2

例題 ネットで見つけたステキな家具。売り物ではないけれど、どうしても欲しくて手紙を送ったところ返事は来なかった。でも実は、譲ってくれるっていう返事の手紙が配達の手違いで私に届いていなかったことが判明。急いで相手に連絡をしたけれど、すでに他の人に譲ったとのこと。一度は譲るって返事を送っていた以上、契約が成立しているということはない？

➡契約の意思を伝える通知（意思表示）は、相手方への到達で効力を生じる。「譲る」という相手の返事は届いていないため、契約は成立していない。

意思表示って何？ 基本！

意思表示とは、言葉のとおり**「気持ちを伝えること」**と考えて大丈夫です。しかし、正しくは「契約やその他の手続きの中で**法律上の効果を発生させることを欲して、その内容を発表すること**」が意思表示であると定義されています。

なお、このうち、自身が**法律上の効果を求める意思を「効果意思」、その意思を伝える行為そのものを「表示行為」**といい、例えば「この商品を買おう」という意思が「**効果意思**」、「これください」と伝える行為が「**表示行為**」となります。そして、その一連の過程が「**意思表示**」となります。この「**意思表示**」について、民法では以下の規定があります。

●意思表示に関する主な規定

①**意思表示の効力の発生する時期に関する規定**（97条）

➡**意思表示は、その通知が相手に到達した時に効力が発生**する（1項）。

➡**相手方が**正当な理由なく意思表示の通知が**到達することを妨げた**とき、**通知は、通常到達すべきであった時に到達したもの**とみなす（2項）。

➡意思表示は、**表意者が通知を発した後に死亡**し、**意思能力を喪失**し、**行為能力の制限を受けた**ときであっても、**効力を妨げられない**（3項）。

②**公示による意思表示に関する規定**（98条）

意思表示は、表意者が**相手方を知ることができず、又はその所在を知ることができない**ときは、**公示**の方法によってすることができる（1項）。

確認問題 意思表示は、それを相手に発信した時に効力が発生するため、手紙による意思表示は、その通知を発信した時に効力が生じる。

③**意思表示の受領能力に関する規定**（98条の2）

➡**意思表示の受領時に、相手方が意思能力を有しない**とき、**未成年者、成年被後見人であるときは、その意思表示を相手方に対抗できない。**

➡ただし、**相手方の法定代理人がその意思表示を知った場合**や、**相手方が能力の回復後に意思表示を知った場合**は、その**意思表示を対抗できる。**

前ページ①のように、**意思表示は、その通知が相手に到達した時に効力が発生する**と規定されています。契約の一種である**売買契約**については、「売る」と「買う」という、当事者**それぞれの意思表示が相手方に届き、それぞれの意思表示が効力を発生することで、契約が成立**します。

お店での売り買いのように、対面による取引であれば、言葉で話せばその意思はすぐに相手に届きますが、例題の事例では、手紙でやり取りをしています。しかし、**相手の意思表示が「私」には届いていない**ため、**「売る」という意思表示は、効力が発生していません。**したがって、**今回の家具の契約は成立していない**のです。

意思表示に関する規定がある理由

売買契約を始め、世の中のほとんどの取引や契約は、意思表示によって成立しています。しかし、この**意思表示に問題**が生じることがあります。それが、これまで解説してきた**「心裡留保」や「虚偽表示」「錯誤」「詐欺」「強迫」**といったケースです。これらは細かい違いがあるものの、少なくとも、**きちんとした意思表示がなされたものではない**という点で共通しています。

民法では、このような問題のある意思表示がなされたときに「取り消せる」とか、「無効である」などとした規定が設けられ、その例外規定や、さらにその例外規定があることは、すでに学習したとおりです。

これらの規定は「きちんとした意思表示」がなされてない場合のルールですが、その前提として「きちんとした」意思表示とは、どういうものであるかも決めておく必要があります。これが意思表示に関する規定がある理由です。意思表示に関する規定、そして、意思表示に問題がある場合などについての規定、両方が揃うことによって私達の生活は守られているのです。

✕ 意思表示は、その通知が**到達**した時に効力が生じる（97条1項）。なお、意思表示者が通知の発信後に死亡した場合等でも、その意思表示の効力を**妨げられない**（同条3項）。

012 代理・復代理

私の行為が「本人」に帰属する　チェック条文　99条～102条、104条～106条

例題 賃貸物件に引っ越すことになった友達が忙しくて契約に行けないらしく、なぜか私が代理で契約をすることに。「代理」って言葉はよく聞くけれど、ちゃんとした意味が正直わからない。私が代わりに契約書を書くことで、私が家賃を払うことになったりしないか不安。そのようなことにならないの？

➡代理による契約でも、契約によって発生する権利や義務は「本人」が持つことになる。代理人が家賃の支払いなどの義務を負うことにはならない。

代理の意味　基本！

代理とは、**本人の代わりに契約などを行い**、その**効果を本人に帰属**させる制度であり（99条）、ポイントは**「効果を本人に帰属させる」**という点です。

効果とは、契約によって生じる権利や義務のことで、売買契約であれば、売主は、売り物（目的物）を買主に引き渡す義務を負うのに対し、買主には、代金を支払う義務が発生します。これをひっくり返して言えば、売主は代金を払ってもらえる権利があり、買主は買ったものを渡してもらえる権利があるということです。

そして、**代理人がした契約でも、あくまでその効力は本人に帰属**しますから、**契約による義務も本人が負い、代理人自身が負うことにはなりません**。「代理」とは、あたかも本人の分身として行為を行うことで、「本人が自ら行った場合と同じ」効力を発生させるものと理解するとよいでしょう。

ただし、もし**代理人が「代理で行っている」**ということを**相手方に伝えなかった**場合、契約の相手方はその代理人自身と契約していると思ってしまう可能性があります。そこで、効果が本人に帰属するためには、**代理人が相手方に対して、「本人のためにすることを示して」法律行為を行う必要が**あります。「これは代理である」ということを伝えなければならないのです。**この行為を顕名**（けんめい）といい、**これがないと代理行為の効果は代理人に生じます**（100条）。

ただし、**顕名がなかった**としても、**相手方が代理であると知っていた場合や、知ることができた場合**は、やはり**本人に効果が生じます**（同条ただし書）。

確認問題　法定代理による代理人は、いつでも復代理人を選任することができる。

代理には大きく２種類ある　基本！

「代理」はその内容によって、次の2つの種類に分けられます。

①任意代理…本人からの依頼によって、代理が行われる場合。
　例）友達に代理人になってもらう、弁護士に裁判を依頼する場合など
②法定代理…法律の規定によって、代理の権限が与えられる場合。
　例）未成年者の親権者など

この2つの代理の判断基準は**「依頼の有無」**と考えればよいでしょう。例題の事例でも「友達」による依頼に基づくので、民法上は**「任意代理」**に分類されます。

代理の代理という制度もある（復代理）

民法は、この代理に加え、**代理人がさらに代理人を選ぶこと（復代理）を認めています**（104条～106条）。この代理人の代理人は、**復代理人**と呼ばれます。復代理人は、原則として、**元の代理人と同じ権限を持ち、復代理人によって契約を行った場合も、その効果が本人に帰属することは、通常の代理と異なりません。**

復代理人は、代理人を支える存在ですが、依頼を受けた代理人自身が何もせず、復代理人に頼りきりになると、本人としては不本意な場合もあるでしょう。そこで、**復代理人の選任**については、**次の制限**が課されています。

【任意代理人の場合】（104条）
　①**本人の許諾**があるときに、復代理人の選任ができる。
　②**やむを得ない**場合にも、復代理人の選任ができる。
【法定代理人の場合】（105条）…**いつでも**復代理人の選任ができる。

法定代理は、当事者の意思ではなく、法律の規定で代理人が決まるので、**いつでも復代理人を選任できます。**

しかし、**任意代理**の場合には、自ら依頼を引き受けた以上、制限が規定されています。「やむを得ない場合」の例としては、契約日の当日になって体調不良となり、本人に連絡してもつながらない、といった状況などが考えられます。

○　法定代理人は法律の規定によって選任され、代理人となる者の意思に基づいてなるものではないことから、復代理人の選任についての制限が規定**されていない。**

013 代理人の権限とその消滅

何ができ、いつ消滅するか　チェック条文 103条、111条

例題 父名義の実家のリフォーム契約を、私が代理で進めていたけれども、父が不慮の事故で他界してしまった。リフォームは父の願いであり、このまま代理を続けて契約を進めたいけれど、それって可能なのかな？

➡代理をお願いした本人の死亡によって、代理は自動的に終了する。そのため、代理で契約を進めることはできない。

代理人の権限はどう決まるか？　基本！

代理人の権限（代理権の範囲）については、**任意代理**であれば**依頼内容**によって決まりますし、**法定代理**であれば**法律で規定**されています。しかし、もし**（任意）代理を依頼したものの、具体的に権限を決めていない場合**はどうなるでしょう。

この点について民法は規定を置いており、**権限の定めをしないで代理人**となった場合は、**下記の３つの行為のみに対して権限がある**ものとされています（103条）。

なお、この規定について、どこかで似たものを見たと思った人は正解です。この権限規定は20ページで話した**「不在者財産管理人」の基本的権限と同じ**なのです。少し視点を変えれば、不在者財産管理人も不在者の代理人という立場ですから、基本的権限として、これらの行為が可能とされているのです。

●代理人の権限について定めのない場合（103条）

①本人の財産の保存行為

本人の代わりに、本人の財産の故障箇所を修理したり、**現状維持に必要な行為**をすること。例）専門業者へ修理を依頼する。日常の清掃を行う。

②本人の財産の利用行為

本人の代わりに**財産を活用**し、**利益を上げる行為**をすること。

例）建物を貸し出して家賃を受け取り管理する。

③本人の財産の改良行為

本人の代わりに**財産の価値を高める行為**をすること。

例）荒れた土地を整地する。

確認問題 任意代理による代理人は、本人が破産してもその代理権を失わないが、法定代理による代理人は、本人が破産するとその代理権を失う。

特殊な代理による権限の制限

特殊な代理の形態によって、代理人の権限が制限される場合も存在します。依頼主が**複数の人に代理の依頼**をして、その**代理人たちは共同して（一緒に）のみ代理行為を行うことができる**、といった制限を設けたケースです。

これは**「共同代理」**といわれ、この場合、**各代理人は1人だけでは何もできません。**仮に「建物を代理で買ってほしい」という依頼であれば、建物購入の契約は、代理人たちが一緒に進めるしかありません。この制限によって、いわば代理人相互が監視し合うような状況をつくることが可能であり、一部の代理人の勝手な行動を防ぐ目的などで利用されています。

代理権はいつなくなる？ ココ注意！

代理人の権限（代理権）は、**以下のような一定の事情の発生で消滅**します。そして、その一定の事情は、任意代理と法定代理で少し異なります。

●代理権の消滅事由（111条） ※「後見開始」とは、成年被後見人になったことを意味します。

事由	任意代理	法定代理
本人の死亡	消滅	消滅
代理人の死亡	消滅	消滅
代理人の後見開始※	消滅	消滅
代理人の破産	消滅	消滅
本人の破産	消滅	消滅しない

ほぼ違いはありませんが、**「本人」が破産した場合、法定代理の場合には消滅しません。**一方で、**任意代理の場合**は、代理人への報酬が発生することも多いため、**本人が破産**してしまうと**報酬の支払が困難**となることが想定されます。そこで、**代理を自動的に終了**させることで、代理人のタダ働きを防止しているのです。ただし、破産後に再度、依頼・受諾して代理を行うことは可能です。

例題の事例でも、代理権を与えた「父」（本人）は死亡していますから、**「私」の代理権は消滅**しており、**以後は代理人として契約を進めることができません。**とはいえ、「父」からの相続が発生しますので、相続人の立場であれば、今度は「私」が実家の不動産の所有者として、契約を進めることができます。

× 本人の破産について、任意代理では代理権消滅事由に含まれるが、法定代理では代理権消滅事由に含まれない（111条1項）。

014 自己契約・双方代理

代理人のやりたい放題はできない！

チェック条文 108条

例題 私は車を売ることにしたけれど、何をどうしてよいかわからない。そこで、車好きの友人に車売却の代理を頼むことに。お願いしたらすぐに相手が見つかったので「どんな人？」と聞いたら「俺！」とのこと。別によいのだけれど、何だか気持ち悪い。代理人自身が契約相手になることはできるの？

➡代理人が契約相手になることを、自己契約という。自己契約による契約は、原則として、効力を生じない。

自己契約と双方代理の意味 基本！

自己契約について、まずは例題の事例を図にしてみましょう。

「友人」は「私」の代理人ですが、**同時に「契約相手」**でもあります。この状態を民法上は**「自己契約」**と表現します。また、この自己契約と似ているケースもあるので、併せて紹介しておきます。

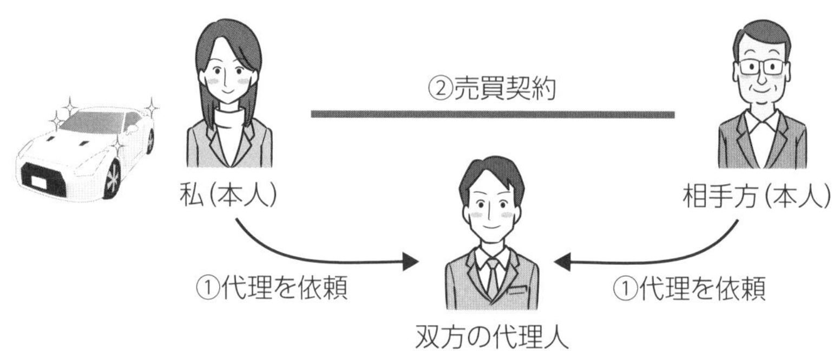

「私」は「友人」に代理をお願いし、契約相手を見つけてもらいましたが、その**契約相手の代理人もまた、その「友人」**です。つまり、**契約当事者双方の代理人が同一人物**というケースであり、これを**「双方代理」**といいます。

確認問題 契約当事者双方の代理人が同一人物である契約を「自己契約」といい、この自己契約は原則として、有効となる。

自己契約や双方代理による契約はどうなるか？

民法上、**自己契約や双方代理によって結ばれた契約**は、原則として、**無権代理によってなされたものとみなされます**（108条1項）。無権代理については、48ページから解説しますが、簡単に説明すると、**権限のない人によって行われた代理**であり、原則として、**効力を生じません。**

このように、原則として、**自己契約等の効力が無権代理とみなされる**理由は、自己契約にしろ、双方代理にしろ、代理人のやりたい放題になってしまう危険性があるからです。例題の事例は自己契約ですが、「友人」は「私」の代理人であり、「私」に代わって契約内容を決定する権限があります。

もし「友人」が代理人の立場で、車を10円で売るという意思を表示したとしましょう。同時に「契約相手」として「買う」と意思を示すことによって、この売買契約は成立してしまい、「私」は10円で車を手放すことになります。

「双方代理」も同様です。契約当事者双方の代理人である「友人」は、やはり自分1人で、契約内容を自由に決められます。「買主の方が好きだから」、「売主が気に入らないから」といった個人的意見を用いたり、優位な立場をまた別の形で悪用しようとするかもしれません。

そもそも代理人とは、単に本人の代わりをするだけでなく、本人の利益のために行動する義務を負っています。そのため、自己契約や双方代理では、代理人自身や契約当事者のうち、好きな方の利益を優先するという矛盾が生じかねません。また、現にそれが民法の規定によって叶ってしまう状態は問題ですから、契約をしてしまったとしても効力は**生じない**（**無権代理**）、と規定しているのです。

効力が生じる場合もある　ココ注意！

契約の効力が生じないとされる自己契約や双方代理ですが、例外規定もあります。**「本人があらかじめ許諾したとき」などは、契約は有効になる**とされています（108条1項ただし書）。具体的には「損をするかもしれないけれど、いいよ」と、**依頼者（本人）が代理人にすべてを委ねる**場合や、**売買に基づく**登記申請など、**すでに締結された契約から発生した義務（債務）の履行のみ**を代理によって行う場合を例外として規定しています。

× 契約当事者双方の代理人が同一人物である場合は「**双方代理**」である。また、自己契約及び双方代理で行われた契約は**無権代理**とみなされ、原則として効力を**生じない**（108条）。

無権代理

勝手に交わされた契約の行方

チェック条文 113条～117条

例題 ある日突然、私の元に請求書が届いた。調理家電なんて買った覚えもなく、何かの詐欺かと思ったら、どうやら知人が勝手に私の代理として契約したみたい。こんなことを頼んだ覚えもない。これは私が支払わなければならないの？

➡無断で勝手に代理人として交わした契約は、原則として、効力を生じない。よって、無権代理行為の追認をしない限り、代金を払う義務はない。

無権代理（むけんだいり）って何？ 基本！

代理人でない人（無権代理人）が、**勝手に代理人と称（しょう）して契約などを行うことを無権代理**といいます。例えば、Bが、Aから代理権を与えられていないにもかかわらず、Cに対してAの代理人と偽って、Aの代理人としてCと売買契約を結んでしまうような場合です。

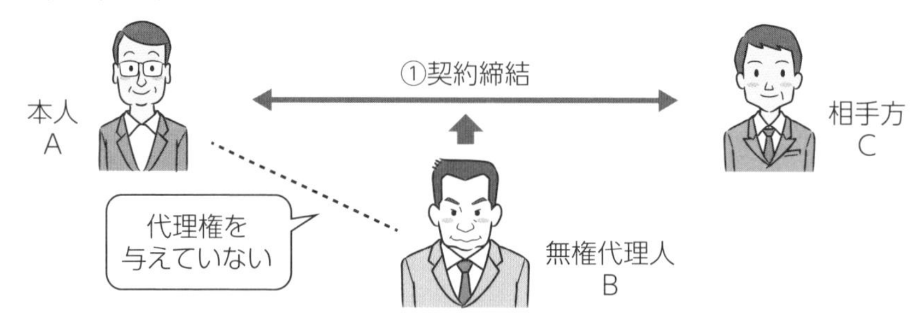

このような**無権代理による契約は、効力を生じないのが原則**ですが、勝手に結ばれた契約であっても、中身を見れば、むしろありがたい契約だったということもあります。そこで、**本人であるAによって、無権代理として行われた契約の効力を発生させることも可能**とされています。このように、**後からその内容を認めて、効力を発生させる行為を「追認（ついにん）」**といいます。

追認したくないときは？ 基本！

無権代理が行われた場合、基本的には、勝手に結ばれた契約に納得ができないことが多いでしょう。よって、この場合は**「追認しない」という意思表示にあた**

確認問題 無権代理による契約は、有効となる余地はない。

る「追認拒絶（きょぜつ）」も認められています。**この追認拒絶がされると、無権代理による契約は無効という形で終了（確定）**します。追認または追認拒絶によって、その契約の有効、無効が決まるというシステムです。

契約相手も救わなければならない！ ココ注意！

以上のように、無権代理をされてしまった本人は「追認」または「追認拒絶」によって救われることになります。しかし、救ってあげなければならない人物がもう1人います。契約の相手方です。

もし本人Aが「追認拒絶」をした場合、契約相手であるCはどうなるでしょうか。「Aの代理人です」と現れたBを信じて協議を重ね、せっかく契約が成立したにもかかわらず、その後に実はBが無権代理人であったことが判明し、加えて、Aの追認拒絶で契約はナシ…となれば、たまったものではありません。このような場合に備え、民法は契約相手にも権利を与えています。

●無権代理の「相手方」の権利

①**催告（さいこく）権**（114条）
②**取消権**（115条）➡本人の**追認前**＋相手方の**善意**が要件。
③**無権代理人**への**責任追及**権（117条） ➡相手方の**善意無過失**が要件。

まず、**上記①の催告権**によってCは、本人Aに対し、期限を決めて「追認するかどうかハッキリ決めて！」と**追認の有無の回答を促す**ことが認められます。もし、その**期限内に回答がない**ときには、自動的に**追認拒絶**の効果が発生します。

さらに、C自身にも今回の契約を良しとしない考えがあれば、**本人Aが追認する前に限り、Cから契約を取り消すことも認められています（②取消権）**。ただし、これは**Cが、Bが無権代理人であることを知らなかった（善意）ことが要件**です。

また、Aの追認拒絶などにより、この契約が無効と決まった場合、**Cは上記③の権利を行使**し、**無権代理人であるBに対して損害賠償などを請求**することも認められています。ただし、これはCが、Bは無権代理人であるということを**知らず**、かつ、**知ることができなかった（善意無過失）**ことが要件となっています。

✕ 無権代理による契約であったとしても、本人の**追認**によって契約は有効と**なりうる**（113条1項）。

016 表見代理
無権代理でも有効となる場合
チェック条文 109条～110条、112条

例題「知人」が私の代理人と偽って、勝手に買い物を繰り返していたことが判明。以前、この知人に代理を頼んだことはあったけれど、すぐに「やめた」と伝えたし、こういうのは無権代理で、契約の効力は発生しないと聞いている。私宛の請求書も届いているけれど、放っておいても大丈夫だろうか？

➡場合により表見代理が成立する場合がある。その場合、契約は有効となる。すぐに契約の相手方が善意無過失かどうかを確認する必要がある。

無権代理の例外？ 基本！

前テーマで述べたとおり、無権代理による契約は、ひとまず効力が生じず、その後の本人による追認や追認拒絶によって決着がつくものです。しかし、**無権代理の中にも一定の例外**が存在し、これを**「表見代理（ひょうけんだいり）」**といいます。表見代理には、次の3つのケースが規定されていて、このいずれかに該当する場合は、**一定の条件下において、無権代理による契約の効果が本人に帰属**します。

●3つの表見代理

①**代理権授与（じゅよ）の表示**による表見代理（109条）
②**権限外の行為**の表見代理（110条）
③**代理権消滅後**の表見代理（112条）

3つの表見代理の内容 基本！

まず、**代理権授与の表示**による表見代理とは、次のようなケースです。

確認問題　権限なき代理人が本人の代理人として締結した契約は、本人による追認がなされた場合を除いて、すべて効力を生じない。

BはAの代理人ではないにもかかわらず、代理人としてCと契約を結んでしまったという場合です。本来は無権代理の典型例ですが、この**契約前、AはCに対して「Bに代理権を与えたよ！」と伝えていました。**ところが、**実際にはAはBに代理権を与えることはなく、**その後、Bが「Aの代理人です」と称して、Aの代理人としてCと契約に至ったというケースです。

次に、**権限外の行為**の表見代理とは、次のようなケースです。

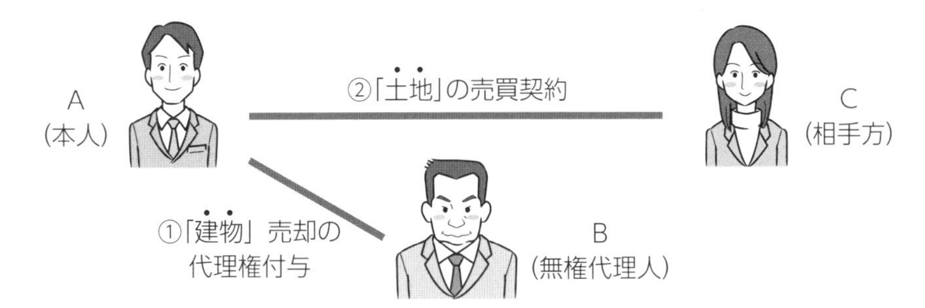

BがAの代理人ではないにもかかわらず、代理人と称して、A所有の**「土地」**をCに売却しました。しかし、BはAから土地ではなく**「建物」**の売却について代理権を与えられていたというケースです。つまり「建物」の売却の代理という範囲を超えて、権限外の「土地」まで代理で売ってしまったのです。

そして、**代理権消滅後**の表見代理とは、**一度は代理人に選任**したものの、**契約時には代理権が消滅**していたというケースです。

これら3つのケースでは、いずれも代理権のない者よる契約が締結されているため、**厳密には無権代理**になります。しかし、**代理権がないことに相手方が善意無過失**であることなどを条件に、**これらの契約は有効**になります。

無権代理があった場合は、勝手に契約を結ばれてしまった本人のことを考慮して、契約の効力を発生させない形で本人を保護しています。しかし、**表見代理のケース**では、いずれも**正当な代理人であると勘違いしてしまう可能性が高い**ものといえるでしょう。本人と相手方のどちらを保護すべきかという表裏一体の関係性のなか、特に無権代理であるとは気づきにくい3つケースに限っては「表見代理」と定めることで、契約相手の保護を図ろうとしているのです。

✕ 本人の追認がなかったとしても、一定の要件の下、**表見代理**の成立によって契約は有効と**なりうる**（109条、110条、112条）。

017 条件・期限
契約の効力の発生時期

チェック条文 127条～137条

例題 父に腕時計を譲って欲しいとお願いしたら、「気が向いたらあげる」なんて曖昧な返答があった。いつになるのかわからないし、そもそも気が向くことなんてあるのだろうか。貰えるなら贈与契約ってことだろうけど、これってどういう契約になるの？

➡「気が向いたら」のような、物を差し出す側（債務者）の気持ち次第で決まる条件を随意条件という。このような物を差し出す側の意思に左右される「随意条件」が付いた贈与契約は、無効である。

「条件（じょうけん）」と「期限（きげん）」の違い　基本！

契約には「○○になったら」という条件や、「○日になったら」という期限が付されることがあります。「条件」と「期限」は似た言葉ですが、**満たす日が「必ず来るか否か」**という点で明確に区分されています。

条件は、それが満たされることがあるのか否かが不確定なものを指します。「試験に合格したらこれをあげる」という約束をしても、残念ながら合格の日を迎えることができない場合もあるでしょう。そのため、これは「**条件**」を定めたものと扱われます。

一方、**「期限」は、必ずその日がやって来るもの**を指します。「『○月○日に』これをあげる」とあれば、その日は必ずやってきますから、これは「**期限**」を定めたものと判断できます。

● 「条件」の種類

①**停止（ていし）条件**…法律上の**効果を「発生」**させるための条件。 **条件が整うまで、効果が発生**せず、**停止**しています。 ②**解除（かいじょ）条件**…法律上の**効果を「消滅」**させるための条件。 **条件が整うまで効果が**発生し、**整うと効果が**解除されます。

上の**「試験に合格したらこれをあげる」**というのは**典型的な停止条件**の例です。試験に合格することによって「これをあげる（贈与する）」という法律上の効果が

確認問題 その条件が整うことで、すでに発生していた契約の効力を消滅させる条件を停止条件といい、逆に契約の効力を発生させる条件を解除条件という。

発生するからです（127条1項）。なお、例題の事例のような**随意**（ずいい）**条件である停止条件が付された契約は、**無効です（134条）。

これに対して、「いますぐにこれをあげるけど『試験に不合格だったら』返してね」という場合、「試験に不合格だったら」の部分が解除条件となります。「これをあげる」という贈与の効果はすぐに発生するものの、「試験に不合格」という条件を満たしてしまうと、この贈与がなかったことにされてしまうからです（127条2項）。

●その他、主な条件に関する規定

①不法（ふほう）**条件**

違法なことをすること、**違法なことをしないことを条件とする契約**などは無効となる（132条）。

②不能（ふのう）**条件**

不可能な停止**条件を付けた契約**は無効であり（133条1項）、**不可能な**解除**条件を付けた契約**は無条件（**条件なし**と同じ）となる（同条2項）。

上記②は、具体的に考えてみましょう。まず、「不可能な停止条件」とは、「木星に行ったら100万円あげる」といった条件です。これは、まず不可能な条件です。この**不可能な条件を**停止**条件として付けた**場合、**効果が発生することはないため、契約は**無効となります。

しかし、これを解除**条件として付けた**場合は、**条件がないに等しい**ため、**無条件の契約として**有効です。

期限の種類について　基本！

「期限」については、「確定期限」と「不確定期限」に分類されます。期限ですから、その日は必ずやって来ますが、「いつ来るのかがハッキリわかるか否か」という点で異なります。「○月○日」や「18歳になったら」という決め方は、その瞬間に時期を把握することができるため「確定期限」になります。

対して、**「不確定期限」は、その到来時期が不明確**な期限です。「○○さんが亡くなったら」といった期限は、「いつか必ず」とは言えますが、明確に発生時期を把握できません。

× 停止条件は、条件が整うことで、契約などの効力を発生させ、解除条件は効力を消滅させる条件である（127条1項、2項）。

018 取得時効

他人の物も私の物になる

チェック条文 162条～165条、187条

例題 実家は畑を持っていて、先祖代々野菜を作っている。しかしある日、知らない人がやってきて「俺の土地だから返せ！」とトラブルになった。よくよく調べると、土地の名義はその人のものになっているみたい。これまでずっと使ってきたのに、やっぱり畑（土地）は、返さなければいけないのか？

➡「他人の物であっても、一定期間の使用（占有）があれば、時効によって取得することができる。よって、必ずしも返さなければならないとは限らない。

取得時効（しゅとくじこう）とは？ 基本！

所有の意思をもって、平穏（へいおん）に、かつ、公然（こうぜん）と他人の物を一定期間占有することによって、他人の物の権利を取得するのが取得時効の制度です。つまり、他人の物であっても、一定の要件で、一定期間占有している（持っている）状態を続けると、自分の物になるということです。

「所有の意思」とは、「自分の物である」という意識で持っている（＝占有する）ことであり、人から借りている場合など、他人の物である意識の上で占有を継続したとしても、取得時効は成立しません。

この「自分の物」という意識での占有を「自主（じしゅ）占有」、他人の物であるという意識の上での占有を「他主（たしゅ）占有」といいます。そして、取得時効は、自主占有の継続によって初めて成立します。

また、人から奪ったものや、隠し持っているような状態では、「平穏に、かつ、公然と」の部分を満たしませんので、やはり取得時効の対象外となります。

●取得時効の要件

- 所有の意思を持った占有（自主占有）であること
- 平穏かつ公然に占有すること
- 他人の物を占有すること※
- 一定期間の占有をすること

※「自分の物」を占有していた場合でも、裁判において立証の手間を省くため、取得時効が成立するという裁判例もある。

確認問題 たとえ自分の所有物ではなかったとしても、友人から借りた物を20年間占有すれば、時効によって所有権を取得する。

「一定期間の占有」とは、具体的にどのくらいか？ 基本！

取得時効の要件の最後に**「一定期間の占有」**とありますが、原則として、**20年間の占有の継続が必要**とされます（162条1項）。

しかし、**占有の開始時に自己の所有物でないことを知らず、かつ、その点に落ち度がなかった（善意無過失）**ときは、**10年間の占有で取得時効が成立**します（同条2項）。

期間計算の例外について ココ注意！

取得時効に必要な20年や10年という占有期間は、占有開始時をスタートとして計算するのが原則です。しかし、これには例外があります。祖父から、父、自分（私）と代々、土地の占有を続けてきたケースを例に考えてみます。

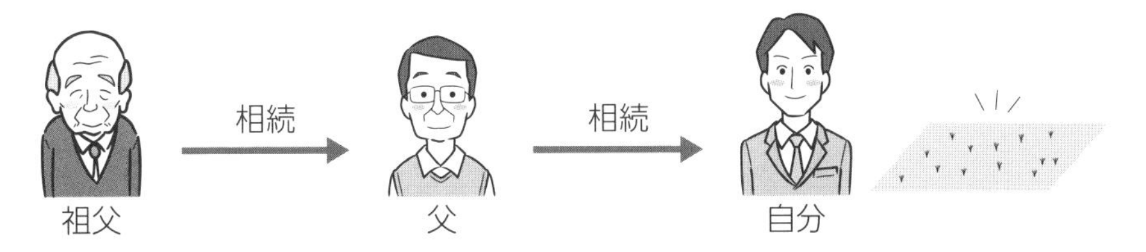

本来であれば、「私」は自身の占有開始時を基準に、占有期間の計算をします。しかし、占有については、**自身の占有期間だけを主張することも、それに加えて、前の占有者、つまり先代のお父さんや、先々代のおじいさんが占有していた期間も合わせた形で主張することも認められています**（187条1項）。この場合、過去の占有も含めた方が有利に思えますが、少し注意が必要です。

というのも、取得時効に必要な占有期間が20年となるか10年となるかは、**占有開始時に善意無過失かどうかで決まります。**そして、**前の占有者の占有期間を合わせて占有期間を主張する場合**は、**前の占有者の瑕疵（かし）（欠陥（けっかん）というイメージ）をも引き継ぎます**（同条2項）。

つまり、「私」の占有が善意無過失で始まっていたとしても、**前の占有者、先代の占有が悪意や有過失で始まった**ものであれば、その**悪意なども引き継ぐ**ことになり、**合計20年間の占有期間が必要**となるのです。

✕ 「借りている」状態は**自主占有ではない**ため、その物を20年間占有していたとしても、取得時効は成立**しない**（162条1項）。

019 消滅時効

眠る権利に保護はナシ

チェック条文 166条～169条、145条

例題 突然友人が家に押しかけてきて、私を見るなり「早くお金返して！」といった。そういえば、かなり昔にその友人からお金を借りたことが。忘れてた私も悪いけど、これまで何も言ってこなかったのに、返さないといけないの？

➡一定期間の経過によって権利は消滅する。返す必要がない場合もある。

消滅時効(しょうめつじこう)とは 基本！

実際にあった権利であったとしても、**しばらく行使しないことで消滅**してしまう制度が**消滅時効**です（166条）。これは「眠る権利に保護なし」という制度です。

●債権の消滅時効の要件（原則、166条1項）

①権利を持つ者が、**権利を行使できることを知ってから5年間その権利を行使しない**こと
②権利を持つ者が、**権利を行使できる時から10年間その権利を行使しない**こと

一般的には、**上記①又は②の期間の経過**をもって、**権利（債権）は消滅**します。例えば、AはBにお金を貸して、Bの給料が入り次第、返してもらうことになっていました。しかし、お金を貸したAが、いつまで経っても返済を求めないというケースでは、Bが給料を取得し、AがBに対して「お金を返して！」といえる状態になったことを**知った**（**権利を行使できることを知った**）時から**5年**経過したときは、上記①の消滅時効によって、Aの権利が消えてしまいます。

加えて、Bが給料を取得した（**権利を行使できる**）時から**10年**の経過によっても、上記②の消滅時効によって、Aの権利は消えます。Bは①又は②のうちのどちらかが先に到来すれば、消滅時効であることをAに伝え、返済の義務を免れることができるのです。

例題の事例では、お金の貸し借りが行われたときの取り決めの内容が重要です。いつ返すという内容であったのか、何をもって返済時期が到来するのかという返済時期の定めによって、消滅時効を主張できるかが決まります。

確認問題 ある物に対して所有権を有していたとしても、その権利の不行使を継続することで、所有権は時効によって消滅する。

その他の消滅時効について ココ注意！

消滅時効とはいっても、**対象となる権利の内容**によって、**消滅時効の要件や内容が異なります。**ここでは重要な2つの権利について紹介しておきます。

●重要な権利の消滅時効の期間

(1) 人の生命又は身体の侵害による損害賠償請求権（167条）

①権利を持つ者が、**権利を行使できることを知ってから5年間その権利を行使しない**こと

②権利を持つ者が、**権利を行使できる時から20年間その権利を行使しない**こと

(2) 所有権…消滅時効の対象にならない（166条2項）

上記(1)について、**①は前ページの消滅時効の原則①と同じ**です。しかし、「生命又は身体」の重要性から、**②の部分は「10年間」から「20年間」に延長**されています。

また**上記(2)**に関して、**所有権はいくら権利行使をしない（使わない）状態が継続しても、消滅時効で所有権が消えることはありません。**ただし、もし誰かがその物を占有し始めて、一定期間の継続があれば、前テーマで解説した取得時効の問題になる（その誰かに所有権を取得されてしまう）ことはあります。

消滅時効の効力はいつ発生するのか？ 基本！

一定期間の経過をもって権利が消滅する消滅時効ですが、実は、期間の経過のみで自動的に権利が消滅するものではありません。

「時効の利益を受けることを伝える」ことを**「時効の援用（えんよう）」**といい、この**時効の援用があって初めて時効の効力が発生**するものと考えられています（145条）。

つまり、消滅時効に必要な期間が経過しても、債務者が「ちゃんと返済するんだ！」と考える場合、時効の援用をせず、ちゃんと返済することもできます。時効の援用をすることも1つの権利ですから、必ず利用する必要はなく、その権利行使は、債務者に委ねられるということです。

✕ 所有権は時効によって消滅することはない（166条2項）。

020 時効の完成猶予と更新

眠れる権利が目を覚ます？　（チェック条文）147条〜161条

例題 昔は色々と物入りで…消費者金融からお金を借りたことがあった。まだ返済できていないけれども、時間が経てば消滅時効で返す必要はないと聞いている。訴訟を提起するとの書類が来たけれど、このまま放っておいた方がよいのかな？

➡一定期間の経過があっても、裁判等によってその期間がリセットされることがある。よって、期間の経過によって、消滅時効になるとは限らない。

時効の「ストップ」と「リセット」　基本！

時効とは、一定の期間の経過（時効の完成）をもって権利の変化を生じさせる制度ですが、これとともに、**その期間の進行をストップ**させたり、**リセットさせる「時効の完成猶予（かんせいゆうよ）・更新（こうしん）」**という制度も民法で規定されています（147条等）。

時効の完成は、権利者が権利を眠らせて放置した結末であり、積極的に権利を使用しようとする姿勢がある場合、そもそも時効という制度には馴染みませんし、そういった人が権利を失うことは好ましくありません。そのため、その積極的な姿勢を考慮する規定が置かれているのです。それが**「時効の完成猶予」**と**「時効の更新」**という制度です。

時効の完成猶予　基本！

時効の完成猶予について、事例をもとに解説していきましょう。Aは、Bにお金を貸し、Bの次の給料が入り次第、返してもらうことになっていました。しかし、Aはいつまで経っても返済を求めなかったという事例です。

確認問題　AがBに金銭を貸していた場合、AがBに対して金銭を返還せよと催告することによって、当該債権の消滅時効は更新される。

消滅時効に必要な期間まであと1か月と迫ったある日、Aは、初めてBにお金を返してほしいと告げました。しかし、Bは消滅時効を期待して、のらりくらりとごまかしてやり過ごし、さらに1か月が経過した後、Aに対して「消滅時効だから返さない」と迫ったとします。

しかしこの場合、Bの企(くわだ)ては失敗します。というのも、**Aがお金を返してほしい旨をBに告げる（相手方に一定の行為を要求する）行為を「催告(さいこく)」**といい、この**催告を行うことで消滅時効の期間の経過が一度ストップ**し、**その後6か月が経過するまで、その期間が再進行しない**ことになっているためです（150条1項）。これが**時効の完成猶予**という制度です。

時効の更新　基本！

上記のように「催告」により時効の完成が猶予されたことを前提に、さらに**Aが猶予期間中に裁判を起こして、Bに返済を迫った**とします。そして、**Aはこの裁判で勝訴し、裁判所によってAの権利が確認された**としましょう。

この場合、**これまで経過してきた時効の期間はすべてリセット**されることになります。このように、**それまでの期間経過をすべてゼロに戻してしまう制度が時効の更新**です（147条2項）。

●主な時効の完成猶予及び更新事由

①**裁判上の請求**（147条）
裁判中は時効完成が猶予され、その訴えを認める**判決によって時効が更新**される。

②**強制執行・担保権実行**（148条）
これらの手続中は時効完成が猶予され、**手続終了によって時効が更新**される。

③**仮差押え・仮処分**（149条）
これらの手続終了後の6か月間は、時効完成が猶予される。

④**催告**（150条）
催告から**6か月間**は、**時効完成が猶予**される。

⑤**協議を行う旨の合意**（151条）
原則として、**合意から1年間**は、**時効完成が猶予**される。

× 催告によって**6か月間**、時効完成が**猶予**されるものの、時効の更新の効果は**生じない**（150条1項）。時効の更新がされるには、猶予期間中に**裁判上の請求**等が必要となる。

021 物権
物への権利と人への権利の違いとは

チェック条文 175条

例題 私が家も敷地も所有している自宅に帰ると、家の敷地内に知らない車が。すぐに移動させてほしいけれど、私の車じゃないから勝手に動かすわけにもいかない。こういう場合、法律ではどうなっているの？

➡物の所有者には、物権的妨害排除請求権が認められている。よって、自分の土地の利用を邪魔している車の持ち主には、すぐに移動させるよう請求できる！

物権というもの 基本！

民法は、人が持つ様々な権利について規定していますが、それらの権利は**「物権」と「債権」に大別**されます。**債権とは**、契約などに基づいて、**特定の人が、特定の人に対して何かを求めることができる権利**です。「特定の人」が「特定の人」に対して何かを求める権利ですから、「別の人」に同じことを求めるためには、別途その人との契約などが必要です。

一方、**物権は、人の物に対する権利**と考えてよいでしょう。**物権は、物に対する絶対的な権利であり、その結果、「誰に対しても」自身は「この物に対する権利がある」と主張できます**。この本を購入した皆さんは、この本の持ち主であることを、購入したお店だけにではなく、誰に対しても言えます。

また**「一物一権主義」**（いちぶついっけんしゅぎ）といって、**1つの物に対しては1つの物権しか存在しない**のが原則です。つまり、同じ物には同じ権利が存在しないのが原則なので、**自身の持つ物権を行使**するにあたり、**他人がこれを阻害する行動**をするときには、**物権にはそれを排除する力**があります。この性質は**「排他性」**（はいたせい）と表現されています。

さらに、債権は契約等の人と人との約束の中で生まれる権利であり、その内容は契約によって多様に存在します。しかし、**物権は民法等の法律に規定されているものしか存在せず、勝手に新たな物権を創設することはできません**（175条）。これは**物権法定主義**（ぶっけんほうていしゅぎ）と呼ばれています（物権の種類は次ページ参照）。

これぞ物権の力？ 基本！

物権は、誰に対しても主張できる絶対的な権利ですから、**他人が自分の物を盗**

確認問題 物権的請求権は、物権的返還請求権、物権的妨害排除請求権、物権的妨害予防請求権の3つに分けられ、民法の条文上において、明確に規定されている。

んだ場合や、**権利行使の妨害**となる行為をするときには、**直接にその相手に対して自身の権利を主張し、その権利の回復を求めることができます**。明確な条文こそ規定されていませんが、この権利は「**物権的請求権**」と呼ばれ、絶対的な物権であるからゆえに、法律上当然に認められるものとされています。

そして、**物権的請求権は**、侵害内容に応じて「**物権的返還請求権**」、「**物権的妨害排除請求権**」、「**物権的妨害予防請求権**」の3つに分けられ、現実の侵害に対してのみならず、侵害が予期される場合にも、あらかじめ行使することによって、その保全を図ることが認められています。ここで物権の種類（分類）も概観しておきましょう。

●物権の分類

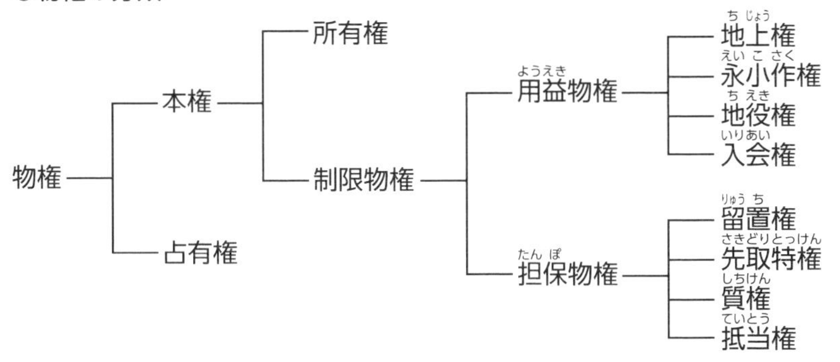

例題の事例では、「私」の土地、つまり、**物権の１つである「所有権」を有する土地に他人が無断で駐車**しています。この行為は「私」の所有権（物権）を侵害する行為なので、**「私」は自身の所有権に基づく物権的妨害排除請求権を行使**して、その**他人に対して「車を移動せよ！」と請求することができます**。

なお、このような権利は、当然のことのように感じるかもしれませんが、**法律の世界では、人が人に対して何かを求めたり、行動を制約するには、法律上の根拠**が必要です。そういった根拠がなく、不明確な常識や感情のみに従って相手に無理強いをすれば、逆にこちらの行動が何らかの犯罪となってしまう可能性さえあります。物権という強固な権利は、それ自体を守ろうとする行動にまでも法律的な根拠を与えている点で、とても重要なのです。

✕ 物権的請求権は**物権的返還請求権、物権的妨害排除請求権、物権的妨害予防請求権**の3つに分けられるが、条文上において規定されている権利**ではない**。

022 不動産物権変動

「先に買ったもん勝ち」ではない　チェック条文 176条～177条

例題 マンションの購入を考えていて、ようやく気に入ったところが見つかった。ところが、引っ越しも済ませて荷解きをしていたら、突然「ここは俺の部屋だ！」と知らない人が乗り込んできた。話を聞けば、その人も同じ不動産屋さんから同じマンションを買ったようで、どうやら二重に契約がされていたみたい。でも、買ったのは私が先のようだし、この場合、私が優先されるよね？

➡不動産の二重譲渡があった場合、その優劣は登記の前後で決まる。よって、先に契約をしたからといって、優先されるわけではない！

不動産物権変動（ふどうさんぶっけんへんどう）の「対抗要件（たいこうようけん）」とは　基本！

民法では、**ある物権の内容が変わったり、発生したり、消滅することの変化を総称して「物権変動」**と表現しています。自分の持っている物（自分が所有権を有する物）を売れば、その売主は所有権を失い、代わって買主が所有権を取得することになります。ここでは所有権という権利の消滅と発生が存在しますから「売買契約によって物権変動が生じた」と表現されるのです。

また、民法では「対抗要件」という言葉が出てきます。**「対抗要件」**とは、物権変動によって**ある物権を取得したり、失ったり、またはその内容を変更したこと**を、**契約当事者ではない、全くの他人に主張するための条件**と考えるとよいでしょう。

上図のAは、自身が所有する土地をBに売りました。買主であるBは、この売買によって、この土地の所有権を取得します。しかし、Bが「所有権を取得した。これは自分の物だ！」ということを**契約当事者である「A以外」の人に主張（対抗）**するためには、原則として、**対抗要件を備える必要**があります。

そして、**不動産の物権変動における対抗要件とは「登記」を備えること**であると民法は規定しています（177条）。登記とは、不動産の名義のことと考えてくだ

確認問題　不動産の二重譲渡があった場合、その優劣は、当該不動産の譲渡があった日の前後で決することとなる。

さい。つまり、**Bはこの土地の名義をAから自身に移す手続(登記手続)をしないと、他人に「自分が所有者だ!」と主張できません**。

例題の事例では、「私」は乗り込んで来た「知らない人」に対して、「この部屋は私のものだ!」と反論したいわけですが、そのためには、**対抗要件の有無が決め手**になります。その部屋の登記名義が「私」になっていればよいですが、登記手続を行っていない場合は、その部屋が「私」のものであることを主張**できません**し、むしろ相手の名義になってしまっている可能性さえあります。

この事例のように**二重譲渡がなされた場合、「どちらが先に買ったか」は、法律上の優劣には関係がなく、登記(名義)の有無によって優劣が決められます。なぜなら、不動産物権変動の対抗要件は「登記」であると民法で規定**されているからです。

「対抗要件」がなくてもよい場合もある! ココ注意!

以上のように、「**不動産**」に関する物権変動を他人に主張するためには、**対抗要件である登記が必要**となりますが、**一定の他人**に対しては、例外的に**登記がなくても権利を主張できる**とされています。

●登記がなくても権利が主張できる主な相手

①売主などの**契約当事者**
②売主などの**契約当事者の相続人**
③**背信的悪意者**(はいしんてきあくいしゃ)(対抗要件の制度を悪用する者)
④**詐欺又は強迫**によって登記申請(対抗要件を備える手続き)を**妨げた者**

①の契約当事者やその相続人については、**登記なくして自分が所有者等であることを主張できます**。自分で契約をしている以上、当然のことだからです。そして、**③の「背信的悪意者」**とは、対抗要件の制度を悪用する目的で、わざと二重譲渡となるよう不動産を購入して、自身の登記名義をいち早く備え、対抗要件を備えていない別の買主に対して後から高値でさらに売りつけようとする者などを指します。本来は「登記を備えた方の勝ち」となるはずですが、このような者に対しては、**登記なくして権利を主張できる**と考えられています。

× 不動産の物権変動の優劣は、不動産の**対抗要件(登記)**によって決するため、譲渡があった日の前後で決まるもの**ではない**(177条)。

023 占有権

「持っている」ことも権利　チェック条文　180条、197条～200条

例題 友人から本を借りたので、今日はカフェでゆっくり読書をしていた。しかし、少し目を離したすきに隣の席の人が本を持って行ってしまった。すぐ追いかけて「返して！」って言いたいけれど、私は本を借りている立場だし。私にはどんな権利があるのかな。こういうときってどうすればよいの？

➡借りている（占有している）立場でも、その占有が奪われたときは、占有回収の訴えによって、その者の返還を請求することができる！

「占有権」というものの意味　基本！

客観的に**「持っている」という状態**、つまり**物を事実上支配している状態を「占有」**といい、民法は、**自らのために所持する意思をもって占有する権利を「占有権」**と表現しています（180条）。

例えば、ある物の「所有者」は、その物に対して「**所有権**」を持っていますが、さらに、**その物を現実に自ら所持**しているのであれば、**同時に「占有権」も有している**ことになるのです。

ただし、物を「所持している」「持っている」という状態は、自分の所有物に限られるものではありません。上記事例のように、友達から物を借りていたり、預かっているような場合、その物は「友人のもの」ですから、その所有権は友人にあり、自らにはありません。

しかし、**借り物や預かり物であっても、**客観的には、自身の支配下にある（手のうちにある）わけですから、**自身には占有権が認められます。**つまり、所有権**は「誰のものであるか」という概念**であるのに対し、占有権**は「誰が現実に所持（支配）しているか」ということに関する概念**なのです。

少し極端な例ですが、**人の物を盗んだ泥棒には、その物の**所有権**こそありませんが、**現実にその物を支配して所持している以上、占有権**がある**ことになるでしょう。

また逆に、この**盗品の元の所有者は、**所有権**を失うことにはなりませんが、**占有権**は失っている**のです。

確認問題　ある物に対して所有権を有している者は、民法上、同時に占有権を有することはない。

なぜ「占有権」という権利があるのか？

しかしなぜ、このように占有権という権利があるのでしょうか。少し難しい表現になりますが、**「所持する」「手に持っている」という客観的な状態にも法的な保護を与える**ためです。

例えば、自身の所有物を誰かに盗まれた場合、「自身の所有権を侵害された」ことになるため、**所有権を根拠**に盗んだ人に対して、その**所有物の返還を求めることが可能**です。

しかし、盗んだ人が素直に返してくれないため、仕方なく裁判になった場合、その物が**「私の所有物」であることを証明する必要**があります。その物にきちんと名前でも書いてあればよいですが、「所有権」が上手く証明できないこともあるでしょう。証明ができなければ、裁判に負けてしまうことがあります。

この点、**「占有権」の侵害行為の有無は、**客観的に判断できます。**「持っていた」ことを「奪われた」と証明できればよい**のです。そこで、民法は占有という状態に権利を与えて、裁判になったとしても侵害された側が守られるよう働きかけているのです。つまり、「権利」というものが目に見えないものであるがゆえの不都合を、「占有権」という目に見える概念を活用して、法的に保護しているということです。

そして、例題の事例では、「私」は借り物の本を盗まれてしまいましたが、これは「私」の「借りている」という「占有への侵害行為」に他なりません。このような場合に備え、民法は占有権について、以下のように一定の権利を与えています。

●占有の侵害に対する権利（占有訴権）

①**占有回収の訴え**（200条）
占有が奪われた場合に、その**返還**と**損害賠償**を請求できる権利。

②**占有保持の訴え**（198条）
占有が妨害された場合に、その**妨害の停止**と**損害賠償**を請求できる権利。

③**占有保全の訴え**（199条）
占有が妨害されるおそれがある場合に、その**妨害の予防**又は**損害賠償の担保**を請求できる権利。

× 所有権と占有権は同時に有することができる。所有権と占有権は全く別の概念であり、ある物に対する所有権を有することで、その者の占有権を否定する理由にはならない。

024 所有権

絶対的な権利…だけど!?

チェック条文 206条、239条~248条

例題 少し前に大事にしていたスカーフを落としてしまった。すごくショックだったけれど、諦めがついた頃に、なぜか友人がそれを持っているのを発見。一点物だし、絶対に私のスカーフだけど、これって返してもらえるのだろうか？

➡遺失物は、一定の手続きを経ると拾った人の物になってしまう。よって、元は自分の物であったとしても、返してもらえないこともある！

所有権の「原始取得」 基本！

所有権というものは、イメージしやすいと思います。前テーマの「占有権」の解説でも登場しましたが、**「誰のものか」「誰が持ち主か」というのが所有権の概念**です。そして、**所有権は、自身の下で新たに発生して取得**する場合と、**誰かから譲り受ける形で取得**する場合に大別され、**前者を原始取得、後者を承継取得**といいます。それぞれの内容を見てみましょう。

まず、**自分の下で、新たに生まれた所有権を取得する形式が原始取得**です。原始取得のケースは、以下のように民法で規定されています。

●主な所有権の原始取得

①**無主物の帰属**（239条）
誰も所有者がいない物は、所有の意思をもって占有した人が所有権を取得する。

②**遺失物の拾得**（240条）
遺失物は、一定の手続きを経れば、拾得した人が所有権を取得する。

③**埋蔵物の発見**（241条）
埋蔵物は、一定の手続きを経れば、原則として、発見した人が所有権を取得する。

④**付合**（242条～244条）
付合した物（2つ以上の物が合わさった物）は、状況に応じて、一定の人が所有権を取得する。

例題の事例は、上記②に関する話です。遺失物については、遺失した事実だけ

確認問題 埋蔵物を発見した者は、法律に規定する一定の手続きを経ることで、その所有権を承継取得することができる。

では、その持ち主は所有権を失いません。しかし、その拾得者が法律の規定に従って公告（主に警察署の掲示板への掲載）を行い、その後3か月を経過しても持ち主が現れない場合は、拾得者が所有権を取得します（240条）。この場合の拾得者の所有権は、元々の持ち主から引き継がれて取得（承継取得）する形式ではなく、原始取得になるということです。この結果、元の所有者の所有権は「反射的に消滅する」と考えるのです。

所有権の「承継取得」 基本！

誰かの所有物を売買や贈与によって譲り受けたような場合は、前の持ち主から所有権が引き継がれます。この場合、自分の下で所有権が新しく発生する形ではないため**「承継取得」**となります。この承継**取得では、元々の所有権に何らかの制限が付いていた場合、その制限も**引き継がれるのが特徴です。

そして、この承継取得は、さらに2つに分類されます。**所有者の死亡や会社の合併（がっぺい）による消滅**によって、**相続人や合併後の会社が元の所有権を引き継ぐ形態を「包括（ほうかつ）承継」、売買などの譲渡による場合が「特定承継」**と表現されています。

16ページで述べましたが、人は生まれることによって権利能力を取得し、亡くなることでこれを喪失します。人が亡くなれば権利や義務を持つことはできませんから、所有権を含めた故人の権利は、原則的には、すべて相続人が引き継ぐことになります。**会社の合併についても相続と同じく、すべての権利が「包括」的に「承継」されるため「包括承継」**と呼ばれます。

そして、売買契約などの目的とされた**特定の権利だけが移転するのが「特定承継」**です。この包括承継と特定承継は、民法を始め、法律の学習においては重要な用語です。それぞれのケースで適用される法律の規定が異なることもあるので、混同しないよう注意しましょう。

✕ 埋蔵物の発見による所有権の取得は、**原始**取得である（241条）。

025 所有権（相隣関係）

お隣さんと仲良くするには？

（チェック条文）209条～238条

例題 測量事務所の人が来て、「お隣の壁を作るために測量をするから、私の家の敷地に入らせてほしい」って。私が所有する土地だし、どうするかを決めるのは私だと思うけれど、承諾しなければ、勝手に家の敷地に入ることはできないよね？

➡境界の測量など、一定の目的がある場合には、所有者の承諾がなくても隣地を使用することができる。ただし、日時や使用の目的などの通知が必要だ！

相隣関係（そうりんかんけい）って何？　基本！

隣り合って接している土地の所有者同士の関係を**相隣関係**といい、民法は相隣関係についての規定を置いて、その調整をはかっています。本来、土地の所有者は自分の土地を自由に使えるはずですが、**隣人どうしの円満な土地利用**のため、**自分が所有する土地であっても制限が課されることがある**のです。

●主な相隣関係の規定

①**隣地使用権**（209条）

②**囲繞地（いにょうち）通行権**（210条～213条）

ある土地が他の所有者の土地等に囲まれ（囲繞地）、公道に接していない場合、囲繞地の所有者が公道まで他の所有者の土地を通行できる権利。

③**水流に関する規定**（215条～222条）

土地の所有者は、自然の高低差から生ずる隣地からの流水を妨げてはならない、等。

④**囲障境界設置権（いしょうきょうかいせっちけん）**（223条～232条）

所有権の異なる2棟の建物の境界に、囲障（塀や垣根等）を設置できる権利等。

⑤**竹木切除権（ちくぼくせつじょけん）**（233条）

⑥**境界線隣接地帯（きょうかいせんりんせつちたい）に関する規定**（234条～238条）

建物を築造するには、境界線から50cm以上の距離を保つ規定等。

なお、①**の隣地使用に関する209条**と、⑤**の境界を超えた竹木に関する233条**等は、令和3年に改正された部分です。⑤**について、隣地の竹木の枝が境界線を越**

確認問題 隣地との境界付近で自宅を改築する場合、住家に立ち入る場合でなければ、隣地居住者の承諾なく、隣地を使用することができる。

えるときは、その竹木の所有者に、その枝を切除させることができます。しかし、竹林の所有者が枝を切ってくれない場合を想定し、切除の催告から相当期間の経過をしても切除してくれない場合、自ら切除することができる等の規定が追加されました。

●相隣関係（隣家の竹木の侵入）

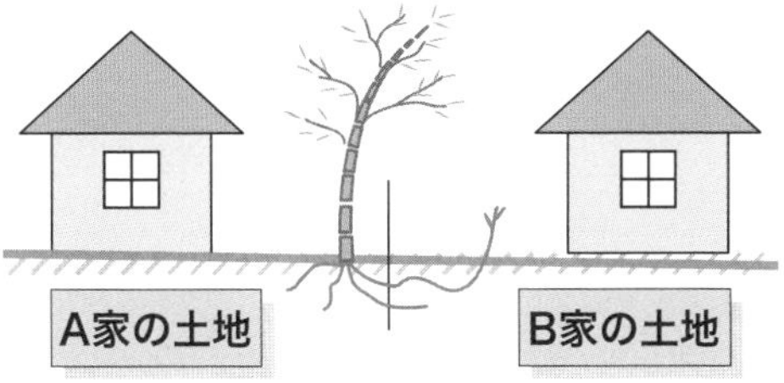

A家の竹木の枝がB家の土地に侵入した場合、Aに対して、侵入した枝を切り取れと請求でき、一定の場合は自ら切除できる。なお、B家に侵入したのがA家の竹木の「根」であれば、Bは自分で切り取れる。

隣地使用権の内容は？

改正前の209条1項では、土地の所有者は、一定の目的があれば必要な範囲内で隣地の使用を「請求できる」としていました。そしてこれは、単に請求できる権利にすぎないものと解釈されており、隣地所有者が承諾しない場合は、裁判を起こす必要があるなどの弊害が見られました。

そこで、令和3年の改正により、**建物の築造や境界に関する測量、枝の切取り**など**一定の目的のために必要な範囲で隣地を「使用できる」**こととされ、**隣地への立入りに隣地所有者の承諾は不要**であることが明確にされました(209条1項本文)。

ただし、**そのための要件**として、**使用者は原則として、あらかじめ目的や日時、場所や使用方法を隣地所有者等に通知しなければなりません**（同条3項）。

なお、上記は「隣地（土地）」の使用に限られ、**土地上にある住家（建物）への立入りには、居住者の承諾が必要**とされています（同条1項ただし書）。

例題の事例のように障壁を設置する場合も、隣地使用が認められる「一定の目的」に含まれます（同条1項1号）。また、「お隣さん」から依頼された測量事務所の人の要求ですから、「お隣さん」自身の要求があるものとして、「私」の承諾がなくとも、敷地への立入りは認められるでしょう。

○ 建物の築造等をする場合、住家に立ち入る場合でなければ、隣地の使用は、居住者の承諾が**なくても**認められる（209条1項）。

026 共有

「みんなの物」の管理は？

チェック条文　249条〜264条

例題 父は友人2人と一緒に仕事をしており、事務所の建物もみんなの共有の名義になっているらしい。でも最近は3人の意見が合わないことも多いようで、今は事務所の管理のことで揉めているみたい。父の相談にも乗ってあげたいけれど、法律はよくわからないし。共有ってどういうルールになっているの？

➡持っている共有持分によって、共有者それぞれの共有物に対する決定権限が変わる。まずは、共有持分の確認が必要だ！

皆で費用負担、全てを利用できる？　基本！

共有（きょうゆう）とは、1つの物を複数人で所有している状態のことを意味します。そして、**共有には、その権利割合を示す「持分（もちぶん）」**という概念があり、例えば、ある**物を2人が共同で購入し、その費用負担が等しい**場合は、**その物に対してそれぞれ2分の1の持分割合で共有**することになります（250条）。なお、共有する当事者によって、この持分の割合を決定することも可能です。

ここで注意したいことは、持分の割合が決まっているからといって、**各共有者は共有物の「一部だけ」を使用できるというものではなく、その持分に応じて、共有物の全部を使用できる**点です（249条1項、73ページも参照）。

共有は、1つの物を皆で取得し、さらに皆で管理していくものと捉えればよいでしょう。1人1人の費用や管理の負担が分散・軽減でき、さらに共有物の**全体**を使用できるというお得な制度です。ただし、ときに共有であるがゆえの問題が生じることもあるため、その点について民法は規定しています。

例題の事例では、共有物である建物（事務所）の管理について揉めているようですが、共有物の管理を始め、共有物に関する行為については、以下のように規定されています。

●共有物に関する規定

①保存行為（252条5項）

各共有者が**単独**で行うことができる。

確認問題　共有物について、その形状又は効用の著しい変更を伴わない行為を行う場合は、共有者全員の同意は要しない。

②管理行為（252条1項前段）
各共有者の**持分の過半数**で決定する。
③変更行為（251条1項）
共有者**全員の同意**が必要。

①の保存行為を簡単に言えば、**「共有目的物の現状を維持する行為」**といえます。建物であれば経年劣化（けいねんれっか）で修理が必要となったり、天災で窓ガラスが割れてしまったときに修理をしたり、割れた窓ガラスを取り替える行為が保存行為です。**この保存行為は、**共有者全員の利益になる行為ですから、**各共有者が単独で（自分だけの判断で）行うことが認められています**（252条5項）。

次に、**②の管理行為**とは、**共有物を利用して収益を図ったり、大きな変更に至らない（その形状又は効用の著しい変更を伴わない）程度の改良**を加える行為が該当します。保存行為とは異なり、積極的に活用していく行為も含まれるため、他の共有者への影響も非常に大きくなります。そこで、**各共有者は自分1人の判断だけで行うことはできず、共有物に対する自らの持分と、賛成する共有者の持分を足して、持分が全体の過半数を超える場合に限って、行うことができる**とされています（252条1項前段）。

最後の**③の変更行為**とは、**共有物に大きな変更を加える行為**であって、建物であれば大規模修繕を行うことや、物理的な処分（廃棄など）を行うことが該当します。変更行為は、共有物に関する大きな決断といえ、**共有者全員の同意がなければ行うことはできません**（251条1項）。

困った場合の新設規定！

共有物については、以上の規定がありますが、共有者の中に所在が不明となっている者や、共有物の管理に無頓着な者がいる場合、一部の共有者が積極的な管理を望んだとしても、持分の過半数の賛成に至らずに管理が硬直してしまう事例が見られました。そのため、令和5年4月1日施行の改正民法によって、**次ページの者を除いた共有者の持分の過半数により共有物の管理ができる**ことを、**裁判所によって決定できる**旨の規定が設けられました（252条2項）。

○ その形状又は効用の著しい変更を「伴わない」行為を行う場合は、共有者の**持分の過半数**の同意で足り、全員の同意を**要しない**（252条1項前段）。

①存在を知ることができない共有者
②(存在することは知っているが) 所在が不明な共有者
③共有物の管理に関する賛否を求めても、一定期間内に賛否を明らかにしない共有者

これにより、住民票や戸籍などの調査を経てもなお**存在や所在が不明である共有者**などを、**共有物の管理に必要な「持分の過半数」から除外**することができます。
また、この改正に併せて、次の規定も設けられています。

●令和5年4月1日施行の改正によって新設された規定

①**共有者の持分の過半数**によって**共有物の管理者を選任**し、**又は解任できる**等(252条1項前段かっこ書)。
②**共有物の一定期間内の賃貸借**は、**共有物の管理として共有者の持分の過半数によって決定することができる**等(252条4項)。

上記①のように、**共有者は、その持分の過半数をもって共有物の管理者を選任することができ**、この**管理者によって共有物の管理に関する行為を行うことが可能**です(252条の2第1項本文)。

ただし、**この管理者の有する基本的な権限は、共有物の管理の範囲に限られます**から、**形状又は効用の著しい変更を伴う行為を行う場合は、共有者全員の同意を得なければなりません**(同項ただし書き)。

また、**管理者が選任された場合でも、各共有者によって共有物の管理に関する事項を決定することが制限される**わけではなく、**共有者によってこれが決せられた場合は、管理者はこれに従って職務を行う義務があります**(252条の2第3項)。

共有物の変更(形状又は効用の著しい変更)を行うには

共有物の形状又は効用の著しい変更を伴う行為を行うには、**共有者全員の同意がなければなりません**(251条1項)。大規模修繕を行うことや、物理的な処分(廃棄など)を行うことがここに含まれます。共有物に関する大きな決断といえるで

確認問題 共有物の持分の譲渡は、他の共有者全員の同意を得ることで、これをすることができるとされている。

しょうから、他の共有者の判断も加味しなければならない、ということです。

また、この共有物の変更についても共有物の管理と同様に、知ることができない共有者や所在がわからない共有者がいる場合、裁判所は、その者以外の他の共有者だけで共有物に変更を加えることができる旨の裁判をすることができます（同条2項）。

なお、**共有物を「売却」したり、「譲渡」する場合も共有者全員の同意が必要**となり、この点は、形状又は効用の著しい変更を伴う行為と同様です。

ただし、**各共有者がその「持分のみ」を売却、譲渡することも可能**であり、**「持分のみ」を対象とする売却等は、その持分を有する共有者だけで決定**することができ、**他の共有者の同意は不要**です。

共有物は、誰がどう使う？

70ページで触れたように、**各共有者は、共有物の一部だけを使用できるというものではなく**、その**持分に応じて共有物の全部を使用できる**旨が規定されています（249条1項）。例えば、共有している建物がある場合、各共有者は、自己の持分に応じて、その建物のリビングやキッチン、トイレなどの一部に限って使用できるというものではなく、共有者である以上、共有物たる建物全体を使用できるということです。もちろん、共有物が建物以外でも同様です。

しかし、あくまで「持分に応じた使用」が許されているに過ぎませんから、**一部の共有者だけが独占的に使用**して、**他の共有者に使わせないといった身勝手な使用は認められません**。

そして、**自己の持分を超えて共有物を使用した共有者は、共有者間に別段の合意がある場合を除いては、持分を超える使用の対価を他の共有者に償還する義務を負う**旨が規定されています（249条2項）。

× 共有物の持分のみの譲渡は、その持分を有する共有者が**単独**で行うことができ、他の共有者の同意は**不要**である。

027 共有物分割

「みんなの物」をやめるとき

チェック条文 256条〜258条

例題 両親のために妹とお金を出しあって買った実家の土地。両親が亡くなって家も取り壊したし、更地を持っていても仕方がないから売ったほうがよいかと思うけれど、妹は反対している。もちろん妹にも権利はあると思うけれど、私にもあるわけだし。こういうときって、どうすればよいの？

➡共有者は、いつでも共有物の分割を請求することができる。
この共有物分割によって、共有状態を解消して、売却することができる！

「共有物の分割」とは 基本！

前テーマで解説したとおり、「共有」とは、1つの物を複数の人が、持分の概念の下に共同して所有することを指します。そして、この**共有状態を解消**するのが、今回の**「共有物分割」の手続き**です。

共有は、物を他人とともに所有する形態ですから、共有者間で意見が食い違ったり、管理の継続に不便さを感じてしまうこともあるでしょう。また、売却したいのに他の共有者の同意が得られないといった事情も発生するかもしれません。そのような場合、この**共有物分割によって、共有物をバラバラに分けて、それぞれを別個の物**としたうえ、**今後はそれらを各共有者が各々１人で所有し、管理**していくという形に変更することが可能です。

共有物の分割方法については、**共有者全員の合意があれば、どの方法によることも自由**ですが、**共有者間の協議が成立しない場合**には、法定された手続きをとることによって、**裁判所に分割方法を決定**してもらうことも可能です（258条）。

例題の事例において、**共有する土地の全部を売却**するには、**共有者全員の同意が必要**ですから、「妹」が反対している限りは叶いません。話し合いを継続しても売却ができないようであれば、裁判分割を検討するのも1つの手段でしょう。

そして、裁判分割による場合は、次ページのようにその分割方法が法律で定められていますが、**③の代金分割の方法**は、**①と②によって分割ができない場合**か、**分割することでその価格が著しく減少させるおそれ**があることが必要となります（258条3項）。

確認問題 各共有者は、原則として、いつでも共有物の分割を請求することができる。

●裁判による共有物分割の方法

①**現物分割**（258条2項1号）
共有物そのものを分割して、**各共有者が取得**する方法。
②**賠償分割**（258条2項2号）
共有物は一部の共有者が取得し、**他の共有者に代償金を支払う**方法。
③**代金分割**（258条3項）
共有物を売却などによって**金銭に換え、持分の割合に従って、その金銭を各共有者が取得**する方法。

共有物が土地である場合など、共有物そのものを分割したとしても、変わらず物としての効能を維持できるような場合では、まず①の現物分割の方法が考えられます。しかし、建物を共有していた場合、建物をキッチンだけ、リビングだけ、寝室だけ、と物理的に分けることはできません。こういった場合は②や③の方法が検討されることになります。

また、「妹」は両親が住んでいた実家の土地に思い入れがあると考えられますから、土地の権利をすべて「妹」に渡す代わりに、代償金を「私」へ払ってもらうという方法（②の賠償分割の方法）を主張するとよいかもしれません。

分割に関する取決めについて

以上の**共有物分割の手続きは、共有者全員が分割することに賛成し、その上で分割方法を決定**することが必要です。

各共有者は、いつでも共有物分割の提案をすることが認められていますが（256条1項本文）、反対に、**共有者の全員の合意をもって、一定期間は共有物の分割を行うことを禁止する約束（共有物分割禁止特約）を設定することも可能**です。

この**共有物分割禁止特約**を行う場合、**禁止期間は最長5年とされ、期間満了後にこれを更新することも可能**です。**更新後の禁止期間も最長5年**とされていますから、**5年**ごとに更新を繰り返すことで、ずっと共有物分割の提案ができない状態を維持することも可能です（256条1項ただし書、同条2項）。

○ **共有物分割禁止の特約がない**限り、各共有者は、**いつでも**その共有物の分割を請求することができる（256条1項本文）。

028 所有者不明不動産の管理人

空き家問題の新戦力　チェック条文 264条の2～264条の14

例題 私の家の隣に古民家があるけれど、まったく手入れされていない様子で、人の出入りもない。火災の危険もあるだろうし、壁だって今にもこちら側へ崩れてきそうで怖い。なんとかして欲しいけれど、誰の家かもわからない。こういう場合、どうすればよいの？

➡所有者が不明である土地や建物についての管理人を選任するよう、裁判所へ申し立てることができる。その管理人によって修繕や処分も可能になる！

所有者不明不動産の管理人とは？

20ページの「不在者財産管理人」でも触れましたが、現在、所有者が不明であることや、高齢化社会を背景に空き家となる住宅が増え、自治体は頭を悩ませています。管理が行き届かず、火災や倒壊の危険があることに加え、衛生上の問題や、周辺の景観にも影響を及ぼしかねません。そこで不在者財産管理人などの制度を活用し、その問題の解決を図ろうとされています。

しかし本来、不在者財産管理人の制度は、不在者のすべての財産を管理することを目的とするものであって、その対象は空き家の管理に限られるものではないため、必ずしも空き家状態の解消に作用しないという問題も見られます。そこで、令和5年4月1日より、**裁判所の権限**によって、**所有者が不明**であったり、**所有者の所在がわからない不動産（所有者不明不動産）専門の管理人を選任**し、**その管理を命ずることができるとする規定が創設**されました（所有者不明土地管理命令、所有者不明建物管理命令、264条の2～264条の8）。

新しい制度なので、どれほど早期解決へ作用するか未知数な部分はありますが、空き家問題に集中して取り組む新戦力として期待されています。

●所有者不明不動産の管理人の基本的権限（264条の3第2項）

①所有者不明不動産の保存行為

不動産の故障箇所を修理したり、現状維持に必要な行為をすること。

例）専門業者へ修理を依頼する。日常の清掃を行う。

確認問題 所有者不明不動産の管理人は、その管理命令の対象である不動産について、家庭裁判所の許可を得てこれを売却することができる。

②所有者不明不動産の利用行為
不動産を活用し、利益を上げる行為をすること。
例）建物を貸し出して家賃を受け取り管理する。
③所有者不明不動産の改良行為
不動産の価値を高める行為をすること。
例）荒れた土地を整地する。

この所有者不明不動産の管理人の基本的権限は、その**対象が所有者不明となっている不動産に限られますが、不在者財産管理人のものと同様の規定**がなされています。また、基本的権限に限られず、**家庭裁判所の許可**があれば、その**範囲外の行為も認められる点も同様です（21ページ参照）。**

なお、**所有者が不明ではなく明らかである場合**であっても、その所有者自身が不動産の管理を適切に行わず、周辺住民に迷惑をかけている事例（**管理不全不動産**の事例）も散見されることから、所有者不明不動産の管理人の制度の創設と同時に、**裁判所が管理不全不動産の管理人を選任して、その管理を命ずる制度（管理不全土地管理命令、管理不全建物管理命令）**も創設され（264条の9～264条の14）、不動産に関する問題を網羅的に解決できるよう対策が図られています。

なお、この**所有者不明不動産の管理人は、利害関係人の請求によって裁判所が選任**します。例題の事例においても、隣家の所有者が一体誰なのかという一定の調査を経て、それでも所有者が不明であれば、隣人という利害関係人の立場をもって、裁判所へ管理人の選任を請求することが可能でしょう。そして、管理人が選任されれば、その適切な管理の上、必要であれば売却等も検討されることになります。

一方で、もし調査によって所有者が判明した場合、いったんはその所有者に適切な管理を行うようお願いして、対応を見守ることにはなります。しかし、それでも周囲が期待する対応がないようであれば**「管理不全不動産」**として、所有者不明不動産と同様、その管理人の選任を裁判所に請求することも可能となります。

このように、2つの制度をもって空き家等の問題へ広く対応できるよう対策が図られており、それを具体化する手段として「管理命令」の規定が創設されました。

○ 所有者不明不動産の管理人は、**家庭裁判所の許可**があれば、基本的権限外の行為も**可能**である（264条の3第2項）。

029 地上権

地下や空中にも使える権利

チェック条文 265条〜269条の2

例題 自宅にいたら市役所の人から一本の電話が。話を聞けば、今度自宅の下を地下鉄が通るみたい。家を売る気はないと伝えると「地下だけ使わせてもらえればよい」とのこと。確かに家の土地は私のものだけれど、そんなことってできるの？

➡土地の地下や空中に地上権を設定することができる。この地上権の設定によって、指定部分のみの使用を他人に許すことができる！

地上権って何？ 基本！

他人の所有する土地に対して、道路や線路などの**工作物を設置**したり、**竹木を所有する目的で設定する権利が地上権**です（265条）。

他人の土地を利用するという点で、類似する権利としては「賃借権」（601条等）がありますが、賃借権の対象は「土地」に限られず、また、利用目的も制限されない、人に対する「債権」であるのに対し、**地上権は、土地に対して、工作物の設置や竹木所有目的で設定する、物（土地）に対する「物権」**である点が異なります。

このように地上権と賃借権は似て非なるものとして、よく比較されますが、**地上権は工作物設置**と**竹木所有**という目的こそ制限されます。しかし、**物権の１つ**ですから、その目的である物**（土地）に対して絶対的に有する権利**であり、賃借権とは違って、**地上権自体を他人に譲渡したり、目的である土地を自由かつ最大限に活用することができます**。地上権に関する主な規定は、以下のとおりです。

●**地上権に関する主な規定**

①地上権の内容（265条）
②地代（266条）
③相隣関係の規定の準用（267条）
④地上権の存続期間（268条）
　契約で期間を定めなかった場合は、原則として、地上権者はいつでも地上権を放棄できる等。
⑤工作物などの収去（269条）

確認問題 地上権とは、他人の土地に対して、工作物の設置や竹木所有を目的として設定される債権の一種である。

地上権の消滅した場合は、原則として、地上権者は工作物などを収去できる等。
⑥区分地上権に関する規定（269条の2）

地上権は、土地の地下や空中に限定して設定することも可能とされています（269条の2）。これは通常の地上権と区別して**「区分地上権」**と呼ばれますが、「東京湾平均海面の下○ｍから○ｍの間」や「上空○ｍから○ｍの範囲」といった方法で、地下や空中の範囲を設定します。

例題の事例では、地下鉄の建設工事のため、地中に線路を敷いていく必要があり、その通過地点である「私」の土地の地下部分を使用するお願いの電話であったようです。地下鉄の線路も一種の工作物ですから、工作物設置の目的として、「私」との契約によって自宅土地の地下の範囲を定めて、区分地上権を設定することができるでしょう。

特殊な地上権と用益物権

地上権は、その土地等を使いたい人と、その所有者との契約によって設定することが一般的です。しかし民法では、**一定の条件を満たすときに自動的に地上権が発生するケース**を規定しています。この地上権は**「法定地上権」**といわれますが（388条）、この法定地上権については96ページから解説します。

また、地上権を端的に言えば「**他人の土地を使用**できる**物権**」と表現できます。「物を自由に使用できる」という利益のみを所有者から与えられる権利と考えることができますが、地上権の他にも、同様の効果を生じる物権が存在し、それらを民法では**「用益物権」**として規定しています。次テーマでは、この用益物権の1つである「地役権」について解説します。

●用益物権の種類

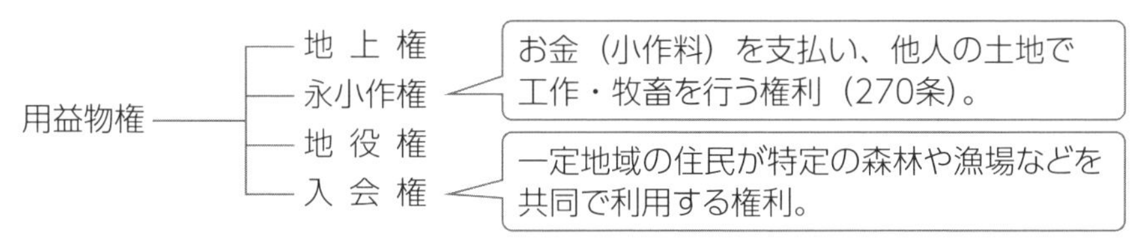

✕ 地上権は、**工作物**の設置や**竹木**所有を目的として設定される「**物権**」の1つである（265条）。債権ではないので誤っている。

030 地役権

「土地に利益」を与える権利

チェック条文 280条～293条

例題 勤める会社が新プロジェクトでホテル経営を始めた。オーシャンビューの客室は大人気！ でも、ホテル前に別の所有者の土地があって、もしそこに大きな建物ができたら景色が台無しになりそう。その土地も会社が買ってしまうという手はあるけれども負担は大きい。何かよい方法はないだろうか？

➡地役権を設定することで、土地に景色（眺望）を守れるような利益を与えることができる！

地役権（ちえきけん）って何？ 基本！

地役権とは、一定の目的をもって、**土地の利益のために他人の土地を使用**したり、**他人の土地に一定の制限を付けたりする用益物権**の1つです（280条本文）。次の例で見てみましょう。

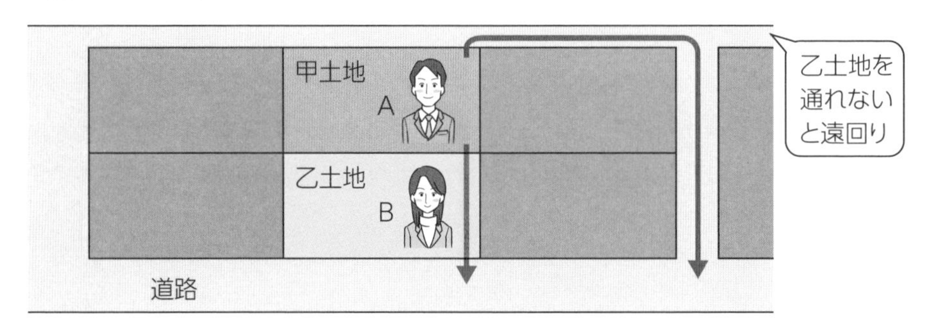

上の図では、Aが所有している甲土地から広い道路へ出るためには、遠回りをする必要があります。Bの乙土地を経由すれば近道ですが、もちろん勝手に立ち入るわけにもいきませんし、近道をするためだけにBの土地を買ったり、お金を支払って土地を借りるのも現実的ではありません。

このような場合、乙土地の所有者であるBとの契約によって、甲土地に対して「乙土地を通ってもよい」という利益（便益）を与える権利を設定することができます。このときに設定する権利こそ「地役権」であって、その中でも、このような**通行に関する地役権を一般的に「通行地役権」**と呼んでいます。

なお、地役権によって、**利益を受ける土地（例の甲土地）を「要役地（ようえきち）」**といい、

確認問題 地役権とは、他人の土地を自己の土地の便益に供する担保物権の一つである。

反対に**地役権によって何らかの制限を受ける土地（例の乙土地）は「承役地」**といいます。

また、**地役権**は通行のために限って設定されるものではなく、**土地の利益（便益）のためであれば他の目的で設定することも可能です。**例題の事例においては、ホテル経営のプロジェクトが台無しにならないよう、ホテルの敷地である土地の便益のため、隣の土地に対して「高い建物を建てない」といった制限を付けることもできます。この地役権は**「眺望地役権」**と呼ばれ、この眺望地役権を設定できれば、オーシャンビューは守られることになるでしょう。地役権に関する主な規定は、以下のものです。

●地役権に関する主な規定

①地役権の内容（280条）
②地役権の付従性（281条）
　地役権は、その土地の所有権の移転とともに移転する等。 ココ注意！
③地役権の不可分性（282条）
　共有している土地の地役を持分の範囲だけで消滅させることはできない等。
④地役権の時効取得（283条～284条）
　地役権は時効によって取得できる等。
⑤用水地役権（285条）
⑥承役地の時効取得による地役権の消滅（289条～290条）
　承役地が時効取得された場合、**地役権が消滅**する等。
⑦地役権の消滅時効（291条～293条）
　地役権を行使しない場合、一定期間の経過により地役権が消滅する等。

地役権は、**土地**の便益のために、**他人の土地**に対して設定する用益物権です。**土地**に設定される権利である以上、**その土地の所有者が変われば、その権利を使える人も新所有者に変わります。前ページの通行地役権の例で、その後、AがCに甲土地を売却すれば、新所有者であるCが通行地役権を利用できる**ことになるのです。地役権とは、土地の所有者自身が持つ権利ではなく、あくまで**土地自体に設定されている権利**だからです。

× 地役権とは、**他人の土地**を自己の**土地**の便益（役に立てること）に供する「**用益**」物権の1つである（280条本文）。担保物権**ではない**ので**誤っている**。

031 担保物権

人質ならぬモノジチ!?

チェック条文 295条～398条の22

例題 今月は飲み会のお誘いが多くて給料を使い切ってしまった。次の給料日まで日もあるし…消費者金融でお金を借りようと思ったら、担保が必要だと言われた。担保という言葉は聞いたことあるけれど、どういうものなの？

➡担保とは、自身の所有物等に担保物権を設定することをいう。借りたお金を返せない場合、担保物権を設定したその物を強制的に売却されることもある！

担保物権(たんぽぶっけん)とは 基本！

担保物権とは、民法に規定する物権の一種であり、**ある財産の価値を把握**し、**これを担保として利用する権利**です。このようないくつかの権利を総称して「担保物権」として規定されています。

例えば、AがBに対してお金を支払ってもらう権利（金銭債権）を持っている場合において、Bがお金を支払わない、または支払えない状態になったときは、Bの所有財産に付された担保物権を利用すれば、債権者であるAによって、その財産を強制的に金銭に換え、その金銭をもって返済に充てることも可能です。

民法には、それぞれの担保物権の性質や効果の違いに応じて、**留置権（295条以下）、先取特権（303条以下）、質権（342条以下）、そして抵当権（369条以下）の4つの担保物権が規定**されています。

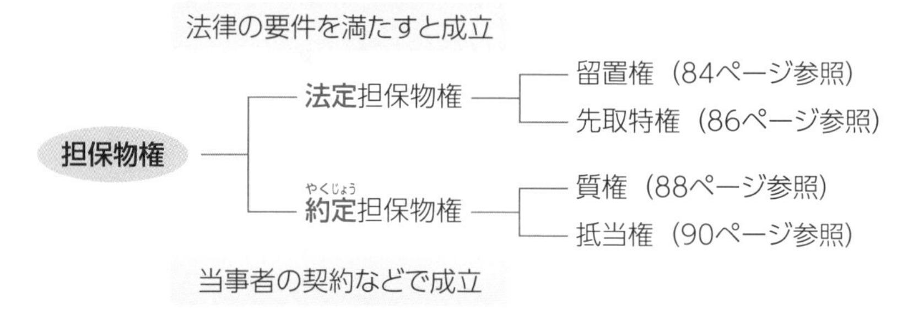

上の図のうち**「法定担保物権」**は、**法律で規定する一定の条件が揃えば自動的に発生**する担保物権であり、**当事者間の契約などは不要**です。一方、**「約定担保物権」**

確認問題 民法で定める担保物権には、法定担保物権である留置権、抵当権と、約定担保物権である先取特権、質権がある。

は、当事者間の設定契約によって発生する権利であり、**契約などがない限り発生するものではありません**。

法定担保物権も約定担保物権も「担保」として発生し、又は設定される権利である点で共通していますが、そもそも担保とは、将来予測される不利益を補う役割を果たします。刑事ドラマなどでは、犯人が人質を取り、警察官と対峙するシーンを目にすることがあります。この行為は実現しにくい要求を通す目的をもって、犯人がその手中に「人」を確保することで、警察やその他の関係者にプレッシャーを与え、自身の立場を優位にしようとするものです。

担保物権も、債権者と債務者という人と人との対立の構造の中で、債権者が「物」の権利の行く末を手中に収め、「返済できなければ権利を失う」というプレッシャーを債務者に与えることによって、債権回収の安全を確保する役割を果たします。それに加えて、返済されなければ、その物を強制的に売却することで、金銭に換える力をも有するのです。この点で**担保物権とは「人質」ならぬ「モノジチ」のような機能**があるといえます。

担保物権の具体的な力 基本！

各担保物権にはそれぞれ違いがありますが、主な効力は以下のものです。以下の効力等については、次テーマ以降で詳しく解説します。

●担保物権の主な効力

①優先弁済的効力

担保物権が付着した物について、**その物を換価（かんか）して得られた金銭を優先的に回収**することができる効力。**留置権以外**の担保物権に認められる。

②留置的効力

担保物権が付着した物を、返済を受けるまで手元に留（とど）めおくことができる効力。**留置権**と**質権**に認められる。

③収益的効力

担保物権が付着した**物を使用し、収益を図る**ことで**返済に充てる**ことができる効力。質権の一部（**不動産質**）に認められる。

✕ 担保物権には、法定担保物権である**留置権**、**先取特権**と、約定担保物権である**抵当権**、**質権**がある。

032 留置権
支払うまで渡さない権利

チェック条文 295条～302条

例題 私が営む時計店で先日、時計の修理依頼があった。修理も終わってお客様に時計を返そうと思ったら「修理代を持ってくるのを忘れた」とのこと。とりあえず先に時計だけ返してって言うけれど、その場で返さないといけないの？

➡物について生じた費用の支払いを受けるまでは、その物に対する留置権が認められる。相手の所有物であっても支払いを受けるまでは返さなくてよい！

留置権（りゅうちけん）って何？ 基本！

法定担保物権の1つである**留置権は、他人の物を占有する者が、その物に関して生じた債権を持っているときは、その弁済を受けるまで、その物を自身の元に留め置くことができる権利**です（295条1項本文）。上の例題の事例で考えてみましょう。

時計の修理の依頼を受けた「私」は、未だその修理代金を受け取っていません。そのため、その時計が原因で生じた債権（修理代金）の支払いを受けるまでは、時計に対する**留置権を主張し、その返却を断って自分の元に置いておくことができます。**

本来、時計は「お客様」の所有物であり、所有者から「返して」と言われれば、返さなければならないのが法律上の基本ルールです。しかし、この留置権があれば、代金を支払ってもらうまで時計を手元に留置することができ、これによって「お客様」は、間接的にも心理的な圧迫を感じて、時計を返してもらうために「早く費用を支払おう」と考えることになります。これが留置権の最大の利点です。

確認問題 留置権が成立するためには、債権がその物に関連して生じたものであることとともに、その債権が弁済期にあることも必要である。

留置権の成立要件と効力　基本！

この留置権が成立するためには、以下の要件が必要とされています。

●留置権の成立要件

①**債権がその物に関連して生じた**ものであること（295条1項本文）
②**留置権者がその物を占有**すること（295条1項本文）
③**債権が弁済期**にあること（295条1項ただし書）
④**占有が不法行為**によって**始まったものでない**こと（295条2項）

まず、留置権が成立するには「**①債権がその物に関連して生じたもの**であること」が必要です。以前貸したお金を返してもらうために、この債権と全く関係のない時計を留置するようなことは**できません**。

また、**留置権者の占有（手に持っている、預かっている状態）**があることも必要となり（**要件②**）、**その占有の継続も必要**とされています。自ら所有者に返してしまうなど、**占有を失うことで留置権は消滅**します（302条）。

そして、**留置権の成立には「③債権が弁済期にある」という状態も必要**です。1年後に支払ってもらう約束があれば、現時点で留置権の主張は**できません**。

最後に、上記の要件を満たす場合であっても、**所有者から物を奪いとったような場合は「占有が不法行為によって始まった」（要件④）**ことになり、**留置権は成立しません**。以上の要件を満たして成立する留置権には、以下の効力等があります。

●主な留置権の効力・性質

①**不可分性**（296条） **債権の全部の返済を受けるまでは、留置物全体を留め置く**ことができる。 ②**果実収取権**（297条） **留置物から生じる果実を取得**し、**弁済に充てる**ことができる。 ③**費用の償還請求**（299条） 留置権を持つ者が留置物に必要な費用を払ったときは、所有者にその償還を請求できる。

※**上記②の「果実」**とは、**その物（元物）から生ずる経済的収益**のこと。その物を他人にレンタルすることで得る収益などを意味します。

○「債権がその物に関連して生じたものであること」と、「その債権が弁済期にあること」は、留置権の成立要件である（295条1項）。

担保物権

033 先取特権

「お先にどうぞ」の権利？　チェック条文 303条～328条

例題 私が勤める会社は最近の業績が良くないらしく、私達社員の給料の支払いもギリギリみたい。案の定、先日の給料日には振り込みがなく困っていたら、突如倒産の知らせが。他にも支払いが滞っているものがあるみたいだけど、せめて働いた分は、ちゃんと支払ってもらえるのかな？

➡雇用関係によって生じた債権を有する者には先取特権が認められ、債務者である会社側の総財産から優先的に支払いを受けることができる！

先取特権(さきどりとっけん)って何？　基本！

先取特権とは、**債務者の一定の財産から、他の債権者に優先して弁済を受けられる権利**です（303条）。少し難しいので、簡単な例で考えてみましょう。

Aは、Bに対して金銭債権を持っています。AはBに「お金を払って！」と言える状態にあるということです。しかし、お金をきちんと支払ってもらう前に、Bが破産してしまった場合、破産に関する法律の規定によって、Bが持っている財産を一度お金に換え、すべての債権者の債権額に応じて、そのお金を分配する手続きがなされるのが一般的です。しかしこの場合、Bの財産の状態によっては、債権者に配るお金が足りず、債権者は、全額回収ができないまま泣き寝入りとなる可能性もあります。

破産に限らず、日常やビジネスの中では「支払ってもらえないかもしれない」というリスクを抱えるケースは多々あり、そのリスクに手を差し伸べるのが先取特権です。**Aが持っている債権が、民法に規定される一定のもの**である場合に限り、**Aには先取特権が成立して、優先的にAにお金が分配**されることになっています。**「一定の債権」を持つ人**に対して、**債務者の「一定の財産」**について認められるのが先取特権なのです。

したがって、先取特権を理解するポイントは、**どのような債権を持っている人に先取特権が認められるか**という点、そして、**債務者のどんな財産に対して先取特権が認められるか**という2点になります。具体的に「どのような債権」に先取特権が認められるかは、次の3つの場合が規定されています。

確認問題　日用品供給に関する債権を有する債権者には、その対象を債務者の総財産とする、一般の先取特権が認められる。

●先取特権の種類

①**一般の先取特権**（306条〜310条）
共益費用、**雇用**関係、**葬式**費用、**日用品**の供給に関する債権を持つ者には、**債務者の総財産**に対する先取特権が認められる。
②**動産の先取特権**（311条〜324条）
不動産の賃貸や**旅館の宿泊**などに関する債権を持つ者には、**債務者の所有する一定の動産**に対する先取特権が認められる。
③**不動産の先取特権**（325条〜328条）
不動産の工事、**保存**、**売買**に関する債権を持つ者には、債務者の所有する**不動産**に対する先取特権が認められる。

例題の事例において、**「私」は「会社」に対して給料債権（雇用関係の債権）**を持っているため、**「①一般の先取特権」が認められます。**よって、今後の破産手続の中で会社の財産がお金に換わったときには、そのお金は、優先的に給料の支払いとして「私」に割り当てられることになります。

その他、**「①一般の先取特権」の「共益費用」**とは、**同一債務者に対する多数の債権者にとって利益となる費用**のことであり、債務者の財産を保存するために必要な費用などがあたります。

また、**旅館の宿泊客が代金を支払わない**ような場合、その旅館には、その**宿泊客の手荷物に対する先取特権**が認められ、その手荷物をお金に換える手続きを経て、これを宿泊代に充てることが可能です（317条）。これは**「②動産の先取特権」**のほんの一例であり、**動産の先取特権は８つのケース**で認められています。

最後に**「③不動産の先取特権」**として、**不動産に関する工事費用**については、一定の条件下、**その不動産に対する先取特権**が認められています（327条）。工事費用の支払いを得られない場合、その不動産をお金に換える手続きを経て、優先的に費用回収することが可能です。

以上のように、持っている債権に応じて、先取特権の対象となる財産が、債務者の所有する財産すべてとなるか、一定の動産か、不動産かという違いこそあります。しかし、それぞれがお金に換わったとき、優先的にその支払いを受けることを可能とする権利が先取特権です。

○ 日用品供給に関する債権を有する者には、一般の先取特権が**認められる**（306条4号）。

034 質権

質屋さんの役割とは？

チェック条文 342条～366条

例題 今月は散財しすぎて生活費がピンチ。どうしようかと悩んでいたら、今はもう使っていない腕時計を発見した。これを質屋さんに持っていけば少しはお金になるのかな。でも思い入れのある時計だから後悔するかもしれないし。質屋さんに持っていくと、この腕時計を取り戻すことはできないの？

➡買い取りではなく、質入れであれば所有権を失わない。質屋さんに借りたお金をちゃんと返せば、腕時計は手元に戻る！

質権(しちけん)って何？ 基本！

特定の物等を債務の担保として債権者に差し出し（質入れ(しちい)し）、返済するまで預けることを当事者間の契約によって設定するのが、この**「質権」**です。

例題の事例のように、「質屋さん」に腕時計を持っていった場合、質屋さんは「私」にお金を貸し、その担保としてその腕時計に対して質権を設定する契約をします。質権の設定によって、**質屋さんには腕時計を預かっておく権利**が発生しますが、これは**あくまでも返済するまでの権利**になりますし、**所有権自体は「私」にあるまま**ですから、きちんと返済すれば腕時計を返してもらうことが可能です。

質権は、当事者間の契約によって設定する点で、**前テーマまでの法定担保物権（留置権、先取特権）と異なり**、債権者に物を預ける点で、次テーマの抵当権とも異なります。質権には、以下のような性質等が規定されています。

●主な質権の性質

①質権の目的（343条）
質権は、人に譲り渡す（預ける）ことができる物に限って設定できる。

②質権の設定（344条）
質権を設定するには、**質物を債権者に**引き渡なさなければならない。

③質物の留置（347条）
質権者は、返済**を受けるまで質物を**留置することができる。

④流質(りゅうじち)の禁止（349条）

確認問題 質権は、物を債務の担保として債権者に差し出し、返済するまで預けることを設定する契約であるため、動産又は不動産に限り設定することができる。

⑤**不可分性**（350条、296条）

債権の全部の返済を受けるまでは、**質物全体を留め置く**ことができる。

⑥**果実収取権**（350条、297条）

質物から生じる果実を取得し、**返済**に充てることができる。

⑦**費用の償還請求**（350条、299条）

質権を持つ者が質物に必要な費用を払ったときは、所有者にその償還を請求できる。

質権を有する質権者は、返済までその物を預かることによって、債務者に対し「返済しないと返してもらえない」という心理的なプレッシャーを与えることができ、間接的に返済を促すことになります。それでも返済がなければ一定の手続きによって強制的に売却し、それで得たお金を返済に充てることも可能です。

④に関して「返済がなければ質権者がその物自体（質物）をもらう」ことを「流質」といい、**これは原則として、禁止**されています（349条）。ただし、質屋さんのように営業によって質権を扱う者については、例外的に特別な法律によって流質が認められています。

質権には３つの種類がある　基本！

質権は、何に対して設定するかという点で、次の3つに分けられています。

●質権の種類

①**動産質**（352条～355条）……**動産**に対して設定する。
②**不動産質**（356条～361条）…**不動産**に対して設定する。
③**権利質**（362条～366条）……**債権などの権利（財産権）**に対して設定する。

例題のように、腕時計といった**動産**に対して設定するのが**①の動産質**であり、**不動産**に対して設定するものが**②の不動産質**です。また、**質権は、債権などの権利に対しても設定**できます。

さらに、**質物を預かった質権者が、**別の誰かからお金を借りるために、**その質物をさらに質入れすることもでき、これを「転質**（てんじち）**」**といいます（348条）。

× 債権などの権利（財産権）に対して設定する権利質も**認められる**（362条）。なお、債権質の質権者は、質権の目的である債権を直接に取り立てることができる（366条1項）。

035 抵当権

手元に残して担保に入れる

（チェック条文）370条~372条、87条、304条

例題 ついに夫婦の夢だったマイホームを購入。住宅ローンの審査も無事に通ったけれど、銀行の担当者からは家が担保に入れられると聞いた。抵当権を設定するとの説明を受けたものの、抵当権とはどのような権利なんだろう。完済するまで住めないってことではないよね？

➡抵当権は当事者の契約によって設定できる担保物権であり、設定してもその物の使用は可能だ。返済しながらマイホームで生活ができる！

抵当権（ていとうけん）って何？ 基本！

ちまたで「抵当に入れる」と表現される権利が抵当権です。法律上は「抵当権を設定する」という言い方が正しく、質権と同じ**約定担保物権**に分類されるものの、**債権者に対象物を預ける必要がない**点で質権とは異なります。

主に不動産に対して、担保目的で設定される抵当権ですが、債務者が所有する不動産に限らず、債務者「以外」の者の所有物に対して設定することも可能です。このように債務者以外の者がその担保の目的物を提供する場合、この者を**「物上保証人（ぶつじょうほしょうにん）」**と表現します。また、抵当権は、不動産以外の地上権などの権利に対しても設定することが可能です。

とにかく、**抵当権は「物を差し出す」行為が不要**です。そのため、実際に住んでいる建物やその敷地である土地に抵当権を設定したとしても、それらを債権者（抵当権者）に差し出すことなく**住み続けることが可能**なのです。

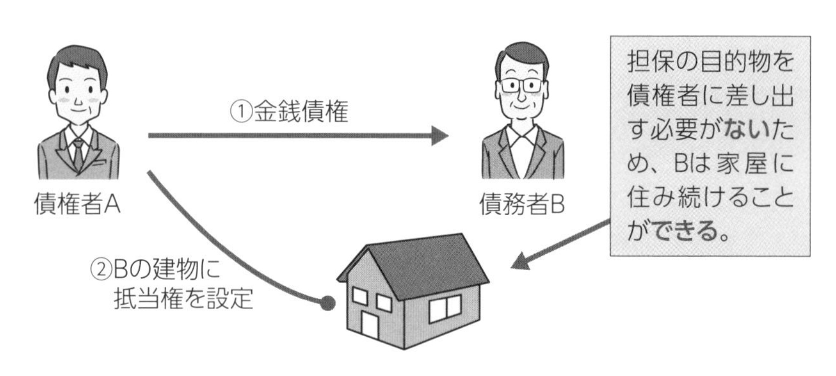

確認問題 抵当権は、土地や建物といった不動産に対してのみならず、地上権などの権利に対しても設定することができる。

その一方で、抵当権も担保物権の1つですから、債務者の返済が滞れば、抵当権を持つ債権者は、抵当権を行使（実行）し、強制的に売却してお金に換え、これを返済に充てることができます。抵当権は、住宅ローンや事業のための担保にも多く利用されている最も重要な担保物権といえるでしょう。

例題の事例でも、担保の選択としては抵当権が最も好ましいでしょう。というのも、これがもし質権であれば、「私達夫婦」のマイホームはローンの完済まで「銀行」に預けることになりますし、何十年の時が過ぎて手元に戻ってきたときは、老朽化が進んでいることでしょう。**「負債を返済しながら物を使う」ことができるのが抵当権の最大のメリット**なのです。

抵当権の主な性質 基本！

抵当権の主な性質は、次のとおりです。

●抵当権権の主な性質等

①抵当権の効力が及ぶ範囲（370条～371条）
抵当権の効力は、その**目的物である不動産の**付加一体物（ふかいったいぶつ）**に及ぶ**等。
②不可分性（372条、296条）
債権の全部**の返済を受けるまで**は、**抵当権の目的物**全体**に対して権利を行使できる。**
③物上代位（ぶつじょうだいい）（372条、304条）
抵当権は、抵当権の目的物の売却によって**債務者が受ける金銭など**に対しても行使できる。

①の「付加一体物」とは、**土地や建物の「附合物（ふごうぶつ）」と「従物（じゅうぶつ）」**を指します。**「附合物」は「不動産」に附合した「動産」**のことであり（242条）、例えば、土地から分離できない庭石などが該当します。

また、**「従物」**とは、**主物に附属している物**のことであり（87条1項）、例えば、建物に対する畳や建具などが該当します。

これら「附合物」や「従物」については、抵当権が設定された不動産自体ではないものの、これら単独ではあまり意味がないことなどから（場合にもよります

○ 抵当権は、地上権や永小作権といった「権利」に対しても、それを目的として設定することができる（369条2項）。

が…)、原則として、抵当権の効力が及ぶことになります。

物上代位とは 基本!

前ページ③の物上代位については、次の例で考えてみましょう。

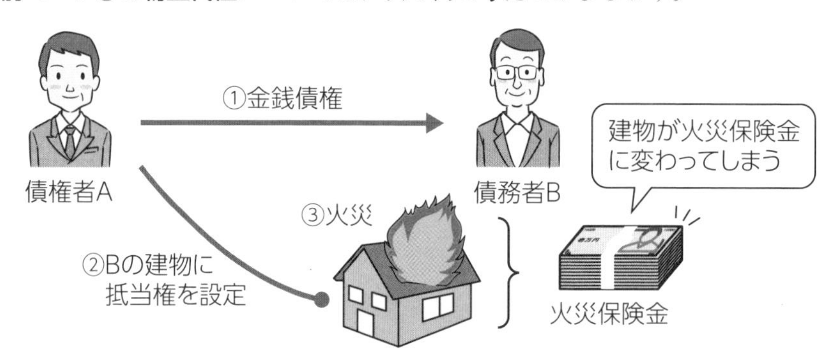

Bは、Aからお金を借りるための担保として、B所有の自宅建物に抵当権を設定しました。しかしその後、建物が火事で焼失してしまいます。

この場合、抵当権はその目的である建物が焼失すると同時に、一緒に消えてなくなる性質を持っています。

ただし、**Bはこの建物について火災保険に加入**していたため、今回の火事によって、保険会社から保険金が支払われることとなりました。この場合、この**保険金は、いわば焼失した建物の代わりとなるお金**ですから、**本来は一緒に消えるはずの抵当権も、建物の代わりに保険金に対して権利行使できる**とされています。

つまり、債権者(抵当権者)は、この保険金を債務者などに代わって回収し、返済に充てることが**できる**のです。民法では、この性質を**「物上代位性」**と規定しています(372条、304条)。

また、目的物の滅失に限らず、その**売却**、**賃貸又は損傷**などで**代わりに発生した金銭等**がある場合は、この**物上代位**により、**その金銭等に対して抵当権の権利を行使できる**とされています。不測の事態にも債権を回収できる可能性が残されますから、非常に有用な権利として活用されています。

確認問題 抵当権の目的である建物の焼失により支払われる保険金の請求権は、抵当権の目的物の付加一体物であるため、この保険金にも抵当権の効力が及ぶ。

036 抵当権消滅請求

抵当権を消す権利

チェック条文 378条～386条

例題 親戚が銀行への住宅ローンの支払いに困っているらしく、生活に少し余裕がある私がその家を買い取ることになった。でも、この家はまだ住宅ローンの担保に入っている。私が買い取るわけだし、この担保を消すよい方法はないの？

➡抵当不動産の第三取得者には、抵当権消滅請求が認められる。これによって、抵当権を消滅させる手続きが可能だ！

「抵当権消滅請求」とは

民法では、**抵当権が設定されている不動産を買い受けた人**を「**抵当不動産の第三取得者**（だいさんしゅとくしゃ）」と表現します。そして、この**抵当不動産の第三取得者には、抵当権消滅請求の権利**が認められています（379条）。抵当権消滅請求について、下の例で考えてみましょう。

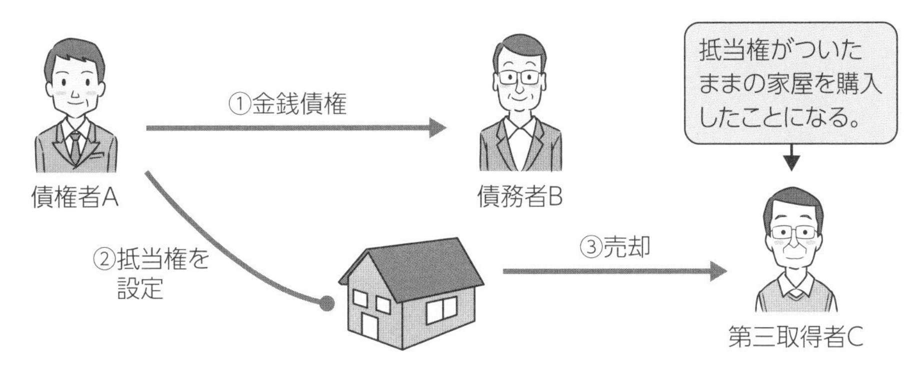

BはAからお金を借りる際の担保として、自己所有の不動産に抵当権を設定しました。抵当権を設定しても、所有者であるBは、変わらずその不動産を使うことができますし、売却することも可能です。そこで、Bは不動産を売却して、Cがこの不動産を買いました。このときのCの立場が「抵当不動産の第三取得者」です。

この場合、**Cは抵当権が付いたままの不動産を買った**ことになります。また、Bは今後も変わらずに、Aへの返済を続ける必要がありますし、その返済が滞れば、抵当権者であるAの手続きによって、この不動産を強制的に売却できることになり、Cは、Bのせいで不動産の権利を失うおそれが残されています。

✕ 抵当権の効力が、目的物の保険金請求権に対しても及ぶのは抵当権の**物上代位**による（372条、304条）。抵当権の効力が付加一体物に及ぶため**ではない**。

そこで、**抵当不動産の第三取得者であるCには、抵当権を消滅させる権利**が認められているのです。

具体的には、**抵当不動産の第三取得者であるCが、抵当権者Aに対し「私が代わりに○○円を支払うから抵当権を消させて！」と請求できる権利**と考えてよいでしょう。**この請求がなされると、抵当権者Aには、この求めに対応する必要性が生じ、何も対応しなければ「○○円」という提案部分を含めて、自動的に承諾したものとみなされます**（384条）。この抵当権消滅請求に関する主な規定には、以下のものがあります。

●抵当権消滅請求に関する主な規定

①**請求の時期**（382条） **抵当権実行としての競売による差押えの効力発生前**にする必要がある。 ②**抵当権消滅請求の手続き**（383条） 抵当権消滅請求の手続方法が規定されている。 ③**債権者のみなし承諾**（384条） 一定の場合、抵当権の第三取得者が提案した抵当権消滅請求の内容を承諾したものとみなされる。 ④**抵当権消滅請求の効力発生**（386条） **債権者の承諾**と、**第三取得者による金銭の支払い**によって**抵当権が消滅**する等。

似て非なる「代価弁済（だいかべんさい）」という制度

以上の「抵当権消滅請求」の制度とよく比較される制度で、抵当権を消すための手続きとして、民法上**「代価弁済」という制度**も規定されています（378条）。

前ページのケースを前提に考えると、**抵当権者Aから、第三取得者Cが、不動産の売主であり債務者でもあるBに支払う代金をAに支払えば、抵当権を消滅させますよ**、と提案するという話です。

先ほどのケースと異なるのは、**抵当不動産の第三取得者であるCからではなく、抵当権者であるAから話が持ちかけられる**点です。第三取得者であるCとしては、不動産に抵当権がついたままでは不都合です。よって、CがこのAの提案に応じる

確認問題　抵当権者は、抵当不動産の第三取得者に対して、抵当権消滅請求をすることができる。

ことで、抵当権は消滅します。

「抵当権消滅請求」と「代価弁済」の最も大きな違いは、**抵当権者と抵当不動産の第三取得者のどちらから請求するのか**という点です。

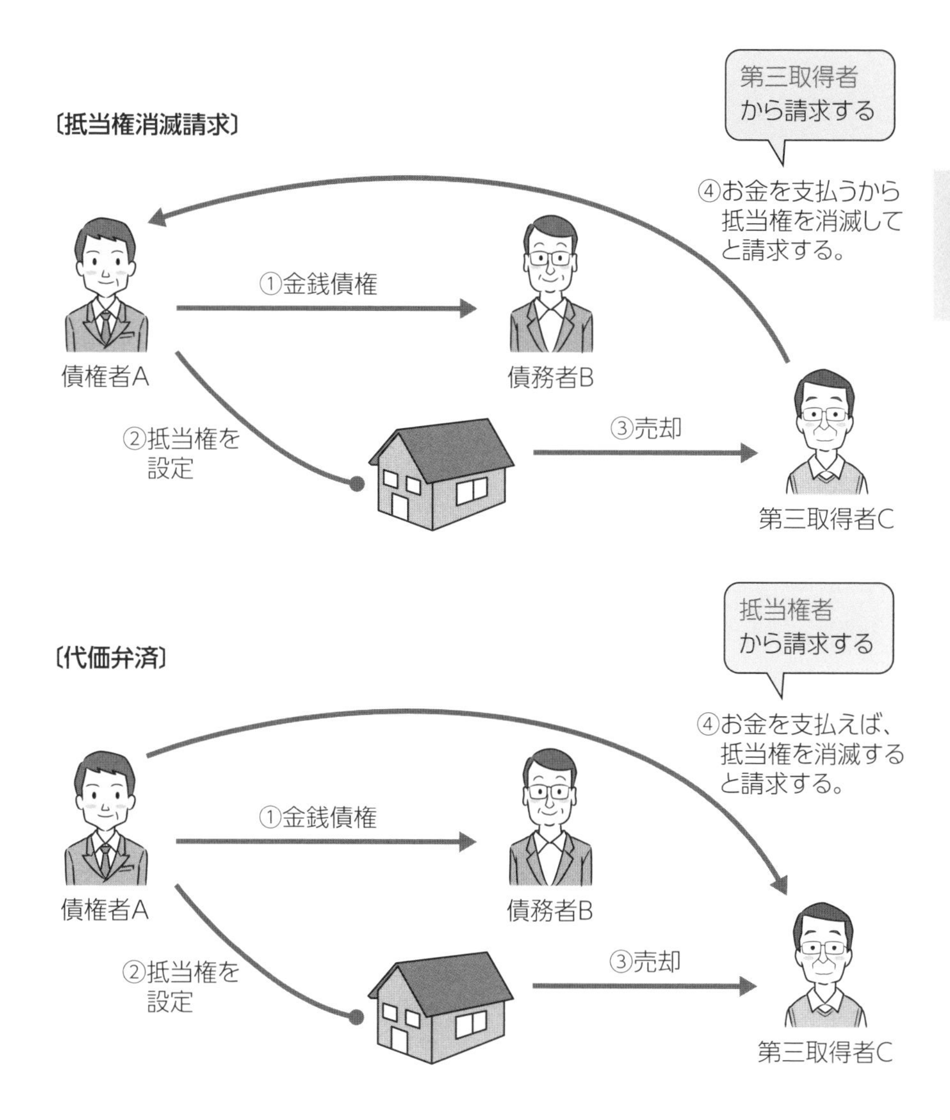

× 「抵当不動産の**第三取得者**」は、「**抵当権者**」に対して、抵当権消滅請求をすることができる（379条）。抵当権消滅請求は抵当権者が行うもの**ではない**。

037 法定地上権

「買った意味ないじゃん」を防ぐ権利　（チェック条文）388条

例題 不動産屋さんから相場より安く買える「競売物件」というものを聞いた。私なりに情報を集め、良さそうな家を見つけたけれど、敷地の「土地」は一緒に売りに出されていないみたい。普通、建物と土地はセットで買うものと思うけれど、建物だけ買っても大丈夫なの？

➡競売によって建物を購入した場合などでは、一定の要件で、その敷地の土地上に法定地上権が認められる。つまり、自動的に土地の使用権が与えられるので問題ない！

法定地上権（ほうていちじょうけん）って何？　基本！

今回は78ページで解説した「地上権」のおさらいから始めましょう。地上権とは、他人の所有する土地に対して、道路や線路などの**工作物**を設置したり、**竹木**を所有するための権利であり、民法の定める用益物権の1つです（265条）。地上権は、建物を建てる際の土地の使用権としても利用され、この権利は、土地の所有者と、その土地を使いたい人との契約で設定するのが原則です。しかし、ケースによってはその契約ができない場合もあります。そこで、**民法の規定**によって、**自動的に土地を使用する権利（地上権）を発生**させるのが今回の**「法定地上権」**の制度です（388条）。

例題の事例において、「私」は建物のみを競売（けいばい）手続によって購入しようと考えています。**競売**とは、債務者が債務の返済をしない場合に、**債権者が担保物権の付いた不動産などを強制的に売却する制度**をいい、この売却代金が債権者の返済に優先的に充てられます。

しかし、この競売手続によって建物のみを購入した場合に、もし法定地上権の制度がなかったらどうなってしまうかという観点で考えてみましょう。

「私」は「建物だけ」を購入するわけですから、**敷地の土地は、これを使わせてもらう（借りるなど）契約がなければ使うことができません。**そのため、建物を買った瞬間から、何の権限もなく土地を使っている状態が生じてしまい、土地の所有者から「出ていけ！」と言われれば応じなければなりません。つまり、「せっかく買ったのに意味がないじゃないか」という結果が待っているのです。

確認問題 更地に抵当権が設定され、その後、その土地上に建物が建築された場合、その土地に対する抵当権の実行によっては、法定地上権は成立しない。

もし、競売がこのような制度であれば、誰も建物を購入しようとは思わず、競売のシステムそのものが破綻してしまいます。そこで、この不具合を解消する制度として「法定地上権」の制度が一役買っています。**競売によって建物のみを取得**した場合などにおいて、**一定の条件で地上権を自動的に発生**させ、**土地を使う権利を与えてくれる**のが法定地上権の制度なのです。

●法定地上権の成立要件（388条）

①抵当権**設定当時**、**土地の上**に**建物**が**存在**したこと ②抵当権**設定当時**、**土地と建物の所有者が同一**であったこと ③抵当権の実行によって**土地と建物**の**所有者が異なる**ことになったこと

法定地上権は、**抵当権が付けられた不動産が強制的に売却（競売）**され、それによって**土地と建物の所有者が異なるに至った**ことを前提とした制度です。そのため、まず抵当権の**設定当時の建物の存在（要件①）**が要件とされています。更地に抵当権が設定されていた場合、**法定地上権は成立しません**し、もともと**土地と建物の所有者が別であった場合も成立しません（要件②）**。土地利用権が設定されているはずだからです。さらに抵当権の実行によって、**土地と建物の所有者が別々になってしまうことで（要件③）**、法定地上権は成立します。

法定地上権に関する重要判例　ココ注意！

法定地上権の成立について、現実には要件を満たすものかどうか判断しにくい事例が起きることもあり、この場合は、裁判所の判断（判例）によって処理されています。そこで、法定地上権に関する重要判例を2つ紹介します。

●法定地上権に関する重要判例

・**抵当権設定当時、土地と建物の所有者が同一**であったが、**登記名義だけ別**であった場合　➡法定地上権は**成立する**（最判昭48.9.18）。 ・**抵当権設定当時、土地と建物の所有者が別**であったが、**その後、同一所有者**になっていた場合 ➡もともと別人所有である以上、法定地上権は**成立しない**（最判平2.1.22など）。

○　法定地上権の成立要件である「抵当権**設定当時**、**土地の上**に**建物**が**存在**したこと」を満たさないため成立しない（388条）。

038 一括競売
建物も一緒に売る権利

（チェック条文）389条

例題 以前、友人にお金を貸したんだけど、友人は全然返すつもりがないみたい。ただし、貸すときの担保として友人の土地に抵当権を付けているから、この抵当権を実行しようと思うけれど、見に行ったら土地の上に建物が建てられていた。土地だけならば強制的に売ることができても、建物が建っている土地なんて買う人いるのかな。どうにかならないの？

➡更地に設定した抵当権の実行では、土地上に建てられた建物も一緒に競売手続にかけることが可能だ。建物も一緒に売ればよい！

「一括競売（いっかつけいばい）」という制度

今回も前テーマで解説した「競売」に関する知識が必要になるので、自信がないときは前テーマを復習してから読み始めてください。さて、上記例題の事例のような不具合に対応するため、民法では**「一括競売」**の規定が設けられています（389条1項本文）。

例題の事例において、「私」は「友人」の土地に対する抵当権を持っているため、貸金の返済がない場合は、この抵当権を実行し、強制的に売却（競売）して、土地をお金に換えて、そのお金をもって優先的に返済に充てることが可能です。

ところが、更地だった土地上に建物が建てられてしまった場合、仮に土地だけを競売に掛けたとしても、このような土地を好んで買う人がいるでしょうか。すでに建物があるため「使いみちのない土地」として買う人がおらず、お金に換えることができないとすれば、せっかくの抵当権が意味のないものとなるおそれがあります。

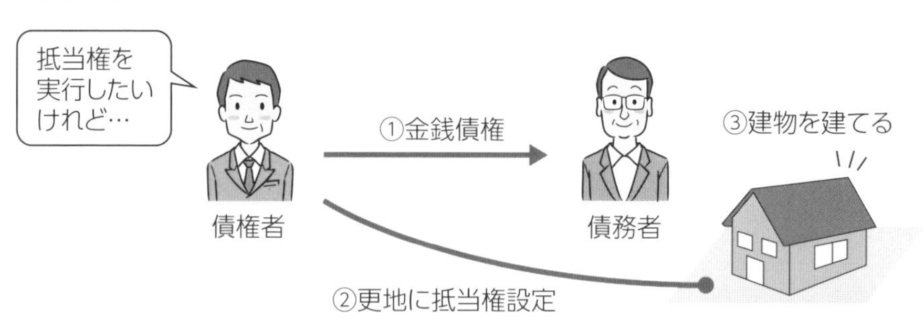

確認問題 一括競売によって、土地と建物を競売手続にかけた抵当権者は、建物の換価代金からも優先的に弁済を受けることができる。

このような不都合の解消のための制度が**「一括競売」**です。一定の条件において、抵当権が付けられた土地だけではなく、**本来は抵当権の対象外**である、その**土地上の建物までも一緒に競売にかける**ことが認められています。建物も一緒に売ることが許されますから、少なくとも「使いみちのない土地」だけの場合より、ぐっとお金に換えるチャンスが広がります。一括競売が認められるための要件は、次のとおりです。

●一括競売の要件（389条1項本文）

①**更地に抵当権が設定**されたこと
②**抵当権設定後に建物が建てられた**こと

前テーマにおける「法定地上権」と同様、「一括競売」も抵当権による競売を前提とした制度です。よって、抵当権設定時の土地の状態（要件①）や、その後の建物建築（要件②）がこの制度を利用する要件となっています。

ただし、**この一括競売を行うかどうかは、実際に抵当権を実行する**債権者（抵当権者）**の自由**とされています。

建物も一緒に競売ができるけれども…

抵当権が付いていない建物までも一緒に競売手続の対象として、売却を可能とする一括競売ですが、**競売によって換わった「お金」**に関しては、**一定の制限**が付けられています。

例題の事例を前提とすれば、「私」は**一括競売によって土地と建物がお金に換わった**としても、このうち、**土地分のお金しか貸金の優先返済に充てることはできません**（389条1項ただし書）。一括競売は「土地を競売しやすい」状態を作るための制度に過ぎず、それ以上の恩恵を債権者（抵当権者）に与えるものではないからです。抵当権の対象はあくまで土地のみであることを理解しましょう。

なお、競売を前提とする制度として、法定地上権と比較されることの多い一括競売ですが、**法定地上権は、主に競売物件を「買う人」のための制度**であるのに対し、**一括競売は、債権者（抵当権者）のための便宜上の制度**であって、「似ているようで全然違うもの」なのです。

× 一括競売は、便宜上、抵当権を設定していた「土地」のみならず、「建物」も競売できるだけであり、建物の代金から優先的な返済を受けることができない（389条1項ただし書）。

039 根抵当権

「根」こそぎ担保する抵当権？　チェック条文 398条の2

例題 私が経営する会社で、銀行の融資を受けることになった。担当者の話では、どうやら自社所有の不動産に「根抵当権」を付ける形で融資の審査が通ったとのこと。根抵当権って初めて聞くけれど、普通の抵当権と何が違うの？

➡一定の範囲に属する不特定の債権を担保する抵当権を根抵当権という。
継続的取引などから複数の債権が生じる場合に活用できる権利だ！

継続した取引には向いていない「抵当権」　基本！

「根」抵当権を理解するためには、通常の「抵当権」の弱点を理解するのがよいので、まずは通常の抵当権のおさらいからはじめます。

抵当権は、債権の担保として不動産などに設定し、返済が滞るなどの事情が生じたときには、抵当権者が抵当権を実行し、競売の手続きを経て目的物をお金に換えて、そのお金をもって返済に充てることができる権利です（369条1項）。より確実な債権回収のため、広く活用されている権利ですが、実は**この抵当権にも弱点**があります。

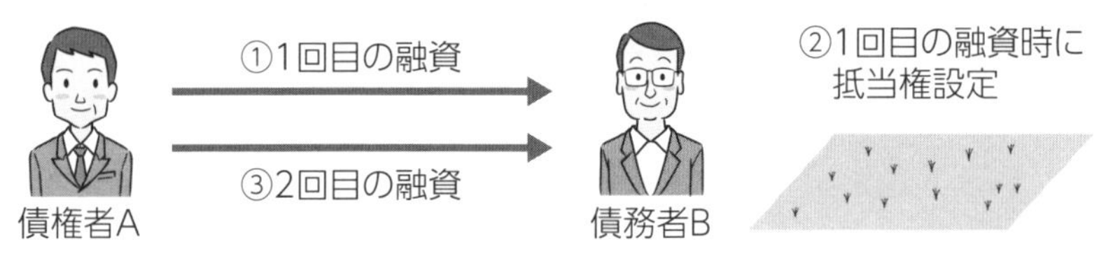

Aは、Bへお金を貸す際に、B所有の不動産に抵当権を設定しました。しかしその後、Bから、さらにお金を貸して欲しいとお願いがあり、Aは抵当権があるからよいか…と再度お金を貸すことにしたのです。その後、最初に貸したお金は無事返済されましたが、2回目に貸したお金の返済が滞ったため、抵当権実行の手続きに入ろうとします。ところが、それができないことが判明します。

というのも、**抵当権は特定した債権ごとに設定しなければならない**ルールになっています。ですから、**今回の抵当権は1度目の貸金の返済のためだけの抵当権**であって、**2回目の債権には効力が**ありません。よって、2回目の貸金について返済が滞っても、当初設定した抵当権を実行することができないのです。

確認問題 根抵当権は、債権者と債務者間のいかなる債権をも担保するという内容であっても設定することができる。

このようにお金の貸し借りや取引が繰り返し行われた際、そのすべての取引に抵当権を設定しておくためには、その都度、抵当権を設定する手続きが必要とされます。契約を交わすことはもちろん、必要書類を集めたり、登記の手続きであったりと、その度に費用はかかりますし、時間も必要です。

つまり、**抵当権の弱点は「継続的な取引に向いてない」**ことです。そこで、抵当権の弱点を埋める権利が生まれました。いわば**一定の債権を「根」こそぎ担保してくれる「抵当権」である「根抵当権」**です。

根抵当権の設定に必要なこと 基本！

根抵当権は、継続的な取引に応じて変形された抵当権です。通常の抵当権と同じく、当事者の契約によって設定しますが、それと同時に、**どういう取引で生じた債権を担保するのか（債権の範囲）**や、**総額いくらまで担保するのか（極度額（きょくどがく））**、**誰が債務者となる債権を担保するのかを設定しなければなりません**（398条の2）。

そして、**その後の発生する債権の中で「債権の範囲」、「極度額」、「債務者」の対象となる債権は、すべて自動的に担保される**ことになっています。前ページのAとBの例で「根抵当権」を設定した前提で考えてみましょう。

AとBは、今後の継続的なお金の貸し借りのため、B所有の不動産に根抵当権を設定することにして、債権の範囲を「金銭消費貸借取引（きんせんしょうひたいしゃくとりひき）」、極度額を「金1,000万円」、債務者を「B」と決めました。

この場合、この後にAがBに何度もお金を貸したとしても、その総額が1,000万円（「極度額」の額）に至るまで、すべて担保されることとなり、**そのうちのどの債権の返済が滞ったとしても、Aは根抵当権を実行し、Bの不動産をお金に換えて返済に充てることが可能**となります。

なお、**「金銭消費貸借取引」**とは、**お金の貸し借り**に関する取引の法律上の名称です。売買が繰り返し行われ、都度、売買代金の債権が発生するのであれば「売買取引」、銀行の融資が繰り返されるのであれば「銀行取引」といった形で取引の最低限の範囲を決めることは必要とされていますが、この根抵当権によって抵当権の弱点は解消され、実社会でもその取引の内容に応じ、抵当権と根抵当権が併用されています。

✕ 根抵当権の設定においては、最低限の**取引の範囲（債権の範囲）**を決めることが必要とされている（398条の2第2項）。

040 根抵当権の変更

時期と承諾がカギ　（チェック条文）398条の2～398条の20

例題 銀行からの継続的な融資のため、私の会社の不動産に設定した根抵当権があるけれど、今度会社の規模を拡大することになった。予定より多い追加融資を受ける可能性があり、根抵当権の内容を変えたいけれど、できるのかな？

➡この場合は「極度額の変更」の手続きが検討される。「極度額の変更」も利害関係人の承諾があれば可能だ！

「根抵当権の確定」とは　基本！

前テーマでの解説のとおり、根抵当権とは、継続的な取引などによって生じる不特定の債権を担保するものですが（398条の2）、この**根抵当権には「元本確定（がんぽんかくてい）」という概念**が存在します。

当事者が設定した一定の「債権の範囲」に含まれる債権は、「極度額」の額に達するまで、すべての債権が自動的に担保されますが、**一定事由の発生によって、根抵当権の元本は「確定」**し、**その後の債権は担保されない**ことになっています。一定事由の発生で、**担保される債権が固定される**ということです。

●主な根抵当権の元本確定事由（398条の20、一部）

①債務者または根抵当権設定者（根抵当権を設定した不動産の所有者等）の破産
②元本確定期日の到来
③元本確定請求

②の「元本確定期日」は、**当事者間であらかじめ決めておくことができ**（398条の6第1項）、**その日の到来によって自動的に元本が確定**します。また、**③の「元本確定請求」**によって、**当事者自ら元本を確定させることも可能**です（398条の19）。**元本確定とは、その後の債権は担保させない**という状態を作ることであり、将来的に継続する取引の予定がなくなったことで担保される債権を固定させたり、すでに返済が滞っている債権があることなどから、根抵当権を実行する前提として行われることが一般的です。

確認問題　根抵当権の「極度額の変更」は、根抵当権の元本の確定の前後を問わず、することができる。

「極度額の変更」だけ承諾が必要！ ココ注意！

根抵当権は、その**設定に必要な「極度額」「債権の範囲」「債務者」**に加えて、**「元本確定期日」も変更することが可能**です（398条の4〜398条の6）。しかし、**「いつなら変更できるか」、そして「利害関係人の承諾が必要か」という点で、一定の制約**が存在します。覚え方はさほど難しくはなく、**「極度額の変更」と「それ以外」で分類して把握**しておくとよいでしょう。

項　目	変更できる時期	利害関係人の承諾
極度額の変更	元本確定**前後を問わず**可能	**必要**
債権の範囲の変更	**元本確定前**のみ	**不要**
債務者の変更	**元本確定前**のみ	**不要**
元本確定期日の変更	**元本確定前**のみ	**不要**

なお、**「利害関係人」の代表例**としては**「後順位抵当権者」**が挙げられます。次の例で見てみましょう。

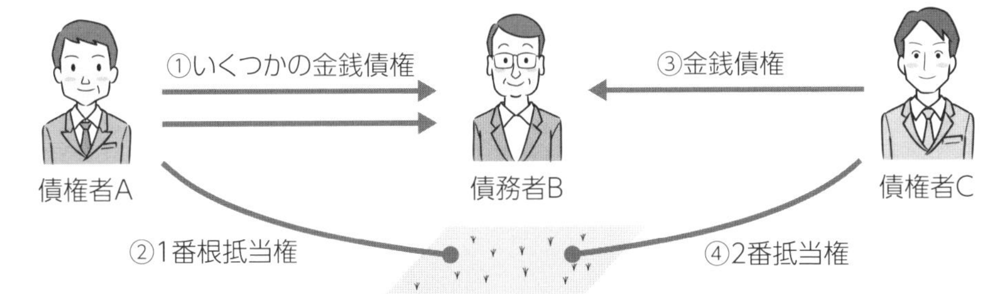

Aは、B所有の不動産に「根抵当権」を有しています。その後、さらにBは、Cにもお金を借り、同じ不動産にCのための「抵当権」を付けました。このときの**Aの根抵当権を1番根抵当権、Cの抵当権を2番抵当権**といい、（根）抵当権の登記がされた順に「1番、2番」と順位がつけられます。根抵当権や抵当権が実行されたとき、換価代金は1番のAが極度額の額を上限に返済に充て、余りがあればCの返済に充てられます。つまり、Aの取り分が多いほど、Cの取り分が少なくなる関係であり、このときのAから見たCが「後順位抵当権者」です。

Aの根抵当権の極度額を増額することは、将来のCの取り分に影響するかもしれません。そのため**「極度額の増額」変更の場合には、利害関係人として、後順位抵当権者の承諾が必要**とされています。

○ 極度額の変更は、元本確定の前後を**問わない**（398条の5）。

041 債権の種類

当事者の自由な権利？

(チェック条文) 399条～401条、406条～411条

例題 友人からの頼まれごとを引き受けたお礼に、友人が趣味で集めているフィギュアの中から1つを貰えることになった。どのフィギュアにするかは、私が選んでよいのかな。法律にもこういう場合のルールってあるの？

➡一定範囲の中から選んで給付される債権を選択債権という。この債権の選択権は、原則として、債務者である友人側にある！

当事者間のみ通じるがゆえ、自由に決められる？ 基本！

60ページでも述べましたが、**「債権」とは**、契約などの関係に基づいて、**特定の人が特定の人**に対して、何かの行為や給付を請求したり、何かをしないことを請求する権利です。「債権」と「債務」とは対の関係であって、債権者（利益を与えられる側）の視点で見た「債権」は、債務者（利益を与える側）から見れば、「債務」と表現されることになります。

この**債権は「物権」とは異なり、基本的には当事者間でのみ有効な約束**にとどまるものであり、誰に対しても絶対的に主張できるという性質こそありませんが、**契約当事者が自由にその内容を決定することができる**のが原則です。これを民法では**「契約自由の原則」**と表現しています。

そして、様々な債権のうち**「物の給付」を目的とする給付（きゅうふ）債権**は、その性質や内容によって、以下のように分類されています。

●給付債権の種類

①**特定物債権**（400条）…特定物の引渡しを目的とする債権。
②**種類物債権**（401条）…特定しないもの（種類物）の引渡しを目的とする債権。
③**金銭債権**（402条）……金銭の給付を目的とする債権。
④**選択債権**（406条）……数個の給付のうちから選択によって目的物が定める債権。

上記①の「特定物」とは、当事者がその**物の個性に着目して指定した物**を指し、**「これ！」と目的物が決められている物を給付**する債権です。また、**「全く同じものが世の中に2つとない物」の給付**もここに含まれます。

確認問題 中古車を引き渡すよう請求できる債権は、種類物債権に分類される。

例えば、同じ形の建物があったとしても、建っている場所が違っていたり、劣化の具合も異なるでしょう。また、中古車は同じ「車種」が存在するものの、何から何まで同じ状態のものは存在しません。そのため**不動産や中古車の引渡しを目的とする債権は、特定物債権**に分類されます。

一方で、**②の種類物は「同じものが存在する物」**という点で、特定物と相対する存在です。「瓶ビールを1本もらう」といった内容の債権は、ある特定の瓶ビールの給付が目的となるものではなく、指定した銘柄の瓶ビールであればどれであっても構わない趣旨であることがほとんどです。したがって、この場合の債権は、種類物債権（種類債権、不特定物債権）と分類されます。

③の金銭債権は、金銭の支払いを目的とする債権であり、売買契約における代金債権であったり、賃貸不動産の賃料債権がその例です。

このように、給付する物の内容等で分類された債権は、それぞれ独特の状況が存在するため、民法では、債権の種類に応じた規定が設けられています。

そして、例題の事例において、「私」は「友人」からお礼にフィギュアを1つ貰えるようです。この「どれか1つ」のような、**選択があって初めて目的物が定まる債権は④の「選択債権」**として分類され、次のように規定されています。

●主な選択債権に関する規定

①**選択権の帰属**（406条）……	選択債権の**選択権は、債務者**に帰属する。
②**選択権の行使方法**（407条）…	**選択は相手に対する意思表示**で行う等。
③**選択権の移転**（408条）……	選択権を有する者が、**一定期間権利を行使しなければ、選択権は相手方に移転**する等。

上記①のとおり、**選択債権での選択権は債務者にあるのが原則**ですから、例題の事例において、どのフィギュアを差し出すのかを決めるのは「**友人**」です。

つまり、「**友人**」**の「これをあげます」という「私」に対する意思表示**によって、**選択の効力が発生**し、「友人」には、選んだフィギュアを差し出す債務が生まれます。

ただし、「**友人**」がいつまでも選択権を行使しなければ、一定期間の経過によって、その権利は相手方である「**私**」に移転することになり、この場合は、「**私**」が好きなものを選べることになるのです。

✕ 中古車は、全く同じ中古車が世の中に存在しない点で**特定物**であり、これを引き渡す債権は**特定物**債権に分類される。

042 債務不履行

約束を守らないとどうなる？

チェック条文 412条~415条、541条

例題 今度、私の自宅マンションを売ることになった。契約も済ませたし、後は代金を支払ってもらうだけなんだけれど、買主が突然「お金が用意できない」と言い出した。待っていても用意できそうにないし、どうすればよいの？

➡契約上の約束を果たせていない状態を「債務不履行」という。債務不履行があるときは、一定の手続きを経て、契約の解除等ができる！

約束を守らない状態を「債務不履行(さいむふりこう)」という 基本！

民法では、**約束（契約）を守らない、守っていない状態を「債務不履行」**と表現し、主に3つに分類して、その状況に応じた規定が設けられています。

●債務不履行の分類と要件

①履行遅滞(りこうちたい)（412条）
- 履行が可能であること
- 履行期を徒過したこと
- 履行しないことが違法であること

②履行不能（412条の2）
- 履行が不能であること
- 履行しないことが違法であること

③不完全履行（415条1項前段）
- 履行がなされたこと
- 履行が不完全であったこと
- 履行しないことが違法であること

①の履行遅滞とは、履行（約束を果たすこと）が可能であるのに、**履行期(りこうき)（約束の日）を過ぎている**ことであり、この履行遅滞が成立するには、これらに加えて、**履行をしないことが違法**であることも必要です。

例えば、「○月○日にこの商品を渡す。」という約束（債務）があり、その日を過ぎていても、その商品に留置権が成立していれば（84ページ参照）、「渡さない」

確認問題 履行が可能であるにもかかわらず、履行期に債務の履行がなされない場合は、常に履行遅滞による債務不履行が成立する。

状態は違法ではなく、履行遅滞とはなりません。

次に、②の**履行不能**とは、**履行そのものが不可能**となってしまった状態です。これも**履行しないことが違法**でなければならず、建物を引き渡す債務がある中、債権者自らが建物に火をつけ、焼失してしまった場合などがここに該当します。

そして、③の**不完全履行**とは、**債務の履行（提供）がなされた**ものの、**「足りない」状態**となっていることです。箱買いした野菜がちゃんと届いたものの、その一部が腐っていたような場合が該当します。債務の履行とは、約束された内容が全て揃って初めて「完了」となりますから、一部でも足りなければ債務不履行となるのです。

債務不履行だとどうなるか？ 基本！

債務不履行は3つの形態で細かな内容の違いこそあれ、結局は「債務者がちゃんと約束を果たしていない」ことにほかならず、この不都合が債権者に及ぶのは好ましくありません。そのため、**債権者がこの契約から離脱できるよう、債権者に契約の解除**が認められます（541条、542条）。

また、これに加え、さらに一定の要件を満たすことによって、**債務者に対する損害賠償請求**も認められています（415条）。

例題の事例においても、**「買主」には履行遅滞**が認められます。そこで、「私」は「買主」に対して、**一度代金の支払いを促すことで（催告）、それでも支払いがなされない場合は、契約の解除が可能**です（541条本文）。解除すれば今回の契約はなかったことになりますから、この場合、「私」は新たな買主との契約を模索することになるでしょう。

ただし、債務不履行がある場合でも、その**不履行の内容が「契約及び取引上の社会通念に照らして軽微(けいび)であるとき」**は、**債権者による契約の解除は認められません**（541条ただし書）。わずかな債務不履行をわざわざ切り取って、それだけを理由として契約を解除するようなことはできないということです。

例えば、売買代金が12,345円であるところ、実際に支払った額が12,344円であったとき、厳密には債務不履行に該当しますが、**軽微**な債務不履行までも一律に処理をするのは適切ではありませんから、その場合の不都合の是正も民法で図られているということです。

× 履行遅滞が成立するには、履行期に債務の履行がなされないことに加えて、履行しないことが**違法**であることも必要である。よって、「常に」履行遅滞が成立するとは**限らない**。

043 債権者代位権

債権者が代わりにできる権利

チェック条文 423条～423条の7

例題 友人に売ったパソコンの代金を今日支払ってもらう予定なので受け取りに行ったら「お金がない」とのこと。でも、友人は誰かにお金を貸しているみたいで、そのお金をちゃんと取り立てればお金は用意できるはず。こういうときって、何とかできないの？

➡自己の債権の保全のため「債権者代位権」を行使できる。これによって、友人が貸しているお金を友人に代わって「自ら回収」できる！

債権者代位権とは 基本！

債権者代位権とは、**債権者が自己の債権を保全**するために（**自分の債権をちゃんと回収できるように**）、**債務者が有する権利を、債権者が債務者に代わって行使する権利**です。例題の事例で考えてみましょう。

債権者代位権について、民法では**「私」の立場を「債権者」、「友人」を「債務者」、「友人」が債権を持っている相手（C）を「第三債務者」**と表現しています。債権者である「私」は、「友人」が債権回収を行うのを待つだけではなく、「友人」に代わって、Cへ支払いを求めることを可能とするのが債権者代位権です。認められる要件は以下のものです。

●債権者代位権の要件（423条）

①債権者の**債権を保全するために必要があること**（**債務者の無資力**） ②**債務者が自ら権利を行使しない**こと

債権者の持つ債権が**金銭債権**の場合、**「債権者の債権を保全するために必要がある」とは、債務者が無資力（返済する金銭等がない）**であることを指します。例

確認問題 債務者が自ら権利を行使する場合は、債権者は債権者代位権を行使することができない。

題の事例でも、債務者の**無資力**、そして、債務者による権利行使がないという2つの要件を満たすため、債権者代位によって第三債務者Cから債権の回収を行うことが可能です。

ただし、あくまで「私」が「友人」に代わって金銭を回収できるに過ぎず、回収したお金は、いわば「私」が預かっているような状態です。よって、**この金銭は「友人」へ渡さなければならないのが原則**なのですが、実は**この金銭とパソコンの売買代金を相殺**することで、事実上、自己の売買代金に充てることが可能となるのです。

債権者代位権は転用(てんよう)できる！ ココ注意！

上記のように、債権者代位権は、**金銭債権等の財産の保全**に用いることを想定していますが、この制度を**他のケースに転用する（使い回す）**こともできます。CからB、BからAへと不動産の売買があったケースを考えてみましょう。**この不動産がCの名義**になっている場合は、**登記手続のルール上、売買された順序に応じて、CからB、BからAへと名義を移す必要**があります。

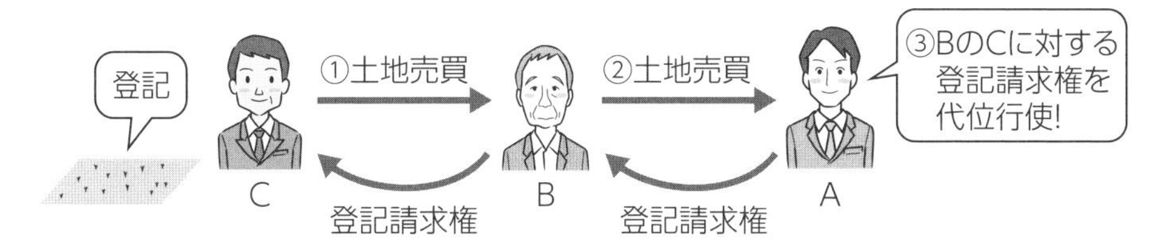

Aは売主であるBに対して、登記名義を自身に移すように求める権利（登記請求権）を持ちますが、BがCに対して有する登記請求権を行使せず、登記がB名義にならない場合、Aはいつまでも自身の名義を取得できません。

このとき、**Aは債権者代位権**により、**BがCに対して持っている登記請求権を行使することが可能**です（423条の7）。これによって、まずは登記をB名義に変えることができ、その結果、自身の名義へと移す手続きが可能となるのです。

この場合の債権者代位は、**金銭債権ではなく「登記名義を移せ！」という登記請求権を保全するため**になされています。このようなケースは**「債権者代位権の転用」**と呼ばれ、転用のケースでは**「債務者の無資力」という要件は不要**とされます。債務者に資力（お金）があるか否かは関係がないからです。

○ 債権者代位権は、債務者が権利を行使してくれないがために自らの債権を回収できないときの手段であり、債務者が自ら権利を行使しないことは、債権者代位の要件である。

044 詐害行為取消権

わざとした無資力を許さない

チェック条文 424条～426条

例題 知人に貸したお金を昨日返して貰うはずだったけれど、「お金がない」ばかりで全然返すつもりがない。こうなったら裁判も考えているけれども、裁判に勝ったとしても、債務者に財産がなければ回収できないような…。唯一の不動産も誰かにあげちゃったみたいだし、こういうときってどうすればよいの？

➡債務者のわざと財産を減らす行為などを詐害行為といい、債権者には、そのような詐害行為を取り消す権利（詐害行為取消権）がある！

詐害行為取消権（さがいこういとりけしけん）とは 基本！

詐害行為取消権とは、債務者による、債権者を害する行為（詐害行為）を取り消すことができる権利です。

そもそも債務者がお金を返済しない場合、債権者は裁判の勝訴判決を得て、債務者の財産を強制的に換価して（強制執行）、それをもって返済に充てることが可能です。しかし、**債務者が唯一の財産を譲渡**してしまうなど、**無資力状態をわざと作ったような場合**、裁判の勝訴判決を得たとしても、債務者には財産がありませんから、債権者は債権の回収方法を失ってしまいます。

この不都合を解消し、債権者の保護を図るため、**債務者が債権者を害することを知ってした詐害行為は、債権者によって取り消す**ことが認められています（424条）。

例題の事例では、「私」は「知人」に金銭債権を有しています。しかし、債務者である「知人」は返済資金を集めるどころか、**唯一の財産である不動産を第三者に譲渡**するなど、**自身の財産を減少させる行為をした結果、無資力状態**となっています。**このような行為こそ詐害行為**として、**詐害行為取消権の対象となる**ものと考えられます。

そこで、詐害行為取消権を行使して、「知人」が行った**不動産の譲渡を取り消す**ことで債務者の財産に戻し、さらに裁判の勝訴判決等を獲得すれば、強制的にこの不動産を売却して得た資金をもって返済に充てることが可能となるでしょう。この詐害行為取消権が認められる要件は、次のものです。

確認問題 債権者代位権であっても、詐害行為取消権であっても、ともに債権者の権利行使を確保するものである以上、裁判外で行使することができる。

●詐害行為取消権の要件

①債務者が**詐害行為**をしたこと
②**債務者**と**受益者**(じゅえきしゃ)が債権者を害することを**知**って、**詐害行為**をしたこと

詐害行為取消権を行使するには、詐害行為が行われたという客観的事実のほか、**債務者と受益者（転得者）がともに債権者を害することを知って詐害行為をしたという主観的事実も必要**です。なお、受益者とは、詐害行為を行った債務者の取引相手と考えてよいでしょう。

裁判上でのみ使え、また、使えないケースもある！ ココ注意！

詐害行為取消権は、債務者がした財産上の行為を後から取り消すという強力な権利です。そこで、**債権者の不当な介入等を防ぐため、裁判所に請求する方法でのみ行使することができる**と規定されています（424条1項）。

また、詐害行為取消が**裁判所**によって認められた場合、債権者は、受益者が**債務者から受け取った金銭や動産を直接自身へ引渡すよう請求することが認められています**（424条の9）。

ただし、詐害行為取消権には**期間の制限**が設けられていますし（426条）、**債務者が債権者を害する意図で、わざと無資力となる行為がすべて詐害行為となるものではありません。**「財産権を目的としない行為」については対象にならない旨が規定されており、例として次の場合があげられます。

●詐害行為とならない例

①**相続の承認や放棄**
②**離婚の財産分与**（原則）

まず、相続によって、亡くなった人の借金を相続したため無資力となった場合や、相続人となれば得られたはずの遺産を放棄したような場合は、詐害行為とならないと考えられています。

また、離婚した夫婦には、財産の精算となる財産分与が認められますが、この財産分与によって財産を譲渡した場合も、それが余程不相当な内容でない限りは、詐害行為にならないと判断されています（最判昭58.12.19）。

× 債権者代位権は**裁判外**で行使することができ、詐害行為取消権は、**裁判上でのみ**行使することができる（424条1項）。

045 連帯債務

みんなで債務を負う制度

チェック条文 436条～445条

例題 友人たち3人で共同事業を行うために、連帯債務の形で銀行から300万円を借りることになった。ただ、連帯債務と言われても正直わからない。どういう風に返済すればよいのだろう？ 3人で分割した額だけ返済すればよいの？

➡連帯債務は、債務者全員がそれぞれ債務額「全額」について責任を負うことになる。頭数で割った額だけ返済すればよいわけではない！

「全員」に「全額」を請求できる連帯債務 基本！

連帯債務とは、金銭債務など、その性質上可分（かぶん）である（分けられる）債務について、**各債務者が連帯して債務を負担**する形態の債務です。そもそも1つの債務に対して、複数の債務者がいる場合、各債務者は、その**頭数**で割った額についてのみ責任を負うことになるのが民法の原則です（分割債務の原則、427条）。しかし、連帯債務の場合は異なり、**各債務者は、債務額全額について責任を負い、債務を負担**することになるのです（436条）。

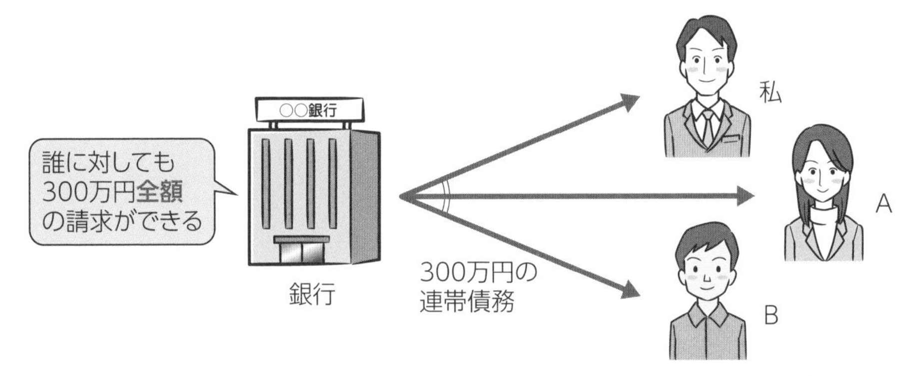

例題の事例では、「私」は「友人A」「友人B」とともに連帯債務者という立場に立っています。よって、**債権者である「銀行」は「私」に300万円全額の支払いを請求することが可能**であり、その場合、**「私」は請求に応じなければなりません。**また、「私」を含めた**連帯債務者全員**に対して、**同時に300万円全額の支払いを請求することも可能**です（436条）。もちろん、全員から300万円ずつ回収できるわけではなく、追って調整はされます。

確認問題 連帯債務の債権者は、各連帯債務者に対し、同時に債務の全額の支払いを請求することができる。

連帯債務における**債権者は、連帯債務者の誰に対しても全額請求できることに加え、同時に全員に対して全額の支払いを請求してもよい**のが特徴です。より確実な債権回収を可能とさせることから、現実に多く利用されています。

負担部分という概念による調整 ココ注意！

全員に全額を請求できるのは、おかしくない？…と考えるのが普通でしょう。しかし、連帯債務においては**負担部分**という概念が出てきます。これは**連帯債務者間での債務の負担割合に関する取り決め**と考えればよいでしょう。

例題の事例において、**連帯債務者の負担部分がそれぞれ3分の1**であったとしましょう。**「私」が債権者に全額返済**した場合、**「私」は他の連帯債務者に対して、負担部分割合に応じた負担をするよう請求することができます**（442条1項）。この請求を**「求償（きゅうしょう）」**といい、具体的には、友人Aにも、友人Bにも**それぞれ100万円ずつ求償することができる**のです。

負担部分については、取り決めがなければそれぞれ等しい割合になると考えられていますが、連帯債務者間で自由に設定することも可能ですし、ある連帯債務者の負担部分を「0」とすることも可能です。もちろん、この場合も連帯債務者に変わりはないので、債権者からの請求には応じなければなりません。

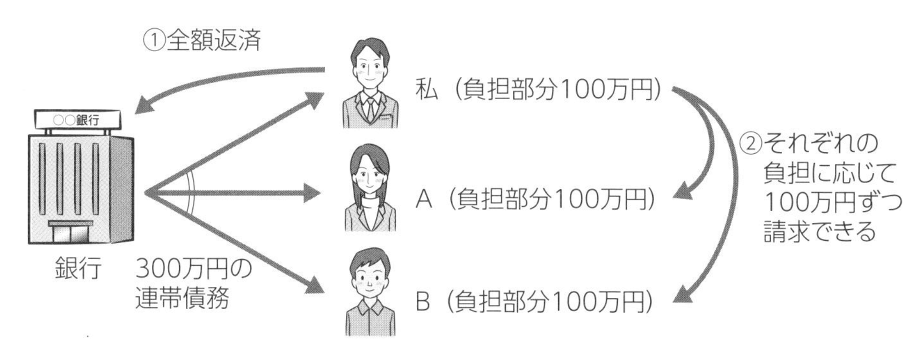

ちなみに、連帯債務の契約は、**それぞれの債務者と債権者の間で結ばれる別個独立の契約**です。よって例えば、債権者と連帯債務者のうち1人との契約が何らかの理由で無効であったとしても、このことは他の連帯債務者の契約には影響を**及ぼしません**（437条）。残った他の連帯債務者と債権者との間でのみで契約が成立し、連帯債務契約の全体が無効に**なることはない**のです。

○ 連帯債務における債権者は、各連帯債務者に対して、**同時**に、債務**全額**の支払いを請求することができる（436条）。債権の回収機能が強化されている現れである。

債権総論

046 連帯債務の絶対効と相対効

影響が及ぶ？及ばない？　（チェック条文）438条～441条、494条等

例題 友人たちと一緒に銀行からお金を借りて連帯債務者となった私。でも一緒に連帯債務者になった友人の１人が銀行から債務を免除されたって。免除って、もう払わなくていいってことだよね？この場合、私にも何か影響があるの？

➡連帯債務者の１人に対する債務の免除は、他の連帯債務者に影響を及ぼさない。これを相対効という。したがって、「私」には変わらず全額返済義務がある！

絶対効（ぜったいこう）と相対効（そうたいこう）という効力　基本！

民法では、**連帯債務者の１人について、債権者との間である事情が起こった**場合、**その効果（影響）が他の連帯債務者に及ぶか**という点ついて、**効果が及ぶ事情を「絶対的効力（絶対効）」がある**と表現し、**効果が及ばないものは「相対的効力（相対効）」にとどまる**と表現します。そして、**民法上の原則は「相対効」**です（441条本文）。

例題の事例では、**連帯債務者の１人について「免除」**がなされています。**免除とは「あなたは債務を負担しなくていいよ」と、債権者側から債務を消滅させる行為**です。これによって、免除を受けた「友人」は以後、債権者に対して債務を負担しないことになりますが、この**免除は民法の原則どおり「相対効」**とされ、**免除の効力は他の連帯債務者へ影響しません**。よって、**「私」はこれまでと変わらずに返済義務を負う**ことになります。

これに対して、**「絶対効」の代表例は「弁済」**です。**連帯債務者の１人が債権者に全額返済**すれば、**その効力は他の連帯債務者へ及びます**。つまり、**他の連帯債務者は債権者への返済義務を免れ**、その後は、連帯債務者間の求償によって整理されることになるでしょう。

以上のように、連帯債務者の１人に生じた事由が他の債務者に影響を及ぼすかについては**「相対効」が民法上の原則**となりますから、**「絶対効」とされるものを押さえておく**のがポイントです。

●弁済以外の絶対効の事由

①供託（きょうたく）などの弁済に変わるもの	②更改（こうかい）
③相殺（そうさい）	④混同（こんどう）

確認問題　連帯債務者の１人が負う債務について時効が完成した場合、他の連帯債務者が負う債務も時効によって消滅する。

①の供託とは、返済（弁済）したくとも債権者が受け取ってくれない場合などに、供託所という公的な機関に返済資金等を預けておく手続きです。これは弁済と同様の効果が生じるものとされていますから（494条）、この供託も絶対効を有するとされています。

次に、②の更改とは、債務者が負う債務の内容を変えるなどの手続きのことです。内容の変え方には様々な種類がありますが、例えば「債務の更改」がされると、元々の債務は消滅し、新たな債務が発生します（513条）。

そして、連帯債務者の１人のみに債務の更改があった場合、その効力は他の連帯債務者に及び（絶対効）、連帯債務はすべて消滅します。そして、更改の当事者となった連帯債務者だけが新しい債務を負担することになります（438条）。

③の相殺については、例えば、100万円の連帯債務者の１人が、逆に債権者に対して100万円の債権を持っている場合、一定の条件下で「相殺」して債務を消滅させることが可能です。これも絶対効を有しますから、連帯債務者の１人が相殺を行うと、他の連帯債務者の債務も同時に消滅します（439条）。

最後に④の混同とは、債権者と債務者の立場が同じになることです。連帯債務者の1人が相続などで債権者の立場を引き継ぐケースが代表例であり、連帯債務者であると同時に債権者でもある状態となったとき、その者の債務は自動的に消滅します。そして、混同は絶対効を有するため、他の連帯債務者が負う債務も消滅します（440条）。

連帯債務者の1人に、上記のもの以外の事由が発生した場合は、原則どおり「相対効」です。その具体例の一部を紹介しておきますが、いずれの事由についても、債権者と連帯債務者の間で別段の意思表示（特別の取り決め）によって、「絶対効」とすることも認められています（441条ただし書）。

●主な相対効の事由

①免除　②時効の完成　③履行の請求
④債務の承認（債務があることを認めること。消滅時効の進行を止める）

債権総論

✕ 「時効の完成」は相対効である。したがって、他の連帯債務者への影響はなく、債務は消滅しない（441条本文）。

047 保証契約

抗弁権のある保証

（チェック条文）446条～453条、455条、456条

例題 友人がお金を借りるらしく、保証人になって欲しいと言われた。すごく困っているみたいだし、お世話になった仲だから協力してあげたいのは山々だけど…保証って、自分がお金を借りたのと同じ立場になるんだよね？

➡連帯保証ではない「通常の保証人」には、催告の抗弁権と検索の抗弁権という権利が認められる。債務者と同じ立場になるわけではない！

保証とは 基本！

保証とは、保証してあげた人が借金を返せない場合、その代わりに借金を支払う制度です。債権者に対して、**債務者自身が負う債務を「主たる債務」**といいますが、この**主たる債務の不履行**があった場合には、**代わって保証人が債務の履行責任を負います**（446条）。

保証は、債権者と保証人となる者の契約によって成立しますが、**書面又は電磁的記録によってしなければ成立しません**（446条2項、3項）。それだけ保証人となることを慎重に検討させる趣旨に基づきます。**売買や贈与などの契約は諾成（だくせい）契約**といって、**口頭による意思表示の合致のみによって成立**しますが、**保証契約は諾成契約**ではなく、**書面又は電磁的記録によってしなければならないとする要式（ようしき）契約**である点で一般的な契約と異なります。

また、この保証契約には、以下の性質が認められています。

●保証の性質

①**附従性**…**主たる債務がなければ保証は成立**せず、保証債務は主たる債務の限度で存在するという性質（＝**主債務より重くならない**）。

②**随伴性**…**主たる債務**が債権譲渡などによって**移転**すれば、伴って**保証債務も移転**するという性質。

③**補充性**（452条、453条）…**催告の抗弁権、検索の抗弁権**を認める性質。

④**分別の利益**（456条）…**保証人が複数存在**する場合、**各保証人は、その頭数で割った債務の額の範囲でのみ責任を負う**という性質。

確認問題 債権者から保証債務の履行請求を受けた保証人は、債権者が債務者に履行の請求をする前であっても、これに応じなければならない。

「催告の抗弁権」と「検索の抗弁権」 ココ注意！

前記③にあるとおり、**通常の保証人には「催告の抗弁権」と「検索の抗弁権」という権利が認められ、これが保証の最大の特徴**です。

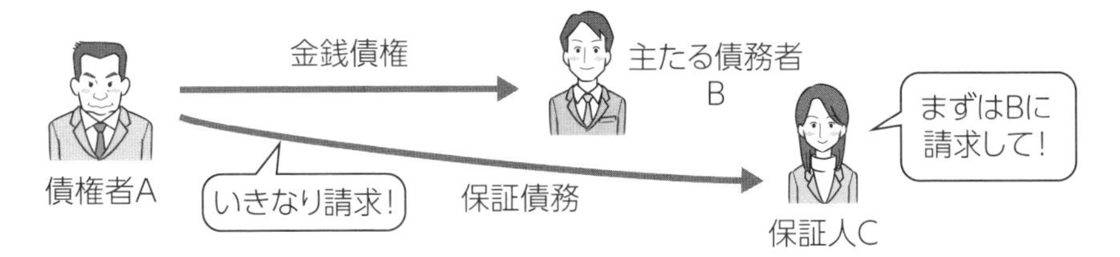

上記のBは、4月1日に返済する約束でAからお金を借り、Cが保証人になりました。4月1日になった際、**債権者Aがいきなり保証人Cに対して支払いを請求**してきた場合、**Cは「まずは債務者であるBに請求してよ！」**と**支払いを拒む**ことが認められます。この権利が1つ目の**「催告の抗弁権」**です（452条）。**債務者にではなく、いきなり保証人への請求をしてきた場合に拒む権利**です。

すると、やむなく債権者AはBへ返済を請求しましたが、Bは「お金がない」と取り合いません。そのため、Aが再度Cの元を訪れます。このとき「Bにはお金があるから、裁判を起こすとか、**もっとBから回収する努力をしてよ！**」と、再び支払いを拒むことが可能です。これが**「検索の抗弁権」**です。

要するに、保証人には、**債務者自身から回収する最大限の努力をするように…と債権者に抗弁（言い返す）権利も認められている**のです（453条）。この2つの権利があるからこそ、保証人は債務者と同じ立場ではないといえるのです。

> **【催告の抗弁権の要件】**（452条ただし書）
> ・**債務者が破産しておらず、かつ、行方不明でないこと**
> **【検索の抗弁権の要件】**（453条）
> ・**主たる債務者に弁済の資力があり、かつ、執行が容易であることを証明すること**

ただし、これらの抗弁権は、主たる債務者への請求や、主たる債務者による返済が可能であることを前提とする権利です。そのため、これらを困難とする事情があれば認められない点には注意しておきましょう。

× 保証人には、催告の抗弁権が認められるため（452条）、まずは債務者に履行を請求するよう支払いを拒むことが認められる。

048 連帯保証

通常の保証との違いは？ （チェック条文）454条、456条、458条等

例題 友人から保証人を頼まれたので話をよく聞いてみたら、実は「連帯保証人」になってくれる人を探しているようだった。正直少し怖い気がしているのだけれど、通常の保証と連帯保証って、何が違うのだろうか？

➡連帯保証には補充性がなく、分別の利益も認められない点が通常の保証と異なる。催告の抗弁権や検索の抗弁権が認められないので注意が必要だ！

連帯保証とは　基本！

連帯保証とは、主たる債務者と連帯して債務を保証する旨を定めた契約であり、**通常の保証契約と同様、書面又は電磁的記録による契約が必要**とされています（446条2項、3項）。ただし、「保証」とはいっても、通常の保証とは内容が異なるため、連帯保証のポイントは、通常の保証との違いを理解することになります。

●通常の保証との違い

①保証人には、**催告の抗弁権と検索の抗弁権が認められない**（454条）。
②**分別の利益がない**（458条）。

通常の保証は、主たる債務者が弁済できない事情が生じたときに限って、いわば**補充的に保証人が債務を履行する義務を負う**ことになるもので、**この性質は「補充性」**と表現されています。そして、その具体的な権利として、**通常の保証人には、催告の抗弁権と検索の抗弁権が認められます**（452条、453条）。

しかし、**連帯保証の場合は、補充性が認められない結果、催告の抗弁権と検索の抗弁権が認められません**（454条）。つまり、連帯保証人の場合、**債権者がいきなり連帯保証人に債務の履行を求めてきた場合、これに応じなければならず**、また、**主たる債務者に資産があり、返済が可能だとしても支払いを拒むことができません**。つまり、対債権者との関係においては、主たる債務者と同じような立場に立たされることになるのです。

さらに、連帯保証では、**分別の利益が認められません**（458条）。**分別の利益とは、1つの債務に複数の保証人**がいる場合、**各保証人は、債務額を保証人の頭数で割っ**

確認問題　100万円の主たる債務について、連帯保証人であるA及びBがいる場合、Aは、50万円の限度で保証の責任を負う。

た額の範囲でのみ責任を負うこととなるもので、通常の保証においてはこれが認められています（456条）。

しかし、**連帯保証では分別の利益が認められないため、各連帯保証人はそれぞれ債務額全額について責任を負う**ことになります。

連帯保証における絶対効と相対効 ココ注意！

112ページから解説した「連帯債務」では、**連帯債務者の１人に生じた事由が他の連帯債務者に及ぶかについて、「絶対効」と「相対効」**という効果を解説しました。**この規定は、連帯保証においても準用**されていますので（458条）、下の例で考えてみましょう。なお、「準用」とは同じ規律を及ぼすということです。

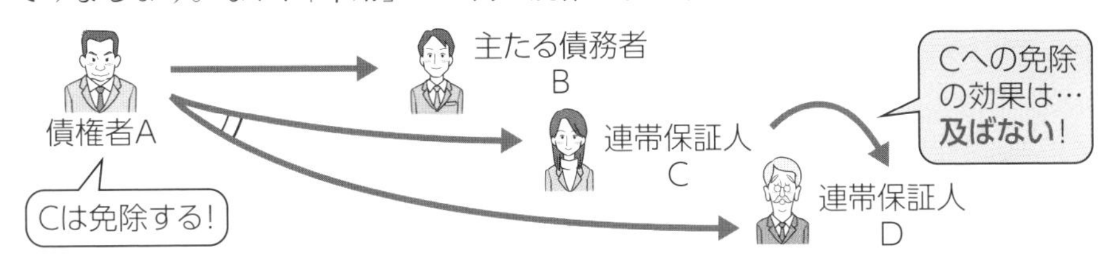

債権者であるAが、連帯保証人であるCに対して債務の免除をした場合、**この免除の効果は、連帯債務と同じく相対効**です。つまり、**C自身は債務から免れます**が、**主たる債務者であるBや他の連帯保証人であるDは債務を免れず**、以後も変わらず債務の弁済義務を負います（441条、458条）。

また、**連帯保証人について生じた「履行の請求」や「時効の完成」の効果は相対効**であり、**「弁済」「更改」「相殺」「混同」の効果が絶対効である点も連帯債務の場合と異なりません**（458条）。

以上に対して、**「主たる債務者」に生じた事由が連帯保証人へ影響するか**については考え方が異なります。連帯保証では、通常の保証と同様、附従性が認められます。附従性とは、主たる債務がなければ保証は成立せず、また、保証債務は主たる債務の限度で存在するという性質です。

そこで、**主たる債務者について生じた「弁済」や「更改」「相殺」「混同」はもちろん、「免除」「履行の請求」「時効の完成」も絶対効**とされています。このように、一定の事由が「連帯保証人」について生じたものか、それとも「主たる債務者」に生じたものかで結果が異なるため、注意しましょう。

× 連帯保証には、分別の利益が**認められない**（458条）。よって、各連帯保証人は100万円**全額**について責任を負う。

049 債権譲渡

途中で債権者が変わることがある

チェック条文 466条～469条

例題 お金を貸してくれた知人への返済のため、約束の場所へお金を用意して持っていくと、知らない人が取り立てに来た。どうやら債権が譲渡されたって話だけれども、そんなことってできるの？

➡債権の譲渡は原則自由であり、債権者が変わることもある。ただし、債務者に対する対抗要件がなければ、新しい債権者への返済は拒むことができる！

「譲渡できる」ことと、それを「対抗できる」ことは別！ 基本！

債権は一種の財産の性質を持つため、**原則として、これを譲渡することが認められています**（466条1項）。よって、債権者が債務者に対して持つ債権を第三者に譲り渡した場合、この債権譲渡によって、その第三者が新しい債権者として、債務者から弁済を受けることになります。

ただし、この**債権譲渡を「債務者に対抗」**するには、**債権の譲渡人による債務者への通知、又は債務者の承諾が必要**です（467条1項）。というのも、債権譲渡は、旧債権者である債権の譲渡人と、新債権者となる債権の譲受人の契約によってなされ、債務者は、直接にはここに関与しません。

そのため、例題の事例のように、新しい債権者と名乗る人が突然やってきても、債務者としては、支払いに応じるのも心配でしょう。支払った後にそれが嘘だと判明すれば、本来の債権者に弁済しなおすことになりかねません。

このような不都合を防ぐため、旧債権者である**譲渡人から債務者に対して、債権譲渡した旨の通知**があるか、**債務者自身が譲渡人又は譲受人に対して債権譲渡に承諾した場合でなければ**、債権の譲受人である**新債権者は、債務者に債権譲渡の効果を対抗できず、債務者に支払いを求めることが**できないこととなっているのです。

●債権譲渡の「債務者」に対する対抗要件

①債権の譲渡人からの**債務者**への**通知**
②**債務者**から**譲渡人**又は**譲受人**への**承諾**

確認問題 債権の譲渡は、原則として自由であるが、当事者間で譲渡禁止特約を結ぶことができる。この譲渡禁止特約が付された債権を譲渡した場合、その譲渡は無効である。

これに加えて、債権の譲渡を**債務者以外の「第三者」に対抗**するには、債権の**譲渡人から債務者への確定日付のある証書による通知、又は、確定日付のある証書による債務者の承諾が必要**とされています（467条2項）。

「確定日付のある証書」とは、郵便局で作成する内容証明郵便や、公証役場で作成する公正証書などを指し、正確な作成日付が明確にされる書面などによって通知をし、又は承諾をしたことが必要とされているのです。

譲渡できない債権もある！

債権は、**将来発生するものについても譲渡することが認められて**いますが（466条の6）、その一方で、**譲渡が制限**されているものも存在します。

●主な債権譲渡の制限に関する規定

①法律の規定上の制限
　例）**生活保護費**の受給権や**年金請求権**などは譲渡できない。
②債権の性質上の制限（466条1項ただし書）
　例）人に自分の肖像画を書かせる債権などは譲渡できない。

なお、債務者としてみれば、債権者が変わることに抵抗を持つ場合もあります。そこで、**債権者と債務者の間で債権譲渡を禁止**したり、**制限する特約を設けることも可能**です（466条2項）。そして、**この特約があるにもかかわらず債権の譲渡がなされた場合**については、次のように規定されています。

●譲渡禁止特約のある債権が譲渡された場合（466条2項、3項）

①**債権の譲渡自体は有効**となる。
②**債権の譲受人が譲渡禁止特約を知っていた（悪意）、又は重大な過失によって知らなかったとき（善意重過失）**は、**債務者は、譲受人への支払いを拒むことができる。**
③**譲渡禁止特約を知っていた（悪意）、又は重大な過失によって知らなかった（善意重過失の）第三者**に対しては、**債務者は、弁済などの債務の消滅事由をもって対抗することができる。**

× 債権の譲渡禁止特約が付された債権の譲渡も有効である（466条2項）。ただし、譲受人がその特約について悪意であった場合等においては、債務者は弁済を拒むことができる。

050 債務引受

債務者が増えたり、変わったり　チェック条文 470条〜472条の4

例題 知人に貸したお金を返してもらおうと連絡をしてみたら、別の人が債務者になったと返答された。「債務引受」と言っていたけれど、知らない人からお金を返してもらうってことなのだろうか。そんなことってできるの？

➡債務を別の人に引き受けてもらうことを「債務引受」といい、そのうち従来の債務者が債務から離脱する形態を「免責的債務引受」という。この場合、債権者は新しい債務者へ取り立てることになるが、これを行うには債権者の承諾が必要であり、承諾しないこともできる！

債務引受（さいむひきうけ）とは　基本！

前テーマで解説した「債権譲渡」は、「債権者」を変更する効果を生じさせるものですが、これに対して、**債務者を追加したり、又は債務者を入れ替える制度が「債務引受」**です。

債務引受には、従来の債務者とともに、引受人が連帯して債務を負担することになる「併存的（へいぞんてき）債務引受」と、**従来の債務者に代えて、以後は引受人のみを債務者とする「免責的（めんせきてき）債務引受」**に分類されます。

●2つの債務引受

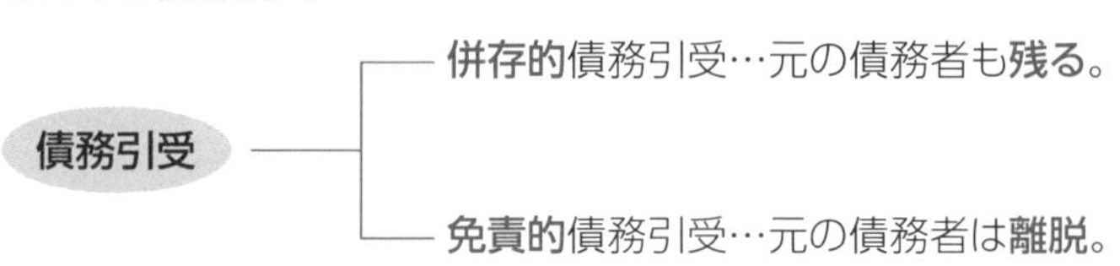

併存的債務引受とは

上記のとおり、**従来の債務者とともに、引受人が連帯して債務を負担**することになる債務引受を**「併存的債務引受」**といいます。債務の引受人となった者は、**これまでの債務者と連帯して債務を負担**し、以後、**債務者と引受人は連帯債務の関係**となります（470条1項）。

この併存的債務引受は、**債権者と引受人との契約によって行うことができます**（同条2項）。さらに、**債権者の承諾があることを要件として、債務者と引受人との**

確認問題　債権者と引受人との契約によって併存的債務引受がなされたときでも、債務者の承諾がなければ、その効力は発生しない。

契約によってもすることも可能です（同条3項）。なお、債権者、債務者、引受人の三者契約も制限されません。

また、このときの**債務の引受人は、併存的債務引受の効力発生時に従来の債務者が主張できた事由（抗弁（こうべん））を債権者に対して主張できる**旨が規定されています（471条1項）。

例えば、債務について消滅時効に必要な期間が経過しているとき、従来の債務者はこれを債権者に主張することが可能ですが、民法は、引受人からもこれを主張することを認めています。引受人は、併存的債務引受によって、債務者と同じ内容の債務を負担することになるわけですから、消滅時効に限らず、債権者の請求に対して、従来の債務者が主張しうる反論は、引受人からの反論としても認めているということです。

債権総論

免責的債務引受とは

以上に対して、**従来の債務者に代えて、以後は引受人のみを債務者**とする債務引受を**「免責的債務引受」**といいます。免責的債務引受の効果は、**債務者の交代**であると理解するとよいでしょう。

これにより、**これまでの債務者は債務を免れ、以後は引受人のみが債務を負担します**（472条1項）。

また、**効力発生の時に債務者が主張することができた事由を債権者に主張できる点は、併存的債務引受と同様**です。ただし、債務を引き受けた引受人が債権者に弁済等をした場合でも、従来の債務者に対して求償することは認められません（472条の3）。

免責的債務引受も債権者、債務者、引受人の三者で契約することができるほか、次のように契約できる旨が規定されています。

●免責的債務引受の契約方法（472条）

①債権者と引受人による契約
債権者から**債務者へ通知**をしたときに効力が発生する（2項）。

②債務者と引受人による契約
債権者が**承諾**したときに効力が発生する（3項）。

× 債権者と引受人との契約によって併存的債務引受がなされたときは、債務者の承諾は**不要**である（470条2項）。必要となるのは「**債務者**」と引受人との契約で行う場合である。

051 弁済
返済時のルール？

チェック条文 473条、483条～493条

例題 友人から借りたお金を返したいけれど、全然受け取りに来てくれない。連絡しても曖昧な返答ばかり。ちゃんと返済しないと債務は残り続けるだろうし。私はきちんと返したいのに、こういう場合も債務不履行になっちゃうの？

➡弁済に債権者の協力が必要な場合、弁済の準備をし、その旨を債権者に告げることで足りる。これにより債務不履行の責任は負わない！

弁済の場所と時間には、基本的なルールがある！ 基本！

債務を履行し、その**債務を消滅させる行為が「弁済」**です（473条）。弁済は、金銭債務においては返済する行為を指しますが、物を引き渡す債務や、一定の行為を行う債務では、これらの行為を行うことも「弁済」と表現されます。必ずしも世間で言うお金の「返済」とは一致しませんので注意しましょう。

そして、**民法は、弁済方法についてのルール**を規定しています。まずは、**弁済の場所と時間**に関する基本的ルールを確認しましょう。

●弁済の場所と時間に関する規定（484条）

①**特定物の引渡債務は、**債権発生時にその物が存在した場所で行う。
それ以外の債務は、債権者の住所に債務者が持参（じさん）する（1項）。
②**法令や慣習（かんしゅう）に取引時間の定めがある場合、弁済は**その時間に限られる（2項）。

上記①の「特定物」とは、**当事者がその物の個性に着目して指定した物**をいいます。よって、特定物である中古車の売買契約における車の引渡しは、その契約を行った際に、その中古車が存在した場所で行うのが原則です。

また、**金銭債務のような特定物以外の債務**では、債務者が、債権者の元に持参するのが原則であり、このような債務を**「持参債務」**と表現します。要するに、**債権者のもとに出向いて弁済**するということです。

ただし、時間に関する規定も含め、**当事者間の取り決めが**優先されますので、通常は昼間に取引がされるものでも、当事者の定めによって、夜中に弁済を行うことも禁止されません。

確認問題 特定物の引渡債務の弁済は、債権発生時にその物が存在した場所以外の場所で行うことはできない。

次は、**弁済の費用**について見てみましょう。

●弁済の費用に関する規定（485条）

①**弁済の費用は、債務者が負担**する。 ②**債権者の都合で弁済の費用が増えた**場合は、**増加額は債権者が負担**する。

「弁済の費用」とは、弁済に必要となる交通費や宿泊費、口座振込みの場合の手数料などを指します。これは**原則として債務者の負担**となりますが（485条本文）、債権者が住所を移転した場合など、**債権者の都合で費用が増えてしまった場合、増加額については債権者の負担**とされます（485条ただし書）。

費用に関しても、当事者がこれと異なる定めを設けた場合は、その定めの内容が優先されます。これらはあくまで、**当事者の取り決めがなかった場合の原則的な規定**であることを理解しておきましょう。

「準備＋催告」で弁済が完了する場合 ココ注意！

民法では**「弁済の提供」**について、**債務の本旨（ほんし）に従って、現実にしなければならない**と規定しています（493条本文）。つまり、**決められた債務の内容どおりの弁済**が、**現実になされなければ**、原則として、債務は消滅しません。民法ではこれを**「現実の提供」**と表現します。

しかし、例題の事例のように、債権者側に弁済を受ける気がないため「現実の提供」ができない場合もあります。現実の提供ができなければ、「弁済していない」状態が継続し、債務不履行の問題が発生します。そこで、この不都合を避けるため、**次の場合は「弁済の準備ができているから受け取って！」と催告する（これを「口頭の提供」といいます）だけで足りる**とされています（493条ただし書）。

●口頭の提供で足りる場合

①**債権者があらかじめその受領を拒んでいる**とき ②**債務の履行に債権者の協力が必要**なとき

上記②は、債権者が、債務者のもとに赴（おもむ）いて取り立てを行うこととなっている場合（取立（とりたて）債務）が該当します。

× 当事者間の**別段の定め**がある場合は、これが優先される。したがって、債権発生時にその物が存在した場所以外の場所で行うこともできる。

弁済と第三者

別の誰かに弁済された、した場合　チェック条文 474条～481条

例題 貸したお金を返して貰うために知人の家に行くと、「君の代理人にお金を渡したよ」と言われた。誰かに代理をお願いした覚えもないし、一体誰に渡したんだろう。でも私は受け取っていないから、知人から支払って貰えるんだよね？

➡偽りの代理人などの一定の者に対して、債務者が善意無過失で弁済したときは、有効な弁済として扱われる。この場合、債務者へ返済を求めることはできない！

別の誰かが弁済してもよい？ 基本！

弁済とは、債務を履行し、その債務を消滅させる行為です（473条）。通常は、債務者が「自ら」この弁済を行いますが、民法では、**債務者以外の第三者が弁済を行う場合**の規定も設けられています。

●**第三者による弁済に関する規定（474条）**

①**弁済は、債務者以外の第三者もすることができる**（1項）。
②**弁済をするについて正当な利益を有しない第三者は、**原則として、**債務者や債権者の意思に反して弁済することができない**（2項、3項）。
③債務の性質や当事者の特約により、第三者による弁済ができない場合もある（4項）。

上記②の「弁済をするについて正当な利益を有しない第三者」とは、保証人や物上保証人などのように、弁済することで自らの責任を免れたり、利害関係を持つ人「以外」の者を指します。例えば、単なる債務者の友人や親戚は、法律上の利害関係を持つ者ではありません。よって、「弁済をするについて正当な利益を有しない第三者」に該当し、原則として、「自分で弁済したい」という意思を持つ債務者や「債務者自身に弁済してもらいたい」と考える債権者の意思に反して弁済することはできません。

また例えば、「歌をうたう」といった債務は通常、その債務者自身が履行しないと意味をなしません。有名なミュージシャンに依頼したのに、知らない人が出てきて「歌います！」と言われても納得できないでしょう。

確認問題 債務者に代わって、第三者が当該債務の弁済をすることもできるが、この場合の第三者は、債務者の意思に反して弁済することまではできない。

このように債務の内容によっては、その性質上、第三者による弁済になじまないものもあり、その場合も第三者による弁済はできません。

債権者以外の誰かに弁済してしまった場合は… ココ注意！

以上のように、弁済は、債務者又は第三者から債権者に対してなされるものですが、民法では、**誤って債権者以外の第三者へ弁済してしまった場合**についても規定されています（478条）。

●第三者への弁済に関する規定（478条）

取引上の社会通念に照らして、**受領権者の外観を有する第三者へ弁済**がなされた場合、**弁済者が善意無過失の場合は、その弁済は有効**となる。

当然のことながら、原則として、弁済は、**債権者などの正当な権限を持つ者に対してしなければ効力は生じません**から、**それ以外の者に弁済をしても債務は消滅しません。**しかし、**「受領権者の外観を有する第三者」に対して弁済**がなされた場合に限り、**この弁済が有効になりうる**とされています。

この**「受領権者の外観を有する第三者」とは、弁済を受ける権限を持っているように見える人**です。例えば、債権者名義の領収書を持参して、「代理人」と称する者などが該当します。下の図で考えてみましょう。

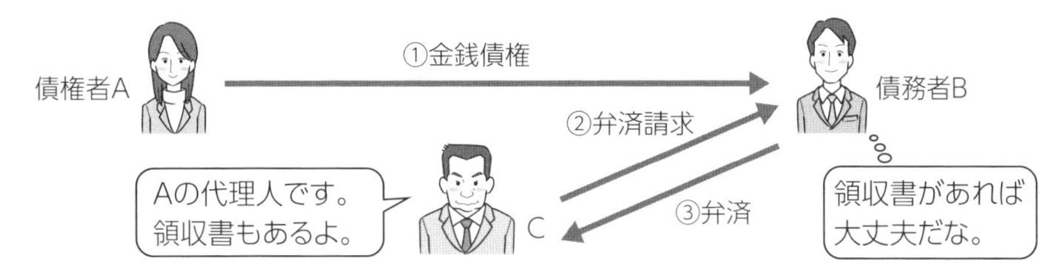

Bは、Aに対して負う金銭債務を弁済する必要があるところ、Cが「Aの代理です。領収書もあります」と、Aの代理人と偽って弁済を求めてきました。そして、Bはこれを信じてCに弁済してしまったケースです。

Cには弁済を受ける正当な権限はなく、弁済は無効となるのが原則です。しかし、**BがCに権限がないことを知らず、さらにそのことに過失もない場合は、例外的に弁済が有効**となり、**BのAに対する債務は消滅**します。

✕ 「弁済をするについて**正当な利益を有する**第三者」であれば、債務者の意思に反している場合でも弁済することができる（474条2項）。

053 契約の成立

書類がなくても契約成立！ (チェック条文) 521条～532条、587条

例題 友人から自転車を無料で譲ってもらうことになって、とても助かる。でもこういうときって、契約書を交わさないといけないのかな。やっぱり書類を作らないと契約って成立しないの？

➡契約は、原則として、「申込み」と「承諾」によって成立する。契約の成立には、契約書は不要だ！

原則は「口約束」でOK！ 基本！

民法では、**「契約の成立」についての規定**が設けられています。契約といっても、様々な種類のものがありますが、原則として、**契約は、当事者の一方による「申込み」と、これに対する相手方の「承諾」によって成立**するとされ、**このような性質を持つ契約は「諾成契約（だくせい）」**と表現されています。

売買や贈与、賃貸借や雇用など、世の中のほとんどの契約は**諾成**契約であり、**「売る」や「買う」、「貸す」や「借りる」といったの意思表示をもって申込みをし、それに対する相手方の承諾によって契約の効力が発生**します。

そのため、**諾成契約における契約書は、契約成立のために必要とされるものではなく**（522条2項）、後日紛争が起きたときの備えや、第三者への事実証明のために作成されるのが一般的です。

例題の事例は、友人間での贈与契約の例ですが、この**贈与契約も諾成契約の1つであり、契約の成立にあたって契約書は不要**です。つまり、「あげる」と「もらう」という相対する意思表示（**申込みと承諾**）の合致が贈与契約の効力を発生させるのです。ただし、口約束だけで成立した贈与契約については、思わぬ結末を迎える別の規定も存在するので、詳しくは138ページを参照してください。

このように**諾成契約が原則**とされるのは、**「契約自由の原則」**に基づいています（521条）。法律の制約がない以上、当事者は自由に内容を定めて契約を締結することができ、民法はそれを認めています。これは、契約をすることの自由のほか、**契約の方式**についても**原則自由**とする理念です。よって、逆に書面に残すことが禁止されるものでもありません。

確認問題 売買契約や贈与契約などは諾成契約であるとされ、この諾成契約は、契約の申込みと、これに対する承諾の意思表示のみによって成立する。

申込みと承諾に関するルールも定められている！

諾成契約の成立要素である**「申込み」と「承諾」**についても、**民法は一定の規定**を設けています。主な規定は次のとおりです。

●申込みと承諾に関する主な規定

①**承諾期間についての「定めのある」申込みに関する規定**（523条）
「申込み」に承諾の期間を定めた場合は、原則として、**その期間中は申込みを撤回することができない**、等。

②**遅延（ちえん）した承諾に関する規定**（524条） ココ注意！
定められた承諾期間に遅れた承諾は、**新たな申込みであるとみなすことができる**。

③**承諾期間についての「定めのない」申込みに関する規定**（525条）
承諾期間を定めなかった場合、原則として、**承諾の通知を受けるために相当な期間中**は、**申込みを撤回することができない**、等。

④**申込者の死亡等に関する規定**（526条）
申込みをした者がその後に死亡したり、**制限行為能力者となった**場合、相手方が**承諾の通知**を**発するまでに**その事実を知ったときなどでは、申込みは効力を発しない、等。

⑤**申込みに変更を加えた承諾に関する規定**（528条） ココ注意！
申込みに対して条件や変更を加えてした承諾は、申込みに対しては**拒絶**するとともに、**新たな申込み**をしたものとみなされる。

諾成契約ではない契約はどうなる？ 基本！

以上のような「諾成契約」ではなく、**当事者の意思表示のみでは成立せず、「物の引渡し」の事実があって初めて成立する契約**も存在します。これを**「要物（ようぶつ）契約」**と言いますが、例えば、**「消費貸借（しょうひたいしゃく）」契約は、原則として、要物契約**であるとされています（587条）。

なお、**消費貸借とは、金銭などを貸し渡す契約**を指し、その中でもお金の貸し借りは、金銭消費貸借と呼ばれています。詳しくは148ページから解説します。

○ 売買契約や贈与契約などは**諾成**契約とされる。そして、諾成契約はその**申込み**と**承諾のみ**で成立し、目的物の引渡し等を**要しない**（522条1項）。

債権各論

054 同時履行の抗弁権

支払わないこともルール？

（チェック条文）533条

例題 今日、お店で購入したパソコンの代金を商品と引き換えに支払う予定だったけれど、新型コロナウイルス感染症の影響でパソコンの入荷が遅れ、受け取ることができないようだ。それでも今日までにお金を支払わないといけないの？

➡目的物と引き換えにお金を支払う契約において、相手から商品の引き渡しがないときは、代金の支払いを拒むことができる。これを「同時履行の抗弁権」といい、この権利によって、パソコンの引き渡しまで支払わないでも問題はない！

「同時履行の抗弁権」という権利 基本！

売主Aと、買主Bで売買契約を締結した場合、Aは商品をBへ引渡す義務を負う一方、Bは商品代金をAに支払う義務を負います。そして、**双方の義務が同時に履行期にある**とき、**当事者双方は、相手方の債務の履行があるまでは、自己の債務の履行を拒むことが認められています**（533条）。要するに、「相手が渡さない（払わない）なら、自分も払わない（渡さない）」と主張することができ、この主張こそが**「同時履行の抗弁権」**です。

いわば渡さない（支払わない）ことを法律上正当化する権利であって、**同時履行の抗弁権を主張しうる状態が継続する限りは、履行期を過ぎていたとしても債務不履行の責任を負うこともありません。**

例題の事例において、「私」は今日に代金を支払う契約となっていますが、同時に「パソコン」の引渡しも受ける内容となっています。これら2つの債務は同時に履行すべき関係ですから、「パソコンを渡してもらえないのならば、私もお金を支払わない」という、同時履行の抗弁権が**認められます。**

ただし、同時履行の抗弁権は、契約当事者双方が債務を負う場合に、必ず認められるというものでもありません。当事者双方の債務が同時に履行すべき関係にあることが必要です。

例えば、売買契約において「代金先払い」の約束があるような場合では、代金の支払いを先にすべきであって、商品の引渡しと同時に履行する関係にはありませんから、商品を受けとっていないとしても、同時履行の抗弁権を主張することは**できません。**

確認問題 契約の解除に伴って当事者双方が負う原状回復債務は、契約自体から発生した債務とはいえないため、同時履行の関係とはならない。

●同時履行の抗弁権の要件

①**同一の契約**から発生した異なる**2つの債務**が存在すること ②**2つの債務**が**弁済期**にあること ③相手が債務を履行しないままに、自己の債務の履行を求めたこと

また、この同時履行の抗弁権は、契約当事者の債務に限られず、契約「以外」の場合でも、一定の関係性の中で認められています。

●同時履行の抗弁権が認められる事例

①**契約の取消しや解除**に基づく**原状回復債務**（げんじょうかいふく） ②**弁済**と**受取証書（領収書）**の交付

上記①について、**契約の取消しや解除**があった場合、契約当事者は、すでに**引き渡された目的物**や**支払われた金銭を相手方に返還する義務**を負い（**原状回復義務**）、当事者双方に返還義務が生じることになります。そして、これらの「返す」債務は、**同時履行の関係**にあると考えられており、「相手が返してくれないなら、私も返さない」という主張が可能です。

また、**上記②**について、**弁済と受取証書（領収書）**の交付も同時履行の関係にあるとされています。領収書を出してくれないなら、お金を支払わないといえるということです。ちなみに、同時履行の抗弁権が認められる関係の中で裁判となった場合、**裁判所は「引換給付判決」**（ひきかえきゅうふはんけつ）という判決を発することがあります。これは「原告の債務の履行と引換えに、被告も債務を給付しなさい」というもので、お互いに履行しなさいという内容の判決です。

留置権との違い　～誰に対しても主張できるか～　ココ注意！

「お金を支払うまで物を渡さない」という主張は、84ページで述べた**留置権の効力と非常に類似**します。しかし、**留置権は物に対する物権**であるという点で異なります。つまり、留置権は、留置「物」に対する権利であるため、**誰に対しても主張できる**ものであるのに対し、**同時履行の抗弁権は、原則として、債務を負う当事者間でしか主張できません。**

✕　契約の解除に伴って当事者双方が負う原状回復債務についても、同時履行の関係にあるため、同時履行の抗弁権が認められる（546条）。

債権各論

055 危険負担

誰も悪くない履行不能のケースの処理

チェック条文 536条

例題 中古の戸建住宅を購入する契約を済ませて、後は代金を支払うだけってときに、落雷による火災で建物が焼失してしまった。確かに契約はしているけれど、もう建物はなくなってしまったし、私は悪くないので、お金を支払う必要はないよね？ こういうときってどうなるの？

➡当事者双方に責めがない事情で建物の引渡しができない場合、買主は代金の支払いを拒むことができる！

「危険負担（きけんふたん）」という考え方 基本！

民法では「危険負担」という概念があります。これは契約が成立して当事者双方の債務が確定した後、**一方の債務の履行が不能**となった場合、**そのリスクをどちらが負担するか**という問題を指しています。例題の事例で考えてみましょう。

売買契約の成立によって、売主は建物の引渡債務を、「私（買主）」は代金の支払債務を負います。しかしその後、落雷によって建物が焼失してしまい、「建物を引き渡す」という売主の債務は、履行不能の状態に陥りました。この場合、そのリスクを「売主」が負うものと考えれば、契約相手である「私」は代金支払いの債務を免れることになりますし、リスクを「買主」が負うものと考えれば、代金を支払わなければならないことになります。

そして民法では、**当事者双方に責めのない事由によって債務が不履行**になった場合、**その債務の相手方は、自身の債務の履行を拒むことができる**旨を規定しています（536条1項）。

確認問題 当事者双方に帰責事由なく、当事者の一方の債務が不履行となった場合でも、その債権者は、自己の債務の履行を拒むことはできない。

例題の事例では、落雷という当事者双方に責任のない事情で建物が焼失し、**「建物を引き渡す債務」が履行不能**となりました。**その債務の相手方である「私」は、売買代金の支払いを拒むことができるのです。**

なお、この建物の引渡債務は、債務不履行の一種である「**履行不能**」の状態となります。よって、債権者である買主には、契約の解除（134ページ参照）も認められることになります（542条1項1号）。よって、「私」は**代金の支払いを拒む**とともに、**契約の解除**をすることで、一件落着を迎えることになるでしょう。

●危険負担に関する主な規定（536条）

①**当事者双方に責めのない事由で債務が履行できない**場合は、その**債務の相手方**である債権者は、**自己の債務の履行を拒むことができる**（1項）。 ②**債権者の責めに帰すべき事由で債務が履行できない**場合は、相手方である債権者は、自己の債務の履行を拒むことが**できない**（2項）。

上記②のように、債権者である「私」の責めに帰すべき事情によって目的物の滅失等があった場合は、「私」は変わらず代金を支払う義務を負うことになります。危険負担に関する問題は、債務の履行が不能となるに至った経緯によって、別の結果になることを忘れてはいけません。

債権各論

契約時の規定も大事！

以上のように、危険負担の問題は「なぜ債務が不履行になったのか」の点によって結論が異なりますが、この**危険負担に関する民法の規定は「任意（にんい）規定」**といい、**契約当事者で別の定めをすることも可能**です。つまり、任意に変更**できる**規定であり、**絶対に守らなければならない規定（強行（きょうこう）規定）ではありません。**

したがって、当事者によって、この危険負担の規定と異なる取り決めがなされた場合は、その定めの内容が優先されます。

具体的には、当事者間で別途定めることで、「当事者双方に責めのない事情で債務が不履行になったとしても、債権者は自己の債務の履行を拒むことができない」といった定めも有効であり、不動産の売買といった特に重要な契約においては、危険負担についての当事者間の定めを設けておくのが一般的です。

× 当事事者双方に帰責事由なくして、当事者の一方の債務が不履行となった場合、その債権者は自己が負う債務の履行を拒むことが**できる**（536条1項）。

契約の解除

契約を解除するにも手順あり

チェック条文 540条〜542条

例題 私はアパートの大家をしているが、ある入居者が何か月も家賃を支払ってくれない。腹に据えかねており、契約を解除させてもらおうと考えているが、家賃の未払いは事実であり、本人も認めているから、すぐに解除できるよね？

➡契約の解除には、原則として、債務者への催告が必要だ。よって、必ずしもすぐに解除できるわけではない！

「契約の解除」というもの　基本！

契約の解除とは、後で契約をやめることです。**契約の解除には「遡及的効力」**が生じ、**初めから契約がなかった状態に戻す効果**が発生します。これは「取消し」の効力と類似しますが、「取消し」は詐欺や強迫といった、契約時に存在した一定の事情によって認められるものである一方で、**正常に契約が成立した後の事情**によって認められるのが解除です。一般的に、「取消し」と「解除」は同様の意味あいで使用されていますが、法律上は明確に区別されていますから、混同しないようにしましょう。

解除は、**法律で規定される場合に認められる「法定解除」**と、**契約上の特約（一定事由の発生で可能）によって認められる「約定解除」**に大別されます。約定解除は、当事者の契約によって、当然に認められるものなので、ここでは**「法定解除」の1つである「債務不履行による解除」**について解説します。

債務不履行があっても、すぐには解除できない　基本！

契約相手の**債務不履行があった場合**でも、契約の解除は、原則として、**すぐに行うことはできません。「催告」を要するのが原則**です。つまり、「このままだと解除するけど、履行しなくてよいの？」と相手にうながすことが必要です。

●催告に関する規定（541条本文）

債務不履行がある場合、原則として、**相当な期間**を定めて**催告**し、その**期間に履行がない**ときに**契約を解除できる。**

確認問題　契約による債務の履行が不能であるとき、債権者は相当な期間を定めて債務者に催告すれば、契約を解除することができる。

「**相当な期間**」は事例ごとに判断され、一般的には、おおよそ数日程度と考えられています。例題の事例でも、「入居者」の家賃の支払いに履行遅滞が見られますが、これを原因とする解除は、債務不履行を理由とするものであるため、まずは**相当な期間**を定めて**催告**をすることが必要です。そして、その期間内に履行されないようであれば、契約解除を通告することになるでしょう。

また、催告期間内に**履行はあるものの、それが全部の履行に足りない**ような場合にも、原則としては契約の解除が**可能**です。ただし、その一部の**債務の不履行が契約及び取引上の社会通念に照らして軽微**であるときは、**解除が認められません**（同条ただし書）。

催告の意味がない場合は、催告不要！ ココ注意！

以上のように、契約の解除前には、まずは催告をするのが原則ですが、**次の場合には、催告が不要**と規定されています。

●催告なく契約の解除ができる主な場合（542条1項）

①債務が**履行不能**のとき（1号）
②**債務者が債務の全部の履行を明確に拒絶**するとき（2号）
③**債務の一部**について**履行不能又は債務者が明確に履行を拒絶**していて、**残部だけでは契約の目的を達成できない**とき（3号）
④契約の目的となる**一定の時期や季節をすでに経過**しているとき（4号）

催告とは、債務者に対して改めてその履行を促す目的を持ちますから、そもそも債務の履行が**不能**であるとき（①）や、債務者に全部を履行する**意思がない**ことが**明確**であるとき（②）には、催告に意味はありません。また、**債務の一部**について**履行不能**や債務者の明確な**履行の拒絶**があり、**残りの部分だけの履行では意味がない**債務（③）においても同様です。

また、例えば、夏祭りに使用するうちわを業者へ発注したものの、夏祭りまでにその引渡しがされない場合、その後に履行がされても意味をなしません。このように、**一定時期に履行されることで初めて意味をなす債務**については、**その時期を経過している場合に限って、催告は不要**とされています（④）。

× 履行不能を原因とする契約の解除には、催告は**不要**である（542条1項1号）。履行が不能である以上、催告をしたとしても履行されることは**ない**からである。

057 解除の効力

契約を解除した後処理は？

チェック条文 545条

例題 先日、不動産を購入する契約を交わしたけれど、売主から「やっぱりやめたい」との連絡が入った。揉めごとは好きじゃないし、私もしぶしぶ了承して契約を解除。でも、私がすでに支払っている代金はどうなるの？　もちろん返してもらえるよね？

➡契約の解除によって、当事者には「原状回復義務」が生じる。売主には受け取った代金を返す義務があるため、返してもらうことができる！

解除後の処理はどうなる？ 基本！

契約が解除された場合、**発生した契約の効力は契約時に遡**（さかのぼ）**って消滅**します。つまり、初めから何もなかった状態に戻るということです。そのため、**契約当事者双方は原状回復義務、つまり契約前の状態に戻す義務を負い、**契約があったことを原因として支払われた代金や引き渡された目的物は、それぞれ互いに元々の所有者に戻されます（545条1項本文）。

また、**受け取った金銭を返還**するときには、**受け取り時からの利息を付し**（同条2項）、また、**物の返還には、受け取った日以後の果実も付して返還しなければなりません**（同条3項）。果実とは、不動産における第三者への賃貸料など、その目的物から派生的に生じた金銭や物などを指しています。

例題の事例では、当事者の合意によって契約解除がなされました。このように債務不履行などの原因がなかったとしても、当事者間に異議がなければ合意によって解除することも認められています。このときも**原状回復**義務を生じますから、「私」は代金を返してもらえることになるでしょう。

ただし、この**原状回復義務の規定には、「第三者を害することはできない。」という制約**があります（545条1項ただし書）。具体例で考えましょう。

売主A

①建物売買契約

③合意解除

買主B

②建物売買契約

転得者C

登記あり

確認問題 売買契約の解除によって、売主が既に受け取った売買代金を返還する場合、実際に受け取った代金のみを返還すれば足りる。

Ａは、自身が所有する建物について、Ｂとの間で売買契約を締結したため、建物をＢに引き渡し、同時にＢから代金を受け取りました。また、ＢはＣに建物を転売し、Ｃに登記名義が移されています。

しかしその後、Ａは、Ｂとの売買契約を合意によって解除することにしました。このとき、原状回復義務として、Ｂには建物の返還義務がありますから、Ａは建物を自身に返すよう求めることができるのが原則です。しかし、**第三者であるＣを害することはできない**、と規定されているわけです。

Ａは、建物の所有権が自身の元に戻るため、誰に対しても「自分のものだ！返せ！」と主張することができるはずですが、これを無条件に認めれば、解除に関係のないＣも建物をＡに返さなければならないこととなります。そこで契約の解除があったとしても、Ａは、第三者であるＣに対しては自身の権利を主張できず、建物の返還を求めることはできない、としているのです。

第三者の保護は「対抗要件」で決まる！ 基本！

ただし、**判例では、上記の規定によって第三者が保護されるためには、一定の条件**が必要であるとしています。

●解除に基づく第三者が保護される場合（大判大10.5.17、最判昭33.6.14）

- **不動産に関する権利**…不動産に対して第三者が登記名義を備えていること。
- **動産に関する権利**…動産が第三者に引き渡されていること。

62ページで述べたとおり、**不動産の物権変動の対抗要件は登記**であり（177条）、**動産のそれは引渡し**であると規定されています（178条）。そのため、これらを備えた第三者に対しては、解除によって戻った自身の権利を主張することはできない、として第三者の保護を図っています。

26ページから述べた心裡留保等においても、第三者保護規定について触れましたが、それらとは異なり、**解除における第三者の保護には、その第三者の善意や悪意、過失の有無は考慮されません。解除に関する第三者が保護されるためには、とにかく第三者の対抗要件の有無のみによって決まります。**

✕ この場合、売主は売買代金自体だけではなく、受け取った日からの利息も付することが必要である（545条2項）。

058 贈与契約
単にあげるだけでも契約

チェック条文 549条〜554条

例題 この前、友人が持っているバッグを貰うことになったけれど、突然、友人の気が変わったらしく、話を反故にされた。贈与も口約束で契約成立って聞いたし、契約って一方的には解除できないはずだから、バッグは貰えるものと考えてよいのかな？

➡書面によらない贈与は、原則として、後から一方的に解除できる。そのため、贈与契約の解除は有効であり、バッグを貰うことはできない！

贈与も立派な契約です 基本！

贈与とは、**当事者の一方が財産を与える旨の意思を表示し、これに対して相手方が受諾する意思を示す**ことによって**成立する諾成契約**の1つです（549条）。日常生活では、出先で飲み物をごちそうしてもらうといった、ささやかな贈与にしか出会わないでしょうから、突き詰めて考えたことはないかもしれませんが、贈与も契約です。

よって、贈与契約の成立によって、贈与者は相手方に目的物等を与える義務を負いますし、さらに原則として、贈与の目的である物又は権利を「贈与の目的として特定した時の状態で引き渡し、又は移転することを約したものと推定する」と規定されています（551条1項）。

少し話が逸れますが、ここで大事な言葉を学習しましょう。上記の**「推定する」**という規定についてです。**「推定する」**とは、**反対の証拠がない限り、その内容を真実と認める**旨を表現し、「AはBと推定する。」という規定があれば、「AはBではないという証拠」がない限りは、AをBと認めてしまい、裁判等の場になったとしても、裁判所はこれを否定しません。

したがって、贈与では、特段の反証なき限り、贈与の目的として特定した時の状態で引き渡し、又は移転することが必要です。

なお、似て非なるものとして**「みなす」**という表現があります。これは性質の異なるものを**同一のものと考える**ことを表現します。**「AはBとみなす」とあれば、AはBと完全に同視**され、**証拠があってもこれを覆すことは認められません。**

確認問題 贈与契約の一方当事者は、常に契約が成立した後においても、いつでも解除することができる。

贈与契約の成立に書面は要らない！…けれど　ココ注意！

前述のとおり、贈与契約は諾成契約の一種ですから、当事者の「あげる」「もらう」という意思表示の合致によって成立します。しかし、口約束だけで行った**（書面でない）贈与については、例外規定**が設けられています。

●書面によらない贈与に関する規定（550条）

①書面によらない贈与は、**当事者が一方的に解除できる**（本文） ②書面によらない贈与であっても、**すでに履行の終わった部分は解除できない**（ただし書）

口約束であったとしても、贈与契約は成立します。しかし、このような贈与契約については、**何らの理由なく、当事者から契約を解除することが認められているの**です。これは、思いつきで「あげる」と言ってしまったような者を保護する目的であると考えられています。

例題の事例でも、契約は有効ですが、書面によらずになされた贈与契約であるため、気が変わった「友人」による贈与契約の解除も**有効**です。したがって、「私」は「バッグ」の引渡しを請求することは**できません**。

ただし、上記②のとおり、**書面によらない贈与であっても、すでに履行の終わった部分は解除できません。**例題の事例において、「私」がすでに「バッグ」を手渡されていたようなケースです。実際に手渡す行動にまで至っているのであれば、もはや思いつきとは言えないため、このような制限も付されているのです。

なお、単純な贈与以外にも、民法は特殊な形式の贈与について規定していますので、2つ紹介しておきます。

●主な特殊な贈与に関する規定

①**定期贈与**（552条）…**一定期間、一定財産を贈与**するもの。 例）「1年間、毎月1万円を贈与する。」 ②**負担付贈与**（553条）…**贈与する代わりに、贈与を受ける者（受贈者）に一定の義務を貸す**贈与 例）「100万円を贈与する代わりに、親の面倒を見る。」

✕ いつでも解除できるのは**書面によらない**贈与のみである（550条本文）。書面で贈与契約がなされた場合は、いつでも解除できるもの**ではない**。

059 売買契約

売買にも様々な形あり チェック条文 555条、556条、558条~561条、573条~578条

例題 先日購入した土地が、実は売主の物ではなかったことが判明。本物の所有者も知らなかったみたいだけれど、そもそも他人の物を勝手に売ることなんてできるのだろうか。やっぱり今回の契約は無効になるのかな？

➡他人物の売買も認められており、契約としては有効だ。もちろん、売主は、所有者から権利を取得して、買主に引き渡す義務を負う！

ルールは「渡す」「支払う」だけではない

民法では、**当事者の一方がある財産権を相手方に移転することを約し、相手方がこれに対してその代金を支払うことを約する契約を「売買」**と定義しています（555条）。そして当然、買主は代金の支払義務、売主は目的物の引渡義務を負いますが、その他にも、契約当事者には様々な義務が発生します。

まず、売買契約書に貼付する印紙代や不動産の登記費用など、**売買契約の費用は、当事者双方が等しい割合で負担**するものと規定されています（558条）。ただし、契約でこれと異なる定めをすることは妨げられず、実際の契約でも一方当事者の負担とする規定が設けられることも少なくありません。

また、**売主は、買主に対して売買の目的である権利の移転についての対抗要件を備えさせる義務**を負い（560条）、不動産であれば、登記名義を買主に移す義務を負うことになります。買主としては、対抗要件を備えなければ、原則として、第三者に対して自身の権利を主張することができませんから（177条）、その点が考慮されています。

さらに、**売買代金の支払期限や支払場所**については、次のように規定されています。

●代金の支払期限や支払場所に関する規定（別の定めをすることは可能）

①売買代金の支払期限（573条）

売買による売主の**引渡しに期限の定めがある**ときは、**代金の支払いについても同じ期限が付けられている**ものと推定される。

確認問題 売買契約において、他人の物を目的の一部としたときは、その一部についてのみ、契約が無効となり、残り部分の契約は有効である。

②**売買代金の支払場所**（574条）
売買による**売主の引渡しと同時に買主も代金を支払うべき**とき、**代金は**引渡しの場所**で支払う必要**がある。

他人物を売ることもできる！ 基本！

さて、例題の事例のように、**売買において売主は、他人が有する物や権利の全部又は一部を目的として契約を締結することが**認められています。これを**他人物売買**といい、他人物売買における**売主は、真の所有者から目的物の権利を取得し、その後買主へ引き渡す義務を負う**ことになります（561条）。

そして、売主が買主へ権利を渡すことができなかったときは、買主への義務を果たせないことになりますから、その場合は、売主の**債務不履行**として処理されます。他人の物を売るなんてとんでもない…と思うかもしれませんが、商売では売り買いのタイミングが重要です。このような売買契約も認めつつ、もし売主の目論見が外れ、権利を取得できなかった場合は、**債務不履行**の問題として処理するのです。

債権各論

「売買の予約」も規定されています

さらに民法では、**売買の一方の予約**についての規定を置いています（556条1項）。**売買の一方の予約**とは、**あらかじめ将来の売買について事前に合意し、その後、本契約を成立させる意思を相手に**通知することによって、**相手方の承諾を**待たず**に契約を成立させることができる**売買契約です。将来の売買契約を約束しておき、本当に契約を成立させようと思った際には、通知**のみによって契約が成立させる**というものです。

この**本契約を成立させる通知の権利は「予約完結権（よやくかんけつけん）」**と呼ばれ、契約当事者の一方又は双方がこれを持つものと定めて、予約契約を行います。

× 売買は、他人の物を目的の一部としてすることができ、その一部についても**有効**に**成立**する（**他人物売買**、561条）。

060 手付
手付の本当の意味

チェック条文 557条

例題 私が入社した会社はバイクの販売をしている。先日、お客様から手付金を受け取ったが、後日、契約を解除したいと言われてしまった。契約は済んでいるので断ると「手付を支払っただろ！」って。これってどういうことなの？

➡手付は、その内容により、後日の契約解除が可能になる。買主が手付を放棄すれば、契約の解除は有効だ！

「手付（てつけ）」といっても性質が異なる 基本！

法律上、「手付」とは、売買契約成立時に、買主から売主に対して交付される金銭などを指しますが、**その金銭の性質がどのような内容かによって、手付は主に3つに分類**されます。しかし、手付の性質は1つに絞る必要はなく、契約の中で2つ又は3つの性質を併存させる形式の手付を定めることも可能です。

●手付の性質

①**証約（しょうやく）手付**…**単に契約があった証拠**としての手付。いかなる手付もこの性質を持つものとされている。
②**解約（かいやく）手付**…契約当事者に**解約する権利を与える**性質を持つ手付。
③**違約（いやく）手付**…**債務不履行（違約）があった場合の罰として没収**される性質を持つ手付。

契約において、**手付の性質の定めがない場合、その手付は、②の解約手付として定められたものと推定**されます（最判昭29.1.21）。特に資格試験では、この解約手付についての出題が多いため、ここでは解約手付について確認します。

売買契約における**解約手付は、その名のとおり、後日の解約を認める**点が大きな特徴です。一般的に契約が成立した後は、債務不履行などの一定事由の発生がなければ、当事者による一方的な解約は認められません。しかし、これを可能とするのが解約手付です。

買主から解約をするには、売主に交付した手付を放棄することを要し、対して、**売主から解約をするには、手付の倍額を買主に現実に提供**することが必要とされ

確認問題 手付について特段の定めがない場合、その手付は解約手付であるものとみなされる。

ています（557条1項本文）。

上の図では、AB間で売買契約が締結され、Bから解約手付として100万円がAへ交付されています。その後、**買主であるBは、この100万円を放棄さえすれば一方的な解約が可能**です。

そして、**売主であるAから解約**するには、Bから**交付された100万円を返還するのに加え、さらに自身の財産から同額である100万円を提供**することが必要です。「手付倍返し」という言葉も存在しますが、どちらからの解約も、**手付として定められた額を自身で負担すれば可能**であるということです。

そして、解約手付によって**売主から解約する場合**は、**手付の倍額を現実に提供することが必要**です（557条1項本文）。**「現実に提供」とは、実際に支払う必要がある**ということです。**「後日支払う」と伝えるだけでは、現実の提供にはあたらず、解約の効力は発生しません。**

いつまでも解約できるわけではない　ココ注意！

解約手付による解約とはいっても、いつまでも解約できるわけではありません。民法では、**相手方が契約の履行に着手している場合は、認められないと**規定しています（557条1項ただし書）。

上のAB間の売買契約において、買主Bが解約しようと考えている場合、その相手方である**Aに契約への履行の着手**があれば、**Bは解約することができません。**この場合の「**履行の着手**」とは、**売買した物の引渡しや登記手続**が該当することになるでしょう。また、売主からの手付けによる解約では、売買代金の支払いなど、買主側に契約の**履行の着手**がないことが必要です。

例題の事例でも、買主である「お客様」から手付が交付されています。契約中で特段の定めがない場合は、**解約**手付であると推定され、当事者による契約の解除が**可能**となります。ただし、売主である「会社」側に契約の**履行に着手**した事実があれば、「お客様」からの解約は認められません。

× 手付は、特段の定めがない場合、解約手付であるものと**推定**される。つまり、解約手付ではないという証拠があれば、解約手付ではないものとすることができる。

債権各論

061 契約不適合責任

「話が違う」ときのルール　チェック条文 562条～566条、572条

例題 家具の販売をしている知人から、すごく良さそうな椅子の話があったから買うことにしたんだけれど、手元に届いて開封すると、聞いていたものより質が悪くて、使い物にならない。こんな物と知っていたのならば買わなかったけれど、どうにかならないの？

➡購入した物の品質などが契約内容と異なる場合、その不適合について売主は責任を負う。椅子の補修や交換のほか、場合によっては契約解除も可能だ！

契約不適合責任（けいやくふてきごうせきにん） ～まずは「通知」から～ ココ注意！

民法は**「契約不適合責任」**について規定しています。これは売買などによって引き渡された**目的物の種類や品質、数量に関し、契約内容と異なる点（契約不適合）があった場合、売主は買主に対して履行の追完や代金の減額、契約解除や損害賠償の責任を負う**とされるものです。「契約内容と違うじゃないか！」という事情が起こったときに、買主を救済する規定です。

種類又は品質について**契約不適合があった場合、まず買主は、売主に対して不適合があった旨を通知することが必要**です。**この通知は、**原則として、**不適合の発見から1年以内**にしなければなりません（566条）。

そして、買主はその後、**売主へ目的物の修補（しゅうほ）、代替物（だいたいぶつ）の引渡し又は不足分の引渡しなどの履行の追完を請求**します（562条1項本文）。追完とは「追って完成させる」ものであり、売主は、その求めに応じる義務を負うことになります。

ただし、**売主は、買主に不相当な負担を課するものでない**ときは、**求められた方法と異なる方法にて追完することも可能**です（同項ただし書）。「代替物ではなく修補で…」と言えるということです。

売主が追完してくれないとき

もし**売主が追完の求めに応じない**場合、**買主は、相当な期間を定めて追完を催告し、その期間内にも追完がないときは、不適合の程度に応じた代金の減額を請求**することが認められています（563条1項）。さらに、**次の場合は、追完の催告な**

確認問題　売買契約において、売主の契約不適合責任を全部免除する旨の売買契約の特約は有効である。

くして、代金の減額を請求できます（同条2項）。

●追完の催告なく、代金減額を請求できる場合（563条2項）

①履行の**追完が不能**なとき（1号）
②売主が履行の**追完を明確に拒絶**しているとき（2号）
③契約の目的となる**一定の時期や季節をすでに経過**しているとき（3号）
④**催告しても**追完される**見込みがないことが明らか**なとき（4号）

以上のように、契約不適合責任は**「通知→追完の請求→代金減額」が基本的な流れ**であることを理解しましょう。なお、**目的物の一部**について不適合がある場合にも、この**不適合の部分について売主の責任を追及することが可能**です。

また、**契約の中で「売主は契約不適合責任を負わない」とする特約を設けることも可能**であり、実際にはこの特約が広く使用されています。ただし、この**特約がある場合でも、売主が知りながら買主に告げなかった不適合などについては、責任を回避することはできません**（572条）。

「契約不適合」は「債務不履行」でもある 基本！

以上のように、「契約内容と違う」ときの救済として契約不適合責任に関する規定が設けられていますが、契約内容を守っていないという状況は、契約上の債務をきちんと履行できていないことに他なりません。したがって、**契約不適合とは債務不履行の状態**でもあり、**債務不履行の規定に従って、買主は契約の解除や、売主への損害賠償請求を行うことも可能**です（564条）。

例題の事例では、売買によって取得した椅子の品質に問題があるようです。そこで、まずは、不適合を知ることになった、椅子の開封時から**1年**以内に、その品質に契約不適合がある旨を「知人」に**通知**し、その後、**追完を請求**することになります。具体的には、届いた椅子の補修や、場合によっては別の同種の椅子への交換を請求し、「知人」がこれに応じないとなれば、原則として、追完の**催告**を経て、相応な**代金への減額**を求めることも可能です。

そして、今回の事例は一種の債務不履行ともなるものですから、契約の**解除**や**損害賠償**請求にも範囲を広げて検討されることになるでしょう。

○ 契約不適合責任は、契約上の特約によって排除することが**できる**（572条）。

062 買戻し

売主に権利を戻す特約

チェック条文 579条～585条

例題 以前土地を購入した際の売主から、突然「買い戻す」という話が来た。何のことだかわからなかったため、当時の契約書を見返すと「買戻し特約」というものが付いていることが判明。契約のときは何も考えずにサインをしてしまったのだけれども、この土地はこれからどうなるの？

➡買戻しの特約は、売主が不動産売買時の代金や契約費用の返還をもって、目的物を買い戻すことを可能とする特約だ。つまり、売買契約が解除され、売主に権利が戻ることになる！

「買戻し（かいもど）」を行う意味

売買における売主は、売買契約と同時にした買戻しの特約により、**売買代金（別段の合意の金額があればその額）と契約時の費用を返還することによって、売買契約を解除することが認められます**（579条前段）。そして、この権利は**「買戻権（かいもどしけん）」**と表現されています。

売主は一度行った売買契約によって代金を取得し、その代金は、その後の買戻しによって返還することになります。これを何のために行うかといえば、実質的には、**不動産を担保**とした**金銭の借入れと同様の効果**が得られるため、所有している不動産を一時的に金銭に換える目的などで利用されています。

売買契約+買戻特約

（代金支払と土地引渡しは完了）

買戻しが行える期間は10年まで

買戻しの期間は、当事者間の定めによって決定することができますが、**最長でも10年とされ、特約によっても10年を超えることはできません**（580条1項）。

また、**これを超える期間を定めた場合でも、10年に短縮される**ことになり、一

確認問題 買戻しの特約において定められた買戻しの期間が10年を超える場合、この買戻しの特約は無効となる。

度定めた期間は、後から伸長（しんちょう）**することができません**（同条2項）。なお、当事者によって**買戻しの期間を定めなかった場合**には、**売買契約から5年以内に買戻しをしなければなりません**（同条3項）。

例題の事例では、売買契約に買戻しの特約が付されており、**契約と同時**に合意されているようです。よって、「売主」の適法な権利行使であれば、「私」は土地の所有権を失うことになります。ただし、買戻しの期間には制限がありますから、適切な期間内に行使されているかどうか確認する必要はあります。その他、買戻しに関する主な規定を紹介しておきましょう。

●買戻しに関する主な規定

①買戻しの特約の対抗力（581条）

売買契約と同時に**買戻しの特約を登記**することで対抗力を備える、等。

②買戻権の代位行使（582条）

債権者代位によって、売主の債権者が、売主に代わって買戻権を行使しようとするときは、買主が一定額を債権者に弁済することで買戻権を消滅させることができる、等。

③買戻しの実行（583条）

売主が買戻しをするには、買戻期間中に**売買代金**（別段の合意の金額があればその額）と**契約時の費用**を買主に提供しなければならない、等。

上記①のとおり、**買戻権の対抗要件は登記**です（581条）。売買による所有権の移転登記と同時に、**買戻しの特約についても登記**することができ、これによって、第三者に買戻権の存在を対抗することができます。つまり、買戻権の行使前に買主が第三者に転売をしていたような場合でも、売主はその第三者に買戻権を主張し、その権利を行使することが認められます。

また、民法の条文上、**買戻しの特約は、不動産の売買において付することができる**旨が規定されています（579条前段）。ただし、少し古い判例ですが、この規定をもって**「動産」の売買において買戻し特約を付することを禁止されると解釈することはできず、動産売買時の買戻し特約も有効**とされています（大判明39.1.29）。

× 買戻しの期間が10年を超える買戻しの特約は、特約自体が無効になるものでは**なく**、買戻しの期間が**10年に短縮**される（580条1項後段）。

063 消費貸借契約

借りて、使って、返す契約

チェック条文 587条～592条

例題 以前友人にお金を貸したけれども、特に返してもらう日を決めてなかった。そろそろ返してもらおうと考えているが、そんな大した金額でもないし、すぐに用意できそうだから、いつでも返還請求できるよね？

➡消費貸借契約で返還の期間を定めなかった場合、相当な期間を定めて催告をしなければならない。催告なくして返還の請求はできない！

借りて、使って、同じようなものを返す消費貸借（しょうひたいしゃく） 基本！

当事者の一方が**金銭その他の物を借り受けてこれを消費**し、その後、**種類、品質や数量の同じ物をもって返還することを約して行うのが消費貸借契約**です（587条）。貸し借りされた「その物自体」は返還の対象とならず、同種の物を返還する点で、後に解説する使用貸借契約や賃貸借契約と異なります。

消費貸借契約は、金銭の貸し借りが代表例であり、仮に100円の消費貸借契約がされた場合、返すべき対象は「100円」という金額の金銭であって、借りた「100円玉そのもの」を返す必要はありません。

そして、**消費貸借は**、当事者の契約によって行いますが、原則として、**要物契約**であるとされ、**借主が、貸し借りの対象となる目的物を実際に受け取らなければ効力が生じません**（587条）。

しかし、**書面によって消費貸借契約**がなされた場合は、**合意のみ（書面は必要）**で**効力を生じる**とされています（587条の2第1項）。その他、この**書面でする消費貸借**については、下記のように特別な規定が設けられています。

●書面でする消費貸借に関する規定（587条の2）

①借主は、貸主から**目的物を受け取るまでは、契約を解除できる、**等（2項）。
②借主が、貸主から**目的物を受け取る前に当事者の一方が破産**したときは、その**効力を失う**（3項）。
③消費貸借の契約が**電磁的記録によってされた**ときにも、**書面による消費貸借とみなされる**（4項）。

確認問題 消費貸借契約が電磁的記録によってされた場合、借主が消費貸借契約の目的物を現実に受け取ることがなくても、当該契約の効力は生じうる。

返還時期は「貸主」と「借主」で異なる　基本！

消費貸借における**目的物の返還時期**は、**契約によって定めることが可能**です。よって、定めがある場合はこれに拘束されますが、**定めがない場合、貸主は相当な期間を定めて催告しなければ、返還を求めることができません**（591条1項）。

よって、例題の事例では、特に返還の時期を定めなかったようですから、貸主である「私」が返還を求めるには、**相当な期間**を定めた**催告**が必要です。いきなり「すぐに返して！」という取り立てを行うことは**できません**。

しかし、これは**「貸主」**の話であり、**「借主」は、**返還の時期についての定めの有無にかかわらず、**いつでも返還することが可能**です（591条2項）。ただし、**定められた返還時期より前に返還**したことによって、**貸主に何らかの損害があった場合は、その損害を賠償しなければなりません**（同条3項）。

例えば、金銭の消費貸借における利息がこれに該当します。返還時期を定めて利息が設定されていた場合、返還時期より前に返還されれば、受け取ることができたはずの利息が発生しません。この場合、貸主側が受けた損害として、一定の相当額を借主に請求することができるのです。

原則、利息の請求はできない

消費貸借契約における利息は、原則として請求することができず（589条1項）、当事者による**特約が必要**です。**特約があるときに限り、貸主は、借主が目的物を受け取った日以後の利息を請求することが可能**です（同条2項）。

●その他、消費貸借に関する主な規定

①**貸主の契約不適合責任**（590条2項） 貸主から引き渡された物が種類又は品質において消費貸借契約の内容に適合しない場合、**借主は、その物の価額を返還すれば足りる。** ②**価額の償還**（592条） 借主が貸主から受け取った物と**同じ物の返還ができなくなったとき**は、**返還できなくなった時における物の価額を償還しなければならない。**

○　消費貸借契約が電磁的記録によってされた場合、書面による消費貸借とみなされる。よって、契約成立に借主が目的物を現実に受け取る必要はない（587条の2第1項、4項）。

債権各論

064 使用貸借契約
「ちょっと貸して」のルール　チェック条文 593条〜600条

例題 友人が貸したゲームソフトをなかなか返してくれない。ゲームをクリアするまでは貸す約束をしたけれど、その後、違う人にまた貸ししていたことが判明。返してと言ったら「クリアするまで貸してくれるって言ったじゃん」と言われた。確かに約束はしたけど、こういうときも返してもらえないの？

➡無料の貸し借りを「使用貸借」といい、使用貸借では、借主は勝手に借用物を第三者に使用させることはできない。この場合、すぐに返還請求できる！

細かく規定されている使用貸借契約のルール　基本！

当事者の一方がある物を引き渡すことを約し、相手方がその受け取った物について、**無償で使用及び収益**をして、**契約が終了したときに返還をすることを約して行うのが使用貸借**です（593条）。

貸し渡す行為に対する**対価は発生せず、無償である**点で賃貸借契約と異なります。**使用貸借契約は、当事者の約定のみによって成立する諾成契約**とされ、**書面によって契約をした場合を除き、借主が借用物を受け取るまでの間は、貸主からの契約の解除が認められています**（593条の2）。

要するに、タダで物を貸す契約であり、貸主の好意に基づく契約ともいえるので、そういった面も考慮されつつ、使用貸借は次の事由によって終了し、または解除することができるものとされています。

●使用貸借契約の終了（597条、598条）

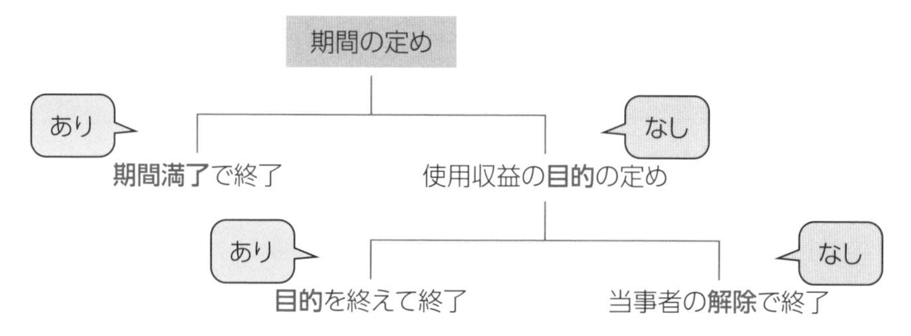

確認問題　使用貸借契約は、借主が、貸主から借用物を受け取ることがなければ、その効力を生じることがない。

また、使用貸借契約は、**借主が死亡すれば終了**します（597条3項）。「その人」だから無料で貸していた…と考えれば理解しやすいでしょう。

●使用貸借契約の「解除」

借主からの解除	**いつでも**解除できる（598条3項）。
貸主からの解除	①**契約に違反する使用等による解除**（594条） 借主が**契約に反する使用**や、**貸主の承諾なく第三者へ使用**させた場合等は、解除できる。
	②**使用期間を定めず、使用等の目的を定めた**とき（598条1項） **目的を終えるのに足りる期間が経過**すれば、解除できる。
	③**使用期間も目的も定めない場合**（598条2項） **いつでも**解除できる。

例題の事例では、ゲームのクリアまでは貸すという目的の取り決めがあるようです。よって、その目的の終了までは使用貸借が継続するものと考えられますが、「友人」は第三者にまた貸ししており、その点について「私」は承諾していません。よって、使用貸借契約の解除をして、これによって直ちに返却を求めることができます。なお、その他、使用貸借契約の当事者が負う義務等に触れておくと、次のとおりです。

●当事者の義務等に関する主な規定

①**借主による使用及び収益**（594条）
借主は、**契約や借用物の性質に従った使用や収益**を行う、等。
②**借用物の費用の負担**（595条）
・借用物についての**通常の必要費は借主が負担**し、**それ以外の費用は貸主が負担**する、等。

上記②の「必要費」とは、**修理や修繕、管理や現状の維持に要する費用**を言いますが、「通常の」とは、天災などの非常事態を原因とするものを除いたものと理解するとよいでしょう。**特別な費用でなければ、タダで借りている借主が負担**するということです。

× 使用貸借契約は**諾成**契約であって（593条）、借用物の受け渡しがあるか否かは、使用貸借契約の効力に影響が**ない**。

065 賃貸借契約
レンタルのルール

チェック条文 601条〜611条、614条〜616条

例題 私が住んでいるアパートの部屋で雨漏りがするようになった。明日は雨予報なので早めに対応したいけれど、大家さんに連絡しても全然対応してくれない。自分で修繕業者を手配した場合、その費用は誰が負担するの？

➡借主が賃借物に必要な費用を支出したときは、貸主に対して直ちに償還を請求できる。雨漏りの修繕などの費用は、大家さんが負担する！

賃貸借契約(ちんたいしゃく)と「借地借家法(しゃくちしゃっかほう)」という特別法 基本！

当事者の一方がある物の使用や収益を相手方にさせることを約し、相手方がこれに対して、その賃料を支払うこと及び引渡しを受けた物を契約が終了したときに返還することを約して行うのが賃貸借契約です（601条）。

貸借の対価となる**賃料**が発生し、借主（賃借人）が、貸主（賃貸人）に対してこれを支払う義務を負う有償契約である点で、前テーマの使用貸借契約と異なります。

民法では、この賃貸借契約に関する規定、つまり、世の中のレンタルに関する基本規定が定められていますが、その中でも一定の**不動産（建物や建物を所有することを目的とする土地）に関する賃貸借契約**は、人の生活の根本となる契約ですから、特に**借主の保護を図るために民法の特別法である借地借家法**が存在しており、**借地借家法の規定が民法より優先的に適用**されることになっています。

賃貸借については、この借地借家法の理解が不可欠であり、賃貸借契約とはいっても、借地借家法の適用範囲に含まれるものか否かによって適用される規定が異なって、結論も異なるため注意が必要です。特に資格試験では、借地借家法が適用されるか否かがポイントとなるため、常に**「目的物は何か（＝借地借家法が適用されるものか）」**について確認するようにしましょう。

賃貸人と賃借人に発生する権利義務 基本！

賃貸借契約に関する民法の規定では、**契約当事者である賃貸人と賃借人の権利義務**について様々な規定があります。例題の事例では、契約の目的物であるアパートの部屋について、「誰が修繕義務（費用）を負うのか」が問題となっていますが、

確認問題 賃貸借契約における賃貸物の修繕は、賃貸人がこれを行う義務を負い、賃借人が自ら行うことはできない。

賃貸物の修繕に関する当事者の権利義務は、次のとおりです。

●目的物の修繕に対する当事者の権利義務等の規定

> ①「賃貸人」による修繕等（606条）
> 賃借人の責めに帰すべき事由に基づくものを除き、賃貸物の使用や収益に必要な修繕義務は、賃貸人が負う、等。
> ②「賃借人」による修繕（607条の2）
> 賃借人は、次の場合、自ら賃貸物を修繕することができる。
> ・賃貸人に修繕が必要であることを通知等したにもかかわらず、賃貸人が相当な期間内に修繕しないとき
> ・急迫な事情があるとき

上記①のとおり、賃貸人は、賃借人にちゃんとした物を貸す義務があることから、**賃貸物の修繕は賃貸人が行うのが原則**です（606条1項）。また、**賃借人は、賃貸人が賃貸物の保存に必要な行為をしよう**とするときは、**これを拒めない**と規定されています（同条2項）。

また、上記②のとおり、**賃貸人による修繕が行われない場合**等において、**賃借人が自ら修繕することも認められます**（607条の2）。

費用の負担はどうなるか？ ココ注意！

民法では、**賃貸物にかかわる費用を「必要費」と「有益費（ゆうえきひ）」**の2つに分類して、負担者を規定しています。**必要費は、管理修繕に要する費用**が代表例であり、**有益費は主にその物の改良に要する費用**を指します。

そして、**賃借人が、本来「賃貸人」が負担すべき「必要費」を支出**した場合は、**直ちに賃貸人に対して償還を請求できます**（608条1項）。

一方、**「有益費」は直ちに償還を請求することができず、賃貸借契約の終了時にその償還が認められます。**しかし、その有益費を支出して行った改良による**価額増加が賃貸借終了時に現存**していることが必要となり、これらの要件を満たせば、**支出額又は増価額のいずれかの償還**が認められます。そして、**支出額又は増加額の選択は、賃貸人によってする**ものと規定されています（608条2項本文）。

× 賃貸人に通知等をしたにもかかわらず、賃貸人が相当な期間内に修繕しないときや、急迫な事情がある場合等、一定の場合は、賃借人自ら修繕を行うことができる（607条の2）。

066 転貸借契約

「また貸し」も許される!?　(チェック条文) 612条、613条

例題 私はアパートのいわゆる大家さんだけれども、先日、とある借主が部屋の一室を親戚の人に貸し、賃料を受け取っていることが判明した。法律でも「また貸し」は禁止されているはずだし、すぐに出ていってもらいたいんだけれど、それは問題ないよね？

➡無断での「また貸し（転貸）」があったとしても、貸主と借主の間の信頼関係を破壊するに至らない程度のものであれば、賃貸借契約の解除はできない！

承諾のない転貸借(てんたいしゃく)契約は禁止されるけれども…　基本！

賃貸借契約の**賃借人が、賃貸物をさらに第三者に賃貸するのが転貸借契約**であり、**いわゆる「また貸し」**です。転貸借契約の前提として存在する**賃貸借契約の賃借人は、転貸借契約の関係においては「転貸人(てんたいにん)」**と表現し、**転貸借契約によって賃貸物を借り受ける者は「転借人(てんしゃくにん)」**と表現します。

民法において、**転貸借契約は、賃貸人の承諾がない限りは禁止**され、**無断転貸**がなされた場合、**賃貸人は、賃貸借契約を解除できる**と規定されています（612条）。

①賃貸借契約

②転貸借契約
（Aの承諾なし）

賃貸人
A

賃借人兼転貸人
B

転借人
C

しかし、**実際に無断転貸**がなされた場合であっても、**判例では、転貸行為が賃貸人に対する背信行為(はいしんこうい)と認めるに足らない特別な事情がある**場合には、これを理由とする**賃貸借契約の解除は認められない**と示されています（最判昭28.9.25）。例えば、賃貸物のごく一部のみについて転貸がなされていた場合や、留守中の管理を理由とする親族への転貸などでは、解除が認められなかった事例もあり、どのような場合に解除が認められないこととなるかは、その規模や関係性、転貸による使用の実態など、その個別の事情に基づいて総合的に判断されています。

確認問題　転貸借契約における転借人は、転貸人に対する自己の債務の範囲内で、賃貸人に対して直接に義務を負う。

例題の事例でも、「借主」は親戚へ部屋の一部を転貸していたようです。それに至る事情によって裁判所の判断も変わりますから、一概に判断できるものではありませんが、少なからず背信行為と認めるに足らない特別な事情がある場合として判断される可能性があるでしょう。

①賃貸借契約

賃貸人A

②転貸借契約

（Aの承諾なし）

賃借人兼転貸人B

転借人C

承諾のない転貸借契約について、条文上、賃貸人（A）の解除が認められるが、**判例により、賃貸人（A)に対する背信行為とまでは言えない事情**があれば、**解除できない**と考えられている。

転貸借契約の効果　ココ注意！

賃貸人の**承諾を得て、適法に転貸借契約がなされた場合、転借人は、転貸人に対して、通常の賃貸借において賃借人が賃貸人に対して負う義務と同一の義務**を負担し、さらに同時に次の効果が発生します。

●転貸借契約の効果に関する規定（613条）

①**転借人は、賃借人の賃貸人に対する債務の範囲を限度**として、**賃貸人に対して転貸借に基づく債務を直接履行する義務を負う**（1項）。

②上記①によっても、賃貸人は「賃借人」に対して、その権利を行使することができる。

上記①により、**転借人は、転借料の支払いなどの転貸借に基づく義務を、賃貸人に対して直接負う**ことが規定されています。**上の例のB（賃借人兼転貸人）がA（賃貸人）に賃料を支払わない場合、AはC（転借人）に賃料の支払いを求めることが可能**です。しかし、それは**BがAに支払うべき賃料の額の範囲に限られます**。

一方で、**転借人は、賃貸人に対して直接に権利を持ちません**。修繕の請求などは、契約相手である**転貸人**に対して行う必要があるということです。

○　転貸借契約における転借人は、転貸人に対する**自己の債務の範囲内**で、賃貸人に対して**直接義務**を負う（613条1項前段）。

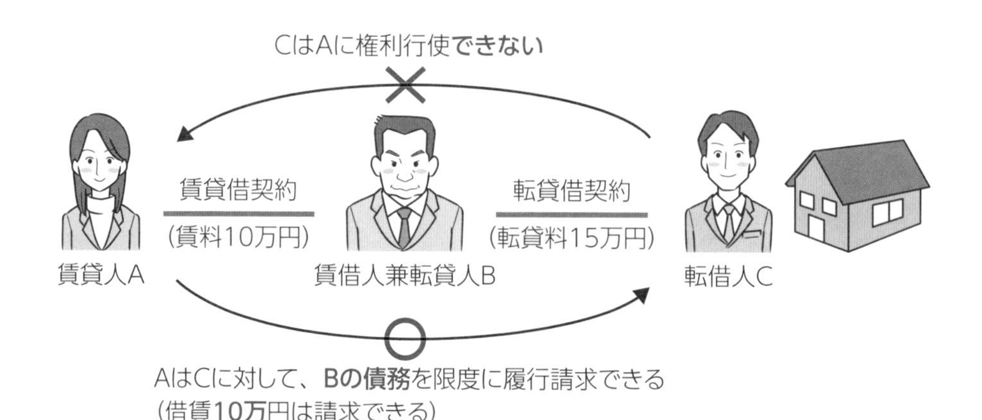

「賃貸借」契約を解除する場合〜転借人との関係〜 ココ注意!

適法に転貸がなされた後に賃貸借契約が解除された場合、**賃貸人が転借人に賃貸物の返還や、賃貸不動産からの退去等を求めることができるか**という点について、民法は、**賃貸人は、**原則として、**賃借人との間の賃貸借を**合意**により解除したことを転借人に対抗できない**と規定しています(613条3項本文)。

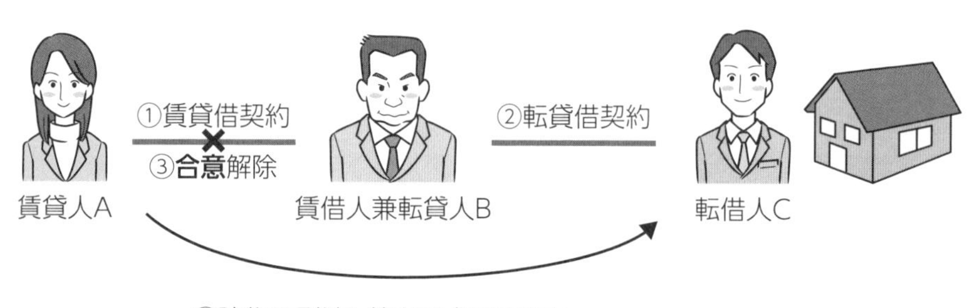

AB間の賃貸借契約が合意によって解除された場合、原則として、AはCに対して賃貸物の返還等を求めることはできません。この解除はAB間での取決めのことなので、転借人Cの利益が保護されています。

確認問題 賃貸人と賃借人の間で賃貸借契約を合意解除した場合、賃貸人はその旨の通知を行っていれば、合意解除した旨を転借人に対抗することができる。

しかし、AB間の賃貸借契約の**終了の理由が次の場合は、結論が異なります。**

①**「期間満了」、「解約申入れ」による建物の賃貸借終了のとき**（借地借家法34条1項） **賃貸人Aは、転借人Cに通知をしなければ、**賃貸借契約の**解除を対抗**できない。 ②**Bの「債務不履行」による解除のとき**（最判平9.9.25） **賃貸人Aは、転借人Cに賃貸借契約の解除を対抗**できる。

上記①のように**「期間満了」、「解約申入れ」**による賃貸借契約の終了の場合、賃貸人は転借人への**通知**を行っていないと、それを転借人に対抗できません。ABによる「合意解除」に比べると、Aが保護されています。

他方、**上記②**について、**賃借人（転貸人）の債務不履行**があった場合には、**賃貸人は何らの通知等を要せず、その解除を転借人に対抗することができます。**

まとめると、**賃貸人が、賃貸借契約の解除（終了）を転借人に対抗できるか**という論点は、**「合意解除」（＝できない）、「期間満了」、「解約申入れ」による終了（＝通知があればできる）、「債務不履行」による解除（＝できる）**、という段階がありますので注意しておきましょう。

④賃貸借契約の解除（終了）をCに対抗できるか?

- 合意解除…………………**できない**
- 期間満了、解約申入れによる終了……AからCへ**通知**すれば**できる**
- 債務不履行による解除…**できる**（通知等は**不要**）

✕ 賃貸借契約の合意解除は、その旨を通知していたとしても、転借人に対して対抗することが**できない**（613条3項本文）。**期間満了**や**解約申入れ**による終了と混同しないよう注意。

067 賃貸借契約の終了・更新

勝手に更新されることもある？ チェック条文 616条の2～622条

例題 私は所有している建物を知人に貸しており、その契約が先月末までだったにもかかわらず、出ていってくれる気配がない。無理やり追い出すようなこともしたくないし、空いたら私が住もうと思っていただけだから、しばらく何も言わず、様子を見ておいたほうがよいのだろうか？

➡賃貸借契約の期間満了後に借主が住み続けている場合、これを知りながら何も言わなければ、自動的に契約が更新されることがある！

賃貸借契約の期間の上限は、ケースで異なる！

賃貸借契約の期間については、**最長で50年の期間を定めることができる**と民法は規定しています。**これより長い期間を設定しても50年に短縮**され、**更新後の期間も50年を超えることはできません**（604条）。

しかし、**建物の賃貸借契約や建物所有目的の土地の賃貸借契約**については、**借地借家法の規定が優先的に適用**されるところ、この借地借家法によって、**建物の賃貸借契約では期間の制限はなく、当事者の契約によって自由に設定**できることが認められ、また、**建物所有目的の土地の賃貸借**では、**最短期間のみ規定され、30年より短い期間を設定することが**できません。

このように、生活のベースとなる建物や建物所有目的の土地の賃貸借契約については、借主の保護が図られています。

期間満了以外の賃貸借契約の終了事由

賃貸借契約は、契約で定めた期間の満了によって終了しますが、その他、次の事由によっても終了します。

●賃貸借の終了に関する規定

①賃貸物の滅失等による終了（616条の2）
賃貸物の全部が滅失するなど、使用収益できなくなった場合に終了する。

②解約の申入れによる終了（617条）

確認問題 建物の賃貸借契約の期間については、契約当事者間の合意に基づいていたとしても、50年を超える期間を設定することができない。

賃貸借の期間を定めなかったときは、各当事者はいつでも解約の申入れができ、この場合、次の期間の経過をもって終了する。
・土地の賃貸借　1年
・動産の賃貸借　3か月
・動産及び貸席の賃貸借　1日

賃貸借契約を継続（更新）する方法

賃貸借契約は、期間満了後の契約の更新をすることで継続させることができます。更新は、当事者の合意によってなされることを原則としますが、民法では、**賃貸借の期間が満了後も賃借人が賃借物の使用等を継続**する場合、**賃貸人がこれを知りながら異議を述べないときは、同一の条件で更新したものと推定**する旨が規定されています（619条1項前段）。つまり、終了したはずなのに、賃貸人がこれを黙認していると、更新の効力が推定されるということです。また、借地借家法では、更新について次のように規定しています。

●借地借家法における更新に関する規定

【建物の賃貸借】（借地借家法26条）
①当事者が賃貸借期間の満了の1年前から6か月前までの間に相手方に対して更新をしない旨等の通知をしなかったときは、同一の条件で契約を更新したものとみなされる。
②賃貸借の期間が満了した後もなお賃借人が賃借物の使用等を継続する場合、賃貸人がこれを知りながら異議を述べないときは、同一の条件で更新したものとみなされる。

【建物所有目的の土地の賃貸借】（借地借家法5条）
①賃借人が更新を請求したときは、賃貸人が正当な事由をもって異議を述べた場合を除き、建物がある場合に限り、同一の条件で契約を更新したものとみなされる。
②期間が満了した後、賃借人が土地の使用を継続するときも、建物がある場合に限り、同一の条件で更新したものとみなされる。

× 建物の賃貸借契約については、民法の特別法である借地借家法の適用が**ある**。よって、建物の賃貸借では、その期間は50年に制限**されない**（借地借家法29条2項）。

068 請負契約

完成を目的とした契約

チェック条文 632条〜642条

例題 私はソフトウェアの開発を仕事にしているけれど、先日オーダーいただいたお客様が、途中で依頼を中止したいと言い出した。納品後に報酬をいただくことになっていたけれども、ここまで進めた仕事分の報酬は請求できるのかな？

➡請負契約では、仕事が完成していなくても、仕事の完了部分に一定の利益がある場合、見合った報酬を請求できることがある！

請負(うけおい)契約と「仕事の完成」 基本！

請負契約とは、当事者の一方がある**仕事を完成することを約し、相手方がその仕事の結果に対して報酬を支払うことを約する**ことで効力を生ずる**諾成**契約です（632条）。建物の建築を依頼する場合や、上記例題のソフトウェアの開発依頼などが代表例です。

仕事の**依頼者を「注文者」、依頼を受ける側を「請負人(うけおいにん)」**とし、契約成立の効果として、**請負人は依頼された仕事を完成して、仕事の目的物を注文者に引き渡す義務**を負いますし、**注文者はこれに対する報酬支払いの義務を負います。**「○○をつくって完成品を納品して！」という契約と考えればよいでしょう。

この請負契約における注文者は「完成品の入手」が目的ですから、「完成品」が入手できない場合、報酬の支払義務はないとも考えられます。ただし、民法は、**次の場合には、仕事の一部の完成による報酬請求も認めています。**

つまり、請負人が行った仕事のうち、**可分な部分の給付**によって**注文者が利益を受けるときは、その部分を仕事の完成とみなし、請負人は、注文者が受ける利益の割合に応じた報酬を受け取ることが可能**です。

●仕事の一部の完成による報酬請求が可能な場合（634条）

①**注文者の責めに帰することができない事由によって、仕事を完成することができなくなった**とき（1号）。 ②**仕事の完成前に、請負契約が解除**されたとき（2号）。

また、**目的物の引渡しと報酬の支払いは同時履行の関係にある**とされ（633条本

確認問題 請負契約における注文者も契約不適合責任を追及できるが、その不適合が注文者の指図によって生じたものであるとき、注文者は契約不適合責任を一切追及できなくなる。

文)、**各当事者は、その債務の履行請求に対して同時履行の抗弁権を主張**できます。

なお、**「物の引渡しを要しない」請負契約の場合、請負人は仕事を完成しなければ、報酬を請求できない**とされています(同条ただし書)。

例題の事例では、依頼されたソフトウェアの開発契約が、途中で解除されてしまいました。そもそも**民法では、請負契約について、請負人が仕事を完成しない間は、注文者はいつでも損害を賠償して契約の解除をすることができる**、と**注文者による無理由解除を認めています**(641条)。

そして、今回の解除によって「私」は未だ仕事をすべて完成させていないものの、すでに完成している部分によって**注文者が利益を受ける**ときは、その**完成部分の割合に応じて報酬を請求することができる**と考えられます。

なお、**注文者による無理由解除は、損害を賠償して行うことが必要**です。請負人が仕事を完成していれば得られたと考えられる利益は、いわば「今回の解除によって生じた損害」と考えることができますから、併せてその損害の賠償の必要性も検討できるでしょう。

債権各論

請負契約における契約不適合責任

請負契約においても、売買契約と同様に、**請負人から引き渡された目的物の種類や品質、数量に関し、契約内容と異なる点(契約不適合)**があった場合、請負人は注文者に対して、**履行の追完や代金の減額、契約解除や損害賠償の責任を負う**ことになるのが原則です(559条、562条～564条)。

しかし、その**不適合が、注文者の供した材料の性質又は注文者の与えた指図によって生じたものであるとき、注文者は請負人の契約不適合責任を追及することができません**(636条本文)。

ただし、そのような場合であっても、**請負人がその材料又は指図が不適当であることを知りながら告げなかった**ときは、避けられた不適合をあえて見逃した請負人にも責任があることになりますから、原則どおり、**請負人の契約不適合責任を追及することができます**(636条ただし書)。

また、売買契約と同様に、**注文者は、原則として、目的物の不適合を知った時から1年以内にその旨を請負人に通知**しなければ、不適合に関する責任追及を行うことができません(637条1項)。

✕ 契約不適合が注文者の指図で生じたときであっても、請負人がその指図が不適当であることを知りながら告げなかった場合は、契約不適合責任を追及できる(636条ただし書)。

069 委任契約

タダ働きが原則です

チェック条文 643条〜656条

例題 市役所に行かねばならない用事があるけれど、どうしても平日に時間がなくて困っていたら、友人が代わりに行ってくれることに。ところが後日、友人が面倒くさくなったから、やっぱりやめると言い出した。一度は引き受けたわけだし、これも立派な契約だから勝手にやめることなんてできないよね？

➡委任契約の当事者は、いつでも契約を解除することができる。理由がどんなものであっても、解除は有効だ！

委任契約(いにん)というもの　基本！

委任契約は、当事者の一方が法律行為をすることを相手方に委託(いたく)し、相手方がこれを承諾することによって効力を生ずる諾成契約です（643条）。弁護士に訴訟の代理や契約手続の代理を依頼することなどが代表例とされます。

ざっくりと言ってしまえば、他人に「私の代わりに法律行為（契約など）を行って！」と依頼する契約です。ちなみに、「法律行為」ではない行為を依頼する場合を**「準委任」**といいます（656条）。

委任の依頼者を「委任者」、依頼を受ける側を「受任者(じゅにんしゃ)」と表現し、契約成立の効果として、**受任者は、委任の本旨に従い、善良な管理者の注意をもって、委任事務を処理する義務**を負うものとされています（644条）。

「善良な管理者の注意」は、省略して**「善管注意義務(ぜんかんちゅういぎむ)」**と言われますが、これは、**その地位などに応じて通常期待される注意義務の程度**を表現しています。つまり委任者は、一定の仕事を依頼された立場として、それ相応の注意義務を持ち、仮に問題が生じた場合の過失や責任の有無などは、善管注意義務を果たしているか、という点も含めて評価されることになります。善管注意義務は、委任における受任者だけでなく、次のケースでも課されています。

●善管注意義務が課される場合

①留置物を占有する留置権者
②共有物を使用する各共有者
③権限を行使する所有者不明不動産の管理人、管理不全不動産の管理人

確認問題 委任契約における受任者は、自己のためにするのと同一の注意義務をもって、委任事務を処理する義務を負う。

なお、注意義務について、民法においては**「自己の財産に対するのと同一の注意義務」**や**「自己のためにするのと同一の注意義務」**というものも存在します。これらは善管注意義務よりも**軽度**な義務を表現し、善管注意義務と対比される概念です。

無償（タダ働き）が原則？ ココ注意！

民法上、受任者は、依頼された仕事を全うしたとしても、**契約上に特約がなければ、委任者に報酬を請求することはできません**（648条1項）。つまり、**委任契約は無償が原則**です。

特約で有償の定めをしておけば報酬を請求できますが、原則として、委任事務を**完了した後**でなければ報酬請求はできません（同条2項）。なお、委任が履行の中途で終了したとき等は、履行した**割合に応じて**報酬を請求できます（同条3項）。

どんな理由だろうが、解除はできる！ ココ注意！

委任契約は、各当事者がいつでも契約を解除できるとされています（651条1項）。この解除に理由は問われず、例題の事例においても、適法な解除として認められます。しかし、解除の時期によっては、その相手に損害を及ぼすこともあるため、委任契約を解除した者は、**次に掲げる場合には、相手方の損害を賠償しなければならない**のが原則です（651条2項柱書本文）。ただし、以下の場合でも、**やむを得ない事情**があるときは、損害賠償義務を負いません（同項ただし書）。

①**相手にとって不利な時期**に解除したとき。
②解除された**委任契約が、受任者の利益も目的**とするものであったとき。

なお、委任契約は、受任者が委任事務を完了した場合、当事者による契約解除のほか、次の場合に終了します。

●委任の終了に関する規定（653条）

①委任者又は受任者の**死亡**　②委任者又は受任者の**破産**
③**受任者**に対する**後見開始**の審判

× 委任契約における受任者は、**善良な管理者の注意**をもって、委任事務を処理する義務を負う（644条）。自己のためにするのと同一の注意義務**ではない**。

070 事務管理

「良かれと思って」は保護される？　チェック条文 697条～702条

例題 自宅でふと外を見ると、お隣の家から煙が！ 急いで外から声をかけたけれども、留守だったから、仕方なく窓ガラスを割って家の中に入り消火。これで一安心かと思ったら、後日、お隣さんから窓ガラスの代金を請求されてしまった。こういう場合も弁償しなければいけないの？

➡契約関係にはないものの、良かれと思ってする行為を「事務管理」という。緊急時の事務管理では、損害が出ても、原則として弁償する義務は負わない！

できるだけ本人の意思にそうように…　基本！

契約などによる義務のないなか、他人のために一定の仕事を行うことを、民法では**「事務管理（じむかんり）」**として規定しています。例えば、頼まれているわけではないけれど、他人の家の雨漏りを修理したような場合が該当します。

他人のために一定の事務を行う点では、前テーマの委任契約と類似しますが、契約によって発生する義務に基づくものではない点で異なります。つまり、良かれと思ってした行為についても、民法は規定を設けているのです。

この事務管理においては、**事務（仕事）を始めた者は「管理者」**、これによって**利益を受ける者は「本人」**と表現され、**管理者は、その事務の性質に従い、最も本人の利益に適合する方法によって、その事務を管理しなければなりません**（697条1項）。また、**管理者が本人の意思を知っている**ときや、これを**推知できるときは、その意思に従って事務管理を行う必要**があります（同条2項）。

事務管理は、その人の良心に基づく行為ではあるものの、同時に他人の生活への干渉という側面があるのも否めません。よって、可能な限り、本人の意思に沿うことが求められているのです。その他、管理者の義務は、次のように規定されています。

●管理者の義務に関する主な規定

①管理者の通知義務（699条）
本人が既にこれを知っているときを除き、**事務管理を始めたことを遅滞なく本人に通知**しなければならない。

確認問題　緊急事務管理によって生じた本人の損害について、管理者に過失あるときは、管理者がこれを賠償する必要がある。

②**管理者による事務管理の継続**（700条）

事務管理を始めた場合、事務管理の継続が**本人の意思に反したり、本人に不利である**ことが**明らか**であるときを除き、**本人やその代理となる者が管理できるまで事務管理を継続**しなければならない。

③**管理者による報告**（701条、645条）

管理者は、**本人の請求**があれば、**いつでも管理する事務の処理の状況を報告**し、**事務の終了後は、遅滞なく経過及び結果を報告**しなければならない。

④**管理者による受取物の引渡し等**（701条、646条）

管理者は、**事務を処理するに当たって受け取った金銭などの物や権利を本人に引き渡さなければならない。**

管理者は、善管注意義務を負うものと考えられていますが、**本人の身体、名誉又は財産に対する急迫の危害を免れさせるために行ったもの（緊急事務管理）**については、**管理者に悪意又は重大な過失があるのでなければ、**これによって生じた**損害を賠償する責任を負いません**（698条）。

例題の事例は、まさに火の手が迫る緊急事態であり、「私」の行為は「緊急事務管理」に該当します。「お隣さん」には、自宅の窓ガラスが割れたという損害が発生していますが、**「私」に悪意や重大な過失がなければ、その損害の賠償責任を負いません**。この損害は「お隣さん」が負担することになります。

債権各論

善意に基づく事務管理に、報酬はなし！ 基本！

事務管理は、助け合いの理念を前提としていますから、事務管理を行ったからといって、本人に**報酬の請求をすることは認められない**と考えられています。

ただし、事務管理のために**かかった費用が本人にとって有益なもの**であるときは、原則として、**その費用は本人が負担し、管理者が支出したものは、本人に対して償還請求ができます**（702条1項）。

また、管理者が事務管理に有益な債務を負担した場合は、本人に対し、**自己に代わってその債務を弁済するよう請求**できることに加え、**その債務が弁済期にないときは、本人に対して、相当の担保を提供するよう求める**ことが可能です（702条2項、650条2項）。

× 緊急事務管理において管理者は、**悪意**又は**重大な過失**があるのでなければ、事務管理によって生じた損害を賠償する責任を負わない（698条）。

その他の典型契約

民法で規定された契約　チェック条文 586条、623条~631条、657条~696条

例題 旅行に行くので、飼っている猫をペットホテルに預けたけれど、旅行から帰宅してお迎えに行くと猫の様子がおかしい。なんと、病院に連れて行くと足を怪我してることが発覚した。預けるまでは元気だったし、当然治療代はペットホテルが出してくれるんだよね？

➡ペットホテルは、寄託契約における善管注意義務を負っている。この義務を怠った事実があれば、生じた損害の賠償を請求できる！

典型契約（てんけい）って何？

典型契約とは、法律に規定されている契約のことを意味します。要するに、**民法で規定されている契約は「典型契約」、規定されていない形の契約は「非典型契約」**という話です。

民法は13種の典型契約を規定しており、売買契約や贈与契約、請負契約や委任契約など、これまで学習した内容も典型契約に含まれます。ここでは、これまで解説していない**その他の「典型契約」**について見ていきましょう。

①交換（こうかん）契約

交換契約は、当事者が互いに金銭の所有権以外の財産権を移転することを約することによって、その効力を生ずる諾成契約です（586条）。売買契約が、物の対価として「金銭」を交付する契約であるのに対し、交換契約は、**物々交換**をイメージするとよいでしょう。

②雇用（こよう）契約

雇用契約とは、当事者の一方が相手方に対して労働に従事することを約し、相手方がこれに対してその報酬を与えることを約することによって、その効力を生ずる**諾成**契約です（623条）。

民法では、雇用契約に関する基本的な規定を設けていますが、弱い立場になりやすい労働者の保護を目的として、労働基準法や最低賃金法、男女雇用機会均等法といった別の法律をもって、労働者の地位や権利が保障されています。

確認問題 民法では13種類の契約について規定されており、これらを典型契約という。この典型契約以外の契約は、民法上、効力が認められない。

③寄託契約

寄託契約は、当事者の一方がある物を保管することを相手方に委託し、相手方がこれを承諾することによって効力を生ずる**諾成**契約です（657条）。倉庫業者に自己の所有物等を預かってもらう際の契約がこれに該当します。

預かる側を「受寄者」、預かってもらう側を「寄託者」とし、民法では、寄託における受寄者の注意義務や寄託物から発生した損害の賠償、寄託物の返還の時期や、返還の場所などについて規定が設けられています。

例題の事例のようにペットをホテルへ預ける契約は、ペットを寄託物とする寄託契約です。**有償で預かる寄託契約の場合、受寄者は善管注意義務を負う**ものと考えられ（659条参照）、預かっている最中にペットが怪我を負ったとすれば、受寄者であるペットホテルの注意義務違反が問題となるでしょう。

④組合契約

組合契約は、各当事者が出資をして共同の事業を営むことを約することによって、その効力を生ずる**諾成**契約です（667条1項）。世の中にある多くの会社は、会社法などの法律の手続によって、会社という1つの法人格を作り上げるものですが、民法上の組合は、契約による個人の集合の結果によって団体性を持ち、共同の目的の中で統制される存在であって法人格は持ちません。

⑤終身定期金契約

終身定期金契約は、当事者の一方が、自己、相手方又は第三者の死亡に至るまで、定期に金銭その他の物を相手方又は第三者に給付することを約することによって、その効力を生ずる**諾成**契約です（689条）。

例えば、会社に貢献した社員に対して、年金と同様、一定期に一定額を給付するような場合には、この終身定期金としての性質を持ちます。

⑥和解契約

和解は、当事者が互いに譲歩をしてその間に存する争いをやめることを約することによって、その効力を生じます（695条）。事故や事件が起きたときに「示談」と表現される行為は、この和解契約に分類されます。

× 民法上の典型契約としては、13の契約についての規定があり前半は**正しい**。しかし、民法上規定されていない契約であっても、**非典型契約**として効力が**認められる**ものがある。

072 不当利得

理由なく得た利益は返す…けれど

チェック条文 703条～708条

例題 友人の旦那さんの浮気が発覚！ しかも、相手の女性にマンションを購入して与えていたみたいで、友人も随分とショックを受けていた。でもこういうときって、浮気相手にあげたマンションを友人の旦那さんは返してもらえるの？

➡不法な原因によって財産などを渡す行為を不法原因給付という。この場合、原則として、給付したものの返還を求めることはできない！

理由なく得た利益は返っていく（不当利得） 基本！

法律上の原因なく、他人の財産又は労務によって利益を受けることを、民法では**不当利得**と表現し、そのような場合の規定を設けています。

不当利得によって**利益を受けた受益者は、給付者に対して、その利益の存する限度**において、これを**返還しなければなりません**（703条）。

利益の存する限度とは「**現存利益**」とも表現され、**今もなお存在している利益の限度**を意味します。

例えば、不当利得として1万円を受領後、遊興費で**3,000円を浪費**してしまった場合、**現存利益を7,000円と考え、この7,000円の返還で足ります**。しかし、**3,000円を生活費や借金の返済に充てた**場合では、**現存利益は1万円とされます**。それをもって自身の財産の消費（減少）を免れたという利益がある（残っている）と考え、消費した3,000円分は**差し引かれません**。

さらに、**原因がないことについて悪意の受益者は、その受けた利益に利息を付して返還**しなければならないほか、**給付者に損害があるときはその賠償責任を負う**ことが規定されています（704条）。「私のお金ではない」とわかって使った場合、利息も含めて返還しないといけないのです。その他、不当利得に関する主な規定は、次のとおりです。

●不当利得に関する主な規定

①**債務の不存在を知ってした弁済**（705条）
債務がないことを知りながら弁済をした場合、**給付したものの返還を請求することができない**。

確認問題 自らに債務がないことを知りながら弁済した場合でも、弁済を受けた者はその者から弁済を受ける法律上の原因がないため、給付者は、給付したものの返還を請求できる。

②**期限前の弁済**（706条）

弁済期の前に弁済として給付をしたときは、**給付したものの返還を請求することができない**等。

③**他人の債務の弁済**（707条）

債務者でない者が錯誤によって債務の弁済をしたため、**事情を知らない債権者が担保を放棄**するなどをしてしまった場合、**弁済者は、返還の請求をすることができない**等。

特に規定されている「不法原因給付（ふほうげんいんきゅうふ）」 ココ注意！

不当利得には「不法原因給付」という規定があります。**不法原因給付とは、不法な原因をもってなされた金銭等の給付**をいい（708条本文）、賭博における金銭の支払い等が該当します。賭博行為は法律で禁止されていますから、賭博を原因とした金銭の支払いは、契約があったとしても無効です。そのため、賭博行為を原因とする給付契約等は法律上の根拠として認められませんから、これも一種の「不当利得」に該当するものではありますが、単に給付に「理由がない」というだけではなく、「不法な行為」を基礎としてなされている給付ですから、通常の不当利得とは別の規定を設けているのです。

不法原因給付をした者は、不法な原因が受益者のみに認められる場合を除いて、その給付したものの返還を請求できません（708条）。不法原因給付をした者には、返して貰う権利が**ない**、ということです。この点で通常の「不当利得」とは異なります。

不法な原因が**受益者のみ**に認められる場合とは、身代金として金銭を支払う場合などが例にあげられます。確かに、給付者は不法原因給付をしていますが、そうせざるを得ない理由は、完全に**受益者のみ**にあるといえます。

例題の事例において、友人の「旦那さん」の浮気行為は、民法に定める夫婦間の義務に抵触し、これを原因として浮気相手への贈与行為は不法原因給付にあたります。マンションの権利を返してもらうことは**できない**でしょう。

✕ 自らに債務がないことを知りながら弁済した場合、給付者は、給付したものの返還を請求することが**できない**（705条）。

073 不法行為

悪いことをしたら損害を賠償！

（チェック条文）709条、713条、720条

例題 散歩途中に交差点を渡ろうとしたとき、突然自転車が飛び出してきて衝突。幸い捻挫で済んだけれども、明日の仕事は難しそう。経営している店を休業しなければならないし、病院にも行かないと。これらの費用は当然、加害者の人に請求してもよいんだよね？

➡民法上の不法行為が成立する場合、加害者への損害賠償請求が可能だ。しかし、請求できない場合もある！

不法行為（ふほうこうい）というもの　基本！

民法は、**故意又は過失**によって**他人の権利又は法律上保護される利益を侵害**する行為を**不法行為**と定義し、**加害者は、被害者に対して**不法行為によって生じた**損害を賠償する責任を負う**ものとしています（709条）。この民法の不法行為が成立するには、以下の要件が必要とされています。

●不法行為成立の要件（709条）

①加害者に**故意**又は**過失**があること。
②被害者に**損害が発生**していること。
③**加害行為と損害との間に因果関係**があること。
④**加害行為が違法**なものであること。
⑤**加害者に責任能力**があること。

上記①～③のとおり、不法行為が成立するためには、**加害者がわざとやった（故意）、または不注意があった（過失）行為**によって、被害者に**損害が発生**し、その**行為と損害との間に因果関係**があることが必要です。因果関係とは、「その行為」があったから「その損害が発生した」という関係のことで、「その行為がなかった」としても「その損害が発生」していれば、「その行為」と「その損害」の因果関係はないことになります。

また、**上記**④のとおり、**加害行為に違法性がない**ときには**不法行為は成立しません。**違法性がない場合とは、例えば、AがBに殴りかかろうとしたため、Bがとっ

確認問題　故意ではなく、過失によって他人の財産に損害を与えた場合には、加害者は、民法上の不法行為責任を負わない。

さにAを突き飛ばして怪我をさせたような場合です。

Bは、わかっていながらAを突き飛ばして怪我をさせ、突き飛ばす行為とAの怪我には因果関係が認められますが、自身の身を守るために行った行為であり、違法性が否定されます。不法行為は成立せず、Bは損害賠償責任を負いません。

なお、このように**不正な相手に対して、やむを得ず行う行為を「正当防衛」**といい、さらに、**他人の「物」から生じた急迫の危難を避けるため、その「物を損傷」した場合を「緊急避難」**として、この場合にも不法行為責任を負いません（720条）。例えば、Aが飼う犬に噛みつかれそうになったため、その犬（Aの物）を叩いて、犬に怪我（損傷）をさせたようなケースが例です。

以上に加えて、**⑤の加害者に責任能力がある**ことによって一般的な**不法行為が成立**します（責任能力については16ページ、174ページ参照）。

例題の事例において、「私」は自転車との衝突事故に遭ってしまいました。飛び出した運転者には過失があり、仕事への不都合が生じたことや治療費という損害、さらにその両者の因果関係も認められるでしょう。また、加害者に正当防衛等が認められる事情もなく、加害行為には違法性がありますから、加害者の責任能力が否定されるような事情がない限りは、加害者への損害賠償請求が認められます。

なお、損害賠償の範囲は、治療費などの支出による積極損害のほか、仕事ができない（得るはずだった利益が得られない）、といった消極的な損害も賠償の範囲に含まれると考えられています。

自ら責任無能力状態に陥った場合は…

この他、民法では、**精神上の障害により自己の行為の責任を弁識する能力を欠く状態にある間**に**他人に損害**を加えた者は、その**賠償の責任を負わない**ことが規定されています（713条本文）。自身の行為の責任さえ判断がつかないようなわけがわからない状態に陥っていた場合は、**責任を負わない**のです。

しかし、**故意又は過失**によって**一時的にその状態を招いたときは例外**です（同条ただし書）。例えば、自ら飲酒して、酩酊状態となって他人に損害を与えたようなケースがこれに該当します。一時的に自己の行為の責任を弁識する能力を欠く状態になっていたのでしょうが、飲酒する不注意によって自ら招いた結果ですから、責任を負わなければならない、ということです。

✕ **故意**又は**過失**による加害行為について、不法行為が成立しうる（709条）。不法行為責任が生じるためには、加害行為について過失があれば**よい**。

074 不法行為に基づく損害賠償請求

何をいつまで請求できる？

チェック条文 709条、721条~724条の2

例題 4年前、私が経営する居酒屋のお客さんが酔っ払って暴れてしまい、お皿も割れるし大変だった。損害の弁償はさせない代わりに、もう店には来ないという約束で決着したけれども、今も私が知らないときに店に来ていることが判明。約束が守れないのならば、暴れたときの被害額を弁償してもらおうと思うけれど、まだ請求できるのだろうか？

➡不法行為に基づく損害賠償請求権は、通常の債権とは消滅時効の期間が異なる。損害の発生から3年が経過していると請求できないことがある！

損害の「賠償方法」は決まっている？ 基本！

前テーマで述べたように、不法行為の成立によって、**加害者は被害者に対する損害賠償責任を負いますが、これは金銭の支払いによって行うのが原則**です。しかし、当事者に別段の意思がある場合では、金銭以外の賠償方法も認められます(722条1項)。

裁判になった場合においても、裁判所は加害者に対して、損害賠償として**金銭の支払い**を命ずるのを原則としますが、**他人の名誉を毀損(きそん)した加害者**に対しては、**被害者の請求により、名誉を回復するのに適当な処分を命ずる**ことができるとも規定し、損害賠償に代え、または損害賠償とともに**謝罪広告を掲載することを命じることも可能**としています(723条)。

被害者にも落ち度があるとき、賠償額は減る！ ココ注意！

交通事故などが典型例ですが、不法行為責任が発生する場合、**被害者側にも一定程度の過失があるケース**も存在します。この点、民法は、**被害者に過失**があったとき、**裁判所は、これを考慮して、損害賠償の額を定めることができる**として、**被害者の過失割合に応じた賠償額の減額を認めています**(722条2項)。これを**過失(かしつ)相殺(そうさい)**といい、債務不履行による損害賠償の際にも認められますが、**債務不履行に債権者の過失が認められる場合**は、**必ず過失相殺をしなければならない**ものとされているのに対し、**不法行為における損害賠償では、過失相殺ができる**と定める

確認問題 被害者にも過失がある場合の不法行為の損害賠償額については、裁判所は、被害者の過失をも考慮して定めなければならない。

に留め、必ずしも被害者側の過失が考慮されるものではない点で異なります。

誰が誰に請求する？ ココ注意！

被害者が損害賠償請求をする場合、加害者に対して請求することを原則とします。しかし民法は、**他人の生命を侵害した者は、被害者の父母、配偶者及び子に対しては、これらの者の財産権が侵害されなかった場合においても、損害の賠償をしなければならない**として、**被害者以外の者からの精神的損害を理由とする賠償請求を認めています**（711条）。

また、**不法行為による損害賠償請求は、胎児（母のお腹の中にいる子ども）にも権利が認められている**ことも特徴です（721条）。17ページで触れたように、**民法上の権利や義務の主体となりうる権利能力は出生によって初めて取得できる**ものですから、胎児は本来、損害賠償請求権を取得できないはずです。しかし、もし加害者の行為によって胎児自身が害されたときには、**将来生きて生まれることを条件**として、**胎児による損害賠償請求を認めています。**

いつまでに請求すればよいのか？ 基本！

不法行為に基づく損害賠償請求権は、次の場合に時効によって消滅します。

●不法行為による損害賠償請求権の時効期間（724条、原則）

①**被害者などが損害及び加害者を知った時から3年を経過**したとき。 ②**不法行為の時から20年を経過**したとき。

上記①または②のいずれかを満たせば、被害者の権利は消滅し、以後は損害の賠償を請求することはできません。**上記①について損害「及び」加害者**となっている点は注意しましょう。どちらも認識してはじめて、損害賠償請求権の消滅時効期間の進行がスタートします。

例題の事例では「お客さん」が発生させた損害について賠償請求を検討しています。「私」はお皿が割れるなどの**損害**と、その**加害者**の存在を認識してからすでに4年を経過していますから、権利は時効によって**消滅**し、損害賠償請求を行うことは**できない**でしょう。

× 被害者にも過失がある場合の不法行為の損害賠償額については、裁判所は、これを考慮して定めることが**できる**（722条2項）が、必ず考慮する必要は**ない**。

債権各論

075 監督義務者等の責任

責任を負わない人の責任のゆくえ　チェック条文　714条、716条、718条、719条

例題　勤務先の雑貨屋さんに、小さい子どもを連れたお母さんが来店。子どもが走り回ってるのにお母さんは買い物に夢中。嫌な予感がしていたところ、見事に的中。陳列していたグラスが全部棚から落ちる大惨事。お店の被害も大きいし、こういうときってお母さんが責任を負うことになるよね？

➡責任能力がない幼い子ども自身は、不法行為責任を負わない。しかし、その子の親などが監督義務を怠った場合は、責任を負うことがある！

責任無能力者の代わりに「監督義務者」が責任を負う

不法行為責任を負うのは、責任能力がある加害者に限られます（712条）。自己の行為の責任を弁識するに足りる知能を備えていない幼児や、精神上の障害によって自身の責任を弁識する能力を欠く者は、不法行為責任を**負いません**。しかし、それでは被害者が泣き寝入りする事態が生じてしまいます。

そこで民法は、**責任無能力者が不法行為の責任を負わない場合、その責任無能力者を監督する法定の義務を負う者は、原則として、その責任無能力者に代わって損害を賠償する責任を負う**ものとしています（714条1項本文）。

具体的には、幼児の親権者や、後見人などがこれに該当すると考えられていますが、**監督の義務を負う者は**無条件に責任を負うものではなく、その**義務を怠らなかった**とき、又はその**義務を怠らなくても損害が生ずべきであったときは除かれます**（同項ただし書）。要するに、ちゃんと監督していた場合などは、被害が発生してもその監督義務者は責任を**負いません**。

代理監督者も責任を負うのか？

また、上記の監督義務者に加えて、**監督義務者に代わって責任無能力者を監督する者も同様の責任を負う**ことが規定されています（714条2項）。この者は**「代理監督者」**と表現されますが、これには保育園の保育士や、幼稚園、小学校の教諭などが該当すると考えられています。これら**監督義務者、代理監督者が賠償責任を負う場合の要件とその免責要件**は、次のとおりです。

確認問題　不法行為者が幼い子どもであるなどといった責任無能力者であるときは、代わって監督義務者が常に不法行為責任を負う。

●監督義務者等の賠償責任発生の要件と免責要件

①責任能力がない者の行為が、**不法行為成立**の要件を備えていること。 ②監督義務者等がその**義務を怠らなかった**ことを**立証**したときは**免責**される。

例題の事例では、幼い子どもの行為でお店の商品が破損しています。この場合、監督義務者である「お母さん」の責任を問うことが検討されるでしょう。しかし、もし「お母さん」に監督義務を怠ったという事実などがない場合は、お母さんにも責任を問うことはできません。

加害者「以外」の者が責任を負う規定 基本!

民法では、709条で一般的な不法行為の規定を置く一方、責任の転換などによって、**加害者「以外」の者の責任**に関する規定も置いています。これを**特殊不法行為**と表現し、監督義務者等の責任もこの1つです。代表的な特殊不法行為は、次テーマ以降で解説しますが、そこでは詳解しない特殊不法行為を紹介しておきます。

●特殊不法行為に関する規定

①**注文者の責任**（716条） 請負契約において、**請負人がその仕事について第三者に加えた損害の賠償責任**は、**注文**又は**指図**について**注文者に過失**があったときは、**注文者が負う。** ②**動物の占有者等の責任**（718条） **動物の占有者は、**動物の種類及び性質に従い**相当の注意**をもってその管理をしたときを**除き、動物が他人に加えた損害を賠償する責任を負う。** ③**共同不法行為者の責任**（719条） **数人が共同の不法行為によって他人に損害**を加えたときは、**各自が連帯して その損害を賠償する責任を負う**等。

上記③は、**不法行為が複数人によってなされた場合**についての規定です。**各不法行為者が被害者に対して、連帯して責任を負う**ことに加え、**不法行為者をそそのかした者（教唆（きょうさ）した者）や手助けした者（幇助（ほうじょ）した者）も、共同行為者として同様の責任を負う**ことが規定されています（719条）。

✕ 監督義務者であったとしても、その者が責任無能力者の監督の**義務を怠らなかった**とき等では、責任を**負わない**（714条1項ただし書）。

076 使用者責任

仕事中の社員の責任は「会社」も負う

（チェック条文）715条

例題 買い物に行くために近所のスーパーまで歩いていたら、車にぶつけられて骨折した。どうやら加害者は営業マンのようで、私に何度も謝りながら会社にも連絡をしている。もちろん被害の責任は負ってもらうつもりだけど、仕事中の事故って、会社に責任はないのかな？

➡仕事中の事故などでは、加害者個人だけではなく、会社などの使用者に対しても損害の賠償を請求できる！

行為者のみならず「会社」も責任を負う（使用者責任（しようしゃ））　基本！

ある事業のために他人を使用する者は、**被用者（会社に雇（やと）われている者）がその事業の執行について第三者に加えた損害を賠償する責任を負う**とするのが、使用者責任です（715条1項本文）。特殊不法行為として民法の中で規定が設けられています。

例題の事例において、「私」は仕事中の「営業マン」の不注意によって事故に遭遇し、骨折の怪我を負っています。この場合、**「営業マン」の行為については不法行為が成立し、「営業マン」は損害賠償責任を負います。**そのため「私」は、「営業マン」個人に対して損害賠償請求が可能です。

これに加えてこの事故は、「営業マン」の仕事中の出来事であり、「会社」の指揮監督下における不法行為であることから、原則として、その**使用者である「会社」に対しても損害賠償請求を可能**とするのが、この使用者責任に関する規定です。被用者がした不法行為につき、**使用者（会社）に故意や過失があることは要求されません。**

確認問題 被用者の不法行為について、使用者がその責任に基づいて被害者に賠償金を支払った場合、使用者は、常にその全額を被用者に求償することができる。

ただし、**使用者である「会社」が、被用者である「営業マン」の選任及びその事業の監督について相当の注意**をしたとき、または**相当の注意をしても損害が生ずべきであったときは、「会社」は責任を負わない**ことも規定されています（715条1項ただし書）。

●使用者責任成立の要件（①〜③）と免責要件（④）（715条）

①使用者が、ある**事業のために他人（被用者）を使用**していること。 ②被用者が**事業の執行について他人（被害者）に損害**を与えたこと。 ③**被用者の行為が、一般不法行為の要件を満たす**こと。 ④**使用者が、被用者の選任及びその事業の監督について相当の注意をしたことを立証**したときは**免責される。**

この規定は、**会社は被用者を使用してその利益をあげる立場**であり、その**プロセスの中で被用者に責任が生じた**際には、**同時に過失等のない会社も責任を負うべき**との考えなどに基づきます。そのため、一時的に雇用した被用者による不法行為や、根拠となる雇用契約が無効であったとしても、実際には使用関係がある場合は、使用者責任は**生じる**ものとされます。

会社が使用者責任を果たしたら ココ注意！

会社などの**使用者が使用者責任を負う**場合、**使用者は、被害者からの損害賠償請求を拒むことはできず、これに応じる義務があります**。ただし、被用者の責任がなくなるわけではなく、民法は、**被害者への賠償を行った「使用者」から、「被用者」に対する求償権の行使を認めています**（715条3項）。つまり、賠償を行った会社等の使用者は、実際の加害行為をした者にその賠償額の請求が**できます**。

例題の事例において、「会社」が「私」に賠償金として100万円を支払ったとしましょう。この場合、「会社」は「営業マン」個人に対して、その賠償額を求償することが**認められます**。ただし、**求償の範囲は、賠償額の100万円全額**ではなく、**「信義則上相当と認められる限度」**とされています。これも、会社が被用者によって利益を上げている立場である以上、被用者の活動によって起こった損害の賠償責任は、使用者も一定程度負担すべきことを根拠としています。

× 使用者責任によって使用者が被害者に賠償を行った場合、使用者の被用者に対する求償の範囲は、**信義則上相当**と認められる限度において認められる。

077 工作物責任
誰が責任を負うことになるか？

チェック条文 717条

例題 私は一軒家を借りて住んでいるけれど、自宅の塀のブロックが突然崩れてしまい、歩行者に怪我を負わせてしまった。私なりにはちゃんと管理をしていたつもりなんだけれど、治療費を請求された以上、こういうときはやっぱり家の借主である私が責任を負うのかな？

➡建物等の管理に不手際などがあった場合、実際にその建物等を管理する「占有者」が責任を負うのが原則だ。しかし、占有者に過失がない場合は、その建物等の「所有者」である大家さんが責任を負う！

工作物責任 ～所有者は責任を免れない!?～ 基本！

工作物責任とは、**土地の**工作物**や竹木の**設置**又は**保存**に瑕疵**（かし）**（欠陥）**があることによって、**他人に損害が生じたときの責任**をいい（717条1項本文）、建物の外壁が崩れて通行人が怪我をした場合や、私有のため池の囲いの柵や網の破損によって、溺死事故が発生した場合などで問題となります。工作物責任の成立要件は、次のものです。

●工作物責任成立の要件（717条）

①土地の**工作物や竹木による損害が発生**したこと。
②土地の**工作物や竹木の**設置**又は**保存**に瑕疵（欠陥）**があったこと。
③瑕疵と損害との間に因果関係があること。

工作物等の瑕疵による損害が発生した場合、民法では、**占有者**（管理者）又は**所有者**が賠償責任を負うと規定していますが、その具体的な内容は、次のようにされています。

●工作物責任に関する規定（717条） ココ注意！

①工作物の**占有者**が被害者に対してその損害を賠償する責任を負う（1項本文）。
②**占有者**が損害の発生を防止するのに**必要な注意**をしていたときは、**所有者**がその損害を賠償する（1項ただし書）。

確認問題 土地上の工作物の設置に瑕疵がある場合、その占有者及び所有者は、被害者に対して連帯してその責任を負う。

前ページ①は、第1次的な責任として、**占有者（管理者）が賠償責任を負う**ことを示しています。しかし、**占有者の管理に不手際がない（過失がない）ときには、第2次的な責任として所有者が賠償責任を負う**のです。

例題の事例では、**「私」が一軒家を占有**し、実際に管理をする自宅の**塀ブロックの倒壊によって歩行者が怪我**をしています。この場合、**占有者である「私」が歩行者の治療費等を負担するのが原則**ですが、もし**「私」に塀ブロックの設置や保存について過失がない**ときは、**所有者である自宅の貸主（大家さん）**が責任を負うことになります。

では、**所有者にも「過失がない」場合**は、どうなるのでしょうか。実はこの場合でも、**所有者は責任から逃れることはできません。**つまり、占有者の責任は、過失があるときのみ発生する過失責任であるのに対し、**所有者**のそれは、**過失なくとも発生する無過失責任**なのです。また、この両者の責任は併存するものではなく、次のように判断していきます。特に資格試験の学習においては重要な点です。

●工作物責任の全体像

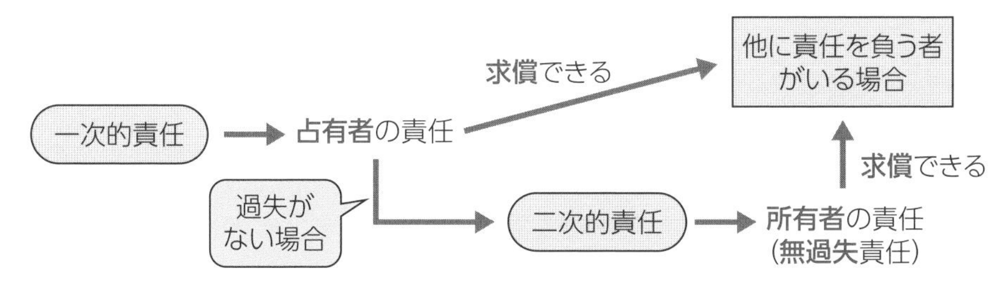

占有者・所有者以外に原因がある場合

以上のほか、工作物責任については、**損害の原因について「他にその責任を負う者」がある**とき、**占有者又は所有者は、その者に対して求償権を行使することができる**旨が規定されています（717条3項）。

例題の事例において占有者である「私」が責任を負うことになり、怪我をした歩行者の損害を賠償したものの、今回の塀ブロックの倒壊が、実は自宅建物の建築業者の不手際によって起こっていた場合、「私」が行った賠償について、その業者に対して**求償**することができる、というものです。

✕ 土地工作物責任は1次的に**占有者**が負い、2次的に**所有者**が負う。占有者と所有者の責任は併存**せず**、連帯して責任を負うことは**ない**（717条1項）。

078 親族

実は「親族」じゃない人も!?

チェック条文 725条～730条

例題 ある日、知らない人が家に押しかけてきたと思ったら「俺はあんたの親族だ！」って。会ったことも見たこともない人だし、本当に親族なのかな？　親族について、法律ではどのような決まりがあるの？

➡親族の範囲は民法で明確に規定されている。配偶者と6親等以内の血族、3親等以内の姻族を総称して親族という！

民法の規定する「親族」とは？ 基本！

民法では「親等（しんとう）」や「血族（けつぞく）」「姻族（いんぞく）」などの表現を用いて親族の範囲を規定しています。右ページの関係図を見ながら、まずはこれら言葉の意味を確認しましょう。

●親族の範囲を表現する言葉

①**親等**（726条1項）

本人から見た親族の近さや遠さを表す表現。**父母を1親等、祖父母を2親等**などとし、**兄弟姉妹は、父母を経由してカウントするため2親等**となる。

②**直系（ちょっけい）**

本人の父母、祖父母、子、孫など、**自身との縦の関係**を表す。**親、祖父母、曽祖父母（そうそふぼ）などの自身より年長の者を直系「尊属（そんぞく）」、子、孫、曾孫（ひまご）など自身より年少の者を直系「卑属（ひぞく）」**と表現する。

③**傍系（ぼうけい）**（726条2項）

本人の兄弟姉妹など、**自身との横の関係**を表す。伯父（おじ）（叔父（おじ））や伯母（おば）（叔母（おば））など、**自身より年長の立場の者を傍系「尊属」**、甥（おい）や姪（めい）など、**年少の立場の者を傍系「卑属」**と表現する。

④**血族**

血の繋がりのある自然血族と、養子などの**法律の規定によって血族関係を生じる法定血族**の総称。

⑤**姻族**

配偶者の血族、血族の配偶者を表現する。

確認問題　自身の配偶者の甥や姪は、民法上の親族である。

前ページの言葉を使用したうえで、**民法では、配偶者、6親等内の血族、そして3親等内の姻族が「親族」**であるとされています（725条）。皆さんもたまに会う親族が、法律上の「親族」であるのかを考えてみると、実は親族ではなかった人もいたりして、面白いかもしれません。

●親族関係図（数字は親等数を表し、一部省略）

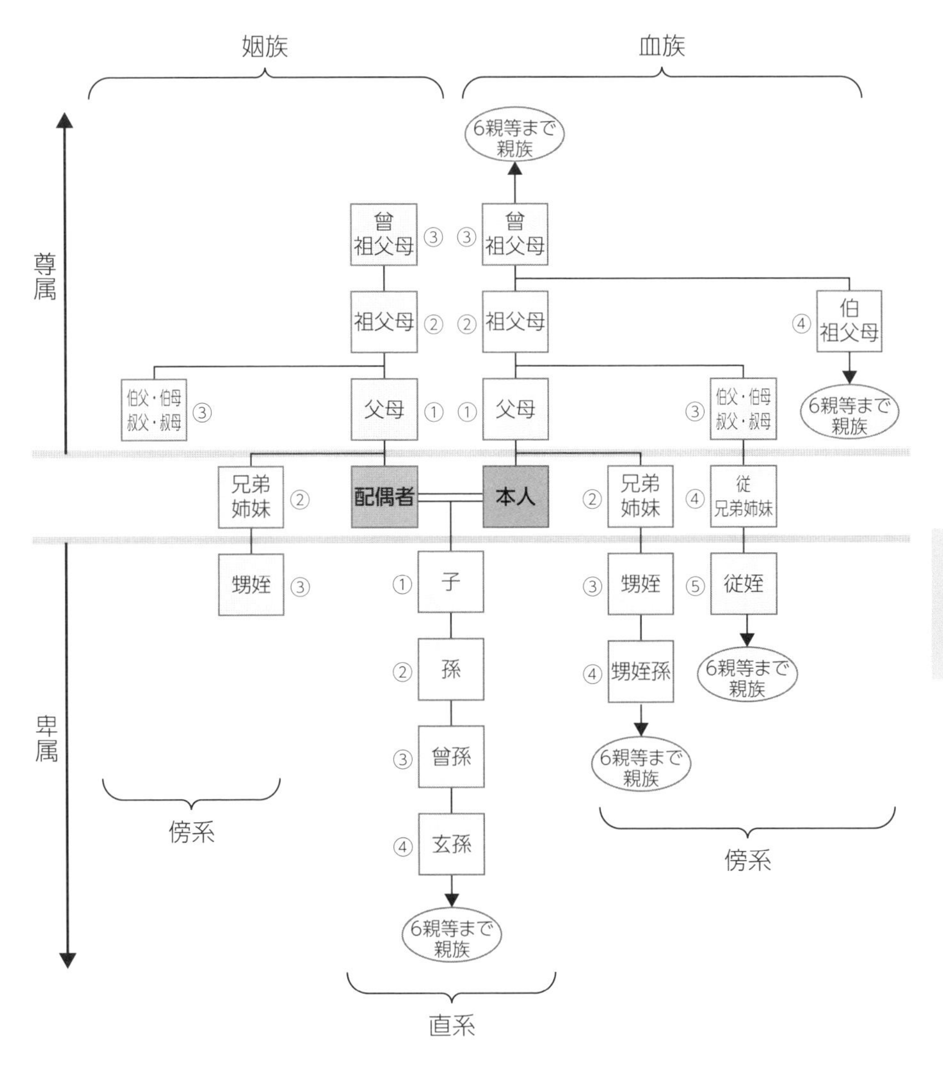

○ 「親族」は配偶者、6親等内の血族、そして3親等内の姻族と規定され（725条）、配偶者の甥や姪は「3親等」の「姻族」であるため、民法上の親族である。

親族

婚姻の成立

法律上の婚姻とは？

チェック条文 731条～742条

例題 友人の男性には「内縁」の奥さんがいるらしく、長年一緒に生活しているみたい。「内縁」ってよく聞く言葉だけれども、どういうことだろう。法律上、具体的な決まりってあるのかな？

➡内縁について、民法において明確な決まりはない。しかし、少なくとも婚姻の意思と夫婦同然の共同生活の事実が必要であると考えられている！

婚姻成立の要件 基本！

婚姻とは、結婚をすることですが、**民法では、次の要件を満たすことで婚姻が有効に成立**するとされています（742条）。

●婚姻成立の要件

①当事者間に婚姻をする意思があること。 ②当事者が婚姻の届出をすること。

上記①②のどちらかを欠く婚姻は無効です（742条）。ただし、明確な規定はないものの、**婚姻の意思**があり、また、**夫婦同然の共同生活の事実があることによって、内縁（ないえん）関係が成立**するものと考えられています。

内縁とは、民法上の「婚姻」とは認められません**が**、実際には婚姻している者と同じ状況であることが評価され、**婚姻に準じた取扱い**がされる状態です。

なお、**婚姻の届出は、当事者双方と成年の証人２人以上が署名した書面**によってするのが一般的ですが、**これらの者から口頭でもすることもできる**旨が民法で規定されています（739条２項）。

男女ともに、離婚後はすぐに再婚できることに！ ココ注意！

婚姻は、誰とでも完全に自由にできるものでもなく、民法において禁止されている婚姻もあります。例えば、**男女ともに**18歳未満**の者、つまり**未成年者**は婚姻できません**し（**婚姻適齢**、731条）、すでに婚姻して配偶者のある者が、重ねて婚

確認問題 民法上、男性は18歳から、女性は16歳から婚姻することができると規定されている。

姻をすることはできません（**重婚の禁止**、732条）。その他、近親者間や養親子等の間の婚姻、直系姻族間での婚姻も禁止されていますが（734条～736条）、ここで注意したい点は、いわゆる**再婚禁止期間の廃止**です。

従来、女性については懐胎（妊娠）の可能性があるため、再婚の時期によっては子の父親の判別がつかず、子の身分や地位が脅かされるおそれがあることを理由に、前婚の解消若しくは取消しの日から起算して100日を経過するまでは、原則として、再婚をすることができないという再婚禁止期間が設けられていました（旧733条1項）。

なお、「原則として」とは、前婚の解消又は取消しの時に懐胎していなかった場合や、前婚の解消又は取消しの後に出産した場合には、その後は再婚を禁止する理由がないため、100日の経過を待たず再婚が可能でした（同条2項）。

●再婚禁止規定のイメージ

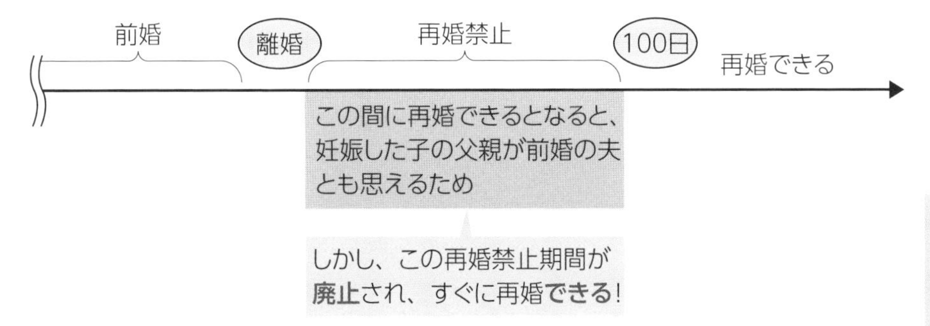

しかし、**令和4年の改正**（施行は令和6年6月16日までの政令指定日）により、**女性の再婚禁止期間そのものが廃止**されました。これにより**女性も、男性と同じく前婚の解消若しくは取消しの時から一定の期間を待つことなく、再婚することができる**ようになりました。特に資格試験などにおいて、この辺は出題しやすい知識であるため、この改正点は注意しておきましょう。

× かつては、そのように規定されていたが、現在は**男女とも18歳**から婚姻することができると規定されている（731条）。

婚姻の無効と取消し

意思のない結婚はアリ？

（チェック条文）742条～749条

例題 知人の男性が婚姻届を出したようなんだけれど、直接会ったこともない人が相手らしい。よくよく聞くと、ネットでやり取りしただけなんだって。将来への考え方が一致しているらしく、世間体を考えてした仮装の結婚みたい。もちろん一緒に住む気もないようだし、こんな結婚でもできるの？

➡民法上、婚姻には夫婦が共に生活共同体を創設しようとする婚姻意思が必要だ。よって、このような意思を欠く婚姻は無効となる！

婚姻の意思とは、どんな意思か？

前テーマで述べたとおり、**有効な婚姻の成立には、婚姻の届出が必要**です。そして、この届出は**当事者間の婚姻の意思をもってなすことが要求**されています（742条）。したがって、**当事者間に婚姻をする意思がないときは、婚姻の届出をした場合でも無効**となることが規定されています（同条2号）。

そもそも**「婚姻の意思」とは、夫婦が共に生活共同体を創設しようとする意思**を指すものと考えられており、例えば、当事者の一方が婚姻届を偽造（ぎぞう）し、他方がこれを知らないまま、勝手に届出がなされた場合では、婚姻の意思の一致がないことが明らかですから、婚姻の効力は**生じません**。

ただし、この場合であっても、**婚姻の意思のなかった当事者が後からこれを追認**した場合には、**届出がなされた時点に遡って婚姻の効力が発生**するものと考えられています。

例題の事例では、形だけの婚姻届が提出されたようなので、当事者の婚姻の意思の有無が問題となるでしょう。「知人」とその相手女性に、社会観念上の夫婦と認められるような関係を創設する意思がないのであれば、婚姻が無効となる可能性が高いと思います。

婚姻を取り消すこともできる

売買契約を後で取り消すように、次のような婚姻は、一度は婚姻の効力が生ずるものの、原則として、後からこれを取り消すことができます。

確認問題　18歳に満たない未成年者がした婚姻は、無効である。

●婚姻を取り消すことができる場合

①18歳に満たない者がした婚姻や再婚禁止期間内にした婚姻など、**婚姻禁止の規定に違反する婚姻**（744条） ②**詐欺又は強迫による婚姻**（747条）

前テーマで述べた**婚姻の禁止に関する規定に違反する婚姻**と、**詐欺や強迫によってなされた婚姻**は、**家庭裁判所へ請求**することによって、**後から取り消すことが認められています**（744条、747条）。

ただし、**婚姻の取消しの効力は、将来に向かってのみその効力を生じる**ものとされ（748条1項）、裁判所の手続きによって取消しが認められるまでの期間内の婚姻の効力については、取り消すことができません。実際に夫婦のような生活があった場合、後でそれらの事実は取り消すことができないからです。しかし、**取り消される婚姻をした後の財産関係**については、**婚姻の当時に遡って取消しの効力が生じます**（同条2項、3項）。

婚姻の取消しが「できる者」と「できなくなる場合」

婚姻の取消しができる者は、民法で定められ（744条、747条1項）、その者から**家庭裁判所へ請求**することが認められます。取り消しうる婚姻があった場合、誰からでも取消しの請求ができるわけでは**ありません**。

また、取消しが認められる婚姻のうち、一定のものは、その請求に期間等の制限が付されています。

●婚姻の取消しに関する制限（取り消せなくなる場合）

①**不適齢者の婚姻の取消し**（745条） 不適齢者が**適齢に達した**とき（原則） ②**詐欺又は強迫による婚姻の取消し**（747条2項） ・当事者が**詐欺を発見し、もしくは強迫を免れた後、3か月を経過**したとき ・詐欺又は強迫による婚姻を当事者が**追認**をしたとき

（注）令和6年6月16日までの政令指定日から削除される再婚禁止期間内の婚姻の取消し（旧746条）は省いています。

× 18歳に満たない未成年者がした婚姻は「取り消す」ことができるが、無効ではない（744条）。

親族

081 婚姻の効力と夫婦の財産

自分のお金も夫婦のもの？

チェック条文 750条〜770条

例題 ずっと付き合ってきた彼と結婚することになったけれど、私が持っている物とか、これまで貯めてきた貯金は、これからは夫婦のものになるのかな？お金のことはちゃんとしておきたいけれど、法律ではどうなっているの？

➡**夫や妻が婚姻前から有する財産は、原則として、その者の特有財産とされる。夫婦共有のものになるわけではない！**

婚姻の効力についての規定

婚姻をすると、法律上はどのような効力が発生するのでしょうか。婚姻の効力について、民法では、次の規定が設けられています。

●婚姻の効力に関する規定

①夫婦の氏（750条）
夫婦は、**夫又は妻の氏**を称する。

②生存配偶者の復氏等（751条）
夫婦の一方が死亡した場合、生存している配偶者は、婚姻前の氏に復することができる、等。

③同居、協力及び扶助の義務（752条）
夫婦は**同居**し、**互いに協力し扶助**しなければならない。

④夫婦間の契約の取消権（754条）
夫婦間でした契約は、原則、婚姻中はいつでも取り消すことができる、等。

⑤貞操義務（770条1項1号）
配偶者に不貞な行為があったときは、離婚の訴えを提起できる。

上記が婚姻による夫婦の**「身分上の効力」**として発生するとされていますが、これに加えて、**夫婦の財産についても民法は規定**しています。

例えば、**夫婦は、婚姻の届出前に限り、その財産について別段の契約をすることが認められています**（755条）。日常生活に要する生活費の分担や、夫婦として取得した財産の帰属、離婚時の子供の親権や養育費など、一定の手続きに従って

確認問題 夫婦は、その婚姻前又は婚姻後において、その財産について別段の契約をすることが認められている。

契約をしたときは、その契約内容が優先的に適用され、夫婦の財産はこれに則(のっと)って帰属することになります。また、この契約は、原則として、婚姻成立後に変更できません(758条1項)。

そして、夫婦において特段の契約がない場合、夫婦の財産関係は民法の定め(法定財産制)に従うことになっています(755条)。

●法定財産制に関する規定

①婚姻費用の分担(760条)

夫婦は資産や収入などの事情を考慮して、生活に要する費用を分担する。

②日常の家事に関する債務の連帯責任(761条) ココ注意!

夫婦の一方が日常の家事に関する債務を負ったときは、原則として、他の一方も連帯してその責任を負う。

③夫婦間における財産の帰属(762条)

夫婦の一方が婚姻前から有する財産及び婚姻中に自己の名で得た財産は、単独で有する財産となる、等。

上記①②のように、夫婦は、日常に関する費用を分担して負担し(760条)、また、生活に要する債務についても連帯して責任を負うのが原則です(761条)。日用品の購入や医療費、子供の教育費として夫婦の一方が負担した債務は、契約相手に対して、他方が責任を負わない旨を予告した場合を除いて、夫婦が連帯責任を負います。つまり、日用品を「妻」が購入した場合、その売主は「夫」に支払を請求できるということです。

また、夫婦の一方が婚姻前から有する財産や、婚姻中に自己の名で得た財産は、その夫又は妻が単独で有する財産(特有財産)となります(762条1項)。

例題の事例の「私」は、結婚後の財産について心配があるようです。しかし、これまで貯めてきた貯金など、独身時代に持っていた財産は、結婚した後も「夫婦のもの」とされませんし、結婚後にも、自ら働いて得たお給料などの「婚姻中に自己の名で得た財産」は、自身の特有財産となります。ただし、夫婦には、婚姻費用の分担義務があるため、結果的には、自身の財産からの諸々の支出を要することにはなりますし、お互いに協力し合うことが必要です(752条)。

× 夫婦財産契約は、婚姻前にのみ締結することが認められ、婚姻後に締結することはできない(755条)。

親族

082 離婚

意思のない離婚もあり!?

チェック条文 763条～771条

例題 生活が苦しいと言っていた友人夫婦が離婚をするらしい。心配はしていたけれども、どうやら借金取りの人から奥さんを逃がすための離婚みたい。気持ちはわからなくもないけど、こんな離婚でも認められるの？

➡離婚の届出が夫婦の意思でなされた以上、離婚は有効であると考えられている。奥さんも理解しているのであれば有効だ！

「離婚の意思」は「婚姻の意思」と異なる

民法では、離婚の方法として、協議上の離婚（763条）と裁判上の離婚（770条）の2つに分けて規定が設けられています。

まず、**協議上の離婚は、夫婦に離婚の意思がある上、その旨の届出**を行うことによって効力を生じます（764条、739条）。そして、この「離婚の意思」については、「婚姻の意思」とは少し異なるものと考えられています。

婚姻時の「婚姻の意思」とは、夫婦が共に生活共同体を創設しようとする意思を指すものと考えられていますが、**「離婚の意思」とは、法定された手続きに従って離婚届を提出する意思で足りる**ものとされています。つまり、夫婦としての通常の共同社会生活を解消したい、という意思までは要求されず、便宜上の理由によって離婚の届出を行った場合でも、離婚は**有効に成立**するものとされているのです。

例題の事例において、「友人」は借金取りから「奥さん」を逃れさせるために離婚を決意したようです。この点について「奥さん」も了承し、共通の意思の下に離婚届が提出されたのであれば、この離婚は**有効**になると考えられるでしょう。

なお、不正な生活保護費の受給や、かつての戸籍制度にあった戸主を変更することを目的とするものであっても、離婚自体は有効であるとする判例も存在します（最判昭57.3.26、昭38.11.28）。

「裁判上の離婚」について

夫婦の協議による離婚ができない場合であっても、**次の場合に限り、裁判上の手続きによる離婚**が認められています。

確認問題 協議による離婚において、離婚当事者である夫婦には「真に夫婦の共同生活を解消したい」という意思があることが必要とされている。

●裁判上の離婚事由（770条1項）

①配偶者の**不貞行為**（1号）
②配偶者による**悪意の遺棄**（2号）
③配偶者の生死が3年以上不明（3号）
④配偶者が強度の精神病にかかり、回復の見込みがない（4号）
⑤その他、婚姻を継続し難い重大な事由（5号）

まず、**①の「不貞行為」**とは、配偶者以外の異性と自由意思で肉体関係を持つ**「貞操義務違反」**であり、要するに、浮気や不倫と考えてよいでしょう。

また、**②の「悪意の遺棄」**について、一般的に「遺棄」とは、放っておくこと、置き去りにすることなどを意味しますが、ここでは夫婦の生活が破綻することを理解しながら、**生活費の分担や同居の義務を果たさない**ことを指します。

なお、**裁判上の離婚は、夫婦のうち、配偶者の行為によって被害を受けた者による請求のみが認められるのが原則**です。しかし近年では、実質的に破綻している夫婦関係を無理やり維持させる意義も少ないことから、**未成熟な子供がいないなどの条件下に限り、有責配偶者による離婚請求も可能**と考えられています。

「離婚の効果」について

離婚をすることによって、次の効果が発生します。

●主な離婚による効果

①**離婚による復氏等**（767条）…原則として、婚姻前の氏に復する等。
②**財産分与**（768条）…財産の分与を請求することができる等。

離婚の効果は将来的に発生し、はじめから婚姻がなかったことになるものではありません。また、①のように、婚姻時に氏を改めた夫婦の一方は、離婚によって元の姓に戻るのが原則ですが、**離婚の日から3か月以内に届出**を行うことによって、**婚姻中の姓を継続して使用することも可能です**（767条2項、771条）。

そして、②のように、**夫婦の共有財産の精算**の性質を持つ**「財産分与」の請求が可能**となるのも離婚による効果の1つです（768条、771条）。

× 離婚の意思については、夫婦の共同生活を解消したいという意思までは要求**されず、離婚届を提出**する意思があれば足りるものと考えられている。

親族

083 嫡出子と非嫡出子

「子」の様々な位置づけ　チェック条文　772条〜778条、790条等

例題　先日、妻が浮気によって妊娠したことが判明した。同居はしていたが、私の子ではない。妻への怒りもあり、養育費を支払うつもりはないので、私の子と認定されても困るけれども…この場合、この子は誰の子になるのだろう？

➡妻が婚姻中に懐胎した子は、夫の子と推定される。しかし、夫は訴えをもって子の嫡出を否認することができる！

「嫡出子（ちゃくしゅつし）」と「非嫡出子（ひちゃくしゅつし）」という概念　基本！

民法においては、**婚姻中の夫婦間に生まれた子を「嫡出子」、そうでない子を「非嫡出子」**と表現します。これは**夫婦が婚姻しているか否かで区別**され、**夫婦の間にない男女から生まれた子が非嫡出子**です。

嫡出子は、その**父母と同一の姓**を称し（790条1項本文）、**父母の親権**のもと、**父母が共同して親権を行使**します（818条1項）。

一方、**非嫡出子は、原則として、母の姓を称し（790条2項）、母が親権を持つ**ことになります。非嫡出子であっても、子と母の親子関係は分娩（ぶんべん）の事実によって明らかとなるので、特別な手続き等は不要ですが、**子と「父」との親子関係を決定付けるためには手続きが必要**です（次のテーマで解説）。

「推定される嫡出子」という概念

以上のように、婚姻中に生まれた子であるか否かで嫡出子であるか否かが区別されますが、この**嫡出子のなかでも「推定される嫡出子」と「推定されない嫡出子」**という概念があります。

「推定される嫡出子」とは、婚姻中に生まれた子のうち**「夫の子」である推定が働く嫡出子**のことです。婚姻中に生まれたからといって、必ずしも婚姻している夫の子であるとは限らないためです。

そして、この**推定が働くか否かで「その子が夫の子ではない」と家庭裁判所に主張**する場合、**訴えの形式が異なってきます。**

確認問題　婚姻の成立後、250日を経過した夫婦から生まれた子は、その夫婦の嫡出子と推定される。

●夫の子ではないと主張する方法

・推定される嫡出子の場合　　→**嫡出否認**の訴え ・推定されない嫡出子の場合　→**親子関係不存在確認**の訴え

そして、この**嫡出推定については、**令和4年12月に改正法が公布され（施行は令和6年6月16日までの政令指定日）、**以下のようになっています**。

> **【772条1項】**
> ①妻が**婚姻中に懐胎**した子は、**その婚姻**における**夫の子**と推定
> ②女が**婚姻前に懐胎**した子であって**婚姻成立後に生まれた子**も、その**婚姻における夫の子**と推定（いわゆる「授かり婚」「できちゃった婚」の場合）
>
> **【772条2項】**
> ①**婚姻の成立の日から200日以内**に生まれた子は、**婚姻前に懐胎**したものと推定する。
> ②ア：**婚姻成立の日から200日経過後**、又は
> 　イ：**婚姻の解消（離婚）・取消しの日から300日以内**に生まれた子は、**婚姻中に懐胎**したものと推定

これらの規定については、以下のケースで考えてみましょう。

Ⅰ：授かり婚で生まれた子（A）の場合

2項①により婚姻前の懐胎、さらに、**1項②で婚姻した夫の子と推定されて、嫡出子**となります。

○ 婚姻の成立の日から200日を経過した後に生まれた子は、**婚姻中に懐胎**したものと推定され（772条2項）、**婚姻中に懐胎**した子は当該婚姻の**夫の子と推定される**（同条1項）。

Ⅱ：婚姻期間中に子Bを妊娠したが、出生前に離婚した場合

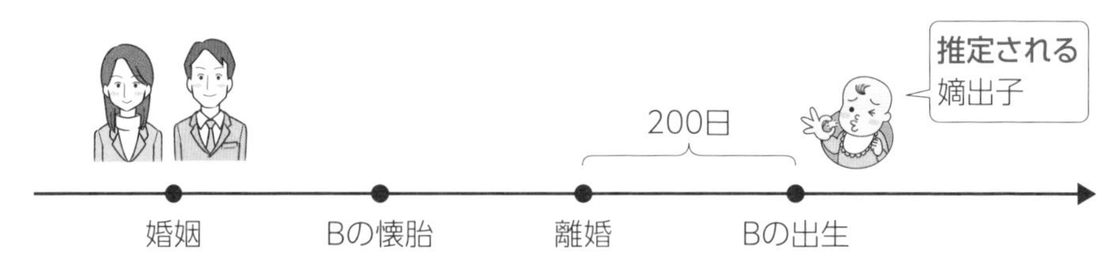

2項②イより婚姻中の懐胎、さらに**1項①により、前夫の嫡出子**となります。

しかし、この事例において、**子が前夫の子ではなかった**場合、嫡出推定の規定によって、前夫の子と推定されてしまいます。それが嫌で子の出生届を出さないケースがあったため、次の規定が設けられました。

【772条3項】
・女が子を**懐胎した時から子の出生の時までに再婚**したときは、その**出生の直近の婚姻における夫の子と推定**する。

この3項により、前夫甲と離婚（別の男性乙と交際し、甲との婚姻期間中に懐胎）した後、乙と再婚して出生の場合は、乙との間の嫡出子となります。

ただし、これはAと無事離婚ができて、Bと**再婚をしてから子が出生することが前提**です。前夫Aとの離婚係争が長引いているうちに子が出生してしまうと、上記Ⅱのケースでの推定が働いてしまいます。また、無事に前夫Aとの離婚ができたとしても、Bとの婚姻前に子が出生してしまった場合も、この推定は働きません。

確認問題　推定されない嫡出子の父とされる者が、その子との親子関係を否定する場合、その子の出生を知った時から３年以内に、嫡出否認の訴えを提起しなければならない。

084 認知
自分の子と認める制度

チェック条文 779条～789条

例題 私は妻以外の女性と関係を持ち、先日、その女性が妊娠したことが判明した。妻には申し訳ない気持ちがあるものの、生まれてくる子どもに責任はなく、父親としての責任は果たしていきたい。そこで、法律上も「父」と認定してもらい、できる限りのことをしたいが、どうすればよいのだろうか？

➡嫡出でない子は、その父又は母がこれを認知することができ、認知によって子との父子（親子）関係が発生する！

「非嫡出子」を自分の子と認める手続　基本！

例題の事例のように、**夫婦でない男女から生まれる子は「非嫡出子」**となりますが、この**非嫡出子について、自らが親であることを認める制度が「認知（にんち）」**です。

認知は、非嫡出子の父又は母からすることができる旨が民法に規定されていますが（779条）、女性は分娩の事実によって、その子の母であることが明らかですから、母からの認知は、捨て子などの特殊な事例な場合に限られ、男性からなされるのが通常です。

この認知を行うことで、**法律上の親子関係が成立**し、**子に対する親の義務はもちろん、親が死亡した場合、子としての相続権が発生**します。

また、**認知をしようとする父又は母が、未成年者や成年被後見人であるときであっても、その親権者や成年後見人の同意は不要**であり、**自らの判断によって認知することができます**（780条）。

「認知」の方法について

認知は、その旨の届出をする方法で行うことが一般的ですが（781条1項）、**親である者が遺言書（いごんしょ）の中で行うことも可能**です（同条2項）。つまり、自身が亡くなった後に、実は自らが親であることを明らかにし、自身の子として相続権を発生させる、ということです。

ただし、認知については、次のような制限も設けられています。

× 推定されない嫡出子との親子関係を否定する場合、**親子関係不存在確認の訴え**を提起しなければならない。嫡出否認の訴えは「**推定される嫡出子**」に対する訴えである。

親族

●**認知の制限等に関する規定**

①**成年の子の認知**（782条）
成人である子を認知するには、その**子となる者の承諾**が必要。
②**胎児の認知**（783条1項）
父が胎児を認知するには、**胎児の母の承諾**を得なければならない。
③**死亡した子の認知**（783条2項）
死亡した子に対しては、**その子に直系卑属があるときに限って**認知ができ、**直系卑属が成人のときは、その者の承諾**を得なければならない。

認知は、生まれて間もない乳幼児に対して行われるケースが多いものの、**上記①や②**のとおり、**成人した子や胎児への認知も可能**です。しかし、この場合、借金を背負わされたり、自らの面倒を見てほしいといった、認知の対象とされる子や、子の母、子の子（孫）などに不利益な認知がなされる可能性もありますから、一定の者の承諾が必要とされているのです。

また、**上記③の死亡した子の認知**について、**その子に直系卑属があるときに限っている**のは、**その死亡した子の直系卑属に相続権を与える実益がある**場合に限るということです。

そして、認知は基本的に親から行う制度ですが、**子から親とされる者に対して、認知を求める訴えの提起**も認められています（787条）。

なお、子の地位を不安定にするおそれがあることから、**一度した認知は、後から取り消すことができません**（785条）。ある非嫡出子が父から認知を受けたものの、後でその父が認知を取り消すことができるとなると、財産上の問題（相続への期待が消滅）のみならず、父ができたり、いなくなったりと混乱が生じることは想像できますよね。

認知の前後に「婚姻」が加わると「嫡出子」に　基本！

認知されると、出生の時にさかのぼってその効力が生じます（784条本文）。つまり、認知によって、**その子と親は、生まれたときからの親子関係が法律上も決定付けられる**のです。

確認問題　父が未成年の子を認知する場合は、常にその子の母の承諾を得なければならない。

ところが、認知は「非嫡出子」という子の地位に変化を生じさせるものではありません。あくまで非嫡出子について、**自らが親であることを認める制度**であり、認知のみでは、その子の**「非嫡出子」という地位に変化が生じない**のです。

しかし、**認知に加えて、一定の事情が重なると、その子が「嫡出子」となる**ケースが規定され、**これを「準正（じゅんせい）」**といいます。準正には2つのケースがあります。

●2つの準正

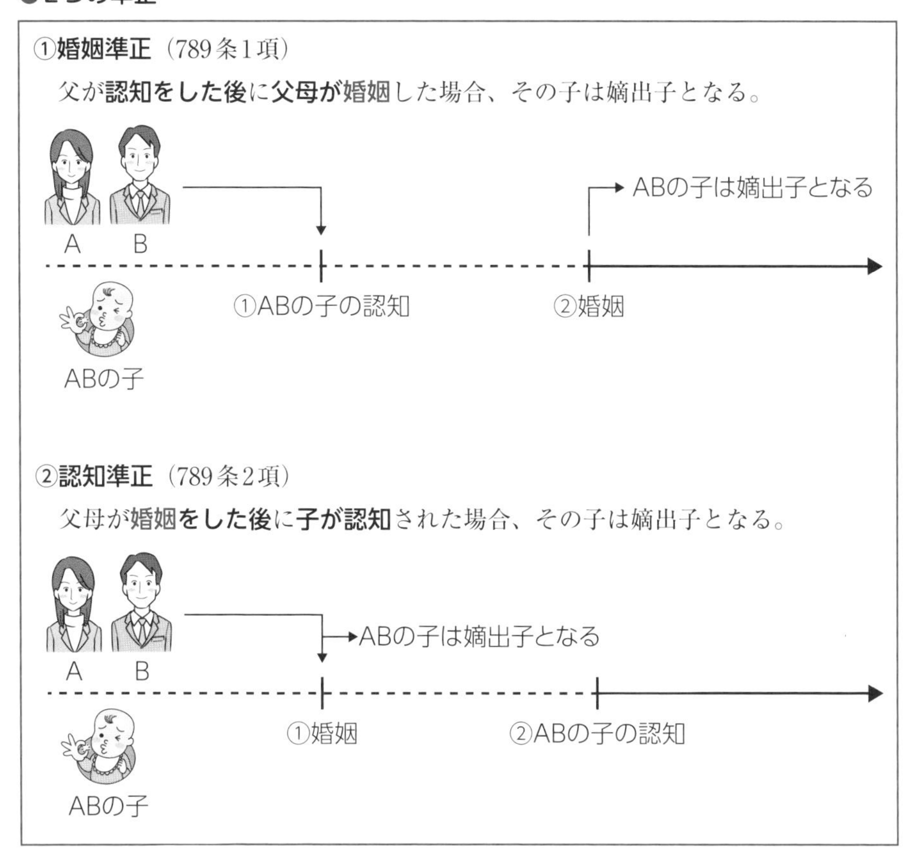

②の認知準正の効力発生時期について、条文では「認知の時から」となっていますが、**実務上は「婚姻の時」**から効力が生じるとされています。よって、**婚姻準正も認知準正もともに、効力発生時期は「婚姻の時」から**となります。

✕ 胎児を認知する場合は、その子の母の承諾が必要となるが（783条1項）、未成年の子を認知する場合、母の承諾は不要である。

085 普通養子縁組

養子縁組に必要なこと

チェック条文 792条～810条

例題 私達夫婦には子どもがおらず、養子をとることを検討している。未成年の子を養子とすることを考えているが、その場合、その子自身と手続きを進める必要があるのだろうか？ また、妻は養子縁組に反対しており、私だけで手続きをすることはできるのだろうか？

➡15歳未満の子との養子縁組は、その子の法定代理人が代わって承諾することができる。しかし、配偶者がいる場合、原則として、養子縁組は配偶者とともにする必要がある！

「養子縁組(ようしえんぐみ)」というもの 基本！

養子縁組は、これを行うことで**養親(ようおや)と養子に法律上の親子関係を発生**させるものです（809条）。一般的に、他人の子を法律上も自分の子として迎い入れる制度と考えればよいでしょう。養子縁組は、**原則として、当事者の意思に基づき、その旨の届出を行うことよって効力が発生**します（802条）。

なお、養子縁組の制度には、200ページから解説する「特別養子縁組」という制度も存在しており、この制度との比較において、ここで述べている通常の養子縁組は「普通養子縁組」と表現されています。

養子縁組やその手続きについては、**養親になるには20歳以上**であること（792条）、**養親の尊属や年長者を養子とすることができない**ことのほか（793条）、次のような要件、制限が設けられています。

●養子縁組の要件・制限に関する規定

①**後見人が被後見人を養子とする養子縁組**（794条）

後見人が被後見人を養子とするには、**家庭裁判所の許可**が必要。

②**配偶者のある者が未成年者を養子とする養子縁組**（795条）

配偶者のある者が未成年者を養子とするには、原則として、**配偶者とともに**しなければならない、等。

③**配偶者のある者の養子縁組**（796条）

配偶者のある者が養子縁組をするには、原則として、その**配偶者の同意**を得

確認問題 配偶者のある者が自身を養親とする養子縁組をするには、原則として、その配偶者とともにしなければならない。

なければならない、等。

④ **15歳未満の者を養子とする養子縁組**（797条）

養子となる者が15歳未満であるときは、**養子となる者の法定代理人が、養子縁組の承諾をすることができる、**等。

⑤ **未成年者を養子とする縁組**（798条）

未成年者を養子とするには、自己又は配偶者の直系卑属を養子とする場合を除き、**家庭裁判所の許可**を得なければならない。

例題の事例では**「普通養子縁組」**の手続きが検討されているようです。まず、養子にしようとする**子が15歳未満の未成年者**であるときは、**その子の法定代理人が代わって縁組の承諾**をします（797条）。そのため、養子縁組の届出等の手続きについても、その**法定代理人と進めていく**ことになるでしょう。

また、普通養子縁組では、**配偶者のある者が、未成年の子を養子とする養子縁組をするには、原則として、その配偶者とともに養子縁組をしなければなりません**（795条本文）。「妻」は明確に反対の意思を示しており、このままでは手続きを進めるのは困難でしょう。ただし、配偶者の嫡出である子を養子とする場合（いわゆる連れ子の場合）や、配偶者がその意思を表示することができない場合は、この限りではありません（同条ただし書）。

普通養子縁組の効果について　ココ注意！

普通養子縁組は、**当事者に養子縁組の意思がなかったり、届出を行わない場合には無効**となります（802条）。このときの「縁組の意思」とは、当事者が親子関係を創設しようとする意思を指すものであると考えられています。

そして、**養子縁組が有効に成立**することによって、**養子は、縁組の日から、養親の嫡出子の身分を取得し**（809条）、**養子が未成年である場合は、養親の親権に服する**ことになります（818条2項）。さらに、**養子は、養親の姓を称する**こととなりますが、縁組の前に婚姻によって姓を改めた者については、婚姻中の姓には変更を生じません（810条）。

また、普通養子縁組については、**養子縁組が成立しても、養子と「実親」との間の親子関係が消滅しない**ことも特徴の1つです。

× **未成年**の子を養子とする場合でない**限り**、**配偶者の同意**があれば、単独で養親となる養子縁組ができる（796条）。

親族

086 離縁

離縁の手続き

チェック条文 811条～817条

例題 私は幼い頃に養親に引き取られ、成人して家を出るまで養親の元で育てられました。ところが、養親はいわゆる"毒親"と呼ばれるたぐいの人で…この先、年老いていく養親の面倒を見る気がおきません。この先の人生を考えると、離縁をしたいと考えていますが、裁判所の許可などが必要なのでしょうか？

➡養親との協議を成立させることができれば、それによって離縁することができる。必ずしも裁判上の手続きは必要ない！

離縁（りえん）の方法について

離縁とは、**養子縁組の解消**をすることです。**離縁の方法**について、**普通養子縁組**においては、「離婚」のそれに準じて民法で規定され、**協議上の離縁**（811条）と**裁判上の離縁**（814条）が存在します。

協議上の離縁は、当事者に離縁の意思がある上で、その旨の届出を行うことによって効力を生じますが（812条、739条1項）、**養子が15歳未満**であるときの離縁の協議は、養親と養子の**離縁後にその法定代理人となる者との協議**によって行うことが必要です（811条2項）。その他、協議上の離縁については、次のような規定が設けられています。

●協議上の離縁に関する主な規定

①未成年の子の離縁等（811条3項、4項、5項）
養子が15歳未満である養子縁組の離縁では、養子の父母が離婚しているときは、その協議で、その一方を養子の離縁後にその親権者となるべき者と定めなければならない、等。

②縁組当事者の一方死亡後の離縁（811条6項）
縁組の当事者の一方が死亡した後にも、家庭裁判所の許可を得て離縁することができる。

③夫婦である養親と未成年者との離縁（811条の2）
養親が夫婦である場合において未成年者と離縁をするには、原則として、夫婦が共にしなければならない、等。

確認問題 養子が成人である場合であっても、養親である夫婦の一方のみの離縁をすることはできない。

養子が未成年者の場合、離縁によって、子は実親の親権のもとに戻るのが原則です。しかし、縁組中に実父母の離婚や死亡があるときには、具体的な親権者等を定めなければならず（811条3項、5項）、さらに、**配偶者のある者が、配偶者とともに未成年の子と養子縁組**をした場合では、その**離縁も、原則として、配偶者とともにしなければなりません**（811条の2本文）。養親である夫婦の一方のみの離縁を可能とすれば、事実上、夫婦の一方のみの養子縁組が可能となります。811条の2の規定は、このような脱法行為を防いでいるのです。

話がまとまらない場合は「裁判上の離縁」

当事者の協議による離縁ができない場合であっても、次の場合に限り、裁判上の手続きによる離縁が認められています。

●裁判上の離縁事由（814条1項）

①他の一方から**悪意で遺棄**されたとき（1号）
②他の一方の**生死が3年以上不明**（2号）
③その他、**養子縁組を継続し難い重大な事由**（3号）

例題の事例においては、まず**協議による離縁**の可否を確認することになるでしょう。養子が未成年である場合も含め、原則として、離縁では裁判所の許可は不要ですから、養親の意見を確認するのが先決です。

しかし、協議による離縁が叶わない場合、**裁判による離縁**を検討せざるをえません。**養子縁組を継続し難い重大な事由**があることを理由として離縁を求めていくことになるでしょう。

なお、**離縁の効果**について、**養子は、離縁によって元の姓に戻るのが原則**です（816条1項）。しかし、**離縁の日から3か月以内に届出**を行うことによって、**縁組中の姓を継続して使用することもできます。**

ただし、**この届出は、縁組の日から7年を経過した後の離縁の場合に限られます**（同条2項）。これは、姓の変更のみを目的とした縁組制度の利用を防止するためと考えられています。

× 養子が**成人**である場合、養親の一方のみが離縁することが**できる**（811条の2）。

087 特別養子縁組

完全な実子をめざす制度

(チェック条文) 817条の2～817条の11

例題 夫婦で養子を迎えたいところ「特別養子縁組制度」の利用を考えている。要件が厳しいと聞いているが、私達夫婦や養子となる子の年齢についての決まりは、どうなっているのだろう？

➡特別養子縁組は、原則として養親が25歳以上、養子が15歳未満であることが必要だ。ただし、例外もある！

「特別養子縁組」というもの 基本！

民法では、普通養子縁組とは異なり、**実親やその親族との親子・親族関係を消滅**させるとともに、**養親と養子との実親子関係を発生**させる「**特別養子縁組制度**」を設けています。ざっくりと言ってしまえば、少なくとも法律上は、完全に自分の子とする制度と考えればよいでしょう。

この特別養子縁組は、**当事者の協議のみで行うことはできず、養親になろうとする者の請求に基づき、家庭裁判所によってのみ成立させることができる**という点でも、普通養子縁組と異なります（817条の2第1項）。**養子となる子への影響の大きさを考慮**して、**厳格な要件の下に運用**されているのです。

●特別養子縁組に関する規定

①**養親の夫婦共同縁組**（817条の3）
養親となる者は、**配偶者のある者**でなければならない、等。
②**養親となる者の年齢**（817条の4）
25歳に達しない者は、原則として、**養親となることができない**、等。
③**養子となる者の年齢**（817条の5）
家庭裁判所への請求時に**15歳**に達している者、特別養子縁組が成立するまでに**18歳**に達した者は、養子となることができない、等。
④**父母の同意**（817条の6）
特別養子縁組の成立には、原則として、**養子となる者の父母の同意がなければならない**、等。

確認問題 特別養子縁組は、当事者の協議によって成立させることができないとき、家庭裁判所への請求をもって成立させることができる。

⑤**子の利益のための特別の必要性**（817条の7）

特別養子縁組は、（実）父母による養子となる者の監護が著しく困難であること等の**特別の事情がある場合**において、**子の利益のため特に必要があると認めるとき**に成立させることができる。

⑥**監護の状況**（817条の8）

特別養子縁組を成立させるには、**養親となる者が養子となる者を6か月以上の期間、監護した状況を考慮**しなければならない、等。

まず、**養親は、配偶者がある者に限られ**（817条の3第1項）、夫婦の一方が他の一方の嫡出である子（いわゆる連れ子）を養子にしようとする場合を除き、**原則として、配偶者とともに養親となることが必要**です（同条2項）。

また、**養親は25歳以上**であること（817条の4本文）、**養子は家庭裁判所への請求時に15歳未満**であり、かつ、その後の特別養子縁組の**成立時に18歳未満**であることが必要です（817条の5第1項）。ただし、**養親は、夫婦の一方が25歳以上であれば、他の一方は20歳以上であることで足りる**ものとされ（817条の4ただし書）、さらに、養子についても、養子となる者が15歳に達する前から引き続き養親となる者に監護されており、やむを得ない理由で15歳に達するまでに家庭裁判所への請求ができなかったような場合には、15歳以上の子についても特別養子縁組制度の利用が認められています（817条の5第2項）。

特別養子縁組の効果 ココ注意！

特別養子縁組の成立によって、**養子と実の父母、その血族との親族関係は、原則として終了**します（817条の9本文）。これは普通養子縁組との大きな違いです。

その他、**養子が養親の嫡出子の身分を取得**する、**養子が未成年である場合は、養親の親権に服する、養親の姓を称する**ことについては、**普通養子縁組と同じ**です。

そして、**特別養子縁組では、原則として、離縁が認められていません**。ただし、一切禁止するのも問題が生じますので、①養親による虐待など、養子の利益を著しく害する事由があり、②実父母が相当の監護ができることを要件に、**家庭裁判所への請求**を経て、離縁できる規定が設けられています（817条の10）。

× 特別養子縁組は、当事者の協議によって成立させることはできず、家庭裁判所への請求をもってのみ、成立させることができる（817条の2第1項）。

088 親権

親権の具体的な内容は？

チェック条文 818条～837条

例題 離婚した妻が私達の子どもの親権を持っているが、なかなか経済的に苦しいようで、まだ幼い子どもへちゃんと食事を与えられているのか心配。離婚のときに決めたものではあるものの、私は経済的にも安定しているし、近くに住む私の母も協力すると言ってくれている。親権を私に変更できるのだろうか？

➡家庭裁判所への請求によって親権の変更は認められている。ただし、子供の状況や意見も尊重されるので、変更できるとは限らない！

そもそも「親権」とは何だろう？ 基本！

親権とは、親が未成年の子の利益のために行使する権利や、子に対して負う義務の総称です。主に、**子の身体の監護や教育を目的とする身上（しんじょう）監護**に関する権利義務（820条）と、**子の財産を管理し、ときに子を代理して契約等を行う財産管理**に関する権利義務（824条）を指しています。

親権の内容や効果に関する主な規定は、次のようになっています。

●主な親権の内容・効果に関する規定

①**監護及び教育の権利義務**（820条）
親権者は、子の利益のために子の監護及び教育をする権利を有し、義務を負う。

②**子の人格の尊重等**（821条）
親権者は、子の監護及び教育に当たっては、**子の人格を尊重**するとともに、その年齢及び発達の程度に配慮しなければならず、かつ、**体罰その他の子の心身の健全な発達に有害な影響を及ぼす言動をしてはならない。**

③**居所（きょしょ）の指定**（822条）
子の居所は、親権者の指定によって定める。

④**職業の許可**（823条）
子が職業を営むには、親権者の許可を得なければならない、等。

⑤**財産の管理及び代表**（824条）
親権者は、子の財産を管理する、等。

確認問題 子の父母の婚姻中は、その父母が共同して親権を行使するのが原則である。

未成年の子は、その父母の親権に服し（818条1項）、また、**子が養子であるときは、養親の親権に服します**（同条2項）。**親権は、父母の婚姻中は、父母が共同して行うのが原則**ですが、父母の一方が親権を行うことができないときは、他の一方が行うこととされ（同条3項）、さらに、**父母が協議上の離婚**をするときは、その**協議で、そのうちの一方を親権者と定めなければならず**（819条1項）、**裁判上の離婚**をする場合には、**裁判所が父母の一方を親権者と定めます**（同条2項）。

また、**離婚後の親権者の変更**については、**家庭裁判所への請求によってこれが認められています**（819条6項）。例題の事例のように、現在の子どもを取り巻く環境が、子の利益に適さないような事情があると考えられる場合には、親権者の変更を求めることが可能です。

なお、従来の民法は、親権者に子の懲戒権を定めていました（旧822条）。しかし、懲戒権には児童虐待を正当化する口実に利用されやすい側面があり、**令和4年12月16日に懲戒権は削除**されています。

親権は失うこともある

父母による子への虐待（ぎゃくたい）**や悪意の遺棄**があるときには、**子自身やその親族等の請求**によって、**家庭裁判所は親権の喪失**（そうしつ）**を決定できます**（834条）。

また、民法は、**父母による親権の行使が困難**であったり、**不適当であることにより子の利益を害する**ときには、**2年以内の期間に限って、親権を「停止」**させることができるとも規定しています（834条の2）。

日本では、悲しいことに児童相談所への児童虐待に関する相談件数が増加の一途を辿っています。従来より、民法は、親権の「喪失」について規定していましたが、これは親権者の親権を半永久的に奪うものであり、子を親から完全に離別させる側面があります。

この制度によって救われた子がいるのは事実ですが、血のつながった親子が、再び正常な親子関係に戻る必要があるとき、親権の喪失が、その障害となった事例があったことも事実です。

そこで、**2年以内の期間を設け、その期間内に限って親権を「停止」させる親権停止の規定が平成23年（施行は平成24年）の民法改正によって加えられました。**

○ 親権は、父母の**婚姻中**は、父母が**共同して行う**のが原則である（818条3項本文）。

親族

089 未成年後見

親権者に代わり未成年者を守る　チェック条文　838条～875条

例題　お隣さん夫婦には、まだ小さな子どもがいるけれど、不幸なことに事故でご夫婦とも亡くなってしまった。お子さんには、できる限りのことをしてあげたいのだが、これからは誰が子どものことに責任を持っていくことになるのだろうか。法律ではどうなっているの？

➡親権を行う者がないときは、未成年者に後見が開始する。未成年後見人が親権者に代わって権利を行使する！

「未成年後見（みせいねんこうけん）」というもの

未成年者に対して親権を行使する者がいない場合など、未成年者を守る存在が欠けている状態等があるとき、民法では、その**未成年者に後見が開始**する旨を規定しています（838条1号）。この場合は、**親権者に代わって、未成年後見人が監護教育や財産管理等を行い、**これが**未成年後見の制度**です。具体的には、次の場合に未成年者に対する後見が開始します。

●未成年者に対する後見の開始（838条）

①未成年者に対して**親権を行う者がない**とき
②**親権を行う者が管理権を有しない**とき

上記①の親権を行う者がないとは、親権者の死亡等による不存在の場合のほか、疾病や行方不明など、存在こそするものの親権行使が不能である場合を含むものと考えられています。

また、**上記**②のように、親権を行う者が子の財産の管理権を有しない場合にも後見が開始します。どういうことかと言えば、**親権とは、子の監護教育に関する権利義務**（820条）と、**財産の管理についての権利義務**（824条）の2つを大きな柱としますが、このうち、**親権者による子の財産に対する管理権の行使が不適当**であることによって、**子の利益を害する場合**等は、**家庭裁判所により、父母の「管理権」を喪失させることができます**（835条）。

この場合、親権を持つ父母は、子の監護教育に関する権利義務のみしか持たな

確認問題　最後に親権を行う者から遺言によって未成年後見人の指定があった場合、その未成年者について後見が開始したときは、その指定された者が未成年後見人となる。

いこととなりますから、財産については、後見人が代わって管理することになるのです。

誰が「未成年後見人」となるのか？

誰が未成年後見人となるのかという点については、**未成年者自身やその親族、その他の利害関係人の請求**によって、**家庭裁判所が未成年後見人を選任**するのが一般的です（840条1項）。

この選任については、未成年者自身の年齢や心身の状態、生活及び財産の状況などの客観的状況のほか、未成年者自身の意見、その他一切の事情を考慮しなければならないと規定されています（同条3項）。また、次の者は未成年後見人になることはできません。

●主な未成年後見人になることができない者（847条）

①未成年者（1号）
②破産者で、破産手続が完了していない者（復権を得ていない者、3号）
③行方の知れない者（5号）

実際には、未成年者自身の祖父母やその他の親族、または弁護士や司法書士などの法律専門家が選任されることが多くなっています。また、**「法人」が未成年後見人に就任することも可能**とされ、**1人の子に対して、複数人の後見人を選任することも認められています**（840条2項）。 ココ注意！

さらに、**民法は、親権者が遺言によって未成年後見人を指定することができる**ことも規定し（839条1項本文）、親権者が、自身に万が一のことがあった場合の後見人を、予め指定しておくことができます。

未成年後見の事例としては、単独親権者の死亡等があげられますが、子のある夫婦が離婚した際には、父母のいずれかが親権者と定められます（819条1項、2項）。しかし、定められた父または母の親権の行使が不能となった場合、親権者でない母又は父が自動的に代わって親権者となるものではなく、未成年の子については後見が開始することになっています。

○ 遺言で未成年後見人を指定することが**でき**（839条1項本文）、未成年者に後見が開始した場合、その遺言で**指定された者**が未成年後見人となる。

090 相続（法定相続人）

誰が相続人となるのか？　（チェック条文）886条～890条、896条

例題 先日、兄が急死してしまい、突然のことでしばらく整理がつかなかったんだけれども、ようやく少し落ち着いてきたところ。一通り法要も済ませ、そろそろ相続手続のことも考えないといけない。でも兄は結婚もしてないし、いったい誰が相続人になるのだろうか？

➡民法では、相続人となる者とその優先順位が決められている。
相続人の優先順位は、配偶者を除けば、子、直系尊属、兄弟姉妹の順だ！

誰が相続人になるのかという話　基本！

人が亡くなった場合、その人が持っていた財産は、その相続人に引き継がれるのが原則です（896条本文）。これを法律上は「相続が開始する」といい、また、**開始した相続において、亡くなった人を「被相続人」**と表現します。

そして、**誰が相続人となるのか**に関して、特に遺言等で定められていない場合について**民法は明確に規定**しています。これを**法定相続人**といいます。

法定相続人について、まずは**被相続人に配偶者がいる場合、配偶者は、常に相続人となる権利を持ちます**（890条前段）。ただし、すでに**離婚した配偶者**や、婚姻届の提出のない**内縁の配偶者は、ここに含まれません。**

そして、相続人となるのは配偶者だけではなく、その他の一定の者にも権利が与えられます（887条、889条）。つまり、**「配偶者とその他の誰か」が相続人となる**ものと理解しておくとよいでしょう。配偶者以外の相続人はその順序を設けて規定されています。

●配偶者以外の相続の順位

①**第１順位**…被相続人の**子**が相続人となる（887条1項）
②**第２順位**…被相続人の**直系尊属**が相続人となる（889条1項1号）
③**第３順位**…被相続人の**兄弟姉妹**が相続人となる（889条1項2号）

第1順位の相続人が存在しないときは、第2順位の者に相続権が移り、第2順位の者もない場合には、第3順位者が相続人となります。**第1と第2、第2と第3の**

確認問題 被相続人に子があり、さらに両親もあるときは、被相続人の子と両親がその相続人となる。

ような異なる順位の者が、ともに相続人となることはありません。つまり、「配偶者とその他の誰か」だけが法定相続人となり、被相続人に配偶者がいないときは、第1から第3順位のうち、順位の高い者のみが相続人となります。それぞれの順位の者を確認していきましょう。

①第1順位の「子」について

第1順位の子とは、その名のとおり、**被相続人の子ども**です。**嫡出子と非嫡出子、実子と養子などで相続の権利に差異は設けられていません。**

また、相続については、被相続人の**「胎児」（母のお腹の中の子）も既に生まれたものとみなされ、相続する権利を有します**（886条1項）。ただし、胎児は後に実際に生まれてくることが条件とされ、胎児が死亡した状態で生まれた場合には、その相続権は否定されています（同条2項）。

②第2順位の「直系尊属」について

被相続人に子がいないとき、第2順位として、**被相続人の親や祖父母、曽祖父母**である**直系尊属が相続の権利を持つ**ことになります。

しかし、直系尊属の中でもさらに順序が決められており、**被相続人に親等が近い者が優先**されます。親があるときは親のみが相続し、親と祖父母等がともに相続人となることはありません。親がないときは祖父母、祖父母もないときは曾祖父母、というように序列が規定されています（889条1項1号）。

③第3順位の「兄弟姉妹」について

被相続人に子がなく、さらに直系尊属にも生存者がないときは、**第3順位として、兄弟姉妹が相続人**になります（889条1項2号）。兄弟姉妹間の権利において、被相続人より年長や年少であることによる差異はありません。

例題の事例では、亡くなった兄に配偶者がいません。兄に子がいなければ、親、祖父母などの直系尊属に生存する者がいるかを確認し、それでも相続人となる者がないときは、兄弟姉妹である「私」が相続人になります。被相続人を中心として親族関係を整理し、把握することがまず必要でしょう。

✕ 第1順位の子、第2順位の直系尊属がともに相続人となる**ことはない**。この場合、被相続人の**子のみ**が相続人となる（887条、889条）。

091 代襲相続

相続人の代わりの相続人

チェック条文 887条、889条

例題 父方の祖父が亡くなったので相続の手続きが必要になるけれど、相続人になるはずの父は、とっくの昔に亡くなっているため、祖父の相続人にはならないはず。この場合、誰が相続人になるのだろうか？

➡被相続人の子が先に亡くなっている場合、代襲相続の制度がある。この場合、「孫」が相続権を取得する！

代襲相続（だいしゅうそうぞく）とは何だろう？ 基本！

代襲相続とは、相続の開始によって、**相続人となる地位を有する**者ではあるものの、一定の事由によって**相続人となることができない場合、その者の子が代わって相続人となる**制度です（887条2項）。

例題の事例では、「祖父」について相続が開始しました。本来であれば、その子である「父」が相続人となりますが、「父」はすでに亡くなっており、相続人となりません。この場合、代襲相続の規定によって、「父の子」である「私」が、被相続人である「祖父」の相続人となるのです（887条2項）。

代襲相続は、被相続人の子が、その相続の開始前に死亡していたり、相続欠格や相続廃除によってその相続権を失ったときに発生します。相続欠格や相続廃除は次テーマで解説しますが、どちらも相続権を失う点で共通しています。

また、被相続人に子や直系尊属がないときには、本来、その兄弟姉妹が相続権を持つことになりますが、この**兄弟姉妹に、死亡、相続欠格、相続廃除の事由があるときにもその子に代襲相続が発生**することが規定されています（889条2項）。

しかし、相続人となる地位を有するはずの「配偶者」や「直系尊属」については、代襲相続の規定が設けられていません。

確認問題 子、直系尊属のない被相続人の弟がすでに死亡しており、さらにその弟の子Aもすでに死亡している場合、Aの子が代襲して相続する。

つまり、**代襲相続は、被相続人の「子」、または「兄弟姉妹」の相続権の喪失の場合にのみ発生する制度**なのです。

「子」と「兄弟姉妹」における代襲相続の違い　ココ注意！

以上のような代襲相続は、子のケースと兄弟姉妹のケースによって、その内容が異なります。

まず、**被相続人の「子」が相続開始前に死亡**している場合、代襲相続によって「孫」が相続人となります。しかし、「孫」もまたすでに死亡している場合は、さらにその「孫の子（被相続人のひ孫）」が代襲相続します。これを**「再代襲（さいだいしゅう）」**ともいいます。さらに、そのひ孫にも死亡等の事由がある場合も同様であり、**子の代襲相続は、何代にわたっても認められ**、相続権を持つ者が存在するまで認められます（887条3項）。

一方、**兄弟姉妹についての代襲相続**は、子の場合とは異なり、**再代襲が**認め**られません。**

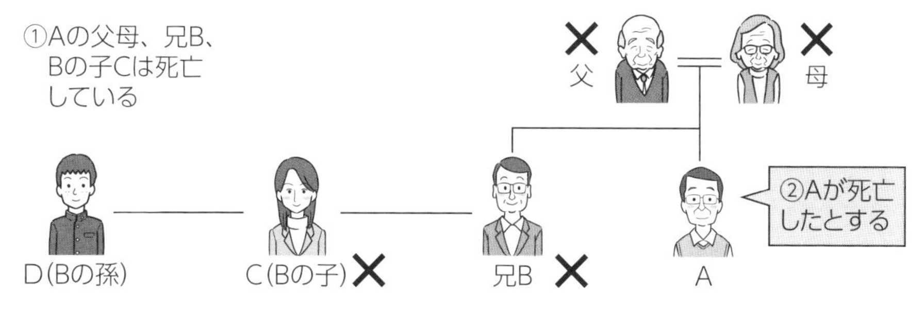

上図においてAが死亡した場合、Aには子も直系尊属もありませんから、Aの兄であるBが相続人となるはずですが、Bはすでに死亡しているため相続権はありません。したがって、Bの子であるCが代襲相続人となります。

しかし、その**Cにも死亡や相続欠格、相続廃除の事由があるとき、Cの子であるDは、Cをさらに代襲して相続人となることは**できません。つまり、**兄弟姉妹における代襲相続は、一代に限って認められる**ことが規定されています（889条2項）。特に資格試験では、この点がヒッカケ問題として利用されることがあるので、注意しておきましょう。

× 兄弟姉妹の代襲相続は、**一代に限り**認められる。そのため、Aの子は（再）代襲をして、被相続人の財産を相続することは**できない**（889条2項）。

相続

092 相続欠格・相続廃除

相続人とならない場合

（チェック条文）891条～895条

例題 最近、子が親に手をかける…といった物騒な事件をよくニュースで目にする。ふと思ったけれど、親が亡くなるとその子どもが親の財産を相続するよね。じゃあ、殺人事件を起こした子でも、親の財産を相続するのだろうか？

➡相続人となる立場を持っていても、被相続人を殺害した者などは相続人となることができない。これを相続欠格という！

相続人から除外される「相続欠格（けっかく）」 基本！

例題の事例のように、親を殺害した子が、親の財産を相続するということは腑に落ちない人が多いでしょう。この点、相続の開始によって**相続人の地位を有する者に一定の事由があるときは、その相続権を喪失させる制度**が相続欠格です（891条）。

これは被相続人を死亡させた者等が該当し、この場合、親を殺害した子は、その親の財産の相続については相続権を喪失するため、自らの手で実現させた相続において、遺産を取得することはできません（891条1号）。

ただし、前テーマで解説したとおり、**相続欠格は代襲相続の発生の原因と**なるため、事件を起こした**加害者（被相続人の子）に、さらに子（被相続人の孫）がいる場合は、その孫が代襲して相続人と**なります（887条2項）。

民法では、次の場合に該当する者は、相続欠格として相続権を喪失することが規定されています。

●相続欠格となる者（891条）

①**故意**に**被相続人**や**先順位**、**同順位**にある相続人を**死亡**するに至らせ、刑に処せられた者、等（1号）
②被相続人が殺害されたことを知って告発しなかった者、等（原則、2号）
③詐欺又は強迫によって、被相続人がする遺言を妨げた者、等（3号）
④詐欺又は強迫によって、被相続人に遺言をさせた者、等（4号）
⑤相続に関する被相続人の遺言書を偽造した者、等（5号）

確認問題 被相続人や先順位、同順位にある相続人を死亡するに至らせた者は、常にその相続についての相続権を喪失する。

前記①では、**直接に被相続人を死亡させる**に至らせた者のほか、**先順位の相続人を死亡に至らせた者も相続欠格となる**ことが規定されています。

例えば、先順位である被相続人の子を殺害し、自身が相続人になることを企てた直系尊属も相続欠格に該当します。これが**未遂(みすい)に終わったとしても同様**です。

また、相続人は、その数が多いほど自身の相続分の割合が小さくなることから、自身の相続分の増加を目的として、**同順位の相続人を死亡するに至らせた者も相続欠格に該当します。**

ただし、①**の死亡させた場合の相続欠格は「故意」が要件**となっているため、**自動車の運転上の過失事故**によって、**自らの親を死に至らせたような場合には、相続欠格には該当せず、相続権を失うことにはなりません。**

「被相続人の求め」で除外する相続廃除(はいじょ)　基本！

民法では、自身に対する**虐待や重大な侮辱(ぶじょく)**、その他の**著しい非行**をなす者があったときは、自身についての相続の開始後、**その者の相続権を失わせるよう家庭裁判所に請求することができる**旨を規定し、この手続きによる相続権の喪失を**相続廃除**としています（892条）。

自身が世を去ったとき、自身の相続人になってもらいたくない人をあらかじめ廃除しておける手続きです。これにより、廃除された者は、相続権を取得できないほか、**代襲相続の原因となる点についても相続欠格と同様**です。

この相続廃除は、遺言によってもなすことが認められており（893条）、この場合、遺言書の中にその意思を表示しておくことで、自身の死亡後、一定の手続きを経て、廃除の効力が発生します。その他、相続廃除については、次のような規定が設けられています。

●相続廃除に関する規定

①**推定相続人の廃除の取消し**（894条） 被相続人はいつでも、推定相続人の廃除の取消しを家庭裁判所に請求できる。 ②推定相続人の廃除に関する審判確定前の遺産の管理（895条）

※「相続人」という表現は、相続の開始があって初めて用いるべき言葉です。民法では、将来開始する相続によって相続権を持つことになる立場の者を「推定相続人」と表現します。

× 被相続人や先順位、同順位にある相続人を死亡するに至らせたとしても、**過失**による場合は、相続欠格に該当しない（891条1号）。

相続

093 相続分

具体的な相続額は？

チェック条文 900条～905条

例題 先日亡くなった父が残してくれた預金3,000万円。母と兄と私が相続人だけれども、こういうときは、みんなが等しく貰う権利があるのかな。家族どうしの争いが起こるのも嫌だし、法律ではどうなっているのだろう？

➡民法では、各相続人の地位に応じた相続分が決まっている。これを法定相続分という！

具体的な相続分も決まっている！ 基本！

206ページでは「誰が相続人となるのか」という点について、法定相続人の話を解説しました。ここでは相続人が決まった後、**「実際にいくら相続できるのか」という「法定相続分」**の話を解説します。

相続における**相続人の権利の割合を指すのが相続分**であり、民法では、被相続人の配偶者や子、直系尊属、兄弟姉妹という相続人それぞれの立場に応じ、**「法定相続分」として、その相続割合を規定**しています（900条）。法定相続分は次のとおりです。

●法定相続分（900条）

> **①相続人が「配偶者＋子」のとき**
> 配偶者が**2分の1**、子が**2分の1**（1号）
> **②相続人が「配偶者＋直系尊属」のとき**
> 配偶者が**3分の2**、直系尊属が**3分の1**（2号）
> **③相続人が「配偶者＋兄弟姉妹」のとき**
> 配偶者が**4分の3**、兄弟姉妹が**4分の1**（3号）

なお、配偶者、子、直系尊属、兄弟姉妹のいずれかのみが相続人となるケースもあり、この場合は、相続人である者が相続財産のすべてを取得することになります。

また、相続人となる**子や直系尊属、兄弟姉妹が複数**あるような場合は、その相続分を、**その数に応じて等しい割合で取得**します（900条4号本文）。

確認問題 相続が開始し、被相続人の配偶者、母、父が相続人となるとき、相続財産の3分の1が母の法定相続分となる。

例題の事例は、被相続人の**配偶者である「母」と、子である「兄」と「私」が相続人**となるケースです。この場合、**配偶者の法定相続分は2分の1**であり、また**子も同様に2分の1**の権利を有します。

そして、**子は「兄」と「私」の2人**ですから、**この2人で等しい割合を取得**でき、**兄弟それぞれが、子の法定相続分である2分の1の、さらに2分の1ずつを取得**します。したがって、**「母」は相続財産（3,000万円）の2分の1**である**1,500万**円の預金を取得し、**「兄」と「私」はそれぞれ相続財産の4分の1**である**750万**円ずつを取得する、と計算します。

兄弟姉妹の相続分の例外

前述のとおり、相続人となる子や直系尊属、兄弟姉妹が複数人あるときは、それぞれが等しく権利を取得することになるため、計算上もその頭数に応じて除して求めるのが原則です。しかし、**兄弟姉妹が複数人**あるときは、民法900条4号ただし書にて、**次のような例外**が存在しています。

> 相続人である**兄弟姉妹が複数人**ある場合で、**父母の一方のみが同じである兄弟姉妹があるとき**は、その法定相続分は、**父母の双方共に同じである兄弟姉妹の相続分の**2分の1となる。

上図の例では、被相続人の兄弟として、AとBが相続人となります。しかし、Aは被相続人の父母ともに同一ですが、Bは父のみが同一であり、被相続人とは異なる母から生まれています。父が一緒である以上、Bも被相続人の兄弟姉妹ではあるものの、この場合、**Bの法定相続分は、Aのそれの**2分の1とされているのです。被相続人の「兄弟姉妹」という同一の地位にある者でも、その相続分に差異を設けるという、例外的な取り扱いがなされています。

✕ 「配偶者＋直系尊属」の場合の法定相続分は、配偶者3分の2、直系尊属3分の1である。直系尊属は2人いるので、母の法定相続分は6分の1となる（900条2号、4号本文）。

094 遺産分割

相続分は話し合いでも決められる

（チェック条文）906条～914条

例題 亡くなった父が実家の不動産を残してくれたけれど、私は実家に住む予定もないし、できれば預金を貰えるほうがありがたい。民法には相続分の決まりがあるって聞いているけれど、法律とは別の方法で分けることはできるの？

➡相続人間の協議などによって、遺産の分け方を決めるのが遺産分割だ。
協議が成立すれば、どのようにも分けることができる！

よく耳にする言葉だけれども　～遺産分割（いさんぶんかつ）の意味～　基本！

前テーマで解説したとおり、民法では、相続分についての規定が設けられており（900条）、各相続人の立場によって、相続に関する権利の割合（法定相続分）が定められています。しかし、この法定相続分は、相続権の基本的な割合を定めたものにすぎず、これと異なる割合とすることは禁止されません。

この点、民法は、遺産に属する物又は権利の種類及び性質、各相続人の年齢、職業、心身の状態及び生活の状況その他一切の事情を考慮し、**各相続人が取得する遺産を具体的に決めることができると規定**しています（906条）。これが**遺産分割**というものです。**遺産分割は、相続人全員の協議によって行うことができ**（907条1項）、**どの相続人が、何を取得するかを話し合いによって決める**ことが可能です。

なお、この遺産分割を促進するために、**相続開始時**から**10年**を経過した後の遺産分割には、特別受益と寄与分の規定（903条等）が**適用されない**という改正がされました（904条の3）。

例題の事例のように、相続人によっては「不動産はいらないから、預貯金をほしい」といった事情があることも珍しいことではありません。この場合、相続人による遺産分割の協議によって決することができます。

したがって、「私」も不動産を取得しない代わりに、預金を多くほしい旨を他の相続人に主張し、これに異議が出なければ、その実現が可能でしょう。しかし、遺産分割の協議が必ずしも成立するとは限りませんから、そのような場合は、遺産分割の内容について、**家庭裁判所の審判等の裁判上の手続きによって決定することも可能**とされています（907条2項）。

確認問題　遺産の分割の効力は、遺産分割が成立した時に効力を生じる。

遺産分割の効果は、相続開始時に発生！

遺産分割の効力について、民法では、**相続の開始時にさかのぼって生ずる**と規定しています（909条）。

通常、遺産分割が成立するまでには一定の時間がかかります。しかし、遺産分割が成立した場合、取得することとなった遺産は、**相続の開始時（被相続人が死亡した時）から取得していたという効力が発生**するということです。

そして、この規定には**「ただし、第三者の権利を害することはできない。」**というただし書があります。法定相続分の規定に基づけば、自分が相続するはずだった財産を処分した後、遺産分割によって、その財産を相続できなかった場合、第三者を保護するための規定です。

「遺産分割の禁止」もできる！

遺産分割について、**被相続人は、その生前に遺言に残すことによって、一定期間、自身の死後の遺産分割を禁止することもできます**（908条1項）。

前提として、**遺産分割は、相続開始後であればいつでも行うことができるのが原則**です（907条1項）。しかし、相続発生直後であると、相続人による冷静な話し合い等が叶わず、揉めごととなるおそれがあると思慮するとき等に、**あらかじめ、5年以内の期間を定めて遺産分割を禁止**することができるのです。

また、この**遺産分割の禁止は、残された相続人間での契約によって行うこともでき**（908条2項本文）、**この場合の禁止期間も5年を超えることはできませんが、期間を更新することができます**（同条3項本文）。

しかし、相続人での契約及びその更新によって定める**禁止期間の終期は、相続開始の時から10年を超えることはできません**（同条2項ただし書、3項ただし書）。つまり、**遺産分割の禁止期間は、最大でも相続開始の時から10年まで**ということになります。

✕　遺産の分割は、**相続開始の時**にさかのぼって効力を生じる（909条）。

相続

095 相続の承認

相続人となるために必要なこと

チェック条文 915条〜921条

例題 先日亡くなった母の財産について、私が相続人となることはわかったけれど、これから相続の手続きを進めていくにあたり、何をしたらよいのだろう？何か届出とかが必要なのだろうか？

➡一定期間内に手続きをしなかった場合、相続人となることを承認したものとみなされる。つまり、何もしなければ相続人と確定する！

「相続の承認」という段階を経る　基本！

相続の承認とは、すでに開始した相続について、その**相続人である者が、無限に被相続人の権利義務を承継する意思の表示**をいいます（920条）。「無限に」というのは、例え被相続人が莫大な借金を抱えたまま亡くなったような場合でも、これを引き継ぐこととなり、これが相続の原則です。このような相続は、**単純承認**（たんじゅんしょうにん）と表現されています。

そして、この**相続の単純承認は、原則として、相続人が**自己のために相続の開始があったことを知った**時から3か月以内にしなければなりません**（915条1項）。この**3か月**の期間は熟慮期間（じゅくりょきかん）と言われ、相続人は、この期間内に相続財産についての調査を行うとともに、意思を決することができるのです。

なお、民法はこの熟慮期間について、**相続人が未成年者又は成年被後見人**であるときは、**その法定代理人が**未成年者又は成年被後見人のために相続の開始があったことを**知った**時から起算するとしています（917条）。

「相続の承認」は自動的？

上記のとおり、民法では、相続の承認に期間制限を設けており、単純承認をするには、その期間内に何らかの手続きが必要なようにも読めます。しかし、次のいずれかに該当する場合、単純承認をしたとみなされます。

●法定単純承認に関する規定（921条）

①**相続財産の全部又は一部を処分**したとき（原則、1号）

確認問題　相続の単純承認は、相続の開始の時から3か月以内に行わなければならない。

②**一定期間内に限定承認又は相続の放棄をしなかった**とき（2号）
③限定承認又は相続の放棄をしても、相続財産の全部若しくは一部を隠匿するなどしたとき（原則、3号）

この①～③の規定は「法定単純承認」といい、これら**いずれかに該当する場合は、自動的に単純承認したものとみなされます**。そして②により、**単純承認「以外」の手続きを取らなければ、**結局のところ、**自動的に単純承認の効力が発生**することになるのです。

また、①**のように、**自身の意思を明らかにしない間に、**相続財産を処分**したときも単純承認したものとみなされます。この行為は、相続人となることを承認したからこそ認められるべきもので、相続財産を処分しておきながら、後から相続を承認しないのには、矛盾が生じるからです。

③の限定承認や相続の放棄については、次テーマで解説しますが、これらは制限付きで相続する、もしくは全く相続しない、という意思の表示となる手続きです。これらの手続きを行ったにもかかわらず、単純承認をしたかのように相続財産を私的に消費し、又はこれを隠匿したような場合にも、原則として単純承認したものとみなされます。

なお、**一度相続を承認**してしまうと、**原則として、これを撤回することはできません**。しかし、一定の条件下でその取消しが認められています。なお、下記②の中で出てくる「申述（しんじゅつ）」とは、文字どおり「申し述べる」ことであり、具体的には、家庭裁判所に対して申述書という書面を提出して行います。

●**相続の承認の撤回、取消しに関する規定（919条）**

①相続の承認をなすべき**3か月の期間内でも、すでになされた相続の承認は、撤回することができない**（1項）。
②相続の承認は、**詐欺や強迫等の取消しが認められる原因によってなされた**ときは、**家庭裁判所への申述により取り消すことができる**（2項、4項）。
③上記②の取消権は、追認をすることができる時から6か月間行使しないとき、又は相続の承認から10年を経過したときは時効によって消滅する（3項）。

相続

× 相続の単純承認は、原則として、相続人が自己のために相続の開始があったことを知った時から3か月以内にしなければならない（915条1項）。

096 限定承認と相続の放棄

相続しないことも権利　（チェック条文）915条～919条、922条～940条

例題 先日亡くなった父には借金があるみたいで、相続人になると私が借金を背負うことになる。それはできれば避けたいけれども、ちゃんと相続したい気持ちもあるし、どうしたらよいの？

➡相続で得た財産の範囲でのみ、負債について責任を負う限定承認の手続きがある。限定承認をすれば負債だけを抱えることはない！

損をすることはない相続方法!?　～限定承認（げんていしょうにん）　基本！

限定承認とは、**相続によって得た財産の限度においてのみ被相続人の債務及び遺贈を弁済すべきことを留保**して、**相続の承認をする**ものです（922条）。

要するに、**相続した財産で弁済できる範囲でのみ、被相続人の負債（ふさい）をも相続**し、その**弁済の責任を負う**とするもので、プラス財産が負債よりも大きければ、その差額の財産を取得できる一方、負債がプラス財産より大きいときは、差額の負債については責任を免れます。

一定の範囲に限ってのみ相続を承認するという点で単純承認とは異なり、また、相続人たる地位を喪失しない点では、相続の放棄とも異なります。

限定承認をしようとするとき、相続人は、原則として、**自己のために相続の開始があったことを知った時から3か月以内に、相続財産の目録を作成して家庭裁判所に提出し、限定承認をする旨を申述**しなければなりません（915条1項）。申述という家庭裁判所への手続きを要する点が特徴です。

また、**相続人が数人**あるときは、**限定承認は、共同相続人の全員が共同して行わなければならず**（923条）、**複数の相続人のうちの一部が単純承認をし、残りの者が限定承認をするといったことは認められません**。

その他、限定承認については、次のような規定が設けられています。

●限定承認に関する主な規定

①**限定承認者による管理**（926条）

限定承認者は、その固有財産におけるのと同一の注意をもって、相続財産の

確認問題　相続人が数人あるときの限定承認は、その一部の者のみがこれをすることはできない。

管理を継続しなければならない、等。

②相続債権者及び受遺者に対する公告及び催告（927条）

限定承認者は、一定期間内に、すべての相続債権者等に対し、限定承認をしたこと等を公告しなければならない、等。

例題の事例のように、最終的な額はわからないまでも被相続人に負債があるとき、単純承認をすれば、負債も上限なく相続してしまい、弁済の責任を免れることはできません。よって、限定承認を検討する必要があるでしょう。

ただし、**限定承認をするには期間の制限**があります。家庭裁判所への申述をすることなく、同期間を経過した場合は、法定単純承認の効力が生じてしまいますし（921条2号）、他の相続人がいる場合は、相続人**全員**が限定承認の申述をする必要がありますから、この点は注意が必要です。

相続の放棄（ほうき）という選択肢もある　基本！

限定承認とは異なり、完全に相続を放棄することもできます。それが相続の放棄です。**相続の放棄**があれば、その相続については、その**相続開始時から相続人とならなかったという効力**が発生します（939条）。

多額の負債を抱える親の相続において、子が相続を放棄する場合など、本来であれば相続権を有する立場ではあるものの、相続人となる意思がないときは、この手続きによることとなります。

相続の放棄をしようとするときも、その旨を家庭裁判所に申述しなければならず（938条）、また、**その申述は**、限定承認の手続きと同様に、原則として、**自己のために相続の開始があったことを知った時から3か月以内にしなければなりません**（915条1項）。また、**相続開始前に相続の放棄をすることは認められません。**

なお、**限定承認と相続放棄は、ともに申述がなされた場合は、熟慮期間内であっても、原則として、撤回できません**（919条1項）。しかし、詐欺や強迫等の取消しが認められる原因によってなされたときは、**家庭裁判所への申述**により、取り消すことができます（同条2項、4項）。これは「相続の承認」と同様です。

○　相続人が数人あるとき、限定承認は、共同相続人の**全員が共同**して行わなければならない（923条）。よって、一部の者のみで限定承認をすることは**できない**。

097 相続人の不存在

相続人がいないときの扱い

チェック条文 951条〜959条

例題 私の家のお隣さんが病気で亡くなったらしい。確かずっと独身で、子どももおらず、家族や親族も早くに亡くしたと言っていたけれど、自宅の不動産とか、預貯金もあるだろうし…その遺産って、どうなってしまうのだろう？

➡相続人が不存在の場合、その遺産は国庫に帰属するのが原則だ。
つまり、被相続人の財産は、国のものになる！

相続人がいない場合とは？

相続が開始すれば、被相続人と一定の親族関係にある者がその相続人となりますが、その範囲は限られています。そのため、そもそも**相続権を取得しうる者が一切存在しない**場合や、存在しても、その**全員が相続の放棄をすることにより相続人となる者がいない**という事態も想定され、この状態を**「相続人の不存在」**として、民法において規定が設けられています。

相続人が不存在である場合、結果的に**相続財産は国庫に帰属します**（959条）。つまり、**国のものになる**ということです。

しかし、相続財産とは言っても、動産や不動産、預貯金、現金、その他の権利など、あらゆる財産が想定されますから、**国庫に帰属させるための手続きを誰が行うのか**という問題が発生します。

この点、まず、相続人のあることが明らかでないときは、**相続財産は法人化**され（951条）、さらに**家庭裁判所は、利害関係人又は検察官の請求により、相続財産の清算人を選任**しなければならないとされています（952条1項）。この選任された清算人が、相続財産法人の代理人として、国庫帰属へと向けて相続財産の精算の手続きを行うことになるのです。

相続財産の清算人は、相続人であると主張する者が存在しないことを確認した上、被相続人に対して債権等を持つ者（相続債権者等）に対する弁済等を行うための一定の手続きを行います（957条）。

そして、この手続きを経由した後、余った残存財産があれば国庫に帰属することになりますが、この**残存財産**については、**特別縁故者に対する相続財産の分与**

確認問題　相続人がいる場合でも、家庭裁判所が相当と認めた場合は、特別縁故者に対して相続財産の全部又は一部を分与することができる。

の制度が設けられています（958条の2）。この辺の確認もしておきましょう。

相続人でなくとも財産をもらえる可能性　～「特別縁故者」～

民法では、**被相続人と生計（せいけい）を同じくしていた者、被相続人の療養看護（りょうようかんご）に努めた者、**その他、**被相続人と特別の縁故（えんこ）があった者を「特別縁故者」**と表現し、特別縁故者への**相続財産の分与を可能**としています。

つまり、相続人たる地位こそ**有しない**ものの、生前、**亡くなった故人に対しお世話をしていた者や、特別の関係のある者は、家庭裁判所の決定によって、残存財産の全部又は一部を取得できる**という制度です。

ただし、この特別縁故者への財産の分与は、**相続人が不存在**であって、**かつ、家庭裁判所が、その分与が相当であると認めた場合**に限ってなされるものですから、療養看護等に努めたからといって、必ずしも認められるものではありません。この特別縁故者への財産の分与手続も経た後、それでも残余財産がある場合は、国庫へ帰属することとされています（959条）。

●相続開始から国庫帰属への流れ

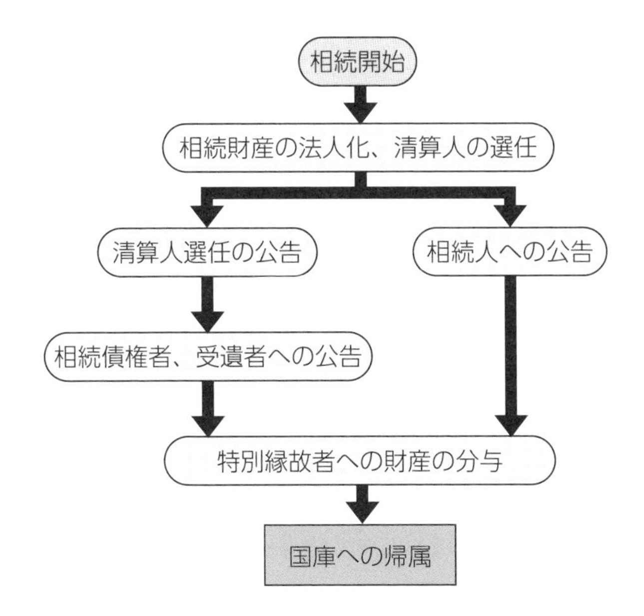

× 特別縁故者への相続財産の分与の制度は、相続人が**不存在**である場合に限って認められる（958条の2第1項）。相続人がいる場合、この制度は適用**されない**。

098 遺言の方式（普通方式）

最後の意思の残し方

チェック条文 960条～975条

例題 私もそれなりの歳になったので、いわゆる終活を始めようと思っている。子どもたち兄弟はみんな仲が良いが、相続で揉めることがないよう、遺言書できちんと意思を伝えたい。ただ遺言書とはいっても種類があるだろうし、どうすればよいのか知りたい。

➡遺言書の方式も民法に規定されている。自筆証書遺言、公正証書遺言、秘密証書遺言の3つが原則だ！

遺言には3つの方式がある 基本！

民法では、遺言によって、自身について相続が開始した際の相続財産の行く末についての指定ができるほか、認知や未成年後見人の指定など、一定の身分上の行為を行うことを認めています。

そして、**遺言の方式**についても民法は明確に規定しており、**原則的な方式となる遺言**として、**自筆証書遺言**（じひつしょうしょ）（968条）、**公正証書遺言**（こうせいしょうしょ）（969条）、**秘密証書遺言**（ひみつしょうしょ）（970条）**の3つが規定**されています。

思いの丈を振り絞って遺した遺言書であっても、その内容が規定された方式と異なるときは、原則として、その遺言は**無効**とされます（967条本文）。ですので、これら遺言の方式について確認しておきましょう。

●遺言に関する基本的な規定

①**遺言の方式**（960条）
遺言は、民法に定める方式に従わなければ、することができない。
②**遺言能力等**（961条）
15歳以上の者は、自らによって遺言をすることができる。 ココ注意！

自筆証書遺言の内容と方式

遺言者が、その全文、日付及び氏名を自書し、これに印を押してなすのが自筆証書遺言です（968条1項）。つまり、その**内容はすべて遺言者自身の自書によって**

確認問題 18歳未満の未成年者は、単独で有効な遺言をすることはできない。

行わなければなりません。しかし、自筆証書と一体とする**相続財産の目録を作成する場合**は、その**目録に限り**、パソコンやワープロ、資料のコピーなどを用いて作成できます（同条2項）。この目録には全ページに署名・押印が必要です。

公正証書遺言の内容と方式

公証役場の公証人の面前で遺言の内容を伝え、その内容を公証人が筆記することによって作成するのが**公正証書遺言**です（969条）。

これは、公証人という専門家を通して作成するため、方式違背で無効となるおそれも少なく、保管についても公証人が関与するため、多く利用されています。

●公正証書遺言の基本的方式（969条1号～5号）

①**2人以上の証人が立ち会う**　②遺言の内容を公証人に口授する
③公証人が筆記した遺言を、遺言者と証人に読み聞かせ、又は閲覧させる
④遺言者及び証人が、筆記の正確なことを承認して署名し押印する
⑤公証人が各方式に従って作ったものである旨を付記して、署名し押印する

秘密証書遺言の内容と方式

自筆証書遺言では、方式違背のリスクや保管の問題がある一方、公正証書遺言では、公証人への費用や遺言内容の秘匿性に問題があるのが現実です。そこで**パソコン等での作成や代筆によることをも認めた上で、公証人の関与を最低限に留め、秘匿性も考慮したのが秘密証書遺言**です。

●秘密証書遺言の基本的方式（970条1号～4号）

①遺言者が証書に署名し押印する
②遺言者が証書を封じ、証書に用いた印章をもってこれに封印する
③公証人1人及び証人2人以上の前に封書を提出し、自己の遺言書である旨と筆者の氏名及び住所を申述する
④公証人が証書を提出した日付と遺言者の申述を封紙に記載し、遺言者及び証人とともにこれに署名し、押印する

× 15歳以上の者であれば、未成年者であっても単独で有効な遺言をすることができる（961条）。

099 特殊な遺言（特別方式）

普通方式ができない場合

（チェック条文）976条～984条

例題 私は大病を患って病床に伏せており、もう長くは生きられないようです。最後に家族へ遺言書を残しておきたいのですが、自身で書くことも、公証人の方へお願いすることも困難です。こういう場合は、遺言書を残すことさえできないのでしょうか。何か方法があれば教えてほしいです。

➡死亡の危急に迫った場合など、特別な方式の遺言について規定がある。
この方式による遺言の作成が可能だ！

普通方式の遺言ができない場合の特例

前テーマでは、一般的な方式である3つの遺言の方式（普通方式）について解説しましたが、死が迫っていたり、伝染病により隔離された状態であるなど、**普通方式によっては遺言を残すことが叶わない事情**がある場合のため、民法には、**特別方式の遺言**についても規定が設けられています。

●特別方式の遺言

①**一般危急時遺言**（いっぱんききゅうじいごん）（976条）
疾病その他の事由によって死亡の危急に迫った場合に認められる遺言。

②**伝染病隔離者遺言**（でんせんびょうかくりしゃいごん）（977条）
伝染病のため、行政処分によって交通を断たれた場所にある場合に認められる遺言。

③**在船者遺言**（ざいせんしゃいごん）（978条）
船舶中に認められる遺言。

④**船舶遭難者遺言**（せんぱくそうなんしゃいごん）（979条）
船舶が遭難し、死亡の危急に迫った場合に認められる遺言。

一般危急時遺言について（①）

例題の事例のように、**疾病その他の事由によって死亡の危急に迫った者**は、**証人3人以上の立会い**をもって、**その1人に遺言の趣旨を口授する方法で遺言をする**

確認問題 在船者による遺言は、遺言者が普通方式の遺言をすることができるようになった時から6か月間生存するときには効力を生じない。

ことが認められています（976条1項前段）。

状況によっては、喋ることができない、耳が聞こえないといった事情の方もいるでしょうから、この場合は、通訳を介して行うことも可能です（同条2項、3項）。ただし、遺言の日から20日以内に、証人の1人又は利害関係人から家庭裁判所に請求してその確認を得なければ、遺言として効力を生じないこととされ（同条4項）、さらに、遺言者が普通方式の遺言をすることができるようになった時から6か月間生存するときにも効力を生じないことが規定されています（983条）。

伝染病隔離者遺言について（②）

伝染病のため行政処分によって交通を断たれた場所に在る者は、**警察官1人及び証人1人以上の立会い**をもって**遺言書を作成することが可能**です（977条）。基本的な作成方式は、自筆証書遺言の方式による必要がありますが、遺言者、立会人及び証人は、各自遺言書に署名し、印を押さなければならず（980条）、署名又は印を押すことのできない者があるとき、立会人又は証人は、その事由を付記しなければなりません（981条）。

在船者・船舶遭難者の遺言について（③と④）

船舶中であるため、普通の方式による遺言をすることはできないときは、**船長又は事務員1人及び証人2人以上の立会い**をもって**遺言書を作ることが可能**とされています（978条）。例えば、遺言者が趣旨を述べ、船長が筆記して行うことができます。

また、船舶中に遭難して死亡の危急に迫っている場合は、書面に認めることさえ困難ですから、**証人2人以上の立会い**をもって**口頭によって遺言をすることが認められ**（979条1項）、これは**通訳を介して行うことも可能**です（同条2項）。口頭でなされた遺言は、その後、証人がその趣旨を筆記して、これに署名押印して書面により作成します。ただし、証人の1人又は利害関係人から遅滞なく家庭裁判所に請求してその確認を得なければ効力を生じません（同条3項）。

なお、②～④の遺言も①と同様に、遺言者が普通方式の遺言をすることができるようになった時から6か月間生存するときには効力が生じません（983条）。

○ 特別の方式によってなされた遺言は、遺言者が普通方式の遺言をすることができるようになった時から**6か月間生存**するときには、効力を生じない（983条）。

100 遺言の撤回と取消し

遺言をもって遺言を変える？

チェック条文 1022条〜1027条

例題 長男のためを思って遺言書を書いたものの、よくよく考えると次男が納得しないかもしれない。私の死後に揉めるような火種は作りたくないから、内容を変更したいけれども…そんなことってできるのだろうか？

➡従前の内容と異なる遺言書を作れば、後の遺言が優先される。
　つまり、改めて遺言書を作りなおせばよい！

遺言の撤回方法 基本！

民法では、遺言の撤回の方法についても規定していて、**遺言者は、いつでも、遺言の方式に従って、その遺言の全部又は一部を撤回することができる**としています（1022条）。つまり、遺言をもって、遺言を撤回することができるのです。

なお、撤回のためにする遺言は、前の遺言と同じ方式であることは必要と**されません**。自筆証書遺言の内容を公正証書遺言によって撤回するようなことも**可能**です。

例題の事例において仮に「財産をすべて長男に相続させる」といった遺言がなされていた場合、新たに「財産を長男と次男に、各々2分の1の割合で相続させる」という遺言をすることにより、**前の遺言と抵触する部分は撤回したものとみなされ**（1023条1項）、後にされた遺言が優先されます。遺言は日付の記載が必要であり、その日付の先後によって、優先されるべき遺言が決まることになります。その他、遺言の撤回について民法は、下記のように規定しています。

●遺言の撤回に関する規定

①**遺言の撤回**（1022条）
遺言者は、**いつでも**、**遺言の方式**に従って、その遺言を撤回できる。
②**前の遺言と後の遺言との抵触**（1023条1項）
前の遺言が後の遺言と抵触するときは、その**抵触する部分**については、**後の遺言で前の遺言を撤回**したものとみなされる。
③**遺言と生前処分の抵触**（1023条2項）

確認問題 前の遺言が後の遺言と抵触するときは、前の遺言の内容が優先される。

遺言が遺言後の生前処分その他の法律行為と抵触する場合、**遺言を撤回**したものとみなされる。

④**遺言書又は遺贈の目的物の破棄**（1024条）

遺言者が故意に遺言書を破棄したときは、その**破棄した部分の遺言を撤回したものとみなされる**、等。

⑤**撤回された遺言の効力**（1025条）

撤回された遺言は、その撤回の行為の撤回や取消し、無効があっても、原則として、遺言の効力は回復しない。

③**について**、例えば、**長男にすべてを相続させる旨の遺言**をしながら、その後、**次男に財産をすべて贈与**したような場合がこれに該当します。この場合、**次男への贈与という行為**をもって、**遺言を撤回したもの**とみなされるのです。

また⑤**について**、遺言の内容と**抵触する行為によって遺言が撤回**された場合、**遺言の撤回にあたる行為の撤回や取消し、無効の事由**があったとしても、**元の遺言は復活せず、遺言の撤回の効力は維持されます**（1025条本文）。

しかし、その行為が錯誤、詐欺又は強迫によって取り消された場合は、例外的に、元の遺言の効力が回復します（同条ただし書）。

「効力発生後」に、遺言が取り消される場合もある

遺言は、遺言者の死亡時に、その効力が発生します。そして、その遺言において指定された者が、一定の財産等に権利を取得することになりますが、民法は、効力が発生した遺言の取消しについても規定を設けています。それが、負担付遺贈に関する1027条です。

遺言の中で、財産等を与える旨を示したものを「遺贈」といいますが、この遺贈には、**一定の負担を付ける**ことが認められています。これを**負担付遺贈**といい、「財産をAに与える。ただし、Aは遺言者の妻の面倒を見ること。」といった内容が負担付遺贈の例となるでしょう。

しかし、実際にAが遺言者の妻の面倒を見ない場合、遺言者の相続人は、一定の条件下で、この遺言の取消しを求めることが可能となるのです。

× 前の遺言が後の遺言と抵触するときは、**後の**遺言の内容が優先される（1023条1項）。遺言者の「最新」の意思にアップデートされるようなものである。

101 配偶者居住権

「自宅に住める」新たな権利　（チェック条文）1028条～1041条

例題 長年連れ添った夫が先日他界した。自宅の名義は夫であり、他の遺産とともに、娘たちと相続の手続をする予定。ただし、私も歳が歳なので、自宅を出るわけにもいかず、かといって、今後の生活にお金も必要。娘にわがままを言って、自宅と他の遺産の両方を相続したいと言えば、娘の権利を奪うことになる。何かよい方法はないだろうか？

➡亡き配偶者が残した自宅不動産を使用する権利を配偶者居住権という。
　この権利により「住む権利」と「財産の権利」の両方を公平に取得できる！

「所有権」から「居住権（きょじゅうけん）」を分離!?　基本！

配偶者居住権（はいぐうしゃきょじゅうけん）とは、相続発生時、被相続人が所有していた建物に、その**配偶者が居住**していた場合、**その後も配偶者が無償で居住することが認められる権利**です（1028条）。

配偶者だし、これまで住んでいたのだから当然と思うかもしれませんが、そうとも限りません。この点についての問題が散見されたため、令和2年4月に施行された改正民法によって設けられた、比較的新しい権利なのです。

というのも、**建物に住むためには**、その建物の**所有権を持つか、賃貸借等で借りるか**、という二者択一となるのが一般的です。

しかし、例題の事例のように、法定相続分の観点から、建物の所有権の取得を選べば、預貯金等の相続財産は他の相続人に譲らざるを得ず、老後の生活資金を取得できなくなるという問題があります。

そこで、改正によって**「配偶者居住権」**という制度が設けられ、居住建物の**所有権から「居住する」という権利だけを分離**させ、配偶者が建物の**「所有権」を相続しなかったとしても、「無償で居住し続ける」という権利**を取得することが可能とされました。

建物の「居住権のみ」であれば、「所有権」よりも金銭に評価した際の評価額は減り、その分、相対的に預貯金等の相続分も増えることになります。このような制度をつくることで、老後の資金の問題についても一定の解決を図ることができるというわけです。

確認問題 配偶者居住権を取得した配偶者は、自己の財産におけると同一の注意義務をもって、その居住する建物の使用及び収益をしなければならない。

配偶者居住権は、原則として、次の場合に認められます。

●配偶者居住権が認められる場合（1028条1項）

①**遺産分割**によって、**配偶者居住権を取得すると定められた**とき（1号） ②**配偶者居住権が遺贈の目的**とされたとき（2号）

配偶者居住権の効果とは？

配偶者居住権を取得した被相続人の配偶者は、原則として、その終身の間、無償で居住建物を使用することが認められます（1030条本文）。**終身**ですので、死ぬまで住み続けることができます。

ただし、**配偶者は、善管注意義務をもって、居住建物の使用及び収益**をしなければならず（1032条1項）、居住建物の**「所有権」を取得することとなった他の相続人等の承諾を得なければ、居住建物の改築や増築のほか、第三者へ居住建物を使用させることはできません**（同条3項）。住む権利を持ってはいるものの、**勝手に増改築を行ったり、誰かに貸すことはできない**のです。

これらの義務に違反があった場合は、一定期間内に配偶者によってそれが是正されない限り、配偶者居住権は消滅します（同条4項）。

一緒に創設された、配偶者「短期」居住権　基本！

配偶者短期居住権とは、遺産分割によって配偶者居住権が認められるまでの期間（遺産分割の協議がまとまるまで時間がかかる）や、**配偶者居住権が認められるのに困難な事情**がある場合でも、**一定期間、被相続人の配偶者に建物への居住を認める権利**です（1037条）。これにより、相続が発生した時点で配偶者が被相続人の所有建物に無償で居住していた場合は、少なくとも一定期間の居住が保障されることになるのです。

このときも、配偶者の善管注意義務等の義務は「配偶者居住権」と同じです。

また、遺産分割の結果、**配偶者が「配偶者居住権」を取得**した場合は、配偶者短期居住権は意味を持ちませんから**消滅**します（1039条）。

✕　配偶者居住権を取得した配偶者は、**善管注意**義務をもって、その居住する建物の使用及び収益をしなければならない（1032条1項）。

相続

102 遺留分
相続分の最低保証

チェック条文 1042条～1046条

例題 亡くなった父が遺言書を残していたことが発覚したが、兄が全ての遺産（2,000万円）を取得する内容となっていた。確かに長男だから…ということもわかるけれど、正直不公平な気がする。こういうときは何ももらえないの？

➡相続人には遺留分が認められることがある。この遺留分があれば、遺産に対して一定の権利が認められる！

相続分の最低保証!? 基本！

遺留分（いりゅうぶん）**は、相続人に対して一定の割合で保障される相続分**をいいます（1042条）。最低限、このくらいは被相続人の財産を相続させようとする制度と考えればよいでしょう。

そして、例題の事例のように、もし**自身の遺留分を侵害する遺言等（遺贈）**があった場合には、その**遺贈を受けた者（受遺者）等に対する遺留分侵害額請求**（いりゅうぶんしんがいがくせいきゅう）が認められます（1046条）。この請求については、次テーマで解説します。

ともかく遺留分は、最低限の相続分の保障のような制度ですが、遺留分は、次の計算で算定される割合で認められます。

●**遺留分（1042条1項）**

【原則】法定相続分の**2分の1**（2号）
【例外】**直系尊属のみ**が相続人のときは、法定相続分の**3分の1**（1号）

勘違いする人も多いですが、**被相続人の兄弟姉妹に遺留分は認められていません**。したがって、被相続人によって、兄弟姉妹の相続分を「0」とするような遺言が残されていた場合は、遺留分が**認められない**以上、これに従うしかありません。

仮に例題の事例において**「私」と「私の兄」のみが相続人**である場合、**各々の法定相続分は「2分の1」**です（900条4号本文）。したがって、**この「2分の1」のさらに2分の1が「私」の遺留分**となりますから、その割合は相続財産の「**4分の1**」と計算できます（1042条1項2号）。

確認問題 遺留分は、すべて「法定相続分の2分の1」の方法で算定することができる。

そして、被相続人である「父」が2,000万円の遺産をすべて「兄」に相続させる旨の遺言書を残していたようですが、この2,000万円の**4分の1**については「私」に遺留分が認められますから、「私」は遺言の内容にかかわらず、**500万**円を取得することができることになります。では、次の事例はどうでしょうか。

上のケースでは、**被相続人には配偶者、子はなく、直系尊属である父母がありますか**ら、この**父母が相続人**となります。しかし、被相続人によって、遺産を**すべて母に相続させる旨の遺言**がなされているため、相続人である父の遺留分が問題となります。

父母の法定相続分は、それぞれ「**2分の1**」となりますが、**直系尊属**のみが相続人となるケースにおいて、その遺留分は「法定相続分の**3分の1**」です（1042条1項1号）。したがって、「**2分の1**」×「**3分の1**」によって求められる「**6分の1**」が父の遺留分です。最後は、次のようなケースです。

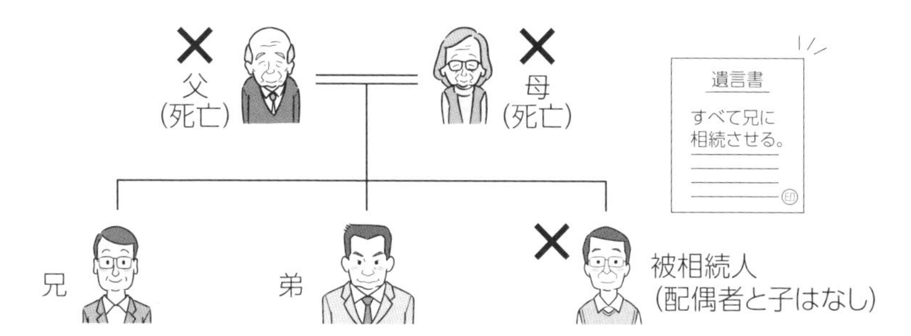

上のケースでは、**被相続人には配偶者、子、直系尊属がなく、兄弟がいます**から、この兄弟が相続人です。遺産を**すべて兄に相続させる旨の遺言**がなされているため、弟の遺留分が問題となります。

しかし前述のとおり、相続人である兄弟姉妹には、遺留分は認められて**いません**。したがって、相続財産はすべて兄が取得し、弟は一切取得することは**できません**。遺留分は、このように計算されていきます。

✕ **直系尊属のみ**が相続人であるときは、その遺留分は、法定相続分の**3分の1**となる（1042条1項1号）。すべて「法定相続分の2分の1」の方法で算定することは**できない**。

103 遺留分侵害額請求・遺留分の放棄

遺留分をどう取得する？　（チェック条文）1046条～1049条

例題 父の遺産が兄に全部渡る遺言があったけれど、どうやら私には遺留分が認められるみたい。しかし、今度は兄が納得していないようで、私に遺産を渡してくれる素振りもまったくない。こういうときって、どうしたらよいの？

➡遺留分の権利がある者には「遺留分侵害額」の請求が認められる。遺留分に該当する金銭の支払いを請求することが可能だ！

「遺留分侵害額請求」の内容

前テーマで述べたとおり、兄弟姉妹を除く相続人には、一定の割合の相続分を保障する遺留分が認められます（1042条）。

そして、実際に**遺留分を侵害する遺言等（遺贈）があった**ときには、**その侵害額に相当する金銭の支払いを、遺贈を受けた者（受遺者）等に対して請求**することが認められ（1046条1項）、この請求が遺留分侵害額請求です。

この遺留分侵害額請求は、遺贈によるもののほか、被相続人による次の贈与によって遺留分が侵害された場合にも認められています（1044条1項）。

①相続開始前1年内になされた「贈与」 ②相続開始より1年以上前に、その当事者双方が遺留分権利者に損害を加えることを知ってした「贈与」

例題の事例では、被相続人である父の遺言によって「兄」が相続財産の全部を対象とする遺贈を受けています。この遺贈が遺留分を侵害するものとして、「私」は「兄」に対して、遺留分侵害額請求をすることにより、侵害額に相当する**金銭の支払い**を請求することが認められます。

なお、この請求は、裁判の手続きによらずとも請求することが**可能**ですが、これに「兄」が応じないような場合には、裁判の手続きによる請求も検討することになるでしょう。

また、相続開始前になされた一定の「贈与」による遺留分の侵害も侵害額請求の対象となりますから、場合によっては、贈与の有無の確認も必要です。

確認問題 遺留分権利者が、相続開始の時から1年間、権利を行使しないときは、遺留分侵害額の請求権は時効によって消滅する。

そして、**遺留分を侵害する「遺贈」と「贈与」の双方がある場合**について、その侵害額の負担者は、原則として、次の規定に従って決定されます。

●侵害額の負担に関する規定（1047条1項1号～3号）

①遺留分を侵害する遺贈と贈与の双方があるとき、受遺者が先に負担する
②受遺者や、同時にされた贈与の受贈者が複数あるときは、原則として、その目的の価額の割合に応じて負担する
③受贈者が複数あるときは、後の贈与の受贈者が優先して負担する

なお、遺留分侵害額の請求権も1つの権利ですから、時効による権利の消滅について規定され、次のいずれかの期間の経過によって、時効により消滅します。

●遺留分侵害額請求権の消滅時効（1048条）

①遺留分権利者が、相続の開始及び遺留分を侵害する遺贈等があったことを知った時から1年間、権利を行使しないとき
②相続開始時から10年経過したとき

相続開始「前」でも、遺留分の放棄ができる！ ココ注意！

遺留分は遺留分権利者がその権利を放棄することも認められています（1049条1項）。ただし、相続開始前に遺留分を放棄するには、**家庭裁判所の許可**が必要です。この点、219ページで述べたように、**「相続の放棄」**は相続開始前に認められて**いないこと**と混同しないよう注意しましょう。

また、遺留分の放棄があった場合、他の相続人の遺留分には影響を**及ぼしません**（1049条2項）。つまり、一部の相続人が遺留分を放棄したとしても、他の遺留分権利者の遺留分が増えることは**ありません**。

●「遺留分の放棄」と「相続の放棄」の比較

	相続の開始前に放棄できるか？	他の相続人への影響※
遺留分の放棄	できる（家庭裁判所の許可必要）	なし
相続の放棄	できない（相続開始後のみ）	あり

※他の相続人の相続分が増える。

× 遺留分権利者が、相続の開始及び遺留分を侵害する遺贈等があったことを**知った**時から1年間、権利を行使しないときに時効消滅する（1048条）。

六法全書について

「六法」という言葉を基本的な法律という意味で使う場合、憲法、民法、刑法、商法、民事訴訟法、刑事訴訟法の６種類の法律を意味します。

そして、一般に「六法」という場合、これら６種類の法律のみならず、わが国（日本）の法令を集めた法令集を意味します。また、法令集を意味する「六法」といった場合にも、大きいものはわが国（日本）の法令のほとんどを網羅した「六法全書」から、一般的に使うことの多いものだけを収録したポケットサイズのものまで様々です。

本書では「民法」の条文を掲載しますが、その前提として、条文の組み立てを紹介しておきます。

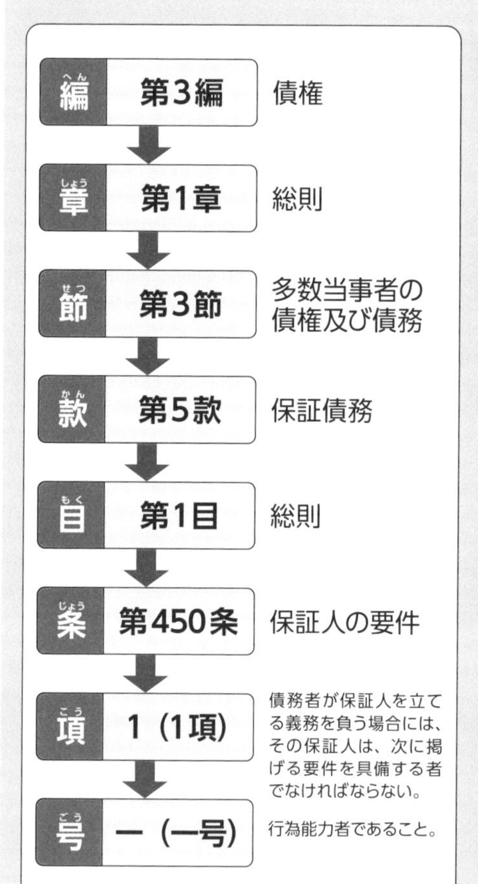

条文の組み立て

一口に法令といっても、条文数がわずかなものもあれば、民法のように1,000条を超えるものもあります。条文数の多いものは、きちんと分類して整理しておかないと、どこに何が書いているのか探すのが大変です。左は民法を例にした分類方法ですが、これは住所を「○○県○○市○○町○番○号」という具合に分類して表示するのと同じと考えてよいでしょう。

民法は、まず最も大きな「編」に分け、その「編」を「章」「節」「款」「目」「条」「項」「号」の順で細かく分類しています。「保証人の要件」を探そうと思ったら、「民法第３編（債権）」→第１章（総則）→第３節（多数当事者の債権及び債務）→第５款（保証債務）→第１目（総則）→第450条→第１項→一号・二号」と目安をつけて、この辺にあるはずだと探していくことになります。

民法条文

- ◆**総則**　第1条～第169条
- ◆**物権**　第175条～第294条
- ◆**担保物権**　第295条～第398条の22
- ◆**債権総論**　第399条～第520条の20
- ◆**債権各論**　第521条～第724条の2
- ◆**親族**　第725条～第881条
- ◆**相続**　第882条～第1050条

ここに収録している条文は、令和3年4月28日法律第24号（施行：令和5年4月1日)、令和3年5月19日法律第37号（施行：令和3年9月1日)、令和4年5月25日法律第48号（施行：令和5年5月25日までの政令指定日)、令和4年12月16日法律第102号（施行:令和4年12月16日及び令和6年6月16日までの政令指定日）の改正後のものです。

編集上の方針と注意事項

1. **条数表示:** 法令の各条文には「第二十三条」という形で条数が付されていますが、本書では「第23条」と算用数字で表示しています。また、条文中に出てくる条数も同様に算用数字で表示しています。
2. **条文見出し：** 各条文には、その内容がわかるような条文見出しが付されています。（　）で示した見出しは原文に付されているもので、〔　〕で示した見出しは、原文にはないもので編者が付したものです。
3. **項番号の表示：** 法令の各条文における項番号と条文中に出てくる項番号は、すべて「1」「2」……と表示しています。
4. **号番号の表示：** 法令の各条文における号番号と条文中に出てくる号番号は、すべて「一」「二」……と表示しています。
5. **編・章・節・款・目番号の表示：** 法令における分類名の番号について、原文では「第三編」という漢数字で示されていますが、本書では「第3編」と算用数字で表示しています。
6. **年月日・割合・人数など：** 本書では算用数字で表示しています。

（例）1年、2月、30日、3週間、10年間、3箇月
2分の1、1人、4親等、第2順位

総則

第1編　総則

第1章　通則

第1条（基本原則）

1 私権は、公共の福祉に適合しなければならない。

2 権利の行使及び義務の履行は、信義に従い誠実に行わなければならない。

3 権利の濫用は、これを許さない。

第2条（解釈の基準）

この法律は、個人の尊厳と両性の本質的平等を旨として、解釈しなければならない。

第2章　人

第1節　権利能力

第3条〔権利能力の始期〕

1 私権の享有は、出生に始まる。

2 外国人は、法令又は条約の規定により禁止される場合を除き、私権を享有する。

第2節　意思能力

第3条の2〔意思能力〕

法律行為の当事者が意思表示をした時に意思能力を有しなかったときは、その法律行為は、無効とする。

第3節　行為能力

第4条（成年）

年齢18歳をもって、成年とする。

第5条（未成年者の法律行為）

1 未成年者が法律行為をするには、その法定代理人の同意を得なければならない。ただし、単に権利を得、又は義務を免れる法律行為については、この限りでない。

2 前項の規定に反する法律行為は、取り消すことができる。

3 第1項の規定にかかわらず、法定代理人が目的を定めて処分を許した財産は、その目的の範囲内において、未成年者が自由に処分することができる。目的を定めないで処分を許した財産を処分するときも、同様とする。

第6条（未成年者の営業の許可）

1 一種又は数種の営業を許された未成年者は、その営業に関しては、成年者と同一の行為能力を有する。

2 前項の場合において、未成年者がその営業に堪えることができない事由があるときは、その法定代理人は、第4編（親族）の規定に従い、その許可を取り消し、又はこれを制限することができる。

第7条（後見開始の審判）

精神上の障害により事理を弁識する能力を欠く常況にある者については、家庭裁判所は、本人、配偶者、4親等内の親族、未成年後見人、未成年後見監督人、保佐人、保佐監督人、補助人、補助監督人又は検察官の請求により、後見開始の審判をすることができる。

第8条（成年被後見人及び成年後見人）

後見開始の審判を受けた者は、成年被後見人とし、これに成年後見人を付する。

第9条（成年被後見人の法律行為）

成年被後見人の法律行為は、取り消すことができる。ただし、日用品の購入その他日常生活に関する行為については、この限りでない。

第10条（後見開始の審判の取消し）

第7条に規定する原因が消滅したときは、家庭裁判所は、本人、配偶者、4親等内の親族、後見人（未成年後見人及び成年後見人をいう。以下同じ。）、後見監督人（未成年後見監督人及び成年後見監督人をいう。以下同じ。）又は検察官の請求により、後見開始の審判を取り消さなければならない。

第11条（保佐開始の審判）

精神上の障害により事理を弁識する能力が著しく不十分である者については、家庭裁判所は、本人、配偶者、4親等内の親族、後見人、後見監督人、補助人、補助監督人又は検察官の請求により、保佐開始の審判をすることができる。ただし、第7条に規定する原因がある者については、この限りでない。

第12条（被保佐人及び保佐人）

保佐開始の審判を受けた者は、被保佐人とし、これに保佐人を付する。

第13条（保佐人の同意を要する行為等）

1 被保佐人が次に掲げる行為をするには、その保佐人の同意を得なければならない。ただし、第9条ただし書に規定する行為については、この限りでない。

一　元本を領収し、又は利用すること。

二　借財又は保証をすること。

三　不動産その他重要な財産に関する権利の得喪を目的とする行為をすること。

四　訴訟行為をすること。

五　贈与、和解又は仲裁合意（仲裁法（平成15年法律第138号）第2条第1項に規定する仲裁合意をいう。）をすること。

六　相続の承認若しくは放棄又は遺産の分割をすること。

七　贈与の申込みを拒絶し、遺贈を放棄し、負担付贈与の申込みを承諾し、又は負担付遺贈を承認すること。

八　新築、改築、増築又は大修繕をすること。

九　第602条に定める期間を超える賃貸借をすること。

十　前各号に掲げる行為を制限行為能力者（未成年者、成年被後見人、被保佐人及び第17条第1項の審判を受けた被補助人をいう。以下同じ。）の法定代理人としてすること。

2 家庭裁判所は、第11条本文に

規定する者又は保佐人若しくは保佐監督人の請求により、被保佐人が前項各号に掲げる行為以外の行為をする場合であってもその保佐人の同意を得なければならない旨の審判をすることができる。ただし、第9条ただし書に規定する行為については、この限りでない。
3 保佐人の同意を得なければならない行為について、保佐人が被保佐人の利益を害するおそれがないにもかかわらず同意をしないときは、家庭裁判所は、被保佐人の請求により、保佐人の同意に代わる許可を与えることができる。
4 保佐人の同意を得なければならない行為であって、その同意又はこれに代わる許可を得ないでしたものは、取り消すことができる。

第14条（保佐開始の審判等の取消し）

1 第11条本文に規定する原因が消滅したときは、家庭裁判所は、本人、配偶者、4親等内の親族、未成年後見人、未成年後見監督人、保佐人、保佐監督人又は検察官の請求により、保佐開始の審判を取り消さなければならない。
2 家庭裁判所は、前項に規定する者の請求により、前条第2項の審判の全部又は一部を取り消すことができる。

第15条（補助開始の審判）

1 精神上の障害により事理を弁識する能力が不十分である者については、家庭裁判所は、本人、配偶者、4親等内の親族、後見人、後見監督人、保佐人、保佐監督人又は検察官の請求により、補助開始の審判をすることができる。ただし、第7条又は第11条本文に規定する原因がある者については、この限りでない。
2 本人以外の者の請求により補助開始の審判をするには、本人の同意がなければならない。
3 補助開始の審判は、第17条第1項の審判又は第876条の9第1項の審判とともにしなければならない。

第16条（被補助人及び補助人）

補助開始の審判を受けた者は、被補助人とし、これに補助人を付する。

第17条（補助人の同意を要する旨の審判等）

1 家庭裁判所は、第15条第1項本文に規定する者又は補助人若しくは補助監督人の請求により、被補助人が特定の法律行為をするにはその補助人の同意を得なければならない旨の審判をすることができる。ただし、その審判によりその同意を得なければならないものとすることができる行為は、第13条第1項に規定する行為の一部に限る。
2 本人以外の者の請求により前項の審判をするには、本人の同意がなければならない。
3 補助人の同意を得なければならない行為について、補助人が被補助人の利益を害するおそれがないにもかかわらず同意をしないときは、家庭裁判所は、被補助人の請求により、補助人の同意に代わる許可を与えることができる。
4 補助人の同意を得なければならない行為であって、その同意又はこれに代わる許可を得ないでしたものは、取り消すことができる。

第18条（補助開始の審判等の取消し）

1 第15条第1項本文に規定する原因が消滅したときは、家庭裁判所は、本人、配偶者、4親等内の親族、未成年後見人、未成年後見監督人、補助人、補助監督人又は検察官の請求により、補助開始の審判を取り消さなければならない。
2 家庭裁判所は、前項に規定する者の請求により、前条第1項の審判の全部又は一部を取り消すことができる。
3 前条第1項の審判及び第876条の9第1項の審判をすべて取り消す場合には、家庭裁判所は、補助開始の審判を取り消さなければならない。

第19条（審判相互の関係）

1 後見開始の審判をする場合において、本人が被保佐人又は被補助人であるときは、家庭裁判所は、その本人に係る保佐開始又は補助開始の審判を取り消さなければならない。
2 前項の規定は、保佐開始の審判をする場合において本人が成年被後見人若しくは被補助人であるとき、又は補助開始の審判をする場合において本人が成年被後見人若しくは被保佐人であるときについて準用する。

第20条（制限行為能力者の相手方の催告権）

1 制限行為能力者の相手方は、その制限行為能力者が行為能力者（行為能力の制限を受けない者をいう。以下同じ。）となった後、その者に対し、1箇月以上の期間を定めて、その期間内にその取り消すことができる行為を追認するかどうかを確答すべき旨の催告をすることができる。この場合において、その者がその期間内に確答を発しないときは、その行為を追認したものとみなす。
2 制限行為能力者の相手方が、制限行為能力者が行為能力者とならない間に、その法定代理人、保佐人又は補助人に対し、その権限内の行為について前項に規定する催告をした場合において、これらの者が同項の期間内に確答を発しないときも、同項後段と同様とする。
3 特別の方式を要する行為につ

いては、前2項の期間内にその方式を具備した旨の通知を発しないときは、その行為を取り消したものとみなす。

4 制限行為能力者の相手方は、被保佐人又は第17条第1項の審判を受けた被補助人に対しては、第1項の期間内にその保佐人又は補助人の追認を得るべき旨の催告をすることができる。この場合において、その被保佐人又は被補助人がその期間内にその追認を得た旨の通知を発しないときは、その行為を取り消したものとみなす。

第21条（制限行為能力者の詐術）

制限行為能力者が行為能力者であることを信じさせるため詐術を用いたときは、その行為を取り消すことができない。

第4節　住所

第22条（住所）

各人の生活の本拠をその者の住所とする。

第23条（居所）

1 住所が知れない場合には、居所を住所とみなす。

2 日本に住所を有しない者は、その者が日本人又は外国人のいずれであるかを問わず、日本における居所をその者の住所とみなす。ただし、準拠法を定める法律に従いその者の住所地法によるべき場合は、この限りでない。

第24条（仮住所）

ある行為について仮住所を選定したときは、その行為に関しては、その仮住所を住所とみなす。

第5節　不在者の財産の管理及び失踪の宣告

第25条（不在者の財産の管理）

1 従来の住所又は居所を去った者（以下「不在者」という。）がその財産の管理人（以下この節において単に「管理人」という。）を置かなかったときは、家庭裁判所は、利害関係人又は検察官の請求により、その財産の管理について必要な処分を命ずることができる。本人の不在中に管理人の権限が消滅したときも、同様とする。

2 前項の規定による命令後、本人が管理人を置いたときは、家庭裁判所は、その管理人、利害関係人又は検察官の請求により、その命令を取り消さなければならない。

第26条（管理人の改任）

不在者が管理人を置いた場合において、その不在者の生死が明らかでないときは、家庭裁判所は、利害関係人又は検察官の請求により、管理人を改任することができる。

第27条（管理人の職務）

1 前2条の規定により家庭裁判所が選任した管理人は、その管理すべき財産の目録を作成しなければならない。この場合において、その費用は、不在者の財産の中から支弁する。

2 不在者の生死が明らかでない場合において、利害関係人又は検察官の請求があるときは、家庭裁判所は、不在者が置いた管理人にも、前項の目録の作成を命ずることができる。

3 前2項に定めるもののほか、家庭裁判所は、管理人に対し、不在者の財産の保存に必要と認める処分を命ずることができる。

第28条（管理人の権限）

管理人は、第103条に規定する権限を超える行為を必要とするときは、家庭裁判所の許可を得て、その行為をすることができる。不在者の生死が明らかでない場合において、その管理人が不在者が定めた権限を超える行為を必要とするときも、同様とする。

第29条（管理人の担保提供及び報酬）

1 家庭裁判所は、管理人に財産の管理及び返還について相当の担保を立てさせることができる。

2 家庭裁判所は、管理人と不在者との関係その他の事情により、不在者の財産の中から、相当な報酬を管理人に与えることができる。

第30条（失踪(そう)の宣告）

1 不在者の生死が7年間明らかでないときは、家庭裁判所は、利害関係人の請求により、失踪(そう)の宣告をすることができる。

2 戦地に臨んだ者、沈没した船舶の中に在った者その他死亡の原因となるべき危難に遭遇した者の生死が、それぞれ、戦争が止(や)んだ後、船舶が沈没した後又はその他の危難が去った後1年間明らかでないときも、前項と同様とする。

第31条（失踪の宣告の効力）

前条第1項の規定により失踪の宣告を受けた者は同項の期間が満了した時に、同条第2項の規定により失踪の宣告を受けた者はその危難が去った時に、死亡したものとみなす。

第32条（失踪の宣告の取消し）

1 失踪者が生存すること又は前条に規定する時と異なる時に死亡したことの証明があったときは、家庭裁判所は、本人又は利害関係人の請求により、失踪の宣告を取り消さなければならない。この場合において、その取消しは、失踪の宣告後その取消し前に善意でした行為の効力に影響を及ぼさない。

2 失踪の宣告によって財産を得た者は、その取消しによって権利を失う。ただし、現に利益を受けている限度においてのみ、その財産を返還する義務を負う。

第6節　同時死亡の推定

第32条の2〔同時死亡の推定〕

数人の者が死亡した場合において、そのうちの1人が他の者の死亡後になお生存していたことが明らかでないときは、これらの者は、同時に死亡したものと推定する。

第3章　法人

第33条（法人の成立等）

1 法人は、この法律その他の法律の規定によらなければ、成立しない。

2 学術、技芸、慈善、祭祀、宗教その他の公益を目的とする法人、営利事業を営むことを目的とする法人その他の法人の設立、組織、運営及び管理については、この法律その他の法律の定めるところによる。

第34条（法人の能力）

法人は、法令の規定に従い、定款その他の基本約款で定められた目的の範囲内において、権利を有し、義務を負う。

第35条（外国法人）

1 外国法人は、国、国の行政区画及び外国会社を除き、その成立を認許しない。ただし、法律又は条約の規定により認許された外国法人は、この限りでない。

2 前項の規定により認許された外国法人は、日本において成立する同種の法人と同一の私権を有する。ただし、外国人が享有することのできない権利及び法律又は条約中に特別の規定がある権利については、この限りでない。

第36条（登記）

法人及び外国法人は、この法律その他の法令の定めるところにより、登記をするものとする。

第37条（外国法人の登記）

1 外国法人（第35条第1項ただし書に規定する外国法人に限る。以下この条において同じ。）が日本に事務所を設けたときは、3週間以内に、その事務所の所在地において、次に掲げる事項を登記しなければならない。

一　外国法人の設立の準拠法

二　目的

三　名称

四　事務所の所在場所

五　存続期間を定めたときは、その定め

六　代表者の氏名及び住所

2 前項各号に掲げる事項に変更を生じたときは、3週間以内に、変更の登記をしなければならない。この場合において、登記前にあっては、その変更をもって第三者に対抗することができない。

3 代表者の職務の執行を停止し、若しくはその職務を代行する者を選任する仮処分命令又はその仮処分命令を変更し、若しくは取り消す決定がされたときは、その登記をしなければならない。この場合においては、前項後段の規定を準用する。

4 前2項の規定により登記すべき事項が外国において生じたときは、登記の期間は、その通知が到達した日から起算する。

5 外国法人が初めて日本に事務所を設けたときは、その事務所の所在地において登記するまでは、第三者は、その法人の成立を否認することができる。

6 外国法人が事務所を移転したときは、旧所在地においては3週間以内に移転の登記をし、新所在地においては4週間以内に第1項各号に掲げる事項を登記しなければならない。

7 同一の登記所の管轄区域内において事務所を移転したときは、その移転を登記すれば足りる。

8 外国法人の代表者が、この条に規定する登記を怠ったときは、50万円以下の過料に処する。

第38条〜第84条　削除

第4章　物

第85条（定義）

この法律において「物」とは、有体物をいう。

第86条（不動産及び動産）

1 土地及びその定着物は、不動産とする。

2 不動産以外の物は、すべて動産とする。

第87条（主物及び従物）

1 物の所有者が、その物の常用に供するため、自己の所有に属する他の物をこれに附属させたときは、その附属させた物を従物とする。

2 従物は、主物の処分に従う。

第88条（天然果実及び法定果実）

1 物の用法に従い収取する産出物を天然果実とする。

2 物の使用の対価として受けるべき金銭その他の物を法定果実とする。

第89条（果実の帰属）

1 天然果実は、その元物から分離する時に、これを収取する権利を有する者に帰属する。

2 法定果実は、これを収取する権利の存続期間に応じて、日割計算によりこれを取得する。

第5章　法律行為

第1節　総則

第90条（公序良俗）

公の秩序又は善良の風俗に反する法律行為は、無効とする。

第91条（任意規定と異なる意思表示）

法律行為の当事者が法令中の公の秩序に関しない規定と異なる意思を表示したときは、その意思に従う。

第92条（任意規定と異なる慣習）

法令中の公の秩序に関しない規定と異なる慣習がある場合において、法律行為の当事者がその慣習による意思を有しているものと認められるときは、その慣習に従う。

第2節　意思表示

第93条（心裡留保）

1 意思表示は、表意者がその真意ではないことを知ってしたときであっても、そのためにその効力を妨げられない。ただし、相手方がその意思表示が表意者の真意ではないことを知り、又は知ることができたときは、その意思表示は、無効とする。

2 前項ただし書の規定による意思表示の無効は、善意の第三者に対抗することができない。

第94条（虚偽表示）

1 相手方と通じてした虚偽の意思表示は、無効とする。

2 前項の規定による意思表示の無効は、善意の第三者に対抗することができない。

第95条（錯誤）

1 意思表示は、次に掲げる錯誤に基づくものであって、その錯誤が法律行為の目的及び取引上の社会通念に照らして重要なものであるときは、取り消すことができる。

一　意思表示に対応する意思を欠く錯誤

二　表意者が法律行為の基礎とした事情についてのその認識が真実に反する錯誤

2 前項第二号の規定による意思表示の取消しは、その事情が法律行為の基礎とされていることが表示されていたときに限り、することができる。

3 錯誤が表意者の重大な過失によるものであった場合には、次に掲げる場合を除き、第1項の規定による意思表示の取消しをすることができない。

一　相手方が表意者に錯誤があることを知り、又は重大な過失によって知らなかったとき。

二　相手方が表意者と同一の錯誤に陥っていたとき。

4 第1項の規定による意思表示の取消しは、善意でかつ過失がない第三者に対抗することができない。

第96条（詐欺又は強迫）

1 詐欺又は強迫による意思表示は、取り消すことができる。

2 相手方に対する意思表示について第三者が詐欺を行った場合においては、相手方がその事実を知り、又は知ることができたときに限り、その意思表示を取り消すことができる。

3 前2項の規定による詐欺による意思表示の取消しは、善意でかつ過失がない第三者に対抗することができない。

第97条（意思表示の効力発生時期等）

1 意思表示は、その通知が相手方に到達した時からその効力を生ずる。

2 相手方が正当な理由なく意思表示の通知が到達することを妨げたときは、その通知は、通常到達すべきであった時に到達したものとみなす。

3 意思表示は、表意者が通知を発した後に死亡し、意思能力を喪失し、又は行為能力の制限を受けたときであっても、そのためにその効力を妨げられない。

第98条（公示による意思表示）

1 意思表示は、表意者が相手方を知ることができず、又はその所在を知ることができないときは、公示の方法によってすることができる。

2 前項の公示は、公示送達に関する民事訴訟法（平成8年法律第109号）の規定に従い、裁判所の掲示場に掲示し、かつ、その掲示があったことを官報に少なくとも1回掲載して行う。ただし、裁判所は、相当と認めるときは、官報への掲載に代えて、市役所、区役所、町村役場又はこれらに準ずる施設の掲示場に掲示すべきことを命ずることができる。

3 公示による意思表示は、最後に官報に掲載した日又はその掲載に代わる掲示を始めた日から2週間を経過した時に、相手方に到達したものとみなす。ただし、表意者が相手方を知らないこと又はその所在を知らないことについて過失があったときは、到達の効力を生じない。

4 公示に関する手続は、相手方を知ることができない場合には表意者の住所地の、相手方の所在を知ることができない場合には相手方の最後の住所地の簡易裁判所の管轄に属する。

5 裁判所は、表意者に、公示に関する費用を予納させなければならない。

第98条の2（意思表示の受領能力）

意思表示の相手方がその意思表示を受けた時に意思能力を有しなかったとき又は未成年者若しくは成年被後見人であったときは、その意思表示をもってその相手方に対抗することができない。ただし、次に掲げる者がその意思表示を知った後は、この限りでない。

一　相手方の法定代理人

二　意思能力を回復し、又は行為能力者となった相手方

第3節　代理

第99条（代理行為の要件及び効果）

1 代理人がその権限内において本人のためにすることを示してした意思表示は、本人に対して直接にその効力を生ずる。

2 前項の規定は、第三者が代理人に対してした意思表示について準用する。

第100条（本人のためにすることを示さない意思表示）

代理人が本人のためにすることを示さないでした意思表示は、自己のためにしたものとみなす。ただし、相手方が、代理人が本人のためにすることを知り、又は知ることができたときは、前条第1項の規定を準用する。

第101条（代理行為の瑕疵）

1 代理人が相手方に対してした

意思表示の効力が意思の不存在、錯誤、詐欺、強迫又はある事情を知っていたこと若しくは知らなかったことにつき過失があったことによって影響を受けるべき場合には、その事実の有無は、代理人について決するものとする。
2 相手方が代理人に対してした意思表示の効力が意思表示を受けた者がある事情を知っていたこと又は知らなかったことにつき過失があったことによって影響を受けるべき場合には、その事実の有無は、代理人について決するものとする。
3 特定の法律行為をすることを委託された代理人がその行為をしたときは、本人は、自ら知っていた事情について代理人が知らなかったことを主張することができない。本人が過失によって知らなかった事情についても、同様とする。

第102条（代理人の行為能力）
制限行為能力者が代理人としてした行為は、行為能力の制限によっては取り消すことができない。ただし、制限行為能力者が他の制限行為能力者の法定代理人としてした行為については、この限りでない。

第103条（権限の定めのない代理人の権限）
権限の定めのない代理人は、次に掲げる行為のみをする権限を有する。
一 保存行為
二 代理の目的である物又は権利の性質を変えない範囲内において、その利用又は改良を目的とする行為

第104条（任意代理人による復代理人の選任）
委任による代理人は、本人の許諾を得たとき、又はやむを得ない事由があるときでなければ、復代理人を選任することができない。

第105条（法定代理人による復代理人の選任）
法定代理人は、自己の責任で復代理人を選任することができる。この場合において、やむを得ない事由があるときは、本人に対してその選任及び監督についての責任のみを負う。

第106条（復代理人の権限等）
1 復代理人は、その権限内の行為について、本人を代表する。
2 復代理人は、本人及び第三者に対して、その権限の範囲内において、代理人と同一の権利を有し、義務を負う。

第107条（代理権の濫用）
代理人が自己又は第三者の利益を図る目的で代理権の範囲内の行為をした場合において、相手方がその目的を知り、又は知ることができたときは、その行為は、代理権を有しない者がした行為とみなす。

第108条（自己契約及び双方代理等）
1 同一の法律行為について、相手方の代理人として、又は当事者双方の代理人としてした行為は、代理権を有しない者がした行為とみなす。ただし、債務の履行及び本人があらかじめ許諾した行為については、この限りでない。
2 前項本文に規定するもののほか、代理人と本人との利益が相反する行為については、代理権を有しない者がした行為とみなす。ただし、本人があらかじめ許諾した行為については、この限りでない。

第109条（代理権授与の表示による表見代理等）
1 第三者に対して他人に代理権を与えた旨を表示した者は、その代理権の範囲内においてその他人が第三者との間でした行為について、その責任を負う。ただし、第三者が、その他人が代理権を与えられていないことを知り、又は過失によって知らなかったときは、この限りでない。
2 第三者に対して他人に代理権を与えた旨を表示した者は、その代理権の範囲内においてその他人が第三者との間で行為をしたとすれば前項の規定によりその責任を負うべき場合において、その他人が第三者との間でその代理権の範囲外の行為をしたときは、第三者がその行為についてその他人の代理権があると信ずべき正当な理由があるときに限り、その行為についての責任を負う。

第110条（権限外の行為の表見代理）
前条第1項本文の規定は、代理人がその権限外の行為をした場合において、第三者が代理人の権限があると信ずべき正当な理由があるときについて準用する。

第111条（代理権の消滅事由）
1 代理権は、次に掲げる事由によって消滅する。
一 本人の死亡
二 代理人の死亡又は代理人が破産手続開始の決定若しくは後見開始の審判を受けたこと。
2 委任による代理権は、前項各号に掲げる事由のほか、委任の終了によって消滅する。

第112条（代理権消滅後の表見代理等）
1 他人に代理権を与えた者は、代理権の消滅後にその代理権の範囲内においてその他人が第三者との間でした行為について、代理権の消滅の事実を知らなかった第三者に対してその責任を負う。ただし、第三者が過失によってその事実を知らなかったときは、この限りでない。
2 他人に代理権を与えた者は、代理権の消滅後に、その代理権の範囲内においてその他人が第三者との間で行為をしたとすれば前項の規定によりその責

任を負うべき場合において、その他人が第三者との間でその代理権の範囲外の行為をしたときは、第三者がその行為についてその他人の代理権があると信ずべき正当な理由があるときに限り、その行為についての責任を負う。

第113条（無権代理）
1 代理権を有しない者が他人の代理人としてした契約は、本人がその追認をしなければ、本人に対してその効力を生じない。
2 追認又はその拒絶は、相手方に対してしなければ、その相手方に対抗することができない。ただし、相手方がその事実を知ったときは、この限りでない。

第114条（無権代理の相手方の催告権）
前条の場合において、相手方は、本人に対し、相当の期間を定めて、その期間内に追認をするかどうかを確答すべき旨の催告をすることができる。この場合において、本人がその期間内に確答をしないときは、追認を拒絶したものとみなす。

第115条（無権代理の相手方の取消権）
代理権を有しない者がした契約は、本人が追認をしない間は、相手方が取り消すことができる。ただし、契約の時において代理権を有しないことを相手方が知っていたときは、この限りでない。

第116条（無権代理行為の追認）
追認は、別段の意思表示がないときは、契約の時にさかのぼってその効力を生ずる。ただし、第三者の権利を害することはできない。

第117条（無権代理人の責任）
1 他人の代理人として契約をした者は、自己の代理権を証明したとき、又は本人の追認を得たときを除き、相手方の選択に従い、相手方に対して履行又は損害賠償の責任を負う。
2 前項の規定は、次に掲げる場合には、適用しない。
一 他人の代理人として契約をした者が代理権を有しないことを相手方が知っていたとき。
二 他人の代理人として契約をした者が代理権を有しないことを相手方が過失によって知らなかったとき。ただし、他人の代理人として契約をした者が自己に代理権がないことを知っていたときは、この限りでない。
三 他人の代理人として契約をした者が行為能力の制限を受けていたとき。

第118条（単独行為の無権代理）
単独行為については、その行為の時において、相手方が、代理人と称する者が代理権を有しないで行為をすることに同意し、又はその代理権を争わなかったときに限り、第113条から前条までの規定を準用する。代理権を有しない者に対しその同意を得て単独行為をしたときも、同様とする。

第4節　無効及び取消し

第119条（無効な行為の追認）
無効な行為は、追認によっても、その効力を生じない。ただし、当事者がその行為の無効であることを知って追認をしたときは、新たな行為をしたものとみなす。

第120条（取消権者）
1 行為能力の制限によって取り消すことができる行為は、制限行為能力者（他の制限行為能力者の法定代理人としてした行為にあっては、当該他の制限行為能力者を含む。）又はその代理人、承継人若しくは同意をすることができる者に限り、取り消すことができる。
2 錯誤、詐欺又は強迫によって取り消すことができる行為は、瑕疵ある意思表示をした者又はその代理人若しくは承継人に限り、取り消すことができる。

第121条（取消しの効果）
取り消された行為は、初めから無効であったものとみなす。

第121条の2（原状回復の義務）
1 無効な行為に基づく債務の履行として給付を受けた者は、相手方を原状に復させる義務を負う。
2 前項の規定にかかわらず、無効な無償行為に基づく債務の履行として給付を受けた者は、給付を受けた当時その行為が無効であること（給付を受けた後に前条の規定により初めから無効であったものとみなされた行為にあっては、給付を受けた当時その行為が取り消すことができるものであること）を知らなかったときは、その行為によって現に利益を受けている限度において、返還の義務を負う。
3 第1項の規定にかかわらず、行為の時に意思能力を有しなかった者は、その行為によって現に利益を受けている限度において、返還の義務を負う。行為の時に制限行為能力者であった者についても、同様とする。

第122条（取り消すことができる行為の追認）
取り消すことができる行為は、第120条に規定する者が追認したときは、以後、取り消すことができない。

第123条（取消し及び追認の方法）
取り消すことができる行為の相手方が確定している場合には、その取消し又は追認は、相手方に対する意思表示によってする。

第124条（追認の要件）
1 取り消すことができる行為の追認は、取消しの原因となっていた状況が消滅し、かつ、取消権を有することを知った後にしなければ、その効力を生じない。
2 次に掲げる場合には、前項の追認は、取消しの原因となっていた状況が消滅した後にすることを要しない。

一　法定代理人又は制限行為能力者の保佐人若しくは補助人が追認をするとき。

二　制限行為能力者（成年被後見人を除く。）が法定代理人、保佐人又は補助人の同意を得て追認をするとき。

第125条（法定追認）

追認をすることができる時以後に、取り消すことができる行為について次に掲げる事実があったときは、追認をしたものとみなす。ただし、異議をとどめたときは、この限りでない。

一　全部又は一部の履行

二　履行の請求

三　更改

四　担保の供与

五　取り消すことができる行為によって取得した権利の全部又は一部の譲渡

六　強制執行

第126条（取消権の期間の制限）

取消権は、追認をすることができる時から5年間行使しないときは、時効によって消滅する。行為の時から20年を経過したときも、同様とする。

第5節　条件及び期限

第127条（条件が成就した場合の効果）

1 停止条件付法律行為は、停止条件が成就した時からその効力を生ずる。

2 解除条件付法律行為は、解除条件が成就した時からその効力を失う。

3 当事者が条件が成就した場合の効果をその成就した時以前にさかのぼらせる意思を表示したときは、その意思に従う。

第128条（条件の成否未定の間における相手方の利益の侵害の禁止）

条件付法律行為の各当事者は、条件の成否が未定である間は、条件が成就した場合にその法律行為から生ずべき相手方の利益を害することができない。

第129条（条件の成否未定の間における権利の処分等）

条件の成否が未定である間における当事者の権利義務は、一般の規定に従い、処分し、相続し、若しくは保存し、又はそのために担保を供することができる。

第130条（条件の成就の妨害等）

1 条件が成就することによって不利益を受ける当事者が故意にその条件の成就を妨げたときは、相手方は、その条件が成就したものとみなすことができる。

2 条件が成就することによって利益を受ける当事者が不正にその条件を成就させたときは、相手方は、その条件が成就しなかったものとみなすことができる。

第131条（既成条件）

1 条件が法律行為の時に既に成就していた場合において、その条件が停止条件であるときはその法律行為は無条件とし、その条件が解除条件であるときはその法律行為は無効とする。

2 条件が成就しないことが法律行為の時に既に確定していた場合において、その条件が停止条件であるときはその法律行為は無効とし、その条件が解除条件であるときはその法律行為は無条件とする。

3 前2項に規定する場合において、当事者が条件が成就したこと又は成就しなかったことを知らない間は、第128条及び第129条の規定を準用する。

第132条（不法条件）

不法な条件を付した法律行為は、無効とする。不法な行為をしないことを条件とするものも、同様とする。

第133条（不能条件）

1 不能の停止条件を付した法律行為は、無効とする。

2 不能の解除条件を付した法律行為は、無条件とする。

第134条（随意条件）

停止条件付法律行為は、その条件が単に債務者の意思のみに係るときは、無効とする。

第135条（期限の到来の効果）

1 法律行為に始期を付したときは、その法律行為の履行は、期限が到来するまで、これを請求することができない。

2 法律行為に終期を付したときは、その法律行為の効力は、期限が到来した時に消滅する。

第136条（期限の利益及びその放棄）

1 期限は、債務者の利益のために定めたものと推定する。

2 期限の利益は、放棄することができる。ただし、これによって相手方の利益を害することはできない。

第137条（期限の利益の喪失）

次に掲げる場合には、債務者は、期限の利益を主張することができない。

一　債務者が破産手続開始の決定を受けたとき。

二　債務者が担保を滅失させ、損傷させ、又は減少させたとき。

三　債務者が担保を供する義務を負う場合において、これを供しないとき。

第6章　期間の計算

第138条（期間の計算の通則）

期間の計算方法は、法令若しくは裁判上の命令に特別の定めがある場合又は法律行為に別段の定めがある場合を除き、この章の規定に従う。

第139条（期間の起算）

時間によって期間を定めたときは、その期間は、即時から起算する。

第140条〔初日の不算入〕

日、週、月又は年によって期間を定めたときは、期間の初日は、算入しない。ただし、その期間が午前零時から始まるときは、この限りでない。

第141条（期間の満了）

前条の場合には、期間は、その末日の終了をもって満了する。

第142条〔末日が休日の場合〕

期間の末日が日曜日、国民の祝日に関する法律（昭和23年法律第178号）に規定する休日その他の休日に当たるときは、その日に取引をしない慣習がある場合に限り、期間は、その翌日に満了する。

第143条（暦による期間の計算）

1 週、月又は年によって期間を定めたときは、その期間は、暦に従って計算する。

2 週、月又は年の初めから期間を起算しないときは、その期間は、最後の週、月又は年においてその起算日に応当する日の前日に満了する。ただし、月又は年によって期間を定めた場合において、最後の月に応当する日がないときは、その月の末日に満了する。

第7章 時効

第1節 総則

第144条（時効の効力）

時効の効力は、その起算日にさかのぼる。

第145条（時効の援用）

時効は、当事者（消滅時効にあっては、保証人、物上保証人、第三取得者その他権利の消滅について正当な利益を有する者を含む。）が援用しなければ、裁判所がこれによって裁判をすることができない。

第146条（時効の利益の放棄）

時効の利益は、あらかじめ放棄することができない。

第147条（裁判上の請求等による時効の完成猶予及び更新）

1 次に掲げる事由がある場合には、その事由が終了する（確定判決又は確定判決と同一の効力を有するものによって権利が確定することなくその事由が終了した場合にあっては、その終了の時から6箇月を経過する）までの間は、時効は、完成しない。

一 裁判上の請求

二 支払督促

三 民事訴訟法第275条第1項の和解又は民事調停法（昭和26年法律第222号）若しくは家事事件手続法（平成23年法律第52号）による調停

四 破産手続参加、再生手続参加又は更生手続参加

2 前項の場合において、確定判決又は確定判決と同一の効力を有するものによって権利が確定したときは、時効は、同項各号に掲げる事由が終了した時から新たにその進行を始める。

第148条（強制執行等による時効の完成猶予及び更新）

1 次に掲げる事由がある場合には、その事由が終了する（申立ての取下げ又は法律の規定に従わないことによる取消しによってその事由が終了した場合にあっては、その終了の時から6箇月を経過する）までの間は、時効は、完成しない。

一 強制執行

二 担保権の実行

三 民事執行法（昭和54年法律第4号）第195条に規定する担保権の実行としての競売の例による競売

四 民事執行法第196条に規定する財産開示手続又は同法第204条に規定する第三者からの情報取得手続

2 前項の場合には、時効は、同項各号に掲げる事由が終了した時から新たにその進行を始める。ただし、申立ての取下げ又は法律の規定に従わないことによる取消しによってその事由が終了した場合は、この限りでない。

第149条（仮差押え等による時効の完成猶予）

次に掲げる事由がある場合には、その事由が終了した時から6箇月を経過するまでの間は、時効は、完成しない。

一 仮差押え

二 仮処分

第150条（催告による時効の完成猶予）

1 催告があったときは、その時から6箇月を経過するまでの間は、時効は、完成しない。

2 催告によって時効の完成が猶予されている間にされた再度の催告は、前項の規定による時効の完成猶予の効力を有しない。

第151条（協議を行う旨の合意による時効の完成猶予）

1 権利についての協議を行う旨の合意が書面でされたときは、次に掲げる時のいずれか早い時までの間は、時効は、完成しない。

一 その合意があった時から1年を経過した時

二 その合意において当事者が協議を行う期間（1年に満たないものに限る。）を定めたときは、その期間を経過した時

三 当事者の一方から相手方に対して協議の続行を拒絶する旨の通知が書面でされたときは、その通知の時から6箇月を経過した時

2 前項の規定により時効の完成が猶予されている間にされた再度の同項の合意は、同項の規定による時効の完成猶予の効力を有する。ただし、その効力は、時効の完成が猶予されなかったとすれば時効が完成すべき時から通じて5年を超えることができない。

3 催告によって時効の完成が猶予されている間にされた第1項の合意は、同項の規定による時効の完成猶予の効力を有しない。同項の規定により時効の完

成が猶予されている間にされた催告についても、同様とする。

4 第1項の合意がその内容を記録した電磁的記録（電子的方式、磁気的方式その他人の知覚によっては認識することができない方式で作られる記録であって、電子計算機による情報処理の用に供されるものをいう。以下同じ。）によってされたときは、その合意は、書面によってされたものとみなして、前3項の規定を適用する。

5 前項の規定は、第1項第三号の通知について準用する。

第152条（承認による時効の更新）

1 時効は、権利の承認があったときは、その時から新たにその進行を始める。

2 前項の承認をするには、相手方の権利についての処分につき行為能力の制限を受けていないこと又は権限があることを要しない。

第153条（時効の完成猶予又は更新の効力が及ぶ者の範囲）

1 第147条又は第148条の規定による時効の完成猶予又は更新は、完成猶予又は更新の事由が生じた当事者及びその承継人の間においてのみ、その効力を有する。

2 第149条から第151条までの規定による時効の完成猶予は、完成猶予の事由が生じた当事者及びその承継人の間においてのみ、その効力を有する。

3 前条の規定による時効の更新は、更新の事由が生じた当事者及びその承継人の間においてのみ、その効力を有する。

第154条〔同前〕

第148条第1項各号又は第149条各号に掲げる事由に係る手続は、時効の利益を受ける者に対してしないときは、その者に通知をした後でなければ、第148条又は第149条の規定による時効の完成猶予又は更新の効力を生じない。

第155条～第157条　削除

第158条（未成年者又は成年被後見人と時効の完成猶予）

1 時効の期間の満了前6箇月以内の間に未成年者又は成年被後見人に法定代理人がないときは、その未成年者若しくは成年被後見人が行為能力者となった時又は法定代理人が就職した時から6箇月を経過するまでの間は、その未成年者又は成年被後見人に対して、時効は、完成しない。

2 未成年者又は成年被後見人がその財産を管理する父、母又は後見人に対して権利を有するときは、その未成年者若しくは成年被後見人が行為能力者となった時又は後任の法定代理人が就職した時から6箇月を経過するまでの間は、その権利について、時効は、完成しない。

第159条（夫婦間の権利の時効の完成猶予）

夫婦の一方が他の一方に対して有する権利については、婚姻の解消の時から6箇月を経過するまでの間は、時効は、完成しない。

第160条（相続財産に関する時効の完成猶予）

相続財産に関しては、相続人が確定した時、管理人が選任された時又は破産手続開始の決定があった時から6箇月を経過するまでの間は、時効は、完成しない。

第161条（天災等による時効の完成猶予）

時効の期間の満了の時に当たり、天災その他避けることのできない事変のため第147条第1項各号又は第148条第1項各号に掲げる事由に係る手続を行うことができないときは、その障害が消滅した時から3箇月を経過するまでの間は、時効は、完成しない。

第2節　取得時効

第162条（所有権の取得時効）

1 20年間、所有の意思をもって、平穏に、かつ、公然と他人の物を占有した者は、その所有権を取得する。

2 10年間、所有の意思をもって、平穏に、かつ、公然と他人の物を占有した者は、その占有の開始の時に、善意であり、かつ、過失がなかったときは、その所有権を取得する。

第163条（所有権以外の財産権の取得時効）

所有権以外の財産権を、自己のためにする意思をもって、平穏に、かつ、公然と行使する者は、前条の区別に従い20年又は10年を経過した後、その権利を取得する。

第164条（占有の中止等による取得時効の中断）

第162条の規定による時効は、占有者が任意にその占有を中止し、又は他人によってその占有を奪われたときは、中断する。

第165条〔準用〕

前条の規定は、第163条の場合について準用する。

第3節　消滅時効

第166条（債権等の消滅時効）

1 債権は、次に掲げる場合には、時効によって消滅する。

　一　債権者が権利を行使することができることを知った時から5年間行使しないとき。

　二　権利を行使することができる時から10年間行使しないとき。

2 債権又は所有権以外の財産権は、権利を行使することができる時から20年間行使しないときは、時効によって消滅する。

3 前2項の規定は、始期付権利又は停止条件付権利の目的物を占有する第三者のために、その占有の開始の時から取得時効が進行することを妨げない。ただし、権利者は、その時効を更新するため、いつでも占有者の承認を求めることができる。

第167条（人の生命又は身体の侵害による損害賠償請求権の消滅時効）
人の生命又は身体の侵害による損害賠償請求権の消滅時効についての前条第1項第二号の規定の適用については、同号中「10年間」とあるのは、「20年間」とする。
第168条（定期金債権の消滅時効）
1 定期金の債権は、次に掲げる場合には、時効によって消滅する。
一 債権者が定期金の債権から生ずる金銭その他の物の給付を目的とする各債権を行使することができることを知った時から10年間行使しないとき。
二 前号に規定する各債権を行使することができる時から20年間行使しないとき。
2 定期金の債権者は、時効の更新の証拠を得るため、いつでも、その債務者に対して承認書の交付を求めることができる。
第169条（判決で確定した権利の消滅時効）
1 確定判決又は確定判決と同一の効力を有するものによって確定した権利については、10年より短い時効期間の定めがあるものであっても、その時効期間は、10年とする。
2 前項の規定は、確定の時に弁済期の到来していない債権については、適用しない。
第170条〜第174条　削除

物権

第2編　物権

第1章　総則
第175条（物権の創設）
物権は、この法律その他の法律に定めるもののほか、創設することができない。
第176条（物権の設定及び移転）
物権の設定及び移転は、当事者の意思表示のみによって、その効力を生ずる。
第177条（不動産に関する物権の変動の対抗要件）
不動産に関する物権の得喪及び変更は、不動産登記法（平成16年法律第123号）その他の登記に関する法律の定めるところに従いその登記をしなければ、第三者に対抗することができない。
第178条（動産に関する物権の譲渡の対抗要件）
動産に関する物権の譲渡は、その動産の引渡しがなければ、第三者に対抗することができない。
第179条（混同）
1 同一物について所有権及び他の物権が同一人に帰属したときは、当該他の物権は、消滅する。ただし、その物又は当該他の物権が第三者の権利の目的であるときは、この限りでない。
2 所有権以外の物権及びこれを目的とする他の権利が同一人に帰属したときは、当該他の権利は、消滅する。この場合においては、前項ただし書の規定を準用する。
3 前2項の規定は、占有権については、適用しない。

第2章　占有権
第1節　占有権の取得
第180条（占有権の取得）
占有権は、自己のためにする意思をもって物を所持することによって取得する。
第181条（代理占有）
占有権は、代理人によって取得することができる。
第182条（現実の引渡し及び簡易の引渡し）
1 占有権の譲渡は、占有物の引渡しによってする。
2 譲受人又はその代理人が現に占有物を所持する場合には、占有権の譲渡は、当事者の意思表示のみによってすることができる。
第183条（占有改定）
代理人が自己の占有物を以後本人のために占有する意思を表示したときは、本人は、これによって占有権を取得する。
第184条（指図による占有移転）
代理人によって占有をする場合において、本人がその代理人に対して以後第三者のためにその物を占有することを命じ、その第三者がこれを承諾したときは、その第三者は、占有権を取得する。
第185条（占有の性質の変更）
権原の性質上占有者に所有の意思がないものとされる場合には、その占有者が、自己に占有をさせた者に対して所有の意思があることを表示し、又は新たな権原により更に所有の意思をもって占有を始めるのでなければ、占有の性質は、変わらない。
第186条（占有の態様等に関する推定）
1 占有者は、所有の意思をもって、善意で、平穏に、かつ、公然と占有をするものと推定する。
2 前後の両時点において占有をした証拠があるときは、占有は、その間継続したものと推定する。
第187条（占有の承継）
1 占有者の承継人は、その選択に従い、自己の占有のみを主張し、又は自己の占有に前の占有者の占有を併せて主張することができる。
2 前の占有者の占有を併せて主張する場合には、その瑕疵をも承継する。

第2節　占有権の効力

第188条（占有物について行使する権利の適法の推定）
占有者が占有物について行使する権利は、適法に有するものと推定する。

第189条（善意の占有者による果実の取得等）
1 善意の占有者は、占有物から生ずる果実を取得する。
2 善意の占有者が本権の訴えにおいて敗訴したときは、その訴えの提起の時から悪意の占有者とみなす。

第190条（悪意の占有者による果実の返還等）
1 悪意の占有者は、果実を返還し、かつ、既に消費し、過失によって損傷し、又は収取を怠った果実の代価を償還する義務を負う。
2 前項の規定は、暴行若しくは強迫又は隠匿によって占有をしている者について準用する。

第191条（占有者による損害賠償）
占有物が占有者の責めに帰すべき事由によって滅失し、又は損傷したときは、その回復者に対し、悪意の占有者はその損害の全部の賠償をする義務を負い、善意の占有者はその滅失又は損傷によって現に利益を受けている限度において賠償をする義務を負う。ただし、所有の意思のない占有者は、善意であるときであっても、全部の賠償をしなければならない。

第192条（即時取得）
取引行為によって、平穏に、かつ、公然と動産の占有を始めた者は、善意であり、かつ、過失がないときは、即時にその動産について行使する権利を取得する。

第193条（盗品又は遺失物の回復）
前条の場合において、占有物が盗品又は遺失物であるときは、被害者又は遺失者は、盗難又は遺失の時から2年間、占有者に対してその物の回復を請求することができる。

第194条〔同前〕
占有者が、盗品又は遺失物を、競売若しくは公の市場において、又はその物と同種の物を販売する商人から、善意で買い受けたときは、被害者又は遺失者は、占有者が支払った代価を弁償しなければ、その物を回復することができない。

第195条（動物の占有による権利の取得）
家畜以外の動物で他人が飼育していたものを占有する者は、その占有の開始の時に善意であり、かつ、その動物が飼主の占有を離れた時から1箇月以内に飼主から回復の請求を受けなかったときは、その動物について行使する権利を取得する。

第196条（占有者による費用の償還請求）
1 占有者が占有物を返還する場合には、その物の保存のために支出した金額その他の必要費を回復者から償還させることができる。ただし、占有者が果実を取得したときは、通常の必要費は、占有者の負担に帰する。
2 占有者が占有物の改良のために支出した金額その他の有益費については、その価格の増加が現存する場合に限り、回復者の選択に従い、その支出した金額又は増価額を償還させることができる。ただし、悪意の占有者に対しては、裁判所は、回復者の請求により、その償還について相当の期限を許与することができる。

第197条（占有の訴え）
占有者は、次条から第202条までの規定に従い、占有の訴えを提起することができる。他人のために占有をする者も、同様とする。

第198条（占有保持の訴え）
占有者がその占有を妨害されたときは、占有保持の訴えにより、その妨害の停止及び損害の賠償を請求することができる。

第199条（占有保全の訴え）
占有者がその占有を妨害されるおそれがあるときは、占有保全の訴えにより、その妨害の予防又は損害賠償の担保を請求することができる。

第200条（占有回収の訴え）
1 占有者がその占有を奪われたときは、占有回収の訴えにより、その物の返還及び損害の賠償を請求することができる。
2 占有回収の訴えは、占有を侵奪した者の特定承継人に対して提起することができない。ただし、その承継人が侵奪の事実を知っていたときは、この限りでない。

第201条（占有の訴えの提起期間）
1 占有保持の訴えは、妨害の存する間又はその消滅した後1年以内に提起しなければならない。ただし、工事により占有物に損害を生じた場合において、その工事に着手した時から1年を経過し、又はその工事が完成したときは、これを提起することができない。
2 占有保全の訴えは、妨害の危険の存する間は、提起することができる。この場合において、工事により占有物に損害を生ずるおそれがあるときは、前項ただし書の規定を準用する。
3 占有回収の訴えは、占有を奪われた時から1年以内に提起しなければならない。

第202条（本権の訴えとの関係）
1 占有の訴えは本権の訴えを妨げず、また、本権の訴えは占有の訴えを妨げない。
2 占有の訴えについては、本権に関する理由に基づいて裁判をすることができない。

第3節　占有権の消滅

第203条（占有権の消滅事由）

占有権は、占有者が占有の意思を放棄し、又は占有物の所持を失うことによって消滅する。ただし、占有者が占有回収の訴えを提起したときは、この限りでない。

第204条（代理占有権の消滅事由）

1 代理人によって占有をする場合には、占有権は、次に掲げる事由によって消滅する。
　一　本人が代理人に占有をさせる意思を放棄したこと。
　二　代理人が本人に対して以後自己又は第三者のために占有物を所持する意思を表示したこと。
　三　代理人が占有物の所持を失ったこと。
2 占有権は、代理権の消滅のみによっては、消滅しない。

第4節　準占有

第205条〔準占有〕

この章の規定は、自己のためにする意思をもって財産権の行使をする場合について準用する。

第3章　所有権

第1節　所有権の限界

第1款　所有権の内容及び範囲

第206条（所有権の内容）

所有者は、法令の制限内において、自由にその所有物の使用、収益及び処分をする権利を有する。

第207条（土地所有権の範囲）

土地の所有権は、法令の制限内において、その土地の上下に及ぶ。

第208条　削除

第2款　相隣関係

第209条（隣地の使用）

1 土地の所有者は、次に掲げる目的のため必要な範囲内で、隣地を使用することができる。ただし、住家については、その居住者の承諾がなければ、立ち入ることはできない。
　一　境界又はその付近における障壁、建物その他の工作物の築造、収去又は修繕
　二　境界標の調査又は境界に関する測量
　三　第233条第3項の規定による枝の切取り
2 前項の場合には、使用の日時、場所及び方法は、隣地の所有者及び隣地を現に使用している者（以下この条において「隣地使用者」という。）のために損害が最も少ないものを選ばなければならない。
3 第1項の規定により隣地を使用する者は、あらかじめ、その目的、日時、場所及び方法を隣地の所有者及び隣地使用者に通知しなければならない。ただし、あらかじめ通知することが困難なときは、使用を開始した後、遅滞なく、通知することをもって足りる。
4 第1項の場合において、隣地の所有者又は隣地使用者が損害を受けたときは、その償金を請求することができる。

第210条（公道に至るための他の土地の通行権）

1 他の土地に囲まれて公道に通じない土地の所有者は、公道に至るため、その土地を囲んでいる他の土地を通行することができる。
2 池沼、河川、水路若しくは海を通らなければ公道に至ることができないとき、又は崖（がけ）があって土地と公道とに著しい高低差があるときも、前項と同様とする。

第211条〔同前〕

1 前条の場合には、通行の場所及び方法は、同条の規定による通行権を有する者のために必要であり、かつ、他の土地のために損害が最も少ないものを選ばなければならない。
2 前条の規定による通行権を有する者は、必要があるときは、通路を開設することができる。

第212条〔償金の支払〕

第210条の規定による通行権を有する者は、その通行する他の土地の損害に対して償金を支払わなければならない。ただし、通路の開設のために生じた損害に対するものを除き、1年ごとにその償金を支払うことができる。

第213条〔土地の通行権〕

1 分割によって公道に通じない土地が生じたときは、その土地の所有者は、公道に至るため、他の分割者の所有地のみを通行することができる。この場合においては、償金を支払うことを要しない。
2 前項の規定は、土地の所有者がその土地の一部を譲り渡した場合について準用する。

第213条の2（継続的給付を受けるための設備の設置権等）

1 土地の所有者は、他の土地に設備を設置し、又は他人が所有する設備を使用しなければ電気、ガス又は水道水の供給その他これらに類する継続的給付（以下この項及び次条第1項において「継続的給付」という。）を受けることができないときは、継続的給付を受けるため必要な範囲内で、他の土地に設備を設置し、又は他人が所有する設備を使用することができる。
2 前項の場合には、設備の設置又は使用の場所及び方法は、他の土地又は他人が所有する設備（次項において「他の土地等」という。）のために損害が最も少ないものを選ばなければならない。
3 第1項の規定により他の土地に設備を設置し、又は他人が所有する設備を使用する者は、あらかじめ、その目的、場所及び方法を他の土地等の所有者及び他の土地を現に使用している者に通知しなければならない。
4 第1項の規定による権利を有する者は、同項の規定により他の

土地に設備を設置し、又は他人が所有する設備を使用するために当該他の土地又は当該他人が所有する設備がある土地を使用することができる。この場合においては、第209条第1項ただし書及び第2項から第4項までの規定を準用する。

5 第1項の規定により他の土地に設備を設置する者は、その土地の損害（前項において準用する第209条第4項に規定する損害を除く。）に対して償金を支払わなければならない。ただし、1年ごとにその償金を支払うことができる。

6 第1項の規定により他人が所有する設備を使用する者は、その設備の使用を開始するために生じた損害に対して償金を支払わなければならない。

7 第1項の規定により他人が所有する設備を使用する者は、その利益を受ける割合に応じて、その設置、改築、修繕及び維持に要する費用を負担しなければならない。

第213条の3〔分割で生じた土地の場合〕

1 分割によって他の土地に設備を設置しなければ継続的給付を受けることができない土地が生じたときは、その土地の所有者は、継続的給付を受けるため、他の分割者の所有地のみに設備を設置することができる。この場合においては、前条第5項の規定は、適用しない。

2 前項の規定は、土地の所有者がその土地の一部を譲り渡した場合について準用する。

第214条（自然水流に対する妨害の禁止）

土地の所有者は、隣地から水が自然に流れて来るのを妨げてはならない。

第215条（水流の障害の除去）

水流が天災その他避けることのできない事変により低地において閉塞（そく）したときは、高地の所有者は、自己の費用で、水流の障害を除去するため必要な工事をすることができる。

第216条（水流に関する工作物の修繕等）

他の土地に貯水、排水又は引水のために設けられた工作物の破壊又は閉塞により、自己の土地に損害が及び、又は及ぶおそれがある場合には、その土地の所有者は、当該他の土地の所有者に、工作物の修繕若しくは障害の除去をさせ、又は必要があるときは予防工事をさせることができる。

第217条（費用の負担についての慣習）

前2条の場合において、費用の負担について別段の慣習があるときは、その慣習に従う。

第218条（雨水を隣地に注ぐ工作物の設置の禁止）

土地の所有者は、直接に雨水を隣地に注ぐ構造の屋根その他の工作物を設けてはならない。

第219条（水流の変更）

1 溝、堀その他の水流地の所有者は、対岸の土地が他人の所有に属するときは、その水路又は幅員を変更してはならない。

2 両岸の土地が水流地の所有者に属するときは、その所有者は、水路及び幅員を変更することができる。ただし、水流が隣地と交わる地点において、自然の水路に戻さなければならない。

3 前2項の規定と異なる慣習があるときは、その慣習に従う。

第220条（排水のための低地の通水）

高地の所有者は、その高地が浸水した場合にこれを乾かすため、又は自家用若しくは農工業用の余水を排出するため、公の水流又は下水道に至るまで、低地に水を通過させることができる。この場合においては、低地のために損害が最も少ない場所及び方法を選ばなければならない。

第221条（通水用工作物の使用）

1 土地の所有者は、その所有地の水を通過させるため、高地又は低地の所有者が設けた工作物を使用することができる。

2 前項の場合には、他人の工作物を使用する者は、その利益を受ける割合に応じて、工作物の設置及び保存の費用を分担しなければならない。

第222条（堰（せき）の設置及び使用）

1 水流地の所有者は、堰（せき）を設ける必要がある場合には、対岸の土地が他人の所有に属するときであっても、その堰を対岸に付着させて設けることができる。ただし、これによって生じた損害に対して償金を支払わなければならない。

2 対岸の土地の所有者は、水流地の一部がその所有に属するときは、前項の堰を使用することができる。

3 前条第2項の規定は、前項の場合について準用する。

第223条（境界標の設置）

土地の所有者は、隣地の所有者と共同の費用で、境界標を設けることができる。

第224条（境界標の設置及び保存の費用）

境界標の設置及び保存の費用は、相隣者が等しい割合で負担する。ただし、測量の費用は、その土地の広狭に応じて分担する。

第225条（囲障の設置）

1 2棟の建物がその所有者を異にし、かつ、その間に空地があるときは、各所有者は、他の所有者と共同の費用で、その境界に囲障を設けることができる。

2 当事者間に協議が調わないときは、前項の囲障は、板塀又は竹垣その他これらに類する材料のものであって、かつ、高さ2メートルのものでなければならない。

第226条（囲障の設置及び保存の費用）

前条の囲障の設置及び保存の費用は、相隣者が等しい割合で負担する。

第227条（相隣者の1人による囲障の設置）

相隣者の1人は、第225条第2項に規定する材料より良好なものを用い、又は同項に規定する高さを増して囲障を設けることができる。ただし、これによって生ずる費用の増加額を負担しなければならない。

第228条（囲障の設置等に関する慣習）

前3条の規定と異なる慣習があるときは、その慣習に従う。

第229条（境界標等の共有の推定）

境界線上に設けた境界標、囲障、障壁、溝及び堀は、相隣者の共有に属するものと推定する。

第230条〔同前〕

1 1棟の建物の一部を構成する境界線上の障壁については、前条の規定は、適用しない。

2 高さの異なる2棟の隣接する建物を隔てる障壁の高さが、低い建物の高さを超えるときは、その障壁のうち低い建物を超える部分についても、前項と同様とする。ただし、防火障壁については、この限りでない。

第231条（共有の障壁の高さを増す工事）

1 相隣者の1人は、共有の障壁の高さを増すことができる。ただし、その障壁がその工事に耐えないときは、自己の費用で、必要な工作を加え、又はその障壁を改築しなければならない。

2 前項の規定により障壁の高さを増したときは、その高さを増した部分は、その工事をした者の単独の所有に属する。

第232条〔償金の請求〕

前条の場合において、隣人が損害を受けたときは、その償金を請求することができる。

第233条（竹木の枝の切除及び根の切取り）

1 土地の所有者は、隣地の竹木の枝が境界線を越えるときは、その竹木の所有者に、その枝を切除させることができる。

2 前項の場合において、竹木が数人の共有に属するときは、各共有者は、その枝を切り取ることができる。

3 第1項の場合において、次に掲げるときは、土地の所有者は、その枝を切り取ることができる。

一　竹木の所有者に枝を切除するよう催告したにもかかわらず、竹木の所有者が相当の期間内に切除しないとき。

二　竹木の所有者を知ることができず、又はその所在を知ることができないとき。

三　急迫の事情があるとき。

4 隣地の竹木の根が境界線を越えるときは、その根を切り取ることができる。

第234条（境界線付近の建築の制限）

1 建物を築造するには、境界線から50センチメートル以上の距離を保たなければならない。

2 前項の規定に違反して建築をしようとする者があるときは、隣地の所有者は、その建築を中止させ、又は変更させることができる。ただし、建築に着手した時から1年を経過し、又はその建物が完成した後は、損害賠償の請求のみをすることができる。

第235条〔目隠しの設置〕

1 境界線から1メートル未満の距離において他人の宅地を見通すことのできる窓又は縁側（ベランダを含む。次項において同じ。）を設ける者は、目隠しを付けなければならない。

2 前項の距離は、窓又は縁側の最も隣地に近い点から垂直線によって境界線に至るまでを測定して算出する。

第236条（境界線付近の建築に関する慣習）

前2条の規定と異なる慣習があるときは、その慣習に従う。

第237条（境界線付近の掘削の制限）

1 井戸、用水だめ、下水だめ又は肥料だめを掘るには境界線から2メートル以上、池、穴蔵又はし尿だめを掘るには境界線から1メートル以上の距離を保たなければならない。

2 導水管を埋め、又は溝若しくは堀を掘るには、境界線からその深さの2分の1以上の距離を保たなければならない。ただし、1メートルを超えることを要しない。

第238条（境界線付近の掘削に関する注意義務）

境界線の付近において前条の工事をするときは、土砂の崩壊又は水若しくは汚液の漏出を防ぐため必要な注意をしなければならない。

第2節　所有権の取得

第239条（無主物の帰属）

1 所有者のない動産は、所有の意思をもって占有することによって、その所有権を取得する。

2 所有者のない不動産は、国庫に帰属する。

第240条（遺失物の拾得）

遺失物は、遺失物法（平成18年法律第73号）の定めるところに従い公告をした後3箇月以内にその所有者が判明しないときは、これを拾得した者がその所有権を取得する。

第241条（埋蔵物の発見）

埋蔵物は、遺失物法の定めるところに従い公告をした後6箇月以内にその所有者が判明しないときは、これを発見した者がその所有権を取得する。ただし、他人の所有する物の中から発見された埋蔵物については、これを発見した者及びその他人が等しい割合でその所有権を取得する。

第242条（不動産の付合）

不動産の所有者は、その不動産に従として付合した物の所有権を取得する。ただし、権原によってその物を附属させた他人の権利を妨げない。

第243条（動産の付合）

所有者を異にする数個の動産が、付合により、損傷しなければ分離することができなくなったときは、その合成物の所有権は、主たる動産の所有者に帰属する。分離するのに過分の費用を要するときも、同様とする。

第244条〔合成物の共有割合〕

付合した動産について主従の区別をすることができないときは、各動産の所有者は、その付合の時における価格の割合に応じてその合成物を共有する。

第245条（混和）

前2条の規定は、所有者を異にする物が混和して識別することができなくなった場合について準用する。

第246条（加工）

1 他人の動産に工作を加えた者（以下この条において「加工者」という。）があるときは、その加工物の所有権は、材料の所有者に帰属する。ただし、工作によって生じた価格が材料の価格を著しく超えるときは、加工者がその加工物の所有権を取得する。

2 前項に規定する場合において、加工者が材料の一部を供したときは、その価格に工作によって生じた価格を加えたものが他人の材料の価格を超えるときに限り、加工者がその加工物の所有権を取得する。

第247条（付合、混和又は加工の効果）

1 第242条から前条までの規定により物の所有権が消滅したときは、その物について存する他の権利も、消滅する。

2 前項に規定する場合において、物の所有者が、合成物、混和物又は加工物（以下この項において「合成物等」という。）の単独所有者となったときは、その物について存する他の権利は以後その合成物等について存し、物の所有者が合成物等の共有者となったときは、その物について存する他の権利は以後その持分について存する。

第248条（付合、混和又は加工に伴う償金の請求）

第242条から前条までの規定の適用によって損失を受けた者は、第703条及び第704条の規定に従い、その償金を請求することができる。

第3節　共有

第249条（共有物の使用）

1 各共有者は、共有物の全部について、その持分に応じた使用をすることができる。

2 共有物を使用する共有者は、別段の合意がある場合を除き、他の共有者に対し、自己の持分を超える使用の対価を償還する義務を負う。

3 共有者は、善良な管理者の注意をもって、共有物の使用をしなければならない。

第250条（共有持分の割合の推定）

各共有者の持分は、相等しいものと推定する。

第251条（共有物の変更）

1 各共有者は、他の共有者の同意を得なければ、共有物に変更（その形状又は効用の著しい変更を伴わないものを除く。次項において同じ。）を加えることができない。

2 共有者が他の共有者を知ることができず、又はその所在を知ることができないときは、裁判所は、共有者の請求により、当該他の共有者以外の他の共有者の同意を得て共有物に変更を加えることができる旨の裁判をすることができる。

第252条（共有物の管理）

1 共有物の管理に関する事項（次条第1項に規定する共有物の管理者の選任及び解任を含み、共有物に前条第1項に規定する変更を加えるものを除く。次項において同じ。）は、各共有者の持分の価格に従い、その過半数で決する。共有物を使用する共有者があるときも、同様とする。

2 裁判所は、次の各号に掲げるときは、当該各号に規定する他の共有者以外の共有者の請求により、当該他の共有者以外の共有者の持分の価格に従い、その過半数で共有物の管理に関する事項を決することができる旨の裁判をすることができる。

一　共有者が他の共有者を知ることができず、又はその所在を知ることができないとき。

二　共有者が他の共有者に対し相当の期間を定めて共有物の管理に関する事項を決することについて賛否を明らかにすべき旨を催告した場合において、当該他の共有者がその期間内に賛否を明らかにしないとき。

3 前2項の規定による決定が、共有者間の決定に基づいて共有物を使用する共有者に特別の影響を及ぼすべきときは、その承諾を得なければならない。

4 共有者は、前3項の規定により、共有物に、次の各号に掲げる賃借権その他の使用及び収益を目的とする権利（以下この項において「賃借権等」という。）であって、当該各号に定める期間を超えないものを設定することができる。

一　樹木の栽植又は伐採を目的とする山林の賃借権等

10年
二　前号に掲げる賃借権等以外の土地の賃借権等　5年
三　建物の賃借権等　3年
四　動産の賃借権等　6箇月
5 各共有者は、前各項の規定にかかわらず、保存行為をすることができる。

第252条の2（共有物の管理者）
1 共有物の管理者は、共有物の管理に関する行為をすることができる。ただし、共有者の全員の同意を得なければ、共有物に変更（その形状又は効用の著しい変更を伴わないものを除く。次項において同じ。）を加えることができない。
2 共有物の管理者が共有者を知ることができず、又はその所在を知ることができないときは、裁判所は、共有物の管理者の請求により、当該共有者以外の共有者の同意を得て共有物に変更を加えることができる旨の裁判をすることができる。
3 共有物の管理者は、共有者が共有物の管理に関する事項を決した場合には、これに従ってその職務を行わなければならない。
4 前項の規定に違反して行った共有物の管理者の行為は、共有者に対してその効力を生じない。ただし、共有者は、これをもって善意の第三者に対抗することができない。

第253条（共有物に関する負担）
1 各共有者は、その持分に応じ、管理の費用を支払い、その他共有物に関する負担を負う。
2 共有者が1年以内に前項の義務を履行しないときは、他の共有者は、相当の償金を支払ってその者の持分を取得することができる。

第254条（共有物についての債権）
共有者の1人が共有物について他の共有者に対して有する債権は、その特定承継人に対しても行使することができる。

第255条（持分の放棄及び共有者の死亡）
共有者の1人が、その持分を放棄したとき、又は死亡して相続人がないときは、その持分は、他の共有者に帰属する。

第256条（共有物の分割請求）
1 各共有者は、いつでも共有物の分割を請求することができる。ただし、5年を超えない期間内は分割をしない旨の契約をすることを妨げない。
2 前項ただし書の契約は、更新することができる。ただし、その期間は、更新の時から5年を超えることができない。

第257条〔不適用〕
前条の規定は、第229条に規定する共有物については、適用しない。

第258条（裁判による共有物の分割）
1 共有物の分割について共有者間に協議が調わないとき、又は協議をすることができないときは、その分割を裁判所に請求することができる。
2 裁判所は、次に掲げる方法により、共有物の分割を命ずることができる。
一　共有物の現物を分割する方法
二　共有者に債務を負担させて、他の共有者の持分の全部又は一部を取得させる方法
3 前項に規定する方法により共有物を分割することができないとき、又は分割によってその価格を著しく減少させるおそれがあるときは、裁判所は、その競売を命ずることができる。
4 裁判所は、共有物の分割の裁判において、当事者に対して、金銭の支払、物の引渡し、登記義務の履行その他の給付を命ずることができる。

第258条の2〔共有物の分割ができない場合など〕
1 共有物の全部又はその持分が相続財産に属する場合において、共同相続人間で当該共有物の全部又はその持分について遺産の分割をすべきときは、当該共有物又はその持分について前条の規定による分割をすることができない。
2 共有物の持分が相続財産に属する場合において、相続開始の時から10年を経過したときは、前項の規定にかかわらず、相続財産に属する共有物の持分について前条の規定による分割をすることができる。ただし、当該共有物の持分について遺産の分割の請求があった場合において、相続人が当該共有物の持分について同条の規定による分割をすることに異議の申出をしたときは、この限りでない。
3 相続人が前項ただし書の申出をする場合には、当該申出は、当該相続人が前条第1項の規定による請求を受けた裁判所から当該請求があった旨の通知を受けた日から2箇月以内に当該裁判所にしなければならない。

第259条（共有に関する債権の弁済）
1 共有者の1人が他の共有者に対して共有に関する債権を有するときは、分割に際し、債務者に帰属すべき共有物の部分をもって、その弁済に充てることができる。
2 債権者は、前項の弁済を受けるため債務者に帰属すべき共有物の部分を売却する必要があるときは、その売却を請求することができる。

第260条（共有物の分割への参加）
1 共有物について権利を有する者及び各共有者の債権者は、自己の費用で、分割に参加する

ことができる。
2 前項の規定による参加の請求があったにもかかわらず、その請求をした者を参加させないで分割をしたときは、その分割は、その請求をした者に対抗することができない。

第261条（分割における共有者の担保責任）
各共有者は、他の共有者が分割によって取得した物について、売主と同じく、その持分に応じて担保の責任を負う。

第262条（共有物に関する証書）
1 分割が完了したときは、各分割者は、その取得した物に関する証書を保存しなければならない。
2 共有者の全員又はそのうちの数人に分割した物に関する証書は、その物の最大の部分を取得した者が保存しなければならない。
3 前項の場合において、最大の部分を取得した者がないときは、分割者間の協議で証書の保存者を定める。協議が調わないときは、裁判所が、これを指定する。
4 証書の保存者は、他の分割者の請求に応じて、その証書を使用させなければならない。

第262条の2（所在等不明共有者の持分の取得）
1 不動産が数人の共有に属する場合において、共有者が他の共有者を知ることができず、又はその所在を知ることができないときは、裁判所は、共有者の請求により、その共有者に、当該他の共有者（以下この条において「所在等不明共有者」という。）の持分を取得させる旨の裁判をすることができる。この場合において、請求をした共有者が2人以上あるときは、請求をした各共有者に、所在等不明共有者の持分を、請求をした各共有者の持分の割合で按(あん)分してそれぞれ取得させる。
2 前項の請求があった持分に係る不動産について第258条第1項の規定による請求又は遺産の分割の請求があり、かつ、所在等不明共有者以外の共有者が前項の請求を受けた裁判所に同項の裁判をすることについて異議がある旨の届出をしたときは、裁判所は、同項の裁判をすることができない。
3 所在等不明共有者の持分が相続財産に属する場合（共同相続人間で遺産の分割をすべき場合に限る。）において、相続開始の時から10年を経過していないときは、裁判所は、第1項の裁判をすることができない。
4 第1項の規定により共有者が所在等不明共有者の持分を取得したときは、所在等不明共有者は、当該共有者に対し、当該共有者が取得した持分の時価相当額の支払を請求することができる。
5 前各項の規定は、不動産の使用又は収益をする権利（所有権を除く。）が数人の共有に属する場合について準用する。

第262条の3（所在等不明共有者の持分の譲渡）
1 不動産が数人の共有に属する場合において、共有者が他の共有者を知ることができず、又はその所在を知ることができないときは、裁判所は、共有者の請求により、その共有者に、当該他の共有者（以下この条において「所在等不明共有者」という。）以外の共有者の全員が特定の者に対してその有する持分の全部を譲渡することを停止条件として所在等不明共有者の持分を当該特定の者に譲渡する権限を付与する旨の裁判をすることができる。
2 所在等不明共有者の持分が相続財産に属する場合（共同相続人間で遺産の分割をすべき場合に限る。）において、相続開始の時から10年を経過していないときは、裁判所は、前項の裁判をすることができない。
3 第1項の裁判により付与された権限に基づき共有者が所在等不明共有者の持分を第三者に譲渡したときは、所在等不明共有者は、当該譲渡をした共有者に対し、不動産の時価相当額を所在等不明共有者の持分に応じて按分して得た額の支払を請求することができる。
4 前3項の規定は、不動産の使用又は収益をする権利（所有権を除く。）が数人の共有に属する場合について準用する。

第263条（共有の性質を有する入会権）
共有の性質を有する入会権については、各地方の慣習に従うほか、この節の規定を適用する。

第264条（準共有）
この節（第262条の2及び第262条の3を除く。）の規定は、数人で所有権以外の財産権を有する場合について準用する。ただし、法令に特別の定めがあるときは、この限りでない。

第4節　所有者不明土地管理命令及び所有者不明建物管理命令

第264条の2（所有者不明土地管理命令）
1 裁判所は、所有者を知ることができず、又はその所在を知ることができない土地（土地が数人の共有に属する場合にあっては、共有者を知ることができず、又はその所在を知ることができない土地の共有持分）について、必要があると認めるときは、利害関係人の請求により、その請求に係る土地又は共有持分を対象として、所有者不明土地管理人（第四項に規定する所有者不明土地管理人をいう。以下同じ。）による管理を命ずる処分（以下「所有者不明土地管理命令」という。）をすることができる。
2 所有者不明土地管理命令の効力は、当該所有者不明土地管理命令の対象とされた土地（共有持分を対象として所有者不明土地管理命令が発せられた場合にあっては、共有物である土地）にある動産（当該所有者不明土地管理命令の対象とされた土地の所有者又は共有持分を有する者が所有するものに限る。）に及ぶ。
3 所有者不明土地管理命令は、所有者不明土地管理命令が発せられた後に当該所有者不明土地管理命令が取り消された場合において、当該所有者不明土地管理命令の対象とされた土地又は共有持分及び当該所有者不明土地管理命令の効力が及ぶ動産の管理、処分その他の事由により所有者不明土地管理人が得た財産について、必要があると認めるときも、することができる。
4 裁判所は、所有者不明土地管理命令をする場合には、当該所有者不明土地管理命令において、所有者不明土地管理人を選任しなければならない。

第264条の3（所有者不明土地管理人の権限）

1 前条第4項の規定により所有者不明土地管理人が選任された場合には、所有者不明土地管理命令の対象とされた土地又は共有持分及び所有者不明土地管理命令の効力が及ぶ動産並びにその管理、処分その他の事由により所有者不明土地管理人が得た財産（以下「所有者不明土地等」という。）の管理及び処分をする権利は、所有者不明土地管理人に専属する。
2 所有者不明土地管理人が次に掲げる行為の範囲を超える行為をするには、裁判所の許可を得なければならない。ただし、この許可がないことをもって善意の第三者に対抗することはできない。
一 保存行為
二 所有者不明土地等の性質を変えない範囲内において、その利用又は改良を目的とする行為

第264条の4（所有者不明土地等に関する訴えの取扱い）

所有者不明土地管理命令が発せられた場合には、所有者不明土地等に関する訴えについては、所有者不明土地管理人を原告又は被告とする。

第264条の5（所有者不明土地管理人の義務）

1 所有者不明土地管理人は、所有者不明土地等の所有者（その共有持分を有する者を含む。）のために、善良な管理者の注意をもって、その権限を行使しなければならない。
2 数人の者の共有持分を対象として所有者不明土地管理命令が発せられたときは、所有者不明土地管理人は、当該所有者不明土地管理命令の対象とされた共有持分を有する者全員のために、誠実かつ公平にその権限を行使しなければならない。

第264条の6（所有者不明土地管理人の解任及び辞任）

1 所有者不明土地管理人がその任務に違反して所有者不明土地等に著しい損害を与えたことその他重要な事由があるときは、裁判所は、利害関係人の請求により、所有者不明土地管理人を解任することができる。
2 所有者不明土地管理人は、正当な事由があるときは、裁判所の許可を得て、辞任することができる。

第264条の7（所有者不明土地管理人の報酬等）

1 所有者不明土地管理人は、所有者不明土地等から裁判所が定める額の費用の前払及び報酬を受けることができる。
2 所有者不明土地管理人による所有者不明土地等の管理に必要な費用及び報酬は、所有者不明土地等の所有者（その共有持分を有する者を含む。）の負担とする。

第264条の8（所有者不明建物管理命令）

1 裁判所は、所有者を知ることができず、又はその所在を知ることができない建物（建物が数人の共有に属する場合にあっては、共有者を知ることができず、又はその所在を知ることができない建物の共有持分）について、必要があると認めるときは、利害関係人の請求により、その請求に係る建物又は共有持分を対象として、所有者不明建物管理人（第4項に規定する所有者不明建物管理人をいう。以下この条において同じ。）による管理を命ずる処分（以下この条において「所有者不明建物管理命令」という。）をすることができる。
2 所有者不明建物管理命令の効力は、当該所有者不明建物管理命令の対象とされた建物（共有持分を対象として所有者不明建物管理命令が発せられた場合にあっては、共有物である建物）にある動産（当該所有者不明建物管理命令の対象とされた建物の所有者又は共有持分を有する者が所有するものに限る。）及び当該建物を所有し、又は当該建物の共有持分を有するための建物の敷地に関する権利（賃借権その他の使用及び収益を目的とする権利（所有権を除く。）であって、当該所有者不明建物管理命令

の対象とされた建物の所有者又は共有持分を有する者が有するものに限る。）に及ぶ。

3 所有者不明建物管理命令は、所有者不明建物管理命令が発せられた後に当該所有者不明建物管理命令が取り消された場合において、当該所有者不明建物管理命令の対象とされた建物又は共有持分並びに当該所有者不明建物管理命令の効力が及ぶ動産及び建物の敷地に関する権利の管理、処分その他の事由により所有者不明建物管理人が得た財産について、必要があると認めるときも、することができる。

4 裁判所は、所有者不明建物管理命令をする場合には、当該所有者不明建物管理命令において、所有者不明建物管理人を選任しなければならない。

5 第264条の3から前条までの規定は、所有者不明建物管理命令及び所有者不明建物管理人について準用する。

第5節　管理不全土地管理命令及び管理不全建物管理命令

第264条の9（管理不全土地管理命令）

1 裁判所は、所有者による土地の管理が不適当であることによって他人の権利又は法律上保護される利益が侵害され、又は侵害されるおそれがある場合において、必要があると認めるときは、利害関係人の請求により、当該土地を対象として、管理不全土地管理人（第3項に規定する管理不全土地管理人をいう。以下同じ。）による管理を命ずる処分（以下「管理不全土地管理命令」という。）をすることができる。

2 管理不全土地管理命令の効力は、当該管理不全土地管理命令の対象とされた土地にある動産（当該管理不全土地管理命令の対象とされた土地の所有者又はその共有持分を有する者が所有するものに限る。）に及ぶ。

3 裁判所は、管理不全土地管理命令をする場合には、当該管理不全土地管理命令において、管理不全土地管理人を選任しなければならない。

第264条の10（管理不全土地管理人の権限）

1 管理不全土地管理人は、管理不全土地管理命令の対象とされた土地及び管理不全土地管理命令の効力が及ぶ動産並びにその管理、処分その他の事由により管理不全土地管理人が得た財産（以下「管理不全土地等」という。）の管理及び処分をする権限を有する。

2 管理不全土地管理人が次に掲げる行為の範囲を超える行為をするには、裁判所の許可を得なければならない。ただし、この許可がないことをもって善意でかつ過失がない第三者に対抗することはできない。

一　保存行為

二　管理不全土地等の性質を変えない範囲内において、その利用又は改良を目的とする行為

3 管理不全土地管理命令の対象とされた土地の処分についての前項の許可をするには、その所有者の同意がなければならない。

第264条の11（管理不全土地管理人の義務）

1 管理不全土地管理人は、管理不全土地等の所有者のために、善良な管理者の注意をもって、その権限を行使しなければならない。

2 管理不全土地等が数人の共有に属する場合には、管理不全土地管理人は、その共有持分を有する者全員のために、誠実かつ公平にその権限を行使しなければならない。

第264条の12（管理不全土地管理人の解任及び辞任）

1 管理不全土地管理人がその任務に違反して管理不全土地等に著しい損害を与えたことその他重要な事由があるときは、裁判所は、利害関係人の請求により、管理不全土地管理人を解任することができる。

2 管理不全土地管理人は、正当な事由があるときは、裁判所の許可を得て、辞任することができる。

第264条の13（管理不全土地管理人の報酬等）

1 管理不全土地管理人は、管理不全土地等から裁判所が定める額の費用の前払及び報酬を受けることができる。

2 管理不全土地管理人による管理不全土地等の管理に必要な費用及び報酬は、管理不全土地等の所有者の負担とする。

第264条の14（管理不全建物管理命令）

1 裁判所は、所有者による建物の管理が不適当であることによって他人の権利又は法律上保護される利益が侵害され、又は侵害されるおそれがある場合において、必要があると認めるときは、利害関係人の請求により、当該建物を対象として、管理不全建物管理人（第3項に規定する管理不全建物管理人をいう。第4項において同じ。）による管理を命ずる処分（以下この条において「管理不全建物管理命令」という。）をすることができる。

2 管理不全建物管理命令は、当該管理不全建物管理命令の対象とされた建物にある動産（当該管理不全建物管理命令の対象とされた建物の所有者又はその共有持分を有する者が所有するものに限る。）及び当該建物を所有するための建物の

敷地に関する権利（賃借権その他の使用及び収益を目的とする権利（所有権を除く。）であって、当該管理不全建物管理命令の対象とされた建物の所有者又はその共有持分を有する者が有するものに限る。）に及ぶ。

3 裁判所は、管理不全建物管理命令をする場合には、当該管理不全建物管理命令において、管理不全建物管理人を選任しなければならない。

4 第264条の10から前条までの規定は、管理不全建物管理命令及び管理不全建物管理人について準用する。

第4章 地上権

第265条（地上権の内容）

地上権者は、他人の土地において工作物又は竹木を所有するため、その土地を使用する権利を有する。

第266条（地代）

1 第274条から第276条までの規定は、地上権者が土地の所有者に定期の地代を支払わなければならない場合について準用する。

2 地代については、前項に規定するもののほか、その性質に反しない限り、賃貸借に関する規定を準用する。

第267条（相隣関係の規定の準用）

前章第1節第2款（相隣関係）の規定は、地上権者間又は地上権者と土地の所有者との間について準用する。ただし、第229条の規定は、境界線上の工作物が地上権の設定後に設けられた場合に限り、地上権者について準用する。

第268条（地上権の存続期間）

1 設定行為で地上権の存続期間を定めなかった場合において、別段の慣習がないときは、地上権者は、いつでもその権利を放棄することができる。ただし、地代を支払うべきときは、1年前に予告をし、又は期限の到来していない1年分の地代を支払わなければならない。

2 地上権者が前項の規定によりその権利を放棄しないときは、裁判所は、当事者の請求により、20年以上50年以下の範囲内において、工作物又は竹木の種類及び状況その他地上権の設定当時の事情を考慮して、その存続期間を定める。

第269条（工作物等の収去等）

1 地上権者は、その権利が消滅した時に、土地を原状に復してその工作物及び竹木を収去することができる。ただし、土地の所有者が時価相当額を提供してこれを買い取る旨を通知したときは、地上権者は、正当な理由がなければ、これを拒むことができない。

2 前項の規定と異なる慣習があるときは、その慣習に従う。

第269条の2（地下又は空間を目的とする地上権）

1 地下又は空間は、工作物を所有するため、上下の範囲を定めて地上権の目的とすることができる。この場合においては、設定行為で、地上権の行使のためにその土地の使用に制限を加えることができる。

2 前項の地上権は、第三者がその土地の使用又は収益をする権利を有する場合においても、その権利又はこれを目的とする権利を有するすべての者の承諾があるときは、設定することができる。この場合において、土地の使用又は収益をする権利を有する者は、その地上権の行使を妨げることができない。

第5章 永小作権

第270条（永小作権の内容）

永小作人は、小作料を支払って他人の土地において耕作又は牧畜をする権利を有する。

第271条（永小作人による土地の変更の制限）

永小作人は、土地に対して、回復することのできない損害を生ずべき変更を加えることができない。

第272条（永小作権の譲渡又は土地の賃貸）

永小作人は、その権利を他人に譲り渡し、又はその権利の存続期間内において耕作若しくは牧畜のため土地を賃貸することができる。ただし、設定行為で禁じたときは、この限りでない。

第273条（賃貸借に関する規定の準用）

永小作人の義務については、この章の規定及び設定行為で定めるもののほか、その性質に反しない限り、賃貸借に関する規定を準用する。

第274条（小作料の減免）

永小作人は、不可抗力により収益について損失を受けたときであっても、小作料の免除又は減額を請求することができない。

第275条（永小作権の放棄）

永小作人は、不可抗力によって、引き続き3年以上全く収益を得ず、又は5年以上小作料より少ない収益を得たときは、その権利を放棄することができる。

第276条（永小作権の消滅請求）

永小作人が引き続き2年以上小作料の支払を怠ったときは、土地の所有者は、永小作権の消滅を請求することができる。

第277条（永小作権に関する慣習）

第271条から前条までの規定と異なる慣習があるときは、その慣習に従う。

第278条（永小作権の存続期間）

1 永小作権の存続期間は、20年以上50年以下とする。設定行為で50年より長い期間を定めたときであっても、その期間は、50年とする。

2 永小作権の設定は、更新することができる。ただし、その存続期間は、更新の時から50年を超えることができない。
3 設定行為で永小作権の存続期間を定めなかったときは、その期間は、別段の慣習がある場合を除き、30年とする。

第279条（工作物等の収去等）
第269条の規定は、永小作権について準用する。

第6章　地役権

第280条（地役権の内容）
地役権者は、設定行為で定めた目的に従い、他人の土地を自己の土地の便益に供する権利を有する。ただし、第3章第1節（所有権の限界）の規定（公の秩序に関するものに限る。）に違反しないものでなければならない。

第281条（地役権の付従性）
1 地役権は、要役地（地役権者の土地であって、他人の土地から便益を受けるものをいう。以下同じ。）の所有権に従たるものとして、その所有権とともに移転し、又は要役地について存する他の権利の目的となるものとする。ただし、設定行為に別段の定めがあるときは、この限りでない。
2 地役権は、要役地から分離して譲り渡し、又は他の権利の目的とすることができない。

第282条（地役権の不可分性）
1 土地の共有者の1人は、その持分につき、その土地のために又はその土地について存する地役権を消滅させることができない。
2 土地の分割又はその一部の譲渡の場合には、地役権は、その各部のために又はその各部について存する。ただし、地役権がその性質により土地の一部のみに関するときは、この限りでない。

第283条（地役権の時効取得）
地役権は、継続的に行使され、かつ、外形上認識することができるものに限り、時効によって取得することができる。

第284条〔土地共有者の地役権取得等〕
1 土地の共有者の1人が時効によって地役権を取得したときは、他の共有者も、これを取得する。
2 共有者に対する時効の更新は、地役権を行使する各共有者に対してしなければ、その効力を生じない。
3 地役権を行使する共有者が数人ある場合には、その1人について時効の完成猶予の事由があっても、時効は、各共有者のために進行する。

第285条（用水地役権）
1 用水地役権の承役地（地役権者以外の者の土地であって、要役地の便益に供されるものをいう。以下同じ。）において、水が要役地及び承役地の需要に比して不足するときは、その各土地の需要に応じて、まずこれを生活用に供し、その残余を他の用途に供するものとする。ただし、設定行為に別段の定めがあるときは、この限りでない。
2 同一の承役地について数個の用水地役権を設定したときは、後の地役権者は、前の地役権者の水の使用を妨げてはならない。

第286条（承役地の所有者の工作物の設置義務等）
設定行為又は設定後の契約により、承役地の所有者が自己の費用で地役権の行使のために工作物を設け、又はその修繕をする義務を負担したときは、承役地の所有者の特定承継人も、その義務を負担する。

第287条〔承役地所有者の放棄〕
承役地の所有者は、いつでも、地役権に必要な土地の部分の所有権を放棄して地役権者に移転し、これにより前条の義務を免れることができる。

第288条（承役地の所有者の工作物の使用）
1 承役地の所有者は、地役権の行使を妨げない範囲内において、その行使のために承役地の上に設けられた工作物を使用することができる。
2 前項の場合には、承役地の所有者は、その利益を受ける割合に応じて、工作物の設置及び保存の費用を分担しなければならない。

第289条（承役地の時効取得による地役権の消滅）
承役地の占有者が取得時効に必要な要件を具備する占有をしたときは、地役権は、これによって消滅する。

第290条〔地役権の消滅時効の中断〕
前条の規定による地役権の消滅時効は、地役権者がその権利を行使することによって中断する。

第291条（地役権の消滅時効）
第166条第2項に規定する消滅時効の期間は、継続的でなく行使される地役権については最後の行使の時から起算し、継続的に行使される地役権についてはその行使を妨げる事実が生じた時から起算する。

第292条〔要役地の時効の完成猶予等〕
要役地が数人の共有に属する場合において、その1人のために時効の完成猶予又は更新があるときは、その完成猶予又は更新は、他の共有者のためにも、その効力を生ずる。

第293条〔権利行使しない部分〕
地役権者がその権利の一部を行使しないときは、その部分のみが時効によって消滅する。

第294条（共有の性質を有しない入会権）
共有の性質を有しない入会権については、各地方の慣習に従うほか、この章の規定を準用する。

担保物権

第7章　留置権

第295条（留置権の内容）

1 他人の物の占有者は、その物に関して生じた債権を有するときは、その債権の弁済を受けるまで、その物を留置することができる。ただし、その債権が弁済期にないときは、この限りでない。

2 前項の規定は、占有が不法行為によって始まった場合には、適用しない。

第296条（留置権の不可分性）

留置権者は、債権の全部の弁済を受けるまでは、留置物の全部についてその権利を行使することができる。

第297条（留置権者による果実の収取）

1 留置権者は、留置物から生ずる果実を収取し、他の債権者に先立って、これを自己の債権の弁済に充当することができる。

2 前項の果実は、まず債権の利息に充当し、なお残余があるときは元本に充当しなければならない。

第298条（留置権者による留置物の保管等）

1 留置権者は、善良な管理者の注意をもって、留置物を占有しなければならない。

2 留置権者は、債務者の承諾を得なければ、留置物を使用し、賃貸し、又は担保に供することができない。ただし、その物の保存に必要な使用をすることは、この限りでない。

3 留置権者が前2項の規定に違反したときは、債務者は、留置権の消滅を請求することができる。

第299条（留置権者による費用の償還請求）

1 留置権者は、留置物について必要費を支出したときは、所有者にその償還をさせることができる。

2 留置権者は、留置物について有益費を支出したときは、これによる価格の増加が現存する場合に限り、所有者の選択に従い、その支出した金額又は増価額を償還させることができる。ただし、裁判所は、所有者の請求により、その償還について相当の期限を許与することができる。

第300条（留置権の行使と債権の消滅時効）

留置権の行使は、債権の消滅時効の進行を妨げない。

第301条（担保の供与による留置権の消滅）

債務者は、相当の担保を供して、留置権の消滅を請求することができる。

第302条（占有の喪失による留置権の消滅）

留置権は、留置権者が留置物の占有を失うことによって、消滅する。ただし、第298条第2項の規定により留置物を賃貸し、又は質権の目的としたときは、この限りでない。

第8章　先取特権

第1節　総則

第303条（先取特権の内容）

先取特権者は、この法律その他の法律の規定に従い、その債務者の財産について、他の債権者に先立って自己の債権の弁済を受ける権利を有する。

第304条（物上代位）

1 先取特権は、その目的物の売却、賃貸、滅失又は損傷によって債務者が受けるべき金銭その他の物に対しても、行使することができる。ただし、先取特権者は、その払渡し又は引渡しの前に差押えをしなければならない。

2 債務者が先取特権の目的物につき設定した物権の対価についても、前項と同様とする。

第305条（先取特権の不可分性）

第296条の規定は、先取特権について準用する。

第2節　先取特権の種類

第1款　一般の先取特権

第306条（一般の先取特権）

1 次に掲げる原因によって生じた債権を有する者は、債務者の総財産について先取特権を有する。

一　共益の費用
二　雇用関係
三　葬式の費用
四　日用品の供給

第307条（共益費用の先取特権）

1 共益の費用の先取特権は、各債権者の共同の利益のためにされた債務者の財産の保存、清算又は配当に関する費用について存在する。

2 前項の費用のうちすべての債権者に有益でなかったものについては、先取特権は、その費用によって利益を受けた債権者に対してのみ存在する。

第308条（雇用関係の先取特権）

雇用関係の先取特権は、給料その他債務者と使用人との間の雇用関係に基づいて生じた債権について存在する。

第309条（葬式費用の先取特権）

1 葬式の費用の先取特権は、債務者のためにされた葬式の費用のうち相当な額について存在する。

2 前項の先取特権は、債務者がその扶養すべき親族のためにした葬式の費用のうち相当な額についても存在する。

第310条（日用品供給の先取特権）

日用品の供給の先取特権は、債務者又はその扶養すべき同居の親族及びその家事使用人の生活に必要な最後の6箇月間の飲食料品、燃料及び電気の供給について存在する。

第2款　動産の先取特権

第311条（動産の先取特権）

次に掲げる原因によって生じた債権を有する者は、債務者の特定の動産について先取特権を有する。

一　不動産の賃貸借
二　旅館の宿泊
三　旅客又は荷物の運輸
四　動産の保存
五　動産の売買
六　種苗又は肥料（蚕種又は蚕の飼養に供した桑葉を含む。以下同じ。）の供給
七　農業の労務
八　工業の労務

第312条（不動産賃貸の先取特権）

不動産の賃貸の先取特権は、その不動産の賃料その他の賃貸借関係から生じた賃借人の債務に関し、賃借人の動産について存在する。

第313条（不動産賃貸の先取特権の目的物の範囲）

1 土地の賃貸人の先取特権は、その土地又はその利用のための建物に備え付けられた動産、その土地の利用に供された動産及び賃借人が占有するその土地の果実について存在する。
2 建物の賃貸人の先取特権は、賃借人がその建物に備え付けた動産について存在する。

第314条〔賃借権譲渡等の場合〕

賃借権の譲渡又は転貸の場合には、賃貸人の先取特権は、譲受人又は転借人の動産にも及ぶ。譲渡人又は転貸人が受けるべき金銭についても、同様とする。

第315条（不動産賃貸の先取特権の被担保債権の範囲）

賃借人の財産のすべてを清算する場合には、賃貸人の先取特権は、前期、当期及び次期の賃料その他の債務並びに前期及び当期に生じた損害の賠償債務についてのみ存在する。

第316条〔賃貸人の先取特権〕

賃貸人は、第622条の2第1項に規定する敷金を受け取っている場合には、その敷金で弁済を受けない債権の部分についてのみ先取特権を有する。

第317条（旅館宿泊の先取特権）

旅館の宿泊の先取特権は、宿泊客が負担すべき宿泊料及び飲食料に関し、その旅館に在るその宿泊客の手荷物について存在する。

第318条（運輸の先取特権）

運輸の先取特権は、旅客又は荷物の運送賃及び付随の費用に関し、運送人の占有する荷物について存在する。

第319条（即時取得の規定の準用）

第192条から第195条までの規定は、第312条から前条までの規定による先取特権について準用する。

第320条（動産保存の先取特権）

動産の保存の先取特権は、動産の保存のために要した費用又は動産に関する権利の保存、承認若しくは実行のために要した費用に関し、その動産について存在する。

第321条（動産売買の先取特権）

動産の売買の先取特権は、動産の代価及びその利息に関し、その動産について存在する。

第322条（種苗又は肥料の供給の先取特権）

種苗又は肥料の供給の先取特権は、種苗又は肥料の代価及びその利息に関し、その種苗又は肥料を用いた後1年以内にこれを用いた土地から生じた果実（蚕種又は蚕の飼養に供した桑葉の使用によって生じた物を含む。）について存在する。

第323条（農業労務の先取特権）

農業の労務の先取特権は、その労務に従事する者の最後の1年間の賃金に関し、その労務によって生じた果実について存在する。

第324条（工業労務の先取特権）

工業の労務の先取特権は、その労務に従事する者の最後の3箇月間の賃金に関し、その労務によって生じた製作物について存在する。

第3款　不動産の先取特権

第325条（不動産の先取特権）

次に掲げる原因によって生じた債権を有する者は、債務者の特定の不動産について先取特権を有する。

一　不動産の保存
二　不動産の工事
三　不動産の売買

第326条（不動産保存の先取特権）

不動産の保存の先取特権は、不動産の保存のために要した費用又は不動産に関する権利の保存、承認若しくは実行のために要した費用に関し、その不動産について存在する。

第327条（不動産工事の先取特権）

1 不動産の工事の先取特権は、工事の設計、施工又は監理をする者が債務者の不動産に関してした工事の費用に関し、その不動産について存在する。
2 前項の先取特権は、工事によって生じた不動産の価格の増加が現存する場合に限り、その増価額についてのみ存在する。

第328条（不動産売買の先取特権）

不動産の売買の先取特権は、不動産の代価及びその利息に関し、その不動産について存在する。

第3節　先取特権の順位

第329条（一般の先取特権の順位）

1 一般の先取特権が互いに競合する場合には、その優先権の順位は、第306条各号に掲げる順序に従う。
2 一般の先取特権と特別の先取

特権とが競合する場合には、特別の先取特権は、一般の先取特権に優先する。ただし、共益の費用の先取特権は、その利益を受けたすべての債権者に対して優先する効力を有する。

第330条（動産の先取特権の順位）

1 同一の動産について特別の先取特権が互いに競合する場合には、その優先権の順位は、次に掲げる順序に従う。この場合において、第二号に掲げる動産の保存の先取特権について数人の保存者があるときは、後の保存者が前の保存者に優先する。

一 不動産の賃貸、旅館の宿泊及び運輸の先取特権

二 動産の保存の先取特権

三 動産の売買、種苗又は肥料の供給、農業の労務及び工業の労務の先取特権

2 前項の場合において、第1順位の先取特権者は、その債権取得の時において第2順位又は第3順位の先取特権者があることを知っていたときは、これらの者に対して優先権を行使することができない。第1順位の先取特権者のために物を保存した者に対しても、同様とする。

3 果実に関しては、第1の順位は農業の労務に従事する者に、第2の順位は種苗又は肥料の供給者に、第3の順位は土地の賃貸人に属する。

第331条（不動産の先取特権の順位）

1 同一の不動産について特別の先取特権が互いに競合する場合には、その優先権の順位は、第325条各号に掲げる順序に従う。

2 同一の不動産について売買が順次された場合には、売主相互間における不動産売買の先取特権の優先権の順位は、売買の前後による。

第332条（同一順位の先取特権）

同一の目的物について同一順位の先取特権者が数人あるときは、各先取特権者は、その債権額の割合に応じて弁済を受ける。

第4節　先取特権の効力

第333条（先取特権と第三取得者）

先取特権は、債務者がその目的である動産をその第三取得者に引き渡した後は、その動産について行使することができない。

第334条（先取特権と動産質権との競合）

先取特権と動産質権とが競合する場合には、動産質権者は、第330条の規定による第1順位の先取特権者と同一の権利を有する。

第335条（一般の先取特権の効力）

1 一般の先取特権者は、まず不動産以外の財産から弁済を受け、なお不足があるのでなければ、不動産から弁済を受けることができない。

2 一般の先取特権者は、不動産については、まず特別担保の目的とされていないものから弁済を受けなければならない。

3 一般の先取特権者は、前2項の規定に従って配当に加入することを怠ったときは、その配当加入をしたならば弁済を受けることができた額については、登記をした第三者に対してその先取特権を行使することができない。

4 前3項の規定は、不動産以外の財産の代価に先立って不動産の代価を配当し、又は他の不動産の代価に先立って特別担保の目的である不動産の代価を配当する場合には、適用しない。

第336条（一般の先取特権の対抗力）

一般の先取特権は、不動産について登記をしなくても、特別担保を有しない債権者に対抗することができる。ただし、登記をした第三者に対しては、この限りでない。

第337条（不動産保存の先取特権の登記）

不動産の保存の先取特権の効力を保存するためには、保存行為が完了した後直ちに登記をしなければならない。

第338条（不動産工事の先取特権の登記）

1 不動産の工事の先取特権の効力を保存するためには、工事を始める前にその費用の予算額を登記しなければならない。この場合において、工事の費用が予算額を超えるときは、先取特権は、その超過額については存在しない。

2 工事によって生じた不動産の増価額は、配当加入の時に、裁判所が選任した鑑定人に評価させなければならない。

第339条（登記をした不動産保存又は不動産工事の先取特権）

前2条の規定に従って登記をした先取特権は、抵当権に先立って行使することができる。

第340条（不動産売買の先取特権の登記）

不動産の売買の先取特権の効力を保存するためには、売買契約と同時に、不動産の代価又はその利息の弁済がされていない旨を登記しなければならない。

第341条（抵当権に関する規定の準用）

先取特権の効力については、この節に定めるもののほか、その性質に反しない限り、抵当権に関する規定を準用する。

第9章　質権

第1節　総則

第342条（質権の内容）

質権者は、その債権の担保として債務者又は第三者から受け取った物を占有し、かつ、その物につ

いて他の債権者に先立って自己の債権の弁済を受ける権利を有する。

第343条（質権の目的）
質権は、譲り渡すことができない物をその目的とすることができない。

第344条（質権の設定）
質権の設定は、債権者にその目的物を引き渡すことによって、その効力を生ずる。

第345条（質権設定者による代理占有の禁止）
質権者は、質権設定者に、自己に代わって質物の占有をさせることができない。

第346条（質権の被担保債権の範囲）
質権は、元本、利息、違約金、質権の実行の費用、質物の保存の費用及び債務の不履行又は質物の隠れた瑕疵によって生じた損害の賠償を担保する。ただし、設定行為に別段の定めがあるときは、この限りでない。

第347条（質物の留置）
質権者は、前条に規定する債権の弁済を受けるまでは、質物を留置することができる。ただし、この権利は、自己に対して優先権を有する債権者に対抗することができない。

第348条（転質）
質権者は、その権利の存続期間内において、自己の責任で、質物について、転質をすることができる。この場合において、転質をしたことによって生じた損失については、不可抗力によるものであっても、その責任を負う。

第349条（契約による質物の処分の禁止）
質権設定者は、設定行為又は債務の弁済期前の契約において、質権者に弁済として質物の所有権を取得させ、その他法律に定める方法によらないで質物を処分させることを約することができない。

第350条（留置権及び先取特権の規定の準用）
第296条から第300条まで及び第304条の規定は、質権について準用する。

第351条（物上保証人の求償権）
他人の債務を担保するため質権を設定した者は、その債務を弁済し、又は質権の実行によって質物の所有権を失ったときは、保証債務に関する規定に従い、債務者に対して求償権を有する。

第2節　動産質

第352条（動産質の対抗要件）
動産質権者は、継続して質物を占有しなければ、その質権をもって第三者に対抗することができない。

第353条（質物の占有の回復）
動産質権者は、質物の占有を奪われたときは、占有回収の訴えによってのみ、その質物を回復することができる。

第354条（動産質権の実行）
動産質権者は、その債権の弁済を受けないときは、正当な理由がある場合に限り、鑑定人の評価に従い質物をもって直ちに弁済に充てることを裁判所に請求することができる。この場合において、動産質権者は、あらかじめ、その請求をする旨を債務者に通知しなければならない。

第355条（動産質権の順位）
同一の動産について数個の質権が設定されたときは、その質権の順位は、設定の前後による。

第3節　不動産質

第356条（不動産質権者による使用及び収益）
不動産質権者は、質権の目的である不動産の用法に従い、その使用及び収益をすることができる。

第357条（不動産質権者による管理の費用等の負担）
不動産質権者は、管理の費用を支払い、その他不動産に関する負担を負う。

第358条（不動産質権者による利息の請求の禁止）
不動産質権者は、その債権の利息を請求することができない。

第359条（設定行為に別段の定めがある場合等）
前3条の規定は、設定行為に別段の定めがあるとき、又は担保不動産収益執行（民事執行法第180条第二号に規定する担保不動産収益執行をいう。以下同じ。）の開始があったときは、適用しない。

第360条（不動産質権の存続期間）
1 不動産質権の存続期間は、10年を超えることができない。設定行為でこれより長い期間を定めたときであっても、その期間は、10年とする。
2 不動産質権の設定は、更新することができる。ただし、その存続期間は、更新の時から10年を超えることができない。

第361条（抵当権の規定の準用）
不動産質権については、この節に定めるもののほか、その性質に反しない限り、次章（抵当権）の規定を準用する。

第4節　権利質

第362条（権利質の目的等）
1 質権は、財産権をその目的とすることができる。
2 前項の質権については、この節に定めるもののほか、その性質に反しない限り、前3節（総則、動産質及び不動産質）の規定を準用する。

第363条　削除

第364条（債権を目的とする質権の対抗要件）
債権を目的とする質権の設定（現に発生していない債権を目的とするものを含む。）は、第467条の規定に従い、第三債務者にその質権の設定を通知し、又は第三債務者がこれを承諾しなければ、これをもって第三債務者その他の第三者に対抗することができない。

第365条　削除

第366条（質権者による債権の取立て等）

1 質権者は、質権の目的である債権を直接に取り立てることができる。

2 債権の目的物が金銭であるときは、質権者は、自己の債権額に対応する部分に限り、これを取り立てることができる。

3 前項の債権の弁済期が質権者の債権の弁済期前に到来したときは、質権者は、第三債務者にその弁済をすべき金額を供託させることができる。この場合において、質権は、その供託金について存在する。

4 債権の目的物が金銭でないときは、質権者は、弁済として受けた物について質権を有する。

第367条及び第368条　削除

第10章　抵当権

第1節　総則

第369条（抵当権の内容）

1 抵当権者は、債務者又は第三者が占有を移転しないで債務の担保に供した不動産について、他の債権者に先立って自己の債権の弁済を受ける権利を有する。

2 地上権及び永小作権も、抵当権の目的とすることができる。この場合においては、この章の規定を準用する。

第370条（抵当権の効力の及ぶ範囲）

抵当権は、抵当地の上に存する建物を除き、その目的である不動産（以下「抵当不動産」という。）に付加して一体となっている物に及ぶ。ただし、設定行為に別段の定めがある場合及び債務者の行為について第424条第3項に規定する詐害行為取消請求をすることができる場合は、この限りでない。

第371条〔同前〕

抵当権は、その担保する債権について不履行があったときは、その後に生じた抵当不動産の果実に及ぶ。

第372条（留置権等の規定の準用）

第296条、第304条及び第351条の規定は、抵当権について準用する。

第2節　抵当権の効力

第373条（抵当権の順位）

同一の不動産について数個の抵当権が設定されたときは、その抵当権の順位は、登記の前後による。

第374条（抵当権の順位の変更）

1 抵当権の順位は、各抵当権者の合意によって変更することができる。ただし、利害関係を有する者があるときは、その承諾を得なければならない。

2 前項の規定による順位の変更は、その登記をしなければ、その効力を生じない。

第375条（抵当権の被担保債権の範囲）

1 抵当権者は、利息その他の定期金を請求する権利を有するときは、その満期となった最後の2年分についてのみ、その抵当権を行使することができる。ただし、それ以前の定期金についても、満期後に特別の登記をしたときは、その登記の時からその抵当権を行使することを妨げない。

2 前項の規定は、抵当権者が債務の不履行によって生じた損害の賠償を請求する権利を有する場合におけるその最後の2年分についても適用する。ただし、利息その他の定期金と通算して2年分を超えることができない。

第376条（抵当権の処分）

1 抵当権者は、その抵当権を他の債権の担保とし、又は同一の債務者に対する他の債権者の利益のためにその抵当権若しくはその順位を譲渡し、若しくは放棄することができる。

2 前項の場合において、抵当権者が数人のためにその抵当権の処分をしたときは、その処分の利益を受ける者の権利の順位は、抵当権の登記にした付記の前後による。

第377条（抵当権の処分の対抗要件）

1 前条の場合には、第467条の規定に従い、主たる債務者に抵当権の処分を通知し、又は主たる債務者がこれを承諾しなければ、これをもって主たる債務者、保証人、抵当権設定者及びこれらの者の承継人に対抗することができない。

2 主たる債務者が前項の規定により通知を受け、又は承諾をしたときは、抵当権の処分の利益を受ける者の承諾を得ないでした弁済は、その受益者に対抗することができない。

第378条（代価弁済）

抵当不動産について所有権又は地上権を買い受けた第三者が、抵当権者の請求に応じてその抵当権者にその代価を弁済したときは、抵当権は、その第三者のために消滅する。

第379条（抵当権消滅請求）

抵当不動産の第三取得者は、第383条の定めるところにより、抵当権消滅請求をすることができる。

第380条〔同前〕

主たる債務者、保証人及びこれらの者の承継人は、抵当権消滅請求をすることができない。

第381条〔同前〕

抵当不動産の停止条件付第三取得者は、その停止条件の成否が未定である間は、抵当権消滅請求をすることができない。

第382条（抵当権消滅請求の時期）

抵当不動産の第三取得者は、抵当権の実行としての競売による差押えの効力が発生する前に、抵当権消滅請求をしなければならない。

第383条（抵当権消滅請求の手続）

抵当不動産の第三取得者は、抵当権消滅請求をするときは、登記をした各債権者に対し、次に掲げる書面を送付しなければならない。

一　取得の原因及び年月日、譲渡人及び取得者の氏名及び住所並びに抵当不動産の性質、所在及び代価その他取得者の負担を記載した書面

二　抵当不動産に関する登記事項証明書（現に効力を有する登記事項のすべてを証明したものに限る。）

三　債権者が2箇月以内に抵当権を実行して競売の申立てをしないときは、抵当不動産の第三取得者が第一号に規定する代価又は特に指定した金額を債権の順位に従って弁済し又は供託すべき旨を記載した書面

第384条（債権者のみなし承諾）

次に掲げる場合には、前条各号に掲げる書面の送付を受けた債権者は、抵当不動産の第三取得者が同条第三号に掲げる書面に記載したところにより提供した同号の代価又は金額を承諾したものとみなす。

一　その債権者が前条各号に掲げる書面の送付を受けた後2箇月以内に抵当権を実行して競売の申立てをしないとき。

二　その債権者が前号の申立てを取り下げたとき。

三　第一号の申立てを却下する旨の決定が確定したとき。

四　第一号の申立てに基づく競売の手続を取り消す旨の決定（民事執行法第188条において準用する同法第63条第3項若しくは第68条の3第3項の規定又は同法第183条第1項第五号の謄本若しくは記録事項証明書が提出された場合における同条第2項の規定による決定を除く。）が確定したとき。

第385条（競売の申立ての通知）

第383条各号に掲げる書面の送付を受けた債権者は、前条第一号の申立てをするときは、同号の期間内に、債務者及び抵当不動産の譲渡人にその旨を通知しなければならない。

第386条（抵当権消滅請求の効果）

登記をしたすべての債権者が抵当不動産の第三取得者の提供した代価又は金額を承諾し、かつ、抵当不動産の第三取得者がその承諾を得た代価又は金額を払い渡し又は供託したときは、抵当権は、消滅する。

第387条（抵当権者の同意の登記がある場合の賃貸借の対抗力）

1　登記をした賃貸借は、その登記前に登記をした抵当権を有するすべての者が同意をし、かつ、その同意の登記があるときは、その同意をした抵当権者に対抗することができる。

2　抵当権者が前項の同意をするには、その抵当権を目的とする権利を有する者その他抵当権者の同意によって不利益を受けるべき者の承諾を得なければならない。

第388条（法定地上権）

土地及びその上に存する建物が同一の所有者に属する場合において、その土地又は建物につき抵当権が設定され、その実行により所有者を異にするに至ったときは、その建物について、地上権が設定されたものとみなす。この場合において、地代は、当事者の請求により、裁判所が定める。

第389条（抵当地の上の建物の競売）

1　抵当権の設定後に抵当地に建物が築造されたときは、抵当権者は、土地とともにその建物を競売することができる。ただし、その優先権は、土地の代価についてのみ行使することができる。

2　前項の規定は、その建物の所有者が抵当地を占有するについて抵当権者に対抗することができる権利を有する場合には、適用しない。

第390条（抵当不動産の第三取得者による買受け）

抵当不動産の第三取得者は、その競売において買受人となることができる。

第391条（抵当不動産の第三取得者による費用の償還請求）

抵当不動産の第三取得者は、抵当不動産について必要費又は有益費を支出したときは、第196条の区別に従い、抵当不動産の代価から、他の債権者より先にその償還を受けることができる。

第392条（共同抵当における代価の配当）

1　債権者が同一の債権の担保として数個の不動産につき抵当権を有する場合において、同時にその代価を配当すべきときは、その各不動産の価額に応じて、その債権の負担を按分する。

2　債権者が同一の債権の担保として数個の不動産につき抵当権を有する場合において、ある不動産の代価のみを配当すべきときは、抵当権者は、その代価から債権の全部の弁済を受けることができる。この場合において、次順位の抵当権者は、その弁済を受ける抵当権者が前項の規定に従い他の不動産の代価から弁済を受けるべき金額を限度として、その抵当権者に代位して抵当権を行使することができる。

第393条（共同抵当における代位の付記登記）

前条第2項後段の規定により代位によって抵当権を行使する者

は、その抵当権の登記にその代位を付記することができる。

第394条（抵当不動産以外の財産からの弁済）

1 抵当権者は、抵当不動産の代価から弁済を受けない債権の部分についてのみ、他の財産から弁済を受けることができる。

2 前項の規定は、抵当不動産の代価に先立って他の財産の代価を配当すべき場合には、適用しない。この場合において、他の各債権者は、抵当権者に同項の規定による弁済を受けさせるため、抵当権者に配当すべき金額の供託を請求することができる。

第395条（抵当建物使用者の引渡しの猶予）

1 抵当権者に対抗することができない賃貸借により抵当権の目的である建物の使用又は収益をする者であって次に掲げるもの（次項において「抵当建物使用者」という。）は、その建物の競売における買受人の買受けの時から6箇月を経過するまでは、その建物を買受人に引き渡すことを要しない。

一　競売手続の開始前から使用又は収益をする者

二　強制管理又は担保不動産収益執行の管理人が競売手続の開始後にした賃貸借により使用又は収益をする者

2 前項の規定は、買受人の買受けの時より後に同項の建物の使用をしたことの対価について、買受人が抵当建物使用者に対し相当の期間を定めてその1箇月分以上の支払の催告をし、その相当の期間内に履行がない場合には、適用しない。

第3節　抵当権の消滅

第396条（抵当権の消滅時効）

抵当権は、債務者及び抵当権設定者に対しては、その担保する債権と同時でなければ、時効によって消滅しない。

第397条（抵当不動産の時効取得による抵当権の消滅）

債務者又は抵当権設定者でない者が抵当不動産について取得時効に必要な要件を具備する占有をしたときは、抵当権は、これによって消滅する。

第398条（抵当権の目的である地上権等の放棄）

地上権又は永小作権を抵当権の目的とした地上権者又は永小作人は、その権利を放棄しても、これをもって抵当権者に対抗することができない。

第4節　根抵当

第398条の2（根抵当権）

1 抵当権は、設定行為で定めるところにより、一定の範囲に属する不特定の債権を極度額の限度において担保するためにも設定することができる。

2 前項の規定による抵当権（以下「根抵当権」という。）の担保すべき不特定の債権の範囲は、債務者との特定の継続的取引契約によって生ずるものその他債務者との一定の種類の取引によって生ずるものに限定して、定めなければならない。

3 特定の原因に基づいて債務者との間に継続して生ずる債権、手形上若しくは小切手上の請求権又は電子記録債権（電子記録債権法（平成19年法律第102号）第2条第1項に規定する電子記録債権をいう。次条第2項において同じ。）は、前項の規定にかかわらず、根抵当権の担保すべき債権とすることができる。

第398条の3（根抵当権の被担保債権の範囲）

1 根抵当権者は、確定した元本並びに利息その他の定期金及び債務の不履行によって生じた損害の賠償の全部について、極度額を限度として、その根抵当権を行使することができる。

2 債務者との取引によらないで取得する手形上若しくは小切手上の請求権又は電子記録債権を根抵当権の担保すべき債権とした場合において、次に掲げる事由があったときは、その前に取得したものについてのみ、その根抵当権を行使することができる。ただし、その後に取得したものであっても、その事由を知らないで取得したものについては、これを行使することを妨げない。

一　債務者の支払の停止

二　債務者についての破産手続開始、再生手続開始、更生手続開始又は特別清算開始の申立て

三　抵当不動産に対する競売の申立て又は滞納処分による差押え

第398条の4（根抵当権の被担保債権の範囲及び債務者の変更）

1 元本の確定前においては、根抵当権の担保すべき債権の範囲の変更をすることができる。債務者の変更についても、同様とする。

2 前項の変更をするには、後順位の抵当権者その他の第三者の承諾を得ることを要しない。

3 第1項の変更について元本の確定前に登記をしなかったときは、その変更をしなかったものとみなす。

第398条の5（根抵当権の極度額の変更）

根抵当権の極度額の変更は、利害関係を有する者の承諾を得なければ、することができない。

第398条の6（根抵当権の元本確定期日の定め）

1 根抵当権の担保すべき元本については、その確定すべき期日を定め又は変更することができる。

2 第398条の4第2項の規定は、前項の場合について準用する。
3 第1項の期日は、これを定め又は変更した日から5年以内でなければならない。
4 第1項の期日の変更についてその変更前の期日より前に登記をしなかったときは、担保すべき元本は、その変更前の期日に確定する。

第398条の7（根抵当権の被担保債権の譲渡等）

1 元本の確定前に根抵当権者から債権を取得した者は、その債権について根抵当権を行使することができない。元本の確定前に債務者のために又は債務者に代わって弁済をした者も、同様とする。
2 元本の確定前に債務の引受けがあったときは、根抵当権者は、引受人の債務について、その根抵当権を行使することができない。
3 元本の確定前に免責的債務引受があった場合における債権者は、第472条の4第1項の規定にかかわらず、根抵当権を引受人が負担する債務に移すことができない。
4 元本の確定前に債権者の交替による更改があった場合における更改前の債権者は、第518条第1項の規定にかかわらず、根抵当権を更改後の債務に移すことができない。元本の確定前に債務者の交替による更改があった場合における債権者も、同様とする。

第398条の8（根抵当権者又は債務者の相続）

1 元本の確定前に根抵当権者について相続が開始したときは、根抵当権は、相続開始の時に存する債権のほか、相続人と根抵当権設定者との合意により定めた相続人が相続の開始後に取得する債権を担保する。
2 元本の確定前にその債務者について相続が開始したときは、根抵当権は、相続開始の時に存する債務のほか、根抵当権者と根抵当権設定者との合意により定めた相続人が相続の開始後に負担する債務を担保する。
3 第398条の4第2項の規定は、前2項の合意をする場合について準用する。
4 第1項及び第2項の合意について相続の開始後6箇月以内に登記をしないときは、担保すべき元本は、相続開始の時に確定したものとみなす。

第398条の9（根抵当権者又は債務者の合併）

1 元本の確定前に根抵当権者について合併があったときは、根抵当権は、合併の時に存する債権のほか、合併後存続する法人又は合併によって設立された法人が合併後に取得する債権を担保する。
2 元本の確定前にその債務者について合併があったときは、根抵当権は、合併の時に存する債務のほか、合併後存続する法人又は合併によって設立された法人が合併後に負担する債務を担保する。
3 前2項の場合には、根抵当権設定者は、担保すべき元本の確定を請求することができる。ただし、前項の場合において、その債務者が根抵当権設定者であるときは、この限りでない。
4 前項の規定による請求があったときは、担保すべき元本は、合併の時に確定したものとみなす。
5 第3項の規定による請求は、根抵当権設定者が合併のあったことを知った日から2週間を経過したときは、することができない。合併の日から1箇月を経過したときも、同様とする。

第398条の10（根抵当権者又は債務者の会社分割）

1 元本の確定前に根抵当権者を分割をする会社とする分割があったときは、根抵当権は、分割の時に存する債権のほか、分割をした会社及び分割により設立された会社又は当該分割をした会社がその事業に関して有する権利義務の全部又は一部を当該会社から承継した会社が分割後に取得する債権を担保する。
2 元本の確定前にその債務者を分割をする会社とする分割があったときは、根抵当権は、分割の時に存する債務のほか、分割をした会社及び分割により設立された会社又は当該分割をした会社がその事業に関して有する権利義務の全部又は一部を当該会社から承継した会社が分割後に負担する債務を担保する。
3 前条第3項から第5項までの規定は、前2項の場合について準用する。

第398条の11（根抵当権の処分）

1 元本の確定前においては、根抵当権者は、第376条第1項の規定による根抵当権の処分をすることができない。ただし、その根抵当権を他の債権の担保とすることを妨げない。
2 第377条第2項の規定は、前項ただし書の場合において元本の確定前にした弁済については、適用しない。

第398条の12（根抵当権の譲渡）

1 元本の確定前においては、根抵当権者は、根抵当権設定者の承諾を得て、その根抵当権を譲り渡すことができる。
2 根抵当権者は、その根抵当権を2個の根抵当権に分割して、その一方を前項の規定により譲り渡すことができる。この場合において、その根抵当権を目的とする権利は、譲り渡した根抵当権について消滅する。
3 前項の規定による譲渡をするに

は、その根抵当権を目的とする権利を有する者の承諾を得なければならない。

第398条の13（根抵当権の一部譲渡）

元本の確定前においては、根抵当権者は、根抵当権設定者の承諾を得て、その根抵当権の一部譲渡（譲渡人が譲受人と根抵当権を共有するため、これを分割しないで譲り渡すことをいう。以下この節において同じ。）をすることができる。

第398条の14（根抵当権の共有）

1 根抵当権の共有者は、それぞれその債権額の割合に応じて弁済を受ける。ただし、元本の確定前に、これと異なる割合を定め、又はある者が他の者に先立って弁済を受けるべきことを定めたときは、その定めに従う。

2 根抵当権の共有者は、他の共有者の同意を得て、第398条の12第1項の規定によりその権利を譲り渡すことができる。

第398条の15（抵当権の順位の譲渡又は放棄と根抵当権の譲渡又は一部譲渡）

抵当権の順位の譲渡又は放棄を受けた根抵当権者が、その根抵当権の譲渡又は一部譲渡をしたときは、譲受人は、その順位の譲渡又は放棄の利益を受ける。

第398条の16（共同根抵当）

第392条及び第393条の規定は、根抵当権については、その設定と同時に同一の債権の担保として数個の不動産につき根抵当権が設定された旨の登記をした場合に限り、適用する。

第398条の17（共同根抵当の変更等）

1 前条の登記がされている根抵当権の担保すべき債権の範囲、債務者若しくは極度額の変更又はその譲渡若しくは一部譲渡は、その根抵当権が設定されているすべての不動産について登記をしなければ、その効力を生じない。

2 前条の登記がされている根抵当権の担保すべき元本は、1個の不動産についてのみ確定すべき事由が生じた場合においても、確定する。

第398条の18（累積根抵当）

数個の不動産につき根抵当権を有する者は、第398条の16の場合を除き、各不動産の代価について、各極度額に至るまで優先権を行使することができる。

第398条の19（根抵当権の元本の確定請求）

1 根抵当権設定者は、根抵当権の設定の時から3年を経過したときは、担保すべき元本の確定を請求することができる。この場合において、担保すべき元本は、その請求の時から2週間を経過することによって確定する。

2 根抵当権者は、いつでも、担保すべき元本の確定を請求することができる。この場合において、担保すべき元本は、その請求の時に確定する。

3 前2項の規定は、担保すべき元本の確定すべき期日の定めがあるときは、適用しない。

第398条の20（根抵当権の元本の確定事由）

1 次に掲げる場合には、根抵当権の担保すべき元本は、確定する。

一 根抵当権者が抵当不動産について競売若しくは担保不動産収益執行又は第372条において準用する第304条の規定による差押えを申し立てたとき。ただし、競売手続若しくは担保不動産収益執行手続の開始又は差押えがあったときに限る。

二 根抵当権者が抵当不動産に対して滞納処分による差押えをしたとき。

三 根抵当権者が抵当不動産に対する競売手続の開始又は滞納処分による差押えがあったことを知った時から2週間を経過したとき。

四 債務者又は根抵当権設定者が破産手続開始の決定を受けたとき。

2 前項第三号の競売手続の開始若しくは差押え又は同項第四号の破産手続開始の決定の効力が消滅したときは、担保すべき元本は、確定しなかったものとみなす。ただし、元本が確定したものとしてその根抵当権又はこれを目的とする権利を取得した者があるときは、この限りでない。

第398条の21（根抵当権の極度額の減額請求）

1 元本の確定後においては、根抵当権設定者は、その根抵当権の極度額を、現に存する債務の額と以後2年間に生ずべき利息その他の定期金及び債務の不履行による損害賠償の額とを加えた額に減額することを請求することができる。

2 第398条の16の登記がされている根抵当権の極度額の減額については、前項の規定による請求は、そのうちの1個の不動産についてすれば足りる。

第398条の22（根抵当権の消滅請求）

1 元本の確定後において現に存する債務の額が根抵当権の極度額を超えるときは、他人の債務を担保するためその根抵当権を設定した者又は抵当不動産について所有権、地上権、永小作権若しくは第三者に対抗することができる賃借権を取得した第三者は、その極度額に相当する金額を払い渡し又は供託して、その根抵当権の消滅請求をすることができる。この場合において、その払渡し又は供託は、弁済の効力を有する。

2 第398条の16の登記がされて

いる根抵当権は、1個の不動産について前項の消滅請求があったときは、消滅する。
3 第380条及び第381条の規定は、第1項の消滅請求について準用する。

債権総論

第3編 債権

第1章 総則

第1節 債権の目的

第399条（債権の目的）
債権は、金銭に見積もることができないものであっても、その目的とすることができる。

第400条（特定物の引渡しの場合の注意義務）
債権の目的が特定物の引渡しであるときは、債務者は、その引渡しをするまで、契約その他の債権の発生原因及び取引上の社会通念に照らして定まる善良な管理者の注意をもって、その物を保存しなければならない。

第401条（種類債権）
1 債権の目的物を種類のみで指定した場合において、法律行為の性質又は当事者の意思によってその品質を定めることができないときは、債務者は、中等の品質を有する物を給付しなければならない。
2 前項の場合において、債務者が物の給付をするのに必要な行為を完了し、又は債権者の同意を得てその給付すべき物を指定したときは、以後その物を債権の目的物とする。

第402条（金銭債権）
1 債権の目的物が金銭であるときは、債務者は、その選択に従い、各種の通貨で弁済をすることができる。ただし、特定の種類の通貨の給付を債権の目的としたときは、この限りでない。
2 債権の目的物である特定の種類の通貨が弁済期に強制通用の効力を失っているときは、債務者は、他の通貨で弁済をしなければならない。
3 前2項の規定は、外国の通貨の給付を債権の目的とした場合について準用する。

第403条〔債務の弁済方法〕
外国の通貨で債権額を指定したときは、債務者は、履行地における為替相場により、日本の通貨で弁済をすることができる。

第404条（法定利率）
1 利息を生ずべき債権について別段の意思表示がないときは、その利率は、その利息が生じた最初の時点における法定利率による。
2 法定利率は、年3パーセントとする。
3 前項の規定にかかわらず、法定利率は、法務省令で定めるところにより、3年を1期とし、1期ごとに、次項の規定により変動するものとする。
4 各期における法定利率は、この項の規定により法定利率に変動があった期のうち直近のもの（以下この項において「直近変動期」という。）における基準割合と当期における基準割合との差に相当する割合（その割合に1パーセント未満の端数があるときは、これを切り捨てる。）を直近変動期における法定利率に加算し、又は減算した割合とする。
5 前項に規定する「基準割合」とは、法務省令で定めるところにより、各期の初日の属する年の6年前の年の1月から前々年の12月までの各月における短期貸付けの平均利率（当該各月において銀行が新たに行った貸付け（貸付期間が1年未満のものに限る。）に係る利率の平均をいう。）の合計を60で除して計算した割合（その割合に0.1パーセント未満の端数があるときは、これを切り捨てる。）として法務大臣が告示するものをいう。

第405条（利息の元本への組入れ）
利息の支払が1年分以上延滞した場合において、債権者が催告をしても、債務者がその利息を支払わないときは、債権者は、これを元本に組み入れることができる。

第406条（選択債権における選択権の帰属）
債権の目的が数個の給付の中から選択によって定まるときは、その選択権は、債務者に属する。

第407条（選択権の行使）
1 前条の選択権は、相手方に対する意思表示によって行使する。
2 前項の意思表示は、相手方の承諾を得なければ、撤回することができない。

第408条（選択権の移転）
債権が弁済期にある場合において、相手方から相当の期間を定めて催告をしても、選択権を有する当事者がその期間内に選択をしないときは、その選択権は、相手方に移転する。

第409条（第三者の選択権）
1 第三者が選択をすべき場合には、その選択は、債権者又は債務者に対する意思表示によってする。
2 前項に規定する場合において、第三者が選択をすることができず、又は選択をする意思を有しないときは、選択権は、債務者に移転する。

第410条（不能による選択債権の特定）
債権の目的である給付の中に不能のものがある場合において、その不能が選択権を有する者の過失によるものであるときは、債権は、その残存するものについて存在する。

第411条（選択の効力）
選択は、債権の発生の時にさかのぼってその効力を生ずる。ただし、第三者の権利を害することはできない。

第2節　債権の効力

第1款　債務不履行の責任等

第412条（履行期と履行遅滞）

1 債務の履行について確定期限があるときは、債務者は、その期限の到来した時から遅滞の責任を負う。

2 債務の履行について不確定期限があるときは、債務者は、その期限の到来した後に履行の請求を受けた時又はその期限の到来したことを知った時のいずれか早い時から遅滞の責任を負う。

3 債務の履行について期限を定めなかったときは、債務者は、履行の請求を受けた時から遅滞の責任を負う。

第412条の2（履行不能）

1 債務の履行が契約その他の債務の発生原因及び取引上の社会通念に照らして不能であるときは、債権者は、その債務の履行を請求することができない。

2 契約に基づく債務の履行がその契約の成立の時に不能であったことは、第415条の規定によりその履行の不能によって生じた損害の賠償を請求することを妨げない。

第413条（受領遅滞）

1 債権者が債務の履行を受けることを拒み、又は受けることができない場合において、その債務の目的が特定物の引渡しであるときは、債務者は、履行の提供をした時からその引渡しをするまで、自己の財産に対するのと同一の注意をもって、その物を保存すれば足りる。

2 債権者が債務の履行を受けることを拒み、又は受けることができないことによって、その履行の費用が増加したときは、その増加額は、債権者の負担とする。

第413条の2（履行遅滞中又は受領遅滞中の履行不能と帰責事由）

1 債務者がその債務について遅滞の責任を負っている間に当事者双方の責めに帰することができない事由によってその債務の履行が不能となったときは、その履行の不能は、債務者の責めに帰すべき事由によるものとみなす。

2 債権者が債務の履行を受けることを拒み、又は受けることができない場合において、履行の提供があった時以後に当事者双方の責めに帰することができない事由によってその債務の履行が不能となったときは、その履行の不能は、債権者の責めに帰すべき事由によるものとみなす。

第414条（履行の強制）

1 債務者が任意に債務の履行をしないときは、債権者は、民事執行法その他強制執行の手続に関する法令の規定に従い、直接強制、代替執行、間接強制その他の方法による履行の強制を裁判所に請求することができる。ただし、債務の性質がこれを許さないときは、この限りでない。

2 前項の規定は、損害賠償の請求を妨げない。

第415条（債務不履行による損害賠償）

1 債務者がその債務の本旨に従った履行をしないとき又は債務の履行が不能であるときは、債権者は、これによって生じた損害の賠償を請求することができる。ただし、その債務の不履行が契約その他の債務の発生原因及び取引上の社会通念に照らして債務者の責めに帰することができない事由によるものであるときは、この限りでない。

2 前項の規定により損害賠償の請求をすることができる場合において、債権者は、次に掲げるときは、債務の履行に代わる損害賠償の請求をすることができる。

一　債務の履行が不能であるとき。

二　債務者がその債務の履行を拒絶する意思を明確に表示したとき。

三　債務が契約によって生じたものである場合において、その契約が解除され、又は債務の不履行による契約の解除権が発生したとき。

第416条（損害賠償の範囲）

1 債務の不履行に対する損害賠償の請求は、これによって通常生ずべき損害の賠償をさせることをその目的とする。

2 特別の事情によって生じた損害であっても、当事者がその事情を予見すべきであったときは、債権者は、その賠償を請求することができる。

第417条（損害賠償の方法）

損害賠償は、別段の意思表示がないときは、金銭をもってその額を定める。

第417条の2（中間利息の控除）

1 将来において取得すべき利益についての損害賠償の額を定める場合において、その利益を取得すべき時までの利息相当額を控除するときは、その損害賠償の請求権が生じた時点における法定利率により、これをする。

2 将来において負担すべき費用についての損害賠償の額を定める場合において、その費用を負担すべき時までの利息相当額を控除するときも、前項と同様とする。

第418条（過失相殺）

債務の不履行又はこれによる損害の発生若しくは拡大に関して債権者に過失があったときは、裁判所は、これを考慮して、損害賠償の責任及びその額を定める。

第419条（金銭債務の特則）
1 金銭の給付を目的とする債務の不履行については、その損害賠償の額は、債務者が遅滞の責任を負った最初の時点における法定利率によって定める。ただし、約定利率が法定利率を超えるときは、約定利率による。
2 前項の損害賠償については、債権者は、損害の証明をすることを要しない。
3 第1項の損害賠償については、債務者は、不可抗力をもって抗弁とすることができない。

第420条（賠償額の予定）
1 当事者は、債務の不履行について損害賠償の額を予定することができる。
2 賠償額の予定は、履行の請求又は解除権の行使を妨げない。
3 違約金は、賠償額の予定と推定する。

第421条〔準用〕
前条の規定は、当事者が金銭でないものを損害の賠償に充てるべき旨を予定した場合について準用する。

第422条（損害賠償による代位）
債権者が、損害賠償として、その債権の目的である物又は権利の価額の全部の支払を受けたときは、債務者は、その物又は権利について当然に債権者に代位する。

第422条の2（代償請求権）
債務者が、その債務の履行が不能となったのと同一の原因により債務の目的物の代償である権利又は利益を取得したときは、債権者は、その受けた損害の額の限度において、債務者に対し、その権利の移転又はその利益の償還を請求することができる。

第2款　債権者代位権

第423条（債権者代位権の要件）
1 債権者は、自己の債権を保全するため必要があるときは、債務者に属する権利（以下「被代位権利」という。）を行使することができる。ただし、債務者の一身に専属する権利及び差押えを禁じられた権利は、この限りでない。
2 債権者は、その債権の期限が到来しない間は、被代位権利を行使することができない。ただし、保存行為は、この限りでない。
3 債権者は、その債権が強制執行により実現することのできないものであるときは、被代位権利を行使することができない。

第423条の2（代位行使の範囲）
債権者は、被代位権利を行使する場合において、被代位権利の目的が可分であるときは、自己の債権の額の限度においてのみ、被代位権利を行使することができる。

第423条の3（債権者への支払又は引渡し）
債権者は、被代位権利を行使する場合において、被代位権利が金銭の支払又は動産の引渡しを目的とするものであるときは、相手方に対し、その支払又は引渡しを自己に対してすることを求めることができる。この場合において、相手方が債権者に対してその支払又は引渡しをしたときは、被代位権利は、これによって消滅する。

第423条の4（相手方の抗弁）
債権者が被代位権利を行使したときは、相手方は、債務者に対して主張することができる抗弁をもって、債権者に対抗することができる。

第423条の5（債務者の取立てその他の処分の権限等）
債権者が被代位権利を行使した場合であっても、債務者は、被代位権利について、自ら取立てその他の処分をすることを妨げられない。この場合においては、相手方も、被代位権利について、債務者に対して履行をすることを妨げられない。

第423条の6（被代位権利の行使に係る訴えを提起した場合の訴訟告知）
債権者は、被代位権利の行使に係る訴えを提起したときは、遅滞なく、債務者に対し、訴訟告知をしなければならない。

第423条の7（登記又は登録の請求権を保全するための債権者代位権）
登記又は登録をしなければ権利の得喪及び変更を第三者に対抗することができない財産を譲り受けた者は、その譲渡人が第三者に対して有する登記手続又は登録手続をすべきことを請求する権利を行使しないときは、その権利を行使することができる。この場合においては、前3条の規定を準用する。

第3款　詐害行為取消権

第1目　詐害行為取消権の要件

第424条（詐害行為取消請求）
1 債権者は、債務者が債権者を害することを知ってした行為の取消しを裁判所に請求することができる。ただし、その行為によって利益を受けた者（以下この款において「受益者」という。）がその行為の時において債権者を害することを知らなかったときは、この限りでない。
2 前項の規定は、財産権を目的としない行為については、適用しない。
3 債権者は、その債権が第1項に規定する行為の前の原因に基づいて生じたものである場合に限り、同項の規定による請求（以下「詐害行為取消請求」という。）をすることができる。
4 債権者は、その債権が強制執行により実現することのできないものであるときは、詐害行為取消請求をすることができない。

第424条の2（相当の対価を得てした財産の処分行為の特則）
債務者が、その有する財産を処

分する行為をした場合において、受益者から相当の対価を取得しているときは、債権者は、次に掲げる要件のいずれにも該当する場合に限り、その行為について、詐害行為取消請求をすることができる。

一　その行為が、不動産の金銭への換価その他の当該処分による財産の種類の変更により、債務者において隠匿、無償の供与その他の債権者を害することとなる処分（以下この条において「隠匿等の処分」という。）をするおそれを現に生じさせるものであること。

二　債務者が、その行為の当時、対価として取得した金銭その他の財産について、隠匿等の処分をする意思を有していたこと。

三　受益者が、その行為の当時、債務者が隠匿等の処分をする意思を有していたことを知っていたこと。

第424条の3（特定の債権者に対する担保の供与等の特例）

1 債務者がした既存の債務についての担保の供与又は債務の消滅に関する行為について、債権者は、次に掲げる要件のいずれにも該当する場合に限り、詐害行為取消請求をすることができる。

一　その行為が、債務者が支払不能（債務者が、支払能力を欠くために、その債務のうち弁済期にあるものにつき、一般的かつ継続的に弁済することができない状態をいう。次項第一号において同じ。）の時に行われたものであること。

二　その行為が、債務者と受益者とが通謀して他の債権者を害する意図をもって行われたものであること。

2 前項に規定する行為が、債務者の義務に属せず、又はその時期が債務者の義務に属しないものである場合において、次に掲げる要件のいずれにも該当するときは、債権者は、同項の規定にかかわらず、その行為について、詐害行為取消請求をすることができる。

一　その行為が、債務者が支払不能になる前30日以内に行われたものであること。

二　その行為が、債務者と受益者とが通謀して他の債権者を害する意図をもって行われたものであること。

第424条の4（過大な代物弁済等の特則）

債務者がした債務の消滅に関する行為であって、受益者の受けた給付の価額がその行為によって消滅した債務の額より過大であるものについて、第424条に規定する要件に該当するときは、債権者は、前条第1項の規定にかかわらず、その消滅した債務の額に相当する部分以外の部分については、詐害行為取消請求をすることができる。

第424条の5（転得者に対する詐害行為取消請求）

債権者は、受益者に対して詐害行為取消請求をすることができる場合において、受益者に移転した財産を転得した者があるときは、次の各号に掲げる区分に応じ、それぞれ当該各号に定める場合に限り、その転得者に対しても、詐害行為取消請求をすることができる。

一　その転得者が受益者から転得した者である場合　その転得者が、転得の当時、債務者がした行為が債権者を害することを知っていたとき。

二　その転得者が他の転得者から転得した者である場合　その転得者及びその前に転得した全ての転得者が、それぞれの転得の当時、債務者がした行為が債権者を害することを知っていたとき。

第2目　詐害行為取消権の行使の方法等

第424条の6（財産の返還又は価額の償還の請求）

1 債権者は、受益者に対する詐害行為取消請求において、債務者がした行為の取消しとともに、その行為によって受益者に移転した財産の返還を請求することができる。受益者がその財産の返還をすることが困難であるときは、債権者は、その価額の償還を請求することができる。

2 債権者は、転得者に対する詐害行為取消請求において、債務者がした行為の取消しとともに、転得者が転得した財産の返還を請求することができる。転得者がその財産の返還をすることが困難であるときは、債権者は、その価額の償還を請求することができる。

第424条の7（被告及び訴訟告知）

1 詐害行為取消請求に係る訴えについては、次の各号に掲げる区分に応じ、それぞれ当該各号に定める者を被告とする。

一　受益者に対する詐害行為取消請求に係る訴え　受益者

二　転得者に対する詐害行為取消請求に係る訴え　その詐害行為取消請求の相手方である転得者

2 債権者は、詐害行為取消請求に係る訴えを提起したときは、遅滞なく、債務者に対し、訴訟告知をしなければならない。

第424条の8（詐害行為の取消しの範囲）

1 債権者は、詐害行為取消請求をする場合において、債務者がした行為の目的が可分であるときは、自己の債権の額の限度においてのみ、その行為の取消しを請求することができる。
2 債権者が第424条の6第1項後段又は第2項後段の規定により価額の償還を請求する場合についても、前項と同様とする。

第424条の9（債権者への支払又は引渡し）

1 債権者は、第424条の6第1項前段又は第2項前段の規定により受益者又は転得者に対して財産の返還を請求する場合において、その返還の請求が金銭の支払又は動産の引渡しを求めるものであるときは、受益者に対してその支払又は引渡しを、転得者に対してその引渡しを、自己に対してすることを求めることができる。この場合において、受益者又は転得者は、債権者に対してその支払又は引渡しをしたときは、債務者に対してその支払又は引渡しをすることを要しない。
2 債権者が第424条の6第1項後段又は第2項後段の規定により受益者又は転得者に対して価額の償還を請求する場合についても、前項と同様とする。

第3目　詐害行為取消権の行使の効果

第425条（認容判決の効力が及ぶ者の範囲）

詐害行為取消請求を認容する確定判決は、債務者及びその全ての債権者に対してもその効力を有する。

第425条の2（債務者の受けた反対給付に関する受益者の権利）

債務者がした財産の処分に関する行為（債務の消滅に関する行為を除く。）が取り消されたときは、受益者は、債務者に対し、その財産を取得するためにした反対給付の返還を請求することができる。債務者がその反対給付の返還をすることが困難であるときは、受益者は、その価額の償還を請求することができる。

第425条の3（受益者の債権の回復）

債務者がした債務の消滅に関する行為が取り消された場合（第424条の4の規定により取り消された場合を除く。）において、受益者が債務者から受けた給付を返還し、又はその価額を償還したときは、受益者の債務者に対する債権は、これによって原状に復する。

第425条の4（詐害行為取消請求を受けた転得者の権利）

債務者がした行為が転得者に対する詐害行為取消請求によって取り消されたときは、その転得者は、次の各号に掲げる区分に応じ、それぞれ当該各号に定める権利を行使することができる。ただし、その転得者がその前者から財産を取得するためにした反対給付又はその前者から財産を取得することによって消滅した債権の価額を限度とする。

一　第425条の2に規定する行為が取り消された場合　その行為が受益者に対する詐害行為取消請求によって取り消されたとすれば同条の規定により生ずべき受益者の債務者に対する反対給付の返還請求権又はその価額の償還請求権
二　前条に規定する行為が取り消された場合（第424条の4の規定により取り消された場合を除く。）　その行為が受益者に対する詐害行為取消請求によって取り消されたとすれば前条の規定により回復すべき受益者の債務者に対する債権

第4目　詐害行為取消権の期間の制限

第426条〔詐害行為取消請求の提起〕

詐害行為取消請求に係る訴えは、債務者が債権者を害することを知って行為をしたことを債権者が知った時から2年を経過したときは、提起することができない。行為の時から10年を経過したときも、同様とする。

第3節　多数当事者の債権及び債務

第1款　総則

第427条（分割債権及び分割債務）

数人の債権者又は債務者がある場合において、別段の意思表示がないときは、各債権者又は各債務者は、それぞれ等しい割合で権利を有し、又は義務を負う。

第2款　不可分債権及び不可分債務

第428条（不可分債権）

次款（連帯債権）の規定（第433条及び第435条の規定を除く。）は、債権の目的がその性質上不可分である場合において、数人の債権者があるときについて準用する。

第429条（不可分債権者の1人との間の更改又は免除）

不可分債権者の1人と債務者との間に更改又は免除があった場合においても、他の不可分債権者は、債務の全部の履行を請求することができる。この場合においては、その1人の不可分債権者がその権利を失わなければ分与されるべき利益を債務者に償還しなければならない。

第430条（不可分債務）

第4款（連帯債務）の規定（第440条の規定を除く。）は、債務の目的がその性質上不可分である場合において、数人の債務者があるときについて準用する。

第431条（可分債権又は可分債務への変更）

不可分債権が可分債権となっ

たときは、各債権者は自己が権利を有する部分についてのみ履行を請求することができ、不可分債務が可分債務となったときは、各債務者はその負担部分についてのみ履行の責任を負う。

第3款　連帯債権

第432条（連帯債権者による履行の請求等）

債権の目的がその性質上可分である場合において、法令の規定又は当事者の意思表示によって数人が連帯して債権を有するときは、各債権者は、全ての債権者のために全部又は一部の履行を請求することができ、債務者は、全ての債権者のために各債権者に対して履行をすることができる。

第433条（連帯債権者の1人との間の更改又は免除）

連帯債権者の1人と債務者との間に更改又は免除があったときは、その連帯債権者がその権利を失わなければ分与されるべき利益に係る部分については、他の連帯債権者は、履行を請求することができない。

第434条（連帯債権者の1人との間の相殺）

債務者が連帯債権者の1人に対して債権を有する場合において、その債務者が相殺を援用したときは、その相殺は、他の連帯債権者に対しても、その効力を生ずる。

第435条（連帯債権者の1人との間の混同）

連帯債権者の1人と債務者との間に混同があったときは、債務者は、弁済をしたものとみなす。

第435条の2（相対的効力の原則）

第432条から前条までに規定する場合を除き、連帯債権者の1人の行為又は1人について生じた事由は、他の連帯債権者に対してその効力を生じない。ただし、他の連帯債権者の1人及び債務者が別段の意思を表示したときは、当該他の連帯債権者に対する効力は、その意思に従う。

第4款　連帯債務

第436条（連帯債務者に対する履行の請求）

債務の目的がその性質上可分である場合において、法令の規定又は当事者の意思表示によって数人が連帯して債務を負担するときは、債権者は、その連帯債務者の1人に対し、又は同時に若しくは順次に全ての連帯債務者に対し、全部又は一部の履行を請求することができる。

第437条（連帯債務者の1人についての法律行為の無効等）

連帯債務者の1人について法律行為の無効又は取消しの原因があっても、他の連帯債務者の債務は、その効力を妨げられない。

第438条（連帯債務者の1人との間の更改）

連帯債務者の1人と債権者との間に更改があったときは、債権は、全ての連帯債務者の利益のために消滅する。

第439条（連帯債務者の1人による相殺等）

1　連帯債務者の1人が債権者に対して債権を有する場合において、その連帯債務者が相殺を援用したときは、債権は、全ての連帯債務者の利益のために消滅する。

2　前項の債権を有する連帯債務者が相殺を援用しない間は、その連帯債務者の負担部分の限度において、他の連帯債務者は、債権者に対して債務の履行を拒むことができる。

第440条（連帯債務者の1人との間の混同）

連帯債務者の1人と債権者との間に混同があったときは、その連帯債務者は、弁済をしたものとみなす。

第441条（相対的効力の原則）

第438条、第439条第1項及び前条に規定する場合を除き、連帯債務者の1人について生じた事由は、他の連帯債務者に対してその効力を生じない。ただし、債権者及び他の連帯債務者の1人が別段の意思を表示したときは、当該他の連帯債務者に対する効力は、その意思に従う。

第442条（連帯債務者間の求償権）

1　連帯債務者の1人が弁済をし、その他自己の財産をもって共同の免責を得たときは、その連帯債務者は、その免責を得た額が自己の負担部分を超えるかどうかにかかわらず、他の連帯債務者に対し、その免責を得るために支出した財産の額（その財産の額が共同の免責を得た額を超える場合にあっては、その免責を得た額）のうち各自の負担部分に応じた額の求償権を有する。

2　前項の規定による求償は、弁済その他免責があった日以後の法定利息及び避けることができなかった費用その他の損害の賠償を包含する。

第443条（通知を怠った連帯債務者の求償の制限）

1　他の連帯債務者があることを知りながら、連帯債務者の1人が共同の免責を得ることを他の連帯債務者に通知しないで弁済をし、その他自己の財産をもって共同の免責を得た場合において、他の連帯債務者は、債権者に対抗することができる事由を有していたときは、その負担部分について、その事由をもってその免責を得た連帯債務者に対抗することができる。この場合において、相殺をもってその免責を得た連帯債務者に対抗したときは、その連帯債務者は、債権者に対し、相殺によって消滅すべきであった債務の履行を請求することができる。

2　弁済をし、その他自己の財産を

もって共同の免責を得た連帯債務者が、他の連帯債務者があることを知りながらその免責を得たことを他の連帯債務者に通知することを怠ったため、他の連帯債務者が善意で弁済その他自己の財産をもって免責を得るための行為をしたときは、当該他の連帯債務者は、その免責を得るための行為を有効であったものとみなすことができる。

第444条（償還をする資力のない者の負担部分の分担）

1 連帯債務者の中に償還をする資力のない者があるときは、その償還をすることができない部分は、求償者及び他の資力のある者の間で、各自の負担部分に応じて分割して負担する。

2 前項に規定する場合において、求償者及び他の資力のある者がいずれも負担部分を有しない者であるときは、その償還をすることができない部分は、求償者及び他の資力のある者の間で、等しい割合で分割して負担する。

3 前2項の規定にかかわらず、償還を受けることができないことについて求償者に過失があるときは、他の連帯債務者に対して分担を請求することができない。

第445条（連帯債務者の1人との間の免除等と求償権）

連帯債務者の1人に対して債務の免除がされ、又は連帯債務者の1人のために時効が完成した場合においても、他の連帯債務者は、その1人の連帯債務者に対し、第442条第1項の求償権を行使することができる。

第5款　保証債務

第1目　総則

第446条（保証人の責任等）

1 保証人は、主たる債務者がその債務を履行しないときに、その履行をする責任を負う。

2 保証契約は、書面でしなければ、その効力を生じない。

3 保証契約がその内容を記録した電磁的記録によってされたときは、その保証契約は、書面によってされたものとみなして、前項の規定を適用する。

第447条（保証債務の範囲）

1 保証債務は、主たる債務に関する利息、違約金、損害賠償その他その債務に従たるすべてのものを包含する。

2 保証人は、その保証債務についてのみ、違約金又は損害賠償の額を約定することができる。

第448条（保証人の負担と主たる債務の目的又は態様）

1 保証人の負担が債務の目的又は態様において主たる債務より重いときは、これを主たる債務の限度に減縮する。

2 主たる債務の目的又は態様が保証契約の締結後に加重されたときであっても、保証人の負担は加重されない。

第449条（取り消すことができる債務の保証）

行為能力の制限によって取り消すことができる債務を保証した者は、保証契約の時においてその取消しの原因を知っていたときは、主たる債務の不履行の場合又はその債務の取消しの場合においてこれと同一の目的を有する独立の債務を負担したものと推定する。

第450条（保証人の要件）

1 債務者が保証人を立てる義務を負う場合には、その保証人は、次に掲げる要件を具備する者でなければならない。

一　行為能力者であること。

二　弁済をする資力を有すること。

2 保証人が前項第二号に掲げる要件を欠くに至ったときは、債権者は、同項各号に掲げる要件を具備する者をもってこれに代えることを請求することができる。

3 前2項の規定は、債権者が保証人を指名した場合には、適用しない。

第451条（他の担保の供与）

債務者は、前条第1項各号に掲げる要件を具備する保証人を立てることができないときは、他の担保を供してこれに代えることができる。

第452条（催告の抗弁）

債権者が保証人に債務の履行を請求したときは、保証人は、まず主たる債務者に催告をすべき旨を請求することができる。ただし、主たる債務者が破産手続開始の決定を受けたとき、又はその行方が知れないときは、この限りでない。

第453条（検索の抗弁）

債権者が前条の規定に従い主たる債務者に催告をした後であっても、保証人が主たる債務者に弁済をする資力があり、かつ、執行が容易であることを証明したときは、債権者は、まず主たる債務者の財産について執行をしなければならない。

第454条（連帯保証の場合の特則）

保証人は、主たる債務者と連帯して債務を負担したときは、前2条の権利を有しない。

第455条（催告の抗弁及び検索の抗弁の効果）

第452条又は第453条の規定により保証人の請求又は証明があったにもかかわらず、債権者が催告又は執行をすることを怠ったために主たる債務者から全部の弁済を得られなかったときは、保証人は、債権者が直ちに催告又は執行をすれば弁済を得ることができた限度において、その義務を免れる。

第456条（数人の保証人がある場合）

数人の保証人がある場合には、それらの保証人が各別の行為により債務を負担したときであっても、第427条の規定を適用する。

第457条（主たる債務者について生じた事由の効力）

1 主たる債務者に対する履行の請求その他の事由による時効の完成猶予及び更新は、保証人に対しても、その効力を生ずる。

2 保証人は、主たる債務者が主張することができる抗弁をもって債権者に対抗することができる。

3 主たる債務者が債権者に対して相殺権、取消権又は解除権を有するときは、これらの権利の行使によって主たる債務者がその債務を免れるべき限度において、保証人は、債権者に対して債務の履行を拒むことができる。

第458条（連帯保証人について生じた事由の効力）

第438条、第439条第1項、第440条及び第441条の規定は、主たる債務者と連帯して債務を負担する保証人について生じた事由について準用する。

第458条の2（主たる債務の履行状況に関する情報の提供義務）

保証人が主たる債務者の委託を受けて保証をした場合において、保証人の請求があったときは、債権者は、保証人に対し、遅滞なく、主たる債務の元本及び主たる債務に関する利息、違約金、損害賠償その他その債務に従たる全てのものについての不履行の有無並びにこれらの残額及びそのうち弁済期が到来しているものの額に関する情報を提供しなければならない。

第458条の3（主たる債務者が期限の利益を喪失した場合における情報の提供義務）

1 主たる債務者が期限の利益を有する場合において、その利益を喪失したときは、債権者は、保証人に対し、その利益の喪失を知った時から2箇月以内に、その旨を通知しなければならない。

2 前項の期間内に同項の通知をしなかったときは、債権者は、保証人に対し、主たる債務者が期限の利益を喪失した時から同項の通知を現にするまでに生じた遅延損害金（期限の利益を喪失しなかったとしても生ずべきものを除く。）に係る保証債務の履行を請求することができない。

3 前2項の規定は、保証人が法人である場合には、適用しない。

第459条（委託を受けた保証人の求償権）

1 保証人が主たる債務者の委託を受けて保証をした場合において、主たる債務者に代わって弁済その他自己の財産をもって債務を消滅させる行為（以下「債務の消滅行為」という。）をしたときは、その保証人は、主たる債務者に対し、そのために支出した財産の額（その財産の額がその債務の消滅行為によって消滅した主たる債務の額を超える場合にあっては、その消滅した額）の求償権を有する。

2 第442条第2項の規定は、前項の場合について準用する。

第459条の2（委託を受けた保証人が弁済期前に弁済等をした場合の求償権）

1 保証人が主たる債務者の委託を受けて保証をした場合において、主たる債務の弁済期前に債務の消滅行為をしたときは、その保証人は、主たる債務者に対し、主たる債務者がその当時利益を受けた限度において求償権を有する。この場合において、主たる債務者が債務の消滅行為の日以前に相殺の原因を有していたことを主張するときは、保証人は、債権者に対し、その相殺によって消滅すべきであった債務の履行を請求することができる。

2 前項の規定による求償は、主たる債務の弁済期以後の法定利息及びその弁済期以後に債務の消滅行為をしたとしても避けることができなかった費用その他の損害の賠償を包含する。

3 第1項の求償権は、主たる債務の弁済期以後でなければ、これを行使することができない。

第460条（委託を受けた保証人の事前の求償権）

保証人は、主たる債務者の委託を受けて保証をした場合において、次に掲げるときは、主たる債務者に対して、あらかじめ、求償権を行使することができる。

一　主たる債務者が破産手続開始の決定を受け、かつ、債権者がその破産財団の配当に加入しないとき。

二　債務が弁済期にあるとき。ただし、保証契約の後に債権者が主たる債務者に許与した期限は、保証人に対抗することができない。

三　保証人が過失なく債権者に弁済をすべき旨の裁判の言渡しを受けたとき。

第461条（主たる債務者が保証人に対して償還をする場合）

1 前条の規定により主たる債務者が保証人に対して償還をする場合において、債権者が全部の弁済を受けない間は、主たる債務者は、保証人に担保を供させ、又は保証人に対して自己に免責を得させることを請求することができる。

2 前項に規定する場合において、主たる債務者は、供託をし、担保を供し、又は保証人に免責を得させて、その償還の義務を免れることができる。

第462条（委託を受けない保証人の求償権）

1 第459条の2第1項の規定は、主たる債務者の委託を受けないで保証をした者が債務の消滅行為をした場合について準用する。
2 主たる債務者の意思に反して保証をした者は、主たる債務者が現に利益を受けている限度においてのみ求償権を有する。この場合において、主たる債務者が求償の日以前に相殺の原因を有していたことを主張するときは、保証人は、債権者に対し、その相殺によって消滅すべきであった債務の履行を請求することができる。
3 第459条の2第3項の規定は、前2項に規定する保証人が主たる債務の弁済期前に債務の消滅行為をした場合における求償権の行使について準用する。

第463条（通知を怠った保証人の求償の制限等）

1 保証人が主たる債務者の委託を受けて保証をした場合において、主たる債務者にあらかじめ通知しないで債務の消滅行為をしたときは、主たる債務者は、債権者に対抗することができた事由をもってその保証人に対抗することができる。この場合において、相殺をもってその保証人に対抗したときは、その保証人は、債権者に対し、相殺によって消滅すべきであった債務の履行を請求することができる。
2 保証人が主たる債務者の委託を受けて保証をした場合において、主たる債務者が債務の消滅行為をしたことを保証人に通知することを怠ったため、その保証人が善意で債務の消滅行為をしたときは、その保証人は、その債務の消滅行為を有効であったものとみなすことができる。
3 保証人が債務の消滅行為をした後に主たる債務者が債務の消滅行為をした場合においては、保証人が主たる債務者の意思に反して保証をしたときのほか、保証人が債務の消滅行為をしたことを主たる債務者に通知することを怠ったため、主たる債務者が善意で債務の消滅行為をしたときも、主たる債務者は、その債務の消滅行為を有効であったものとみなすことができる。

第464条（連帯債務又は不可分債務の保証人の求償権）

連帯債務者又は不可分債務者の1人のために保証をした者は、他の債務者に対し、その負担部分のみについて求償権を有する。

第465条（共同保証人間の求償権）

1 第442条から第444条までの規定は、数人の保証人がある場合において、そのうちの1人の保証人が、主たる債務が不可分であるため又は各保証人が全額を弁済すべき旨の特約があるため、その全額又は自己の負担部分を超える額を弁済したときについて準用する。
2 第462条の規定は、前項に規定する場合を除き、互いに連帯しない保証人の1人が全額又は自己の負担部分を超える額を弁済したときについて準用する。

第2目　個人根保証契約

第465条の2（個人根保証契約の保証人の責任等）

1 一定の範囲に属する不特定の債務を主たる債務とする保証契約（以下「根保証契約」という。）であって保証人が法人でないもの（以下「個人根保証契約」という。）の保証人は、主たる債務の元本、主たる債務に関する利息、違約金、損害賠償その他その債務に従たる全てのもの及びその保証債務について約定された違約金又は損害賠償の額について、その全部に係る極度額を限度として、その履行をする責任を負う。
2 個人根保証契約は、前項に規定する極度額を定めなければ、その効力を生じない。
3 第446条第2項及び第3項の規定は、個人根保証契約における第1項に規定する極度額の定めについて準用する。

第465条の3（個人貸金等根保証契約の元本確定期日）

1 個人根保証契約であってその主たる債務の範囲に金銭の貸渡し又は手形の割引を受けることによって負担する債務（以下「貸金等債務」という。）が含まれるもの（以下「個人貸金等根保証契約」という。）において主たる債務の元本の確定すべき期日（以下「元本確定期日」という。）の定めがある場合において、その元本確定期日がその個人貸金等根保証契約の締結の日から5年を経過する日より後の日と定められているときは、その元本確定期日の定めは、その効力を生じない。
2 個人貸金等根保証契約において元本確定期日の定めがない場合（前項の規定により元本確定期日の定めがその効力を生じない場合を含む。）には、その元本確定期日は、その個人貸金等根保証契約の締結の日から3年を経過する日とする。
3 個人貸金等根保証契約における元本確定期日の変更をする場合において、変更後の元本確定期日がその変更をした日から5年を経過する日より後の日となるときは、その元本確定期日の変更は、その効力を生じない。ただし、元本確定期日の前2箇月以内に元本確定期日の変更をする場合において、変更後の元本確定期日が変更前の元本確定期日から5年以内の日となるときは、この限りでない。
4 第446条第2項及び第3項の規定は、個人貸金等根保証契約における元本確定期日の定め及びその変更（その個人貸金等根保証契約の締結の日から3年以内の日を元本確定期日とする旨の定め及び元本確定期日より前の日を変更後の元本確定期日とする変更を除く。）について準用する。

第465条の4（個人根保証契約の元本の確定事由）

1 次に掲げる場合には、個人根保証契約における主たる債務の元本は、確定する。ただし、第一号に掲げる場合にあっては、強制執行又は担保権の実行の手続の開始があったときに限る。

一 債権者が、保証人の財産について、金銭の支払を目的とする債権についての強制執行又は担保権の実行を申し立てたとき。

二 保証人が破産手続開始の決定を受けたとき。

三 主たる債務者又は保証人が死亡したとき。

2 前項に規定する場合のほか、個人貸金等根保証契約における主たる債務の元本は、次に掲げる場合にも確定する。ただし、第一号に掲げる場合にあっては、強制執行又は担保権の実行の手続の開始があったときに限る。

一 債権者が、主たる債務者の財産について、金銭の支払を目的とする債権についての強制執行又は担保権の実行を申し立てたとき。

二 主たる債務者が破産手続開始の決定を受けたとき。

第465条の5（保証人が法人である根保証契約の求償権）

1 保証人が法人である根保証契約において、第465条の2第1項に規定する極度額の定めがないときは、その根保証契約の保証人の主たる債務者に対する求償権に係る債務を主たる債務とする保証契約は、その効力を生じない。

2 保証人が法人である根保証契約であってその主たる債務の範囲に貸金等債務が含まれるものにおいて、元本確定期日の定めがないとき、又は元本確定期日の定め若しくはその変更が第465条の3第1項若しくは第3項の規定を適用するとすればその効力を生じないものであるときは、その根保証契約の保証人の主たる債務者に対する求償権に係る債務を主たる債務とする保証契約は、その効力を生じない。主たる債務の範囲にその求償権に係る債務が含まれる根保証契約も、同様とする。

3 前2項の規定は、求償権に係る債務を主たる債務とする保証契約又は主たる債務の範囲に求償権に係る債務が含まれる根保証契約の保証人が法人である場合には、適用しない。

第3目　事業に係る債務についての保証契約の特則

第465条の6（公正証書の作成と保証の効力）

1 事業のために負担した貸金等債務を主たる債務とする保証契約又は主たる債務の範囲に事業のために負担する貸金等債務が含まれる根保証契約は、その契約の締結に先立ち、その締結の日前1箇月以内に作成された公正証書で保証人になろうとする者が保証債務を履行する意思を表示していなければ、その効力を生じない。

2 前項の公正証書を作成するには、次に掲げる方式に従わなければならない。

一 保証人になろうとする者が、次のイ又はロに掲げる契約の区分に応じ、それぞれ当該イ又はロに定める事項を公証人に口授すること。

イ 保証契約（ロに掲げるものを除く。） 主たる債務の債権者及び債務者、主たる債務の元本、主たる債務に関する利息、違約金、損害賠償その他その債務に従たる全てのものの定めの有無及びその内容並びに主たる債務者がその債務を履行しないときには、その債務の全額について履行する意思（保証人になろうとする者が主たる債務者と連帯して債務を負担しようとするものである場合には、債権者が主たる債務者に対して催告をしたかどうか、主たる債務者がその債務を履行することができるかどうか、又は他に保証人があるかどうかにかかわらず、その全額について履行する意思）を有していること。

ロ 根保証契約　主たる債務の債権者及び債務者、主たる債務の範囲、根保証契約における極度額、元本確定期日の定めの有無及びその内容並びに主たる債務者がその債務を履行しないときには、極度額の限度において元本確定期日又は第465条の4第1項各号若しくは第2項各号に掲げる事由その他の元本を確定すべき事由が生ずる時までに生ずべき主たる債務の元本及び主たる債務に関する利息、違約金、損害賠償その他その債務に従たる全てのものの全額について履行する意思（保証人になろうとする者が主たる債務者と連帯して債務を負担しようとするものである場合には、債権者が主たる債務者に対して催告をしたかどうか、主たる債務者がその債務を履行することができるかどうか、又は他に保証人があるかどうかにかかわらず、その全額について履行する意思）を有していること。
二　公証人が、保証人になろうとする者の口述を筆記し、これを保証人になろうとする者に読み聞かせ、又は閲覧させること。
三　保証人になろうとする者が、筆記の正確なことを承認した後、署名し、印を押すこと。ただし、保証人になろうとする者が署名することができない場合は、公証人がその事由を付記して、署名に代えることができる。
四　公証人が、その証書は前三号に掲げる方式に従って作ったものである旨を付記して、これに署名し、印を押すこと。
3　前2項の規定は、保証人になろうとする者が法人である場合には、適用しない。

第465条の7（保証に係る公正証書の方式の特則）

1　前条第1項の保証契約又は根保証契約の保証人になろうとする者が口がきけない者である場合には、公証人の前で、同条第2項第一号イ又はロに掲げる契約の区分に応じ、それぞれ当該イ又はロに定める事項を通訳人の通訳により申述し、又は自書して、同号の口授に代えなければならない。この場合における同項第二号の規定の適用については、同号中「口述」とあるのは、「通訳人の通訳による申述又は自書」とする。
2　前条第1項の保証契約又は根保証契約の保証人になろうとする者が耳が聞こえない者である場合には、公証人は、同条第2項第二号に規定する筆記した内容を通訳人の通訳により保証人になろうとする者に伝えて、同号の読み聞かせに代えることができる。
3　公証人は、前2項に定める方式に従って公正証書を作ったときは、その旨をその証書に付記しなければならない。

第465条の8（公正証書の作成と求償権についての保証の効力）

1　第465条の6第1項及び第2項並びに前条の規定は、事業のために負担した貸金等債務を主たる債務とする保証契約又は主たる債務の範囲に事業のために負担する貸金等債務が含まれる根保証契約の保証人の主たる債務者に対する求償権に係る債務を主たる債務とする保証契約について準用する。主たる債務の範囲にその求償権に係る債務が含まれる根保証契約も、同様とする。
2　前項の規定は、保証人になろうとする者が法人である場合には、適用しない。

第465条の9（公正証書の作成と保証の効力に関する規定の適用除外）

前3条の規定は、保証人になろうとする者が次に掲げる者である保証契約については、適用しない。
一　主たる債務者が法人である場合のその理事、取締役、執行役又はこれらに準ずる者
二　主たる債務者が法人である場合の次に掲げる者
イ　主たる債務者の総株主の議決権（株主総会において決議をすることができる事項の全部につき議決権を行使することができない株式についての議決権を除く。以下この号において同じ。）の過半数を有する者
ロ　主たる債務者の総株主の議決権の過半数を他の株式会社が有する場合における当該他の株式会社の総株主の議決権の過半数を有する者
ハ　主たる債務者の総株主の議決権の過半数を他の株式会社及び当該他の株式会社の総株主の議決権の過半数を有する者が有する場合における当該他の株式会社の総株主の議決権の過半数を有する者
ニ　株式会社以外の法人が主たる債務者である場合におけるイ、ロ又はハに掲げる者に準ずる者
三　主たる債務者（法人であるものを除く。以下この号において同じ。）と共同して事業を行う者又は主たる債務者が行う事業に現に従事している主たる債務者の配偶者

第465条の10（契約締結時の情報の提供義務）

1　主たる債務者は、事業のために負担する債務を主たる債務とする保証又は主たる債務の範囲に事業のために負担する債務が含まれる根保証の委託をするときは、委託を受ける者に対し、次に掲げる事項に関する情報を提供しなければならない。
一　財産及び収支の状況
二　主たる債務以外に負担している債務の有無並びにその額及び履行状況
三　主たる債務の担保として他に提供し、又は提供しようとするものがあるときは、その旨及びその内容
2　主たる債務者が前項各号に掲げる事項に関して情報を提供せず、又は事実と異なる情報を提供したために委託を受けた者がその事項について誤認をし、それによって保証契約の申込み又はその承諾の意思表示をした場合において、主たる債務者がその事項に関して情報

を提供せず又は事実と異なる情報を提供したことを債権者が知り又は知ることができたときは、保証人は、保証契約を取り消すことができる。
3 前2項の規定は、保証をする者が法人である場合には、適用しない。

第4節 債権の譲渡

第466条（債権の譲渡性）

1 債権は、譲り渡すことができる。ただし、その性質がこれを許さないときは、この限りでない。
2 当事者が債権の譲渡を禁止し、又は制限する旨の意思表示（以下「譲渡制限の意思表示」という。）をしたときであっても、債権の譲渡は、その効力を妨げられない。
3 前項に規定する場合には、譲渡制限の意思表示がされたことを知り、又は重大な過失によって知らなかった譲受人その他の第三者に対しては、債務者は、その債務の履行を拒むことができ、かつ、譲渡人に対する弁済その他の債務を消滅させる事由をもってその第三者に対抗することができる。
4 前項の規定は、債務者が債務を履行しない場合において、同項に規定する第三者が相当の期間を定めて譲渡人への履行の催告をし、その期間内に履行がないときは、その債務者については、適用しない。

第466条の2（譲渡制限の意思表示がされた債権に係る債務者の供託）

1 債務者は、譲渡制限の意思表示がされた金銭の給付を目的とする債権が譲渡されたときは、その債権の全額に相当する金銭を債務の履行地（債務の履行地が債権者の現在の住所により定まる場合にあっては、譲渡人の現在の住所を含む。次条において同じ。）の供託所に供託することができる。
2 前項の規定により供託をした債務者は、遅滞なく、譲渡人及び譲受人に供託の通知をしなければならない。
3 第1項の規定により供託をした金銭は、譲受人に限り、還付を請求することができる。

第466条の3〔同前〕

前条第1項に規定する場合において、譲渡人について破産手続開始の決定があったときは、譲受人（同項の債権の全額を譲り受けた者であって、その債権の譲渡を債務者その他の第三者に対抗することができるものに限る。）は、譲渡制限の意思表示がされたことを知り、又は重大な過失によって知らなかったときであっても、債務者にその債権の全額に相当する金銭を債務の履行地の供託所に供託させることができる。この場合においては、同条第2項及び第3項の規定を準用する。

第466条の4（譲渡制限の意思表示がされた債権の差押え）

1 第466条第3項の規定は、譲渡制限の意思表示がされた債権に対する強制執行をした差押債権者に対しては、適用しない。
2 前項の規定にかかわらず、譲受人その他の第三者が譲渡制限の意思表示がされたことを知り、又は重大な過失によって知らなかった場合において、その債権者が同項の債権に対する強制執行をしたときは、債務者は、その債務の履行を拒むことができ、かつ、譲渡人に対する弁済その他の債務を消滅させる事由をもって差押債権者に対抗することができる。

第466条の5（預金債権又は貯金債権に係る譲渡制限の意思表示の効力）

1 預金口座又は貯金口座に係る預金又は貯金に係る債権（以下「預貯金債権」という。）について当事者がした譲渡制限の意思表示は、第466条第2項の規定にかかわらず、その譲渡制限の意思表示がされたことを知り、又は重大な過失によって知らなかった譲受人その他の第三者に対抗することができる。
2 前項の規定は、譲渡制限の意思表示がされた預貯金債権に対する強制執行をした差押債権者に対しては、適用しない。

第466条の6（将来債権の譲渡性）

1 債権の譲渡は、その意思表示の時に債権が現に発生していることを要しない。
2 債権が譲渡された場合において、その意思表示の時に債権が現に発生していないときは、譲受人は、発生した債権を当然に取得する。
3 前項に規定する場合において、譲渡人が次条の規定による通知をし、又は債務者が同条の規定による承諾をした時（以下「対抗要件具備時」という。）までに譲渡制限の意思表示がされたときは、譲受人その他の第三者がそのことを知っていたものとみなして、第466条第3項（譲渡制限の意思表示がされた債権が預貯金債権の場合にあっては、前条第1項）の規定を適用する。

第467条（債権の譲渡の対抗要件）

1 債権の譲渡（現に発生していない債権の譲渡を含む。）は、譲渡人が債務者に通知をし、又は債務者が承諾をしなければ、債務者その他の第三者に対抗することができない。
2 前項の通知又は承諾は、確定日付のある証書によってしなければ、債務者以外の第三者に対抗することができない。

第468条（債権の譲渡における債務者の抗弁）

1 債務者は、対抗要件具備時までに譲渡人に対して生じた事由をもって譲受人に対抗することができる。

2 第466条第4項の場合における前項の規定の適用については、同項中「対抗要件具備時」とあるのは、「第466条第4項の相当の期間を経過した時」とし、第466条の3の場合における同項の規定の適用については、同項中「対抗要件具備時」とあるのは、「第466条の3の規定により同条の譲受人から供託の請求を受けた時」とする。

第469条（債権の譲渡における相殺権）

1 債務者は、対抗要件具備時より前に取得した譲渡人に対する債権による相殺をもって譲受人に対抗することができる。

2 債務者が対抗要件具備時より後に取得した譲渡人に対する債権であっても、その債権が次に掲げるものであるときは、前項と同様とする。ただし、債務者が対抗要件具備時より後に他人の債権を取得したときは、この限りでない。

一　対抗要件具備時より前の原因に基づいて生じた債権

二　前号に掲げるもののほか、譲受人の取得した債権の発生原因である契約に基づいて生じた債権

3 第466条第4項の場合における前2項の規定の適用については、これらの規定中「対抗要件具備時」とあるのは、「第466条第4項の相当の期間を経過した時」とし、第466条の3の場合におけるこれらの規定の適用については、これらの規定中「対抗要件具備時」とあるのは、「第466条の3の規定により同条の譲受人から供託の請求を受けた時」とする。

第5節　債務の引受け

第1款　併存的債務引受

第470条（併存的債務引受の要件及び効果）

1 併存的債務引受の引受人は、債務者と連帯して、債務者が債権者に対して負担する債務と同一の内容の債務を負担する。

2 併存的債務引受は、債権者と引受人となる者との契約によってすることができる。

3 併存的債務引受は、債務者と引受人となる者との契約によってもすることができる。この場合において、併存的債務引受は、債権者が引受人となる者に対して承諾をした時に、その効力を生ずる。

4 前項の規定によってする併存的債務引受は、第三者のためにする契約に関する規定に従う。

第471条（併存的債務引受における引受人の抗弁等）

1 引受人は、併存的債務引受により負担した自己の債務について、その効力が生じた時に債務者が主張することができた抗弁をもって債権者に対抗することができる。

2 債務者が債権者に対して取消権又は解除権を有するときは、引受人は、これらの権利の行使によって債務者がその債務を免れるべき限度において、債権者に対して債務の履行を拒むことができる。

第2款　免責的債務引受

第472条（免責的債務引受の要件及び効果）

1 免責的債務引受の引受人は債務者が債権者に対して負担する債務と同一の内容の債務を負担し、債務者は自己の債務を免れる。

2 免責的債務引受は、債権者と引受人となる者との契約によってすることができる。この場合において、免責的債務引受は、債権者が債務者に対してその契約をした旨を通知した時に、その効力を生ずる。

3 免責的債務引受は、債務者と引受人となる者が契約をし、債権者が引受人となる者に対して承諾をすることによってもすることができる。

第472条の2（免責的債務引受における引受人の抗弁等）

1 引受人は、免責的債務引受により負担した自己の債務について、その効力が生じた時に債務者が主張することができた抗弁をもって債権者に対抗することができる。

2 債務者が債権者に対して取消権又は解除権を有するときは、引受人は、免責的債務引受がなければこれらの権利の行使によって債務者がその債務を免れることができた限度において、債権者に対して債務の履行を拒むことができる。

第472条の3（免責的債務引受における引受人の求償権）

免責的債務引受の引受人は、債務者に対して求償権を取得しない。

第472条の4（免責的債務引受による担保の移転）

1 債権者は、第472条第1項の規定により債務者が免れる債務の担保として設定された担保権を引受人が負担する債務に移すことができる。ただし、引受人以外の者がこれを設定した場合には、その承諾を得なければならない。

2 前項の規定による担保権の移転は、あらかじめ又は同時に引受人に対してする意思表示によってしなければならない。

3 前2項の規定は、第472条第1項の規定により債務者が免れる債務の保証をした者があるときについて準用する。

4 前項の場合において、同項において準用する第1項の承諾は、書面でしなければ、その効力を生じない。

5 前項の承諾がその内容を記録した電磁的記録によってされたときは、その承諾は、書面によってされたものとみなして、同項の規定を適用する。

第6節　債権の消滅

第1款　弁済

第1目　総則

第473条（弁済）

債務者が債権者に対して債務の弁済をしたときは、その債権は、消滅する。

第474条（第三者の弁済）

1 債務の弁済は、第三者もすることができる。

2 弁済をするについて正当な利益を有する者でない第三者は、債務者の意思に反して弁済をすることができない。ただし、債務者の意思に反することを債権者が知らなかったときは、この限りでない。

3 前項に規定する第三者は、債権者の意思に反して弁済をすることができない。ただし、その第三者が債務者の委託を受けて弁済をする場合において、そのことを債権者が知っていたときは、この限りでない。

4 前3項の規定は、その債務の性質が第三者の弁済を許さないとき、又は当事者が第三者の弁済を禁止し、若しくは制限する旨の意思表示をしたときは、適用しない。

第475条（弁済として引き渡した物の取戻し）

弁済をした者が弁済として他人の物を引き渡したときは、その弁済をした者は、更に有効な弁済をしなければ、その物を取り戻すことができない。

第476条（弁済として引き渡した物の消費又は譲渡がされた場合の弁済の効力等）

前条の場合において、債権者が弁済として受領した物を善意で消費し、又は譲り渡したときは、その弁済は、有効とする。この場合において、債権者が第三者から賠償の請求を受けたときは、弁済をした者に対して求償をすることを妨げない。

第477条（預金又は貯金の口座に対する払込みによる弁済）

債権者の預金又は貯金の口座に対する払込みによってする弁済は、債権者がその預金又は貯金に係る債権の債務者に対してその払込みに係る金額の払戻しを請求する権利を取得した時に、その効力を生ずる。

第478条（受領権者としての外観を有する者に対する弁済）

受領権者（債権者及び法令の規定又は当事者の意思表示によって弁済を受領する権限を付与された第三者をいう。以下同じ。）以外の者であって取引上の社会通念に照らして受領権者としての外観を有するものに対してした弁済は、その弁済をした者が善意であり、かつ、過失がなかったときに限り、その効力を有する。

第479条（受領権者以外の者に対する弁済）

前条の場合を除き、受領権者以外の者に対してした弁済は、債権者がこれによって利益を受けた限度においてのみ、その効力を有する。

第480条　削除

第481条（差押えを受けた債権の第三債務者の弁済）

1 差押えを受けた債権の第三債務者が自己の債権者に弁済をしたときは、差押債権者は、その受けた損害の限度において更に弁済をすべき旨を第三債務者に請求することができる。

2 前項の規定は、第三債務者からその債権者に対する求償権の行使を妨げない。

第482条（代物弁済）

弁済をすることができる者（以下「弁済者」という。）が、債権者との間で、債務者の負担した給付に代えて他の給付をすることにより債務を消滅させる旨の契約をした場合において、その弁済者が当該他の給付をしたときは、その給付は、弁済と同一の効力を有する。

第483条（特定物の現状による引渡し）

債権の目的が特定物の引渡しである場合において、契約その他の債権の発生原因及び取引上の社会通念に照らしてその引渡しをすべき時の品質を定めることができないときは、弁済をする者は、その引渡しをすべき時の現状でその物を引き渡さなければならない。

第484条（弁済の場所及び時間）

1 弁済をすべき場所について別段の意思表示がないときは、特定物の引渡しは債権発生の時にその物が存在した場所において、その他の弁済は債権者の現在の住所において、それぞれしなければならない。

2 法令又は慣習により取引時間の定めがあるときは、その取引時間内に限り、弁済をし、又は弁済の請求をすることができる。

第485条（弁済の費用）

弁済の費用について別段の意思表示がないときは、その費用は、債務者の負担とする。ただし、債権者が住所の移転その他の行為によって弁済の費用を増加させたときは、その増加額は、債権者の負担とする。

第486条（受取証書の交付請求等）

1 弁済をする者は、弁済と引換えに、弁済を受領する者に対して受取証書の交付を請求することができる。

2 弁済をする者は、前項の受取証書の交付に代えて、その内容を記録した電磁的記録の提供を請求することができる。ただし、弁済を受領する者に不相当な負担を課するものであるときは、この限りでない。

第487条（債権証書の返還請求）
債権に関する証書がある場合において、弁済をした者が全部の弁済をしたときは、その証書の返還を請求することができる。

第488条（同種の給付を目的とする数個の債務がある場合の充当）
1 債務者が同一の債権者に対して同種の給付を目的とする数個の債務を負担する場合において、弁済として提供した給付が全ての債務を消滅させるのに足りないとき（次条第1項に規定する場合を除く。）は、弁済をする者は、給付の時に、その弁済を充当すべき債務を指定することができる。
2 弁済をする者が前項の規定による指定をしないときは、弁済を受領する者は、その受領の時に、その弁済を充当すべき債務を指定することができる。ただし、弁済をする者がその充当に対して直ちに異議を述べたときは、この限りでない。
3 前2項の場合における弁済の充当の指定は、相手方に対する意思表示によってする。
4 弁済をする者及び弁済を受領する者がいずれも第1項又は第2項の規定による指定をしないときは、次の各号の定めるところに従い、その弁済を充当する。
　一　債務の中に弁済期にあるものと弁済期にないものとがあるときは、弁済期にあるものに先に充当する。
　二　全ての債務が弁済期にあるとき、又は弁済期にないときは、債務者のために弁済の利益が多いものに先に充当する。
　三　債務者のために弁済の利益が相等しいときは、弁済期が先に到来したもの又は先に到来すべきものに先に充当する。
　四　前二号に掲げる事項が相等しい債務の弁済は、各債務の額に応じて充当する。

第489条（元本、利息及び費用を支払うべき場合の充当）
1 債務者が1個又は数個の債務について元本のほか利息及び費用を支払うべき場合（債務者が数個の債務を負担する場合にあっては、同一の債権者に対して同種の給付を目的とする数個の債務を負担するときに限る。）において、弁済をする者がその債務の全部を消滅させるのに足りない給付をしたときは、これを順次に費用、利息及び元本に充当しなければならない。
2 前条の規定は、前項の場合において、費用、利息又は元本のいずれかの全てを消滅させるのに足りない給付をしたときについて準用する。

第490条（合意による弁済の充当）
前2条の規定にかかわらず、弁済をする者と弁済を受領する者との間に弁済の充当の順序に関する合意があるときは、その順序に従い、その弁済を充当する。

第491条（数個の給付をすべき場合の充当）
1個の債務の弁済として数個の給付をすべき場合において、弁済をする者がその債務の全部を消滅させるのに足りない給付をしたときは、前3条の規定を準用する。

第492条（弁済の提供の効果）
債務者は、弁済の提供の時から、債務を履行しないことによって生ずべき責任を免れる。

第493条（弁済の提供の方法）
弁済の提供は、債務の本旨に従って現実にしなければならない。ただし、債権者があらかじめその受領を拒み、又は債務の履行について債権者の行為を要するときは、弁済の準備をしたことを通知してその受領の催告をすれば足りる。

第2目　弁済の目的物の供託

第494条（供託）
1 弁済者は、次に掲げる場合には、債権者のために弁済の目的物を供託することができる。この場合においては、弁済者が供託をした時に、その債権は、消滅する。
　一　弁済の提供をした場合において、債権者がその受領を拒んだとき。
　二　債権者が弁済を受領することができないとき。
2 弁済者が債権者を確知することができないときも、前項と同様とする。ただし、弁済者に過失があるときは、この限りでない。

第495条（供託の方法）
1 前条の規定による供託は、債務の履行地の供託所にしなければならない。
2 供託所について法令に特別の定めがない場合には、裁判所は、弁済者の請求により、供託所の指定及び供託物の保管者の選任をしなければならない。
3 前条の規定により供託をした者は、遅滞なく、債権者に供託の通知をしなければならない。

第496条（供託物の取戻し）
1 債権者が供託を受諾せず、又は供託を有効と宣告した判決が確定しない間は、弁済者は、供託物を取り戻すことができる。この場合においては、供託をしなかったものとみなす。
2 前項の規定は、供託によって質権又は抵当権が消滅した場合には、適用しない。

第497条（供託に適しない物等）
弁済者は、次に掲げる場合には、裁判所の許可を得て、弁済の目的物を競売に付し、その代金を供託することができる。
　一　その物が供託に適しないとき。
　二　その物について滅失、損

傷その他の事由による価格の低落のおそれがあるとき。
三　その物の保存について過分の費用を要するとき。
四　前三号に掲げる場合のほか、その物を供託することが困難な事情があるとき。

第498条（供託物の還付請求等）

1 弁済の目的物又は前条の代金が供託された場合には、債権者は、供託物の還付を請求することができる。
2 債務者が債権者の給付に対して弁済をすべき場合には、債権者は、その給付をしなければ、供託物を受け取ることができない。

第3目　弁済による代位

第499条（弁済による代位の要件）

債務者のために弁済をした者は、債権者に代位する。

第500条〔準用〕

第467条の規定は、前条の場合（弁済をするについて正当な利益を有する者が債権者に代位する場合を除く。）について準用する。

第501条（弁済による代位の効果）

1 前2条の規定により債権者に代位した者は、債権の効力及び担保としてその債権者が有していた一切の権利を行使することができる。
2 前項の規定による権利の行使は、債権者に代位した者が自己の権利に基づいて債務者に対して求償をすることができる範囲内（保証人の1人が他の保証人に対して債権者に代位する場合には、自己の権利に基づいて当該他の保証人に対して求償をすることができる範囲内）に限り、することができる。
3 第1項の場合には、前項の規定によるほか、次に掲げるところによる。
一　第三取得者（債務者から担保の目的となっている財産を譲り受けた者をいう。以下この項において同じ。）は、保証人及び物上保証人に対して債権者に代位しない。
二　第三取得者の1人は、各財産の価格に応じて、他の第三取得者に対して債権者に代位する。
三　前号の規定は、物上保証人の1人が他の物上保証人に対して債権者に代位する場合について準用する。
四　保証人と物上保証人との間においては、その数に応じて、債権者に代位する。ただし、物上保証人が数人あるときは、保証人の負担部分を除いた残額について、各財産の価格に応じて、債権者に代位する。
五　第三取得者から担保の目的となっている財産を譲り受けた者は、第三取得者とみなして第一号及び第二号の規定を適用し、物上保証人から担保の目的となっている財産を譲り受けた者は、物上保証人とみなして第一号、第三号及び前号の規定を適用する。

第502条（一部弁済による代位）

1 債権の一部について代位弁済があったときは、代位者は、債権者の同意を得て、その弁済をした価額に応じて、債権者とともにその権利を行使することができる。
2 前項の場合であっても、債権者は、単独でその権利を行使することができる。
3 前2項の場合に債権者が行使する権利は、その債権の担保の目的となっている財産の売却代金その他の当該権利の行使によって得られる金銭について、代位者が行使する権利に優先する。
4 第1項の場合において、債務の不履行による契約の解除は、債権者のみがすることができる。この場合においては、代位者に対し、その弁済をした価額及びその利息を償還しなければならない。

第503条（債権者による債権証書の交付等）

1 代位弁済によって全部の弁済を受けた債権者は、債権に関する証書及び自己の占有する担保物を代位者に交付しなければならない。
2 債権の一部について代位弁済があった場合には、債権者は、債権に関する証書にその代位を記入し、かつ、自己の占有する担保物の保存を代位者に監督させなければならない。

第504条（債権者による担保の喪失等）

1 弁済をするについて正当な利益を有する者（以下この項において「代位権者」という。）がある場合において、債権者が故意又は過失によってその担保を喪失し、又は減少させたときは、その代位権者は、代位をするに当たって担保の喪失又は減少によって償還を受けることができなくなる限度において、その責任を免れる。その代位権者が物上保証人である場合において、その代位権者から担保の目的となっている財産を譲り受けた第三者及びその特定承継人についても、同様とする。
2 前項の規定は、債権者が担保を喪失し、又は減少させたことについて取引上の社会通念に照らして合理的な理由があると認められるときは、適用しない。

第2款　相殺

第505条（相殺の要件等）

1 2人が互いに同種の目的を有する債務を負担する場合において、双方の債務が弁済期にあるときは、各債務者は、その対当額について相殺によってその債務を免れることができる。ただし、債務の性質がこれを許さないときは、この限りでない。
2 前項の規定にかかわらず、当事者が相殺を禁止し、又は制限する旨の意思表示をした場合には、その意思表示は、第三者がこれを知り、又は重大な過失によって知らなかったときに限り、その第三者に対抗することができる。

第506条（相殺の方法及び効力）
1 相殺は、当事者の一方から相手方に対する意思表示によってする。この場合において、その意思表示には、条件又は期限を付することができない。
2 前項の意思表示は、双方の債務が互いに相殺に適するようになった時にさかのぼってその効力を生ずる。

第507条（履行地の異なる債務の相殺）
相殺は、双方の債務の履行地が異なるときであっても、することができる。この場合において、相殺をする当事者は、相手方に対し、これによって生じた損害を賠償しなければならない。

第508条（時効により消滅した債権を自働債権とする相殺）
時効によって消滅した債権がその消滅以前に相殺に適するようになっていた場合には、その債権者は、相殺をすることができる。

第509条（不法行為等により生じた債権を受働債権とする相殺の禁止）
次に掲げる債務の債務者は、相殺をもって債権者に対抗することができない。ただし、その債権者がその債務に係る債権を他人から譲り受けたときは、この限りでない。
一 悪意による不法行為に基づく損害賠償の債務
二 人の生命又は身体の侵害による損害賠償の債務（前号に掲げるものを除く。）

第510条（差押禁止債権を受働債権とする相殺の禁止）
債権が差押えを禁じたものであるときは、その債務者は、相殺をもって債権者に対抗することができない。

第511条（差押えを受けた債権を受働債権とする相殺の禁止）
1 差押えを受けた債権の第三債務者は、差押え後に取得した債権による相殺をもって差押債権者に対抗することはできないが、差押え前に取得した債権による相殺をもって対抗することができる。
2 前項の規定にかかわらず、差押え後に取得した債権が差押え前の原因に基づいて生じたものであるときは、その第三債務者は、その債権による相殺をもって差押債権者に対抗することができる。ただし、第三債務者が差押え後に他人の債権を取得したときは、この限りでない。

第512条（相殺の充当）
1 債権者が債務者に対して有する1個又は数個の債権と、債権者が債務者に対して負担する1個又は数個の債務について、債権者が相殺の意思表示をした場合において、当事者が別段の合意をしなかったときは、債権者の有する債権とその負担する債務は、相殺に適するようになった時期の順序に従って、その対当額について相殺によって消滅する。
2 前項の場合において、相殺をする債権者の有する債権がその負担する債務の全部を消滅させるのに足りないときであって、当事者が別段の合意をしなかったときは、次に掲げるところによる。
一 債権者が数個の債務を負担するとき（次号に規定する場合を除く。）は、第488条第4項第二号から第四号までの規定を準用する。
二 債権者が負担する1個又は数個の債務について元本のほか利息及び費用を支払うべきときは、第489条の規定を準用する。この場合において、同条第2項中「前条」とあるのは、「前条第4項第二号から第四号まで」と読み替えるものとする。
3 第1項の場合において、相殺をする債権者の負担する債務がその有する債権の全部を消滅させるのに足りないときは、前項の規定を準用する。

第512条の2〔準用〕
債権者が債務者に対して有する債権に、1個の債権の弁済として数個の給付をすべきものがある場合における相殺については、前条の規定を準用する。債権者が債務者に対して負担する債務に、1個の債務の弁済として数個の給付をすべきものがある場合における相殺についても、同様とする。

第3款　更改

第513条（更改）
当事者が従前の債務に代えて、新たな債務であって次に掲げるものを発生させる契約をしたときは、従前の債務は、更改によって消滅する。
一 従前の給付の内容について重要な変更をするもの
二 従前の債務者が第三者と交替するもの
三 従前の債権者が第三者と交替するもの

第514条（債務者の交替による更改）
1 債務者の交替による更改は、債権者と更改後に債務者となる者との契約によってすることができる。この場合において、更改は、債権者が更改前の債務者に対してその契約をした旨を通知した時に、その効力を生ずる。

2 債務者の交替による更改後の債務者は、更改前の債務者に対して求償権を取得しない。

第515条（債権者の交替による更改）

1 債権者の交替による更改は、更改前の債権者、更改後に債権者となる者及び債務者の契約によってすることができる。

2 債権者の交替による更改は、確定日付のある証書によってしなければ、第三者に対抗することができない。

第516条及び第517条　削除

第518条（更改後の債務への担保の移転）

1 債権者（債権者の交替による更改にあっては、更改前の債権者）は、更改前の債務の目的の限度において、その債務の担保として設定された質権又は抵当権を更改後の債務に移すことができる。ただし、第三者がこれを設定した場合には、その承諾を得なければならない。

2 前項の質権又は抵当権の移転は、あらかじめ又は同時に更改の相手方（債権者の交替による更改にあっては、債務者）に対してする意思表示によってしなければならない。

第4款　免除

第519条〔債務の免除〕

債権者が債務者に対して債務を免除する意思を表示したときは、その債権は、消滅する。

第5款　混同

第520条〔混同〕

債権及び債務が同一人に帰属したときは、その債権は、消滅する。ただし、その債権が第三者の権利の目的であるときは、この限りでない。

第7節　有価証券

第1款　指図証券

第520条の2（指図証券の譲渡）

指図証券の譲渡は、その証券に譲渡の裏書をして譲受人に交付しなければ、その効力を生じない。

第520条の3（指図証券の裏書の方式）

指図証券の譲渡については、その指図証券の性質に応じ、手形法（昭和7年法律第20号）中裏書の方式に関する規定を準用する。

第520条の4（指図証券の所持人の権利の推定）

指図証券の所持人が裏書の連続によりその権利を証明するときは、その所持人は、証券上の権利を適法に有するものと推定する。

第520条の5（指図証券の善意取得）

何らかの事由により指図証券の占有を失った者がある場合において、その所持人が前条の規定によりその権利を証明するときは、その所持人は、その証券を返還する義務を負わない。ただし、その所持人が悪意又は重大な過失によりその証券を取得したときは、この限りでない。

第520条の6（指図証券の譲渡における債務者の抗弁の制限）

指図証券の債務者は、その証券に記載した事項及びその証券の性質から当然に生ずる結果を除き、その証券の譲渡前の債権者に対抗することができた事由をもって善意の譲受人に対抗することができない。

第520条の7（指図証券の質入れ）

第520条の2から前条までの規定は、指図証券を目的とする質権の設定について準用する。

第520条の8（指図証券の弁済の場所）

指図証券の弁済は、債務者の現在の住所においてしなければならない。

第520条の9（指図証券の提示と履行遅滞）

指図証券の債務者は、その債務の履行について期限の定めがあるときであっても、その期限が到来した後に所持人がその証券を提示してその履行の請求をした時から遅滞の責任を負う。

第520条の10（指図証券の債務者の調査の権利等）

指図証券の債務者は、その証券の所持人並びにその署名及び押印の真偽を調査する権利を有するが、その義務を負わない。ただし、債務者に悪意又は重大な過失があるときは、その弁済は、無効とする。

第520条の11（指図証券の喪失）

指図証券は、非訟事件手続法（平成23年法律第51号）第100条に規定する公示催告手続によって無効とすることができる。

第520条の12（指図証券喪失の場合の権利行使方法）

金銭その他の物又は有価証券の給付を目的とする指図証券の所持人がその指図証券を喪失した場合において、非訟事件手続法第114条に規定する公示催告の申立てをしたときは、その債務者に、その債務の目的物を供託させ、又は相当の担保を供してその指図証券の趣旨に従い履行をさせることができる。

第2款　記名式所持人払証券

第520条の13（記名式所持人払証券の譲渡）

記名式所持人払証券（債権者を指名する記載がされている証券であって、その所持人に弁済をすべき旨が付記されているものをいう。以下同じ。）の譲渡は、その証券を交付しなければ、その効力を生じない。

第520条の14（記名式所持人払証券の所持人の権利の推定）

記名式所持人払証券の所持人は、証券上の権利を適法に有するものと推定する。

第520条の15（記名式所持人払証券の善意取得）

何らかの事由により記名式所持人払証券の占有を失った者がある場合において、その所持人が前条の規定によりその権利を証明するときは、その所持人は、その証券を返還する義務を負わない。ただし、その所持人が悪意又は重大な過失によりその証券を取得したときは、この限りでない。

第520条の16（記名式所持人払証券の譲渡における債務者の抗弁の制限）

記名式所持人払証券の債務者は、その証券に記載した事項及びその証券の性質から当然に生ずる結果を除き、その証券の譲渡前の債権者に対抗することができた事由をもって善意の譲受人に対抗することができない。

第520条の17（記名式所持人払証券の質入れ）

第520条の13から前条までの規定は、記名式所持人払証券を目的とする質権の設定について準用する。

第520条の18（指図証券の規定の準用）

第520条の8から第520条の12までの規定は、記名式所持人払証券について準用する。

第3款　その他の記名証券

第520条の19〔その他の記名証券〕

1　債権者を指名する記載がされている証券であって指図証券及び記名式所持人払証券以外のものは、債権の譲渡又はこれを目的とする質権の設定に関する方式に従い、かつ、その効力をもってのみ、譲渡し、又は質権の目的とすることができる。

2　第520条の11及び第520条の12の規定は、前項の証券について準用する。

第4款　無記名証券

第520条の20〔準用〕

第2款（記名式所持人払証券）の規定は、無記名証券について準用する。

債権各論

第2章　契約

第1節　総則

第1款　契約の成立

第521条（契約の締結及び内容の自由）

1　何人も、法令に特別の定めがある場合を除き、契約をするかどうかを自由に決定することができる。

2　契約の当事者は、法令の制限内において、契約の内容を自由に決定することができる。

第522条（契約の成立と方式）

1　契約は、契約の内容を示してその締結を申し入れる意思表示（以下「申込み」という。）に対して相手方が承諾をしたときに成立する。

2　契約の成立には、法令に特別の定めがある場合を除き、書面の作成その他の方式を具備することを要しない。

第523条（承諾の期間の定めのある申込み）

1　承諾の期間を定めてした申込みは、撤回することができない。ただし、申込者が撤回をする権利を留保したときは、この限りでない。

2　申込者が前項の申込みに対して同項の期間内に承諾の通知を受けなかったときは、その申込みは、その効力を失う。

第524条（遅延した承諾の効力）

申込者は、遅延した承諾を新たな申込みとみなすことができる。

第525条（承諾の期間の定めのない申込み）

1　承諾の期間を定めないでした申込みは、申込者が承諾の通知を受けるのに相当な期間を経過するまでは、撤回することができない。ただし、申込者が撤回をする権利を留保したときは、この限りでない。

2　対話者に対してした前項の申込みは、同項の規定にかかわらず、その対話が継続している間は、いつでも撤回することができる。

3　対話者に対してした第1項の申込みに対して対話が継続している間に申込者が承諾の通知を受けなかったときは、その申込みは、その効力を失う。ただし、申込者が対話の終了後もその申込みが効力を失わない旨を表示したときは、この限りでない。

第526条（申込者の死亡等）

申込者が申込みの通知を発した後に死亡し、意思能力を有しない常況にある者となり、又は行為能力の制限を受けた場合において、申込者がその事実が生じたとすればその申込みは効力を有しない旨の意思を表示していたとき、又はその相手方が承諾の通知を発するまでにその事実が生じたことを知ったときは、その申込みは、その効力を有しない。

第527条（承諾の通知を必要としない場合における契約の成立時期）

申込者の意思表示又は取引上の慣習により承諾の通知を必要としない場合には、契約は、承諾の意思表示と認めるべき事実があった時に成立する。

第528条（申込みに変更を加えた承諾）

承諾者が、申込みに条件を付し、その他変更を加えてこれを承諾したときは、その申込みの拒絶とともに新たな申込みをしたものとみなす。

第529条（懸賞広告）

ある行為をした者に一定の報酬を与える旨を広告した者（以下「懸賞広告者」という。）は、その行為をした者がその広告を知っていたかどうかにかかわらず、その者に対してその報酬を与える義務を負う。

第529条の2（指定した行為をする期間の定めのある懸賞広告）

1 懸賞広告者は、その指定した行為をする期間を定めてした広告を撤回することができない。ただし、その広告において撤回をする権利を留保したときは、この限りでない。

2 前項の広告は、その期間内に指定した行為を完了する者がないときは、その効力を失う。

第529条の3（指定した行為をする期間の定めのない懸賞広告）

懸賞広告者は、その指定した行為を完了する者がない間は、その指定した行為をする期間を定めないでした広告を撤回することができる。ただし、その広告中に撤回をしない旨を表示したときは、この限りでない。

第530条（懸賞広告の撤回の方法）

1 前の広告と同一の方法による広告の撤回は、これを知らない者に対しても、その効力を有する。

2 広告の撤回は、前の広告と異なる方法によっても、することができる。ただし、その撤回は、これを知った者に対してのみ、その効力を有する。

第531条（懸賞広告の報酬を受ける権利）

1 広告に定めた行為をした者が数人あるときは、最初にその行為をした者のみが報酬を受ける権利を有する。

2 数人が同時に前項の行為をした場合には、各自が等しい割合で報酬を受ける権利を有する。ただし、報酬がその性質上分割に適しないとき、又は広告において1人のみがこれを受けるものとしたときは、抽選でこれを受ける者を定める。

3 前2項の規定は、広告中にこれと異なる意思を表示したときは、適用しない。

第532条（優等懸賞広告）

1 広告に定めた行為をした者が数人ある場合において、その優等者のみに報酬を与えるべきときは、その広告は、応募の期間を定めたときに限り、その効力を有する。

2 前項の場合において、応募者中いずれの者の行為が優等であるかは、広告中に定めた者が判定し、広告中に判定をする者を定めなかったときは懸賞広告者が判定する。

3 応募者は、前項の判定に対して異議を述べることができない。

4 前条第2項の規定は、数人の行為が同等と判定された場合について準用する。

第2款　契約の効力

第533条（同時履行の抗弁）

双務契約の当事者の一方は、相手方がその債務の履行（債務の履行に代わる損害賠償の債務の履行を含む。）を提供するまでは、自己の債務の履行を拒むことができる。ただし、相手方の債務が弁済期にないときは、この限りでない。

第534条及び第535条　削除

第536条（債務者の危険負担等）

1 当事者双方の責めに帰することができない事由によって債務を履行することができなくなったときは、債権者は、反対給付の履行を拒むことができる。

2 債権者の責めに帰すべき事由によって債務を履行することができなくなったときは、債権者は、反対給付の履行を拒むことができない。この場合において、債務者は、自己の債務を免れたことによって利益を得たときは、これを債権者に償還しなければならない。

第537条（第三者のためにする契約）

1 契約により当事者の一方が第三者に対してある給付をすることを約したときは、その第三者は、債務者に対して直接にその給付を請求する権利を有する。

2 前項の契約は、その成立の時に第三者が現に存しない場合又は第三者が特定していない場合であっても、そのためにその効力を妨げられない。

3 第1項の場合において、第三者の権利は、その第三者が債務者に対して同項の契約の利益を享受する意思を表示した時に発生する。

第538条（第三者の権利の確定）

1 前条の規定により第三者の権利が発生した後は、当事者は、これを変更し、又は消滅させることができない。

2 前条の規定により第三者の権利が発生した後に、債務者がその第三者に対する債務を履行しない場合には、同条第1項の契約の相手方は、その第三者の承諾を得なければ、契約を解除することができない。

第539条（債務者の抗弁）

債務者は、第537条第1項の契約に基づく抗弁をもって、その契約の利益を受ける第三者に対抗することができる。

第3款　契約上の地位の移転

第539条の2〔契約上の地位の移転〕

契約の当事者の一方が第三者との間で契約上の地位を譲渡する旨の合意をした場合において、その契約の相手方がその譲渡を承諾したときは、契約上の地位は、その第三者に移転する。

第4款　契約の解除

第540条（解除権の行使）

1 契約又は法律の規定により当事者の一方が解除権を有するときは、その解除は、相手方に対する意思表示によってする。

2 前項の意思表示は、撤回することができない。

第541条（催告による解除）

当事者の一方がその債務を履行しない場合において、相手方が相当の期間を定めてその履行の催告をし、その期間内に履行がないときは、相手方は、契約の解除をすることができる。ただし、その期間を経過した時における債務の不履行がその契約及び取引上の社会通念に照らして軽微であるときは、この限りでない。

第542条（催告によらない解除）

1 次に掲げる場合には、債権者は、前条の催告をすることなく、直ちに契約の解除をすることができる。

一 債務の全部の履行が不能であるとき。

二 債務者がその債務の全部の履行を拒絶する意思を明確に表示したとき。

三 債務の一部の履行が不能である場合又は債務者がその債務の一部の履行を拒絶する意思を明確に表示した場合において、残存する部分のみでは契約をした目的を達することができないとき。

四 契約の性質又は当事者の意思表示により、特定の日時又は一定の期間内に履行をしなければ契約をした目的を達することができない場合において、債務者が履行をしないでその時期を経過したとき。

五 前各号に掲げる場合のほか、債務者がその債務の履行をせず、債権者が前条の催告をしても契約をした目的を達するのに足りる履行がされる見込みがないことが明らかであるとき。

2 次に掲げる場合には、債権者は、前条の催告をすることなく、直ちに契約の一部の解除をすることができる。

一 債務の一部の履行が不能であるとき。

二 債務者がその債務の一部の履行を拒絶する意思を明確に表示したとき。

第543条（債権者の責めに帰すべき事由による場合）

債務の不履行が債権者の責めに帰すべき事由によるものであるときは、債権者は、前2条の規定による契約の解除をすることができない。

第544条（解除権の不可分性）

1 当事者の一方が数人ある場合には、契約の解除は、その全員から又はその全員に対してのみ、することができる。

2 前項の場合において、解除権が当事者のうちの1人について消滅したときは、他の者についても消滅する。

第545条（解除の効果）

1 当事者の一方がその解除権を行使したときは、各当事者は、その相手方を原状に復させる義務を負う。ただし、第三者の権利を害することはできない。

2 前項本文の場合において、金銭を返還するときは、その受領の時から利息を付さなければならない。

3 第1項本文の場合において、金銭以外の物を返還するときは、その受領の時以後に生じた果実をも返還しなければならない。

4 解除権の行使は、損害賠償の請求を妨げない。

第546条（契約の解除と同時履行）

第533条の規定は、前条の場合について準用する。

第547条（催告による解除権の消滅）

解除権の行使について期間の定めがないときは、相手方は、解除権を有する者に対し、相当の期間を定めて、その期間内に解除をするかどうかを確答すべき旨の催告をすることができる。この場合において、その期間内に解除の通知を受けないときは、解除権は、消滅する。

第548条（解除権者の故意による目的物の損傷等による解除権の消滅）

解除権を有する者が故意若しくは過失によって契約の目的物を著しく損傷し、若しくは返還することができなくなったとき、又は加工若しくは改造によってこれを他の種類の物に変えたときは、解除権は、消滅する。ただし、解除権を有する者がその解除権を有することを知らなかったときは、この限りでない。

第5款 定型約款

第548条の2（定型約款の合意）

1 定型取引（ある特定の者が不特定多数の者を相手方として行う取引であって、その内容の全部又は一部が画一的であることがその双方にとって合理的なものをいう。以下同じ。）を行うことの合意（次条において「定型取引合意」という。）をした者は、次に掲げる場合には、定型約款（定型取引において、契約の内容とすることを目的としてその特定の者により準備された条項の総体をいう。以下同じ。）の個別の条項についても合意をしたものとみなす。

一 定型約款を契約の内容とする旨の合意をしたとき。

二 定型約款を準備した者（以下「定型約款準備者」という。）があらかじめその定型約款を契約の内容とする旨を相手方に表示していたとき。

2 前項の規定にかかわらず、同項の条項のうち、相手方の権利を制限し、又は相手方の義務を加重する条項であって、その定型取引の態様及びその実情並びに取引上の社会通念に照らして第1条第2項に規定する基本原則に反して相手方の利益を一方的に害すると認められるものについては、合意をしなかったものとみなす。

第548条の3（定型約款の内容の表示）

1 定型取引を行い、又は行おうとする定型約款準備者は、定型取引合意の前又は定型取引合意の後相当の期間内に相手方から請求があった場合には、遅滞なく、相当な方法でその定型約款の内容を示さなければならない。ただし、定型約款準備者が既に相手方に対して定型約款を記載した書面を交付し、又はこれを記録した電磁的記録を提供していたときは、この限りでない。

2 定型約款準備者が定型取引合意の前において前項の請求を拒んだときは、前条の規定は、適用しない。ただし、一時的な通信障害が発生した場合その他正当な事由がある場合は、この限りでない。

第548条の4（定型約款の変更）

1 定型約款準備者は、次に掲げる場合には、定型約款の変更をすることにより、変更後の定型約款の条項について合意があったものとみなし、個別に相手方と合意をすることなく契約の内容を変更することができる。

 一 定型約款の変更が、相手方の一般の利益に適合するとき。

 二 定型約款の変更が、契約をした目的に反せず、かつ、変更の必要性、変更後の内容の相当性、この条の規定により定型約款の変更をすることがある旨の定めの有無及びその内容その他の変更に係る事情に照らして合理的なものであるとき。

2 定型約款準備者は、前項の規定による定型約款の変更をするときは、その効力発生時期を定め、かつ、定型約款を変更する旨及び変更後の定型約款の内容並びにその効力発生時期をインターネットの利用その他の適切な方法により周知しなければならない。

3 第1項第二号の規定による定型約款の変更は、前項の効力発生時期が到来するまでに同項の規定による周知をしなければ、その効力を生じない。

4 第548条の2第2項の規定は、第1項の規定による定型約款の変更については、適用しない。

第2節　贈与

第549条（贈与）

贈与は、当事者の一方がある財産を無償で相手方に与える意思を表示し、相手方が受諾をすることによって、その効力を生ずる。

第550条（書面によらない贈与の解除）

書面によらない贈与は、各当事者が解除をすることができる。ただし、履行の終わった部分については、この限りでない。

第551条（贈与者の引渡義務等）

1 贈与者は、贈与の目的である物又は権利を、贈与の目的として特定した時の状態で引き渡し、又は移転することを約したものと推定する。

2 負担付贈与については、贈与者は、その負担の限度において、売主と同じく担保の責任を負う。

第552条（定期贈与）

定期の給付を目的とする贈与は、贈与者又は受贈者の死亡によって、その効力を失う。

第553条（負担付贈与）

負担付贈与については、この節に定めるもののほか、その性質に反しない限り、双務契約に関する規定を準用する。

第554条（死因贈与）

贈与者の死亡によって効力を生ずる贈与については、その性質に反しない限り、遺贈に関する規定を準用する。

第3節　売買

第1款　総則

第555条（売買）

売買は、当事者の一方がある財産権を相手方に移転することを約し、相手方がこれに対してその代金を支払うことを約することによって、その効力を生ずる。

第556条（売買の一方の予約）

1 売買の一方の予約は、相手方が売買を完結する意思を表示した時から、売買の効力を生ずる。

2 前項の意思表示について期間を定めなかったときは、予約者は、相手方に対し、相当の期間を定めて、その期間内に売買を完結するかどうかを確答すべき旨の催告をすることができる。この場合において、相手方がその期間内に確答をしないときは、売買の一方の予約は、その効力を失う。

第557条（手付）

1 買主が売主に手付を交付したときは、買主はその手付を放棄し、売主はその倍額を現実に提供して、契約の解除をすることができる。ただし、その相手方が契約の履行に着手した後は、この限りでない。

2 第545条第4項の規定は、前項の場合には、適用しない。

第558条（売買契約に関する費用）

売買契約に関する費用は、当事者双方が等しい割合で負担する。

第559条（有償契約への準用）

この節の規定は、売買以外の有償契約について準用する。ただし、その有償契約の性質がこれを許さないときは、この限りでない。

第2款　売買の効力

第560条（権利移転の対抗要件に係る売主の義務）

売主は、買主に対し、登記、登録その他の売買の目的である権利の移転についての対抗要件を備えさせる義務を負う。

第561条（他人の権利の売買における売主の義務）

他人の権利（権利の一部が他人に属する場合におけるその権利の一部を含む。）を売買の目的としたときは、売主は、その権利を取得して買主に移転する義務を負う。

第562条（買主の追完請求権）

1 引き渡された目的物が種類、品質又は数量に関して契約の内容に適合しないものであるときは、買主は、売主に対し、目的物の修補、代替物の引渡し又は不足分の引渡しによる履行の追完を請求することができる。ただし、売主は、買主に不相当な負担を課するものでないときは、買主が請求した方法と異なる方法による履行の追完をすることができる。

2 前項の不適合が買主の責めに帰すべき事由によるものであるときは、買主は、同項の規定による履行の追完の請求をすることができない。

第563条（買主の代金減額請求権）

1 前条第1項本文に規定する場合において、買主が相当の期間を定めて履行の追完の催告をし、その期間内に履行の追完がないときは、買主は、その不適合の程度に応じて代金の減額を請求することができる。

2 前項の規定にかかわらず、次に掲げる場合には、買主は、同項の催告をすることなく、直ちに代金の減額を請求することができる。

一　履行の追完が不能であるとき。

二　売主が履行の追完を拒絶する意思を明確に表示したとき。

三　契約の性質又は当事者の意思表示により、特定の日時又は一定の期間内に履行をしなければ契約をした目的を達することができない場合において、売主が履行の追完をしないでその時期を経過したとき。

四　前三号に掲げる場合のほか、買主が前項の催告をしても履行の追完を受ける見込みがないことが明らかであるとき。

3 第1項の不適合が買主の責めに帰すべき事由によるものであるときは、買主は、前2項の規定による代金の減額の請求をすることができない。

第564条（買主の損害賠償請求及び解除権の行使）

前2条の規定は、第415条の規定による損害賠償の請求並びに第541条及び第542条の規定による解除権の行使を妨げない。

第565条（移転した権利が契約の内容に適合しない場合における売主の担保責任）

前3条の規定は、売主が買主に移転した権利が契約の内容に適合しないものである場合（権利の一部が他人に属する場合においてその権利の一部を移転しないときを含む。）について準用する。

第566条（目的物の種類又は品質に関する担保責任の期間の制限）

売主が種類又は品質に関して契約の内容に適合しない目的物を買主に引き渡した場合において、買主がその不適合を知った時から1年以内にその旨を売主に通知しないときは、買主は、その不適合を理由として、履行の追完の請求、代金の減額の請求、損害賠償の請求及び契約の解除をすることができない。ただし、売主が引渡しの時にその不適合を知り、又は重大な過失によって知らなかったときは、この限りでない。

第567条（目的物の滅失等についての危険の移転）

1 売主が買主に目的物（売買の目的として特定したものに限る。以下この条において同じ。）を引き渡した場合において、その引渡しがあった時以後にその目的物が当事者双方の責めに帰することができない事由によって滅失し、又は損傷したときは、買主は、その滅失又は損傷を理由として、履行の追完の請求、代金の減額の請求、損害賠償の請求及び契約の解除をすることができない。この場合において、買主は、代金の支払を拒むことができない。

2 売主が契約の内容に適合する目的物をもって、その引渡しの債務の履行を提供したにもかかわらず、買主がその履行を受けることを拒み、又は受けることができない場合において、その履行の提供があった時以後に当事者双方の責めに帰することができない事由によってその目的物が滅失し、又は損傷したときも、前項と同様とする。

第568条（競売における担保責任等）

1 民事執行法その他の法律の規定に基づく競売（以下この条において単に「競売」という。）における買受人は、第541条及び第542条の規定並びに第563条（第565条において準用する場合を含む。）の規定により、債務者に対し、契約の解除をし、又は代金の減額を請求することができる。

2 前項の場合において、債務者が無資力であるときは、買受人は、代金の配当を受けた債権者に対し、その代金の全部又は一部の返還を請求することができる。

3 前2項の場合において、債務者が物若しくは権利の不存在を知りながら申し出なかったとき、又は債権者がこれを知りながら競売を請求したときは、買受人は、これらの者に対し、損害賠償の請求をすることができる。
4 前3項の規定は、競売の目的物の種類又は品質に関する不適合については、適用しない。

第569条（債権の売主の担保責任）

1 債権の売主が債務者の資力を担保したときは、契約の時における資力を担保したものと推定する。
2 弁済期に至らない債権の売主が債務者の将来の資力を担保したときは、弁済期における資力を担保したものと推定する。

第570条（抵当権等がある場合の買主による費用の償還請求）

買い受けた不動産について契約の内容に適合しない先取特権、質権又は抵当権が存していた場合において、買主が費用を支出してその不動産の所有権を保存したときは、買主は、売主に対し、その費用の償還を請求することができる。

第571条　削除

第572条（担保責任を負わない旨の特約）

売主は、第562条第1項本文又は第565条に規定する場合における担保の責任を負わない旨の特約をしたときであっても、知りながら告げなかった事実及び自ら第三者のために設定し又は第三者に譲り渡した権利については、その責任を免れることができない。

第573条（代金の支払期限）

売買の目的物の引渡しについて期限があるときは、代金の支払についても同一の期限を付したものと推定する。

第574条（代金の支払場所）

売買の目的物の引渡しと同時に代金を支払うべきときは、その引渡しの場所において支払わなければならない。

第575条（果実の帰属及び代金の利息の支払）

1 まだ引き渡されていない売買の目的物が果実を生じたときは、その果実は、売主に帰属する。
2 買主は、引渡しの日から、代金の利息を支払う義務を負う。ただし、代金の支払について期限があるときは、その期限が到来するまでは、利息を支払うことを要しない。

第576条（権利を取得することができない等のおそれがある場合の買主による代金の支払の拒絶）

売買の目的について権利を主張する者があることその他の事由により、買主がその買い受けた権利の全部若しくは一部を取得することができず、又は失うおそれがあるときは、買主は、その危険の程度に応じて、代金の全部又は一部の支払を拒むことができる。ただし、売主が相当の担保を供したときは、この限りでない。

第577条（抵当権等の登記がある場合の買主による代金の支払の拒絶）

1 買い受けた不動産について契約の内容に適合しない抵当権の登記があるときは、買主は、抵当権消滅請求の手続が終わるまで、その代金の支払を拒むことができる。この場合において、売主は、買主に対し、遅滞なく抵当権消滅請求をすべき旨を請求することができる。
2 前項の規定は、買い受けた不動産について契約の内容に適合しない先取特権又は質権の登記がある場合について準用する。

第578条（売主による代金の供託の請求）

前2条の場合においては、売主は、買主に対して代金の供託を請求することができる。

第3款　買戻し

第579条（買戻しの特約）

不動産の売主は、売買契約と同時にした買戻しの特約により、買主が支払った代金（別段の合意をした場合にあっては、その合意により定めた金額。第583条第1項において同じ。）及び契約の費用を返還して、売買の解除をすることができる。この場合において、当事者が別段の意思を表示しなかったときは、不動産の果実と代金の利息とは相殺したものとみなす。

第580条（買戻しの期間）

1 買戻しの期間は、10年を超えることができない。特約でこれより長い期間を定めたときは、その期間は、10年とする。
2 買戻しについて期間を定めたときは、その後にこれを伸長することができない。
3 買戻しについて期間を定めなかったときは、5年以内に買戻しをしなければならない。

第581条（買戻しの特約の対抗力）

1 売買契約と同時に買戻しの特約を登記したときは、買戻しは、第三者に対抗することができる。
2 前項の登記がされた後に第605条の2第1項に規定する対抗要件を備えた賃借人の権利は、その残存期間中1年を超えない期間に限り、売主に対抗することができる。ただし、売主を害する目的で賃貸借をしたときは、この限りでない。

第582条（買戻権の代位行使）

売主の債権者が第423条の規定により売主に代わって買戻しをしようとするときは、買主は、裁判所において選任した鑑定人の評価に従い、不動産の現在の価額から売主が返還すべき金額を控除した残額に達するまで売主の債務を弁済し、なお残余があるときはこれを売主に返還して、買戻権を消滅させることができる。

第583条（買戻しの実行）

1 売主は、第580条に規定する期間内に代金及び契約の費用を提供しなければ、買戻しをすることができない。

2 買主又は転得者が不動産について費用を支出したときは、売主は、第196条の規定に従い、その償還をしなければならない。ただし、有益費については、裁判所は、売主の請求により、その償還について相当の期限を許与することができる。

第584条（共有持分の買戻特約付売買）

不動産の共有者の1人が買戻しの特約を付してその持分を売却した後に、その不動産の分割又は競売があったときは、売主は、買主が受け、若しくは受けるべき部分又は代金について、買戻しをすることができる。ただし、売主に通知をしないでした分割及び競売は、売主に対抗することができない。

第585条〔同前〕

1 前条の場合において、買主が不動産の競売における買受人となったときは、売主は、競売の代金及び第583条に規定する費用を支払って買戻しをすることができる。この場合において、売主は、その不動産の全部の所有権を取得する。

2 他の共有者が分割を請求したことにより買主が競売における買受人となったときは、売主は、その持分のみについて買戻しをすることはできない。

第4節　交換

第586条〔交換〕

1 交換は、当事者が互いに金銭の所有権以外の財産権を移転することを約することによって、その効力を生ずる。

2 当事者の一方が他の権利とともに金銭の所有権を移転することを約した場合におけるその金銭については、売買の代金に関する規定を準用する。

第5節　消費貸借

第587条（消費貸借）

消費貸借は、当事者の一方が種類、品質及び数量の同じ物をもって返還をすることを約して相手方から金銭その他の物を受け取ることによって、その効力を生ずる。

第587条の2（書面でする消費貸借等）

1 前条の規定にかかわらず、書面でする消費貸借は、当事者の一方が金銭その他の物を引き渡すことを約し、相手方がその受け取った物と種類、品質及び数量の同じ物をもって返還をすることを約することによって、その効力を生ずる。

2 書面でする消費貸借の借主は、貸主から金銭その他の物を受け取るまで、契約の解除をすることができる。この場合において、貸主は、その契約の解除によって損害を受けたときは、借主に対し、その賠償を請求することができる。

3 書面でする消費貸借は、借主が貸主から金銭その他の物を受け取る前に当事者の一方が破産手続開始の決定を受けたときは、その効力を失う。

4 消費貸借がその内容を記録した電磁的記録によってされたときは、その消費貸借は、書面によってされたものとみなして、前3項の規定を適用する。

第588条（準消費貸借）

金銭その他の物を給付する義務を負う者がある場合において、当事者がその物を消費貸借の目的とすることを約したときは、消費貸借は、これによって成立したものとみなす。

第589条（利息）

1 貸主は、特約がなければ、借主に対して利息を請求することができない。

2 前項の特約があるときは、貸主は、借主が金銭その他の物を受け取った日以後の利息を請求することができる。

第590条（貸主の引渡義務等）

1 第551条の規定は、前条第1項の特約のない消費貸借について準用する。

2 前条第1項の特約の有無にかかわらず、貸主から引き渡された物が種類又は品質に関して契約の内容に適合しないものであるときは、借主は、その物の価額を返還することができる。

第591条（返還の時期）

1 当事者が返還の時期を定めなかったときは、貸主は、相当の期間を定めて返還の催告をすることができる。

2 借主は、返還の時期の定めの有無にかかわらず、いつでも返還をすることができる。

3 当事者が返還の時期を定めた場合において、貸主は、借主がその時期の前に返還をしたことによって損害を受けたときは、借主に対し、その賠償を請求することができる。

第592条（価額の償還）

借主が貸主から受け取った物と種類、品質及び数量の同じ物をもって返還をすることができなくなったときは、その時における物の価額を償還しなければならない。ただし、第402条第2項に規定する場合は、この限りでない。

第6節　使用貸借

第593条（使用貸借）

使用貸借は、当事者の一方がある物を引き渡すことを約し、相手方がその受け取った物について無償で使用及び収益をして契約が終了したときに返還をすることを約することによって、その効力を生ずる。

第593条の2（借用物受取り前

の貸主による使用貸借の解除）

貸主は、借主が借用物を受け取るまで、契約の解除をすることができる。ただし、書面による使用貸借については、この限りでない。

第594条（借主による使用及び収益）

1 借主は、契約又はその目的物の性質によって定まった用法に従い、その物の使用及び収益をしなければならない。

2 借主は、貸主の承諾を得なければ、第三者に借用物の使用又は収益をさせることができない。

3 借主が前2項の規定に違反して使用又は収益をしたときは、貸主は、契約の解除をすることができる。

第595条（借用物の費用の負担）

1 借主は、借用物の通常の必要費を負担する。

2 第583条第2項の規定は、前項の通常の必要費以外の費用について準用する。

第596条（貸主の引渡義務等）

第551条の規定は、使用貸借について準用する。

第597条（期間満了等による使用貸借の終了）

1 当事者が使用貸借の期間を定めたときは、使用貸借は、その期間が満了することによって終了する。

2 当事者が使用貸借の期間を定めなかった場合において、使用及び収益の目的を定めたときは、使用貸借は、借主がその目的に従い使用及び収益を終えることによって終了する。

3 使用貸借は、借主の死亡によって終了する。

第598条（使用貸借の解除）

1 貸主は、前条第2項に規定する場合において、同項の目的に従い借主が使用及び収益をするのに足りる期間を経過したときは、契約の解除をすることができる。

2 当事者が使用貸借の期間並びに使用及び収益の目的を定めなかったときは、貸主は、いつでも契約の解除をすることができる。

3 借主は、いつでも契約の解除をすることができる。

第599条（借主による収去等）

1 借主は、借用物を受け取った後にこれに附属させた物がある場合において、使用貸借が終了したときは、その附属させた物を収去する義務を負う。ただし、借用物から分離することができない物又は分離するのに過分の費用を要する物については、この限りでない。

2 借主は、借用物を受け取った後にこれに附属させた物を収去することができる。

3 借主は、借用物を受け取った後にこれに生じた損傷がある場合において、使用貸借が終了したときは、その損傷を原状に復する義務を負う。ただし、その損傷が借主の責めに帰することができない事由によるものであるときは、この限りでない。

第600条（損害賠償及び費用の償還の請求権についての期間の制限）

1 契約の本旨に反する使用又は収益によって生じた損害の賠償及び借主が支出した費用の償還は、貸主が返還を受けた時から1年以内に請求しなければならない。

2 前項の損害賠償の請求権については、貸主が返還を受けた時から1年を経過するまでの間は、時効は、完成しない。

第7節　賃貸借

第1款　総則

第601条（賃貸借）

賃貸借は、当事者の一方がある物の使用及び収益を相手方にさせることを約し、相手方がこれに対してその賃料を支払うこと及び引渡しを受けた物を契約が終了したときに返還することを約することによって、その効力を生ずる。

第602条（短期賃貸借）

処分の権限を有しない者が賃貸借をする場合には、次の各号に掲げる賃貸借は、それぞれ当該各号に定める期間を超えることができない。契約でこれより長い期間を定めたときであっても、その期間は、当該各号に定める期間とする。

一　樹木の栽植又は伐採を目的とする山林の賃貸借　10年

二　前号に掲げる賃貸借以外の土地の賃貸借　5年

三　建物の賃貸借　3年

四　動産の賃貸借　6箇月

第603条（短期賃貸借の更新）

前条に定める期間は、更新することができる。ただし、その期間満了前、土地については1年以内、建物については3箇月以内、動産については1箇月以内に、その更新をしなければならない。

第604条（賃貸借の存続期間）

1 賃貸借の存続期間は、50年を超えることができない。契約でこれより長い期間を定めたときであっても、その期間は、50年とする。

2 賃貸借の存続期間は、更新することができる。ただし、その期間は、更新の時から50年を超えることができない。

第2款　賃貸借の効力

第605条（不動産賃貸借の対抗力）

不動産の賃貸借は、これを登記したときは、その不動産について物権を取得した者その他の第三者に対抗することができる。

第605条の2（不動産の賃貸人たる地位の移転）

1 前条、借地借家法（平成3年法律第90号）第10条又は第31条その他の法令の規定による賃貸借の対抗要件を備えた場合において、その不動産が譲渡されたときは、その不動産の賃貸人たる地位は、その譲受人に移転する。
2 前項の規定にかかわらず、不動産の譲渡人及び譲受人が、賃貸人たる地位を譲渡人に留保する旨及びその不動産を譲受人が譲渡人に賃貸する旨の合意をしたときは、賃貸人たる地位は、譲受人に移転しない。この場合において、譲渡人と譲受人又はその承継人との間の賃貸借が終了したときは、譲渡人に留保されていた賃貸人たる地位は、譲受人又はその承継人に移転する。
3 第1項又は前項後段の規定による賃貸人たる地位の移転は、賃貸物である不動産について所有権の移転の登記をしなければ、賃借人に対抗することができない。
4 第1項又は第2項後段の規定により賃貸人たる地位が譲受人又はその承継人に移転したときは、第608条の規定による費用の償還に係る債務及び第622条の2第1項の規定による同項に規定する敷金の返還に係る債務は、譲受人又はその承継人が承継する。

第605条の3（合意による不動産の賃貸人たる地位の移転）

不動産の譲渡人が賃貸人であるときは、その賃貸人たる地位は、賃借人の承諾を要しないで、譲渡人と譲受人との合意により、譲受人に移転させることができる。この場合においては、前条第3項及び第4項の規定を準用する。

第605条の4（不動産の賃借人による妨害の停止の請求等）

不動産の賃借人は、第605条の2第1項に規定する対抗要件を備えた場合において、次の各号に掲げるときは、それぞれ当該各号に定める請求をすることができる。
一　その不動産の占有を第三者が妨害しているとき　その第三者に対する妨害の停止の請求
二　その不動産を第三者が占有しているとき　その第三者に対する返還の請求

第606条（賃貸人による修繕等）

1 賃貸人は、賃貸物の使用及び収益に必要な修繕をする義務を負う。ただし、賃借人の責めに帰すべき事由によってその修繕が必要となったときは、この限りでない。
2 賃貸人が賃貸物の保存に必要な行為をしようとするときは、賃借人は、これを拒むことができない。

第607条（賃借人の意思に反する保存行為）

賃貸人が賃借人の意思に反して保存行為をしようとする場合において、そのために賃借人が賃借をした目的を達することができなくなるときは、賃借人は、契約の解除をすることができる。

第607条の2（賃借人による修繕）

賃借物の修繕が必要である場合において、次に掲げるときは、賃借人は、その修繕をすることができる。
一　賃借人が賃貸人に修繕が必要である旨を通知し、又は賃貸人がその旨を知ったにもかかわらず、賃貸人が相当の期間内に必要な修繕をしないとき。
二　急迫の事情があるとき。

第608条（賃借人による費用の償還請求）

1 賃借人は、賃借物について賃貸人の負担に属する必要費を支出したときは、賃貸人に対し、直ちにその償還を請求することができる。
2 賃借人が賃借物について有益費を支出したときは、賃貸人は、賃貸借の終了の時に、第196条第2項の規定に従い、その償還をしなければならない。ただし、裁判所は、賃貸人の請求により、その償還について相当の期限を許与することができる。

第609条（減収による賃料の減額請求）

耕作又は牧畜を目的とする土地の賃借人は、不可抗力によって賃料より少ない収益を得たときは、その収益の額に至るまで、賃料の減額を請求することができる。

第610条（減収による解除）

前条の場合において、同条の賃借人は、不可抗力によって引き続き2年以上賃料より少ない収益を得たときは、契約の解除をすることができる。

第611条（賃借物の一部滅失等による賃料の減額等）

1 賃借物の一部が滅失その他の事由により使用及び収益をすることができなくなった場合において、それが賃借人の責めに帰することができない事由によるものであるときは、賃料は、その使用及び収益をすることができなくなった部分の割合に応じて、減額される。
2 賃借物の一部が滅失その他の事由により使用及び収益をすることができなくなった場合において、残存する部分のみでは賃借人が賃借をした目的を達することができないときは、賃借人は、契約の解除をすることができる。

第612条（賃借権の譲渡及び転貸の制限）

1 賃借人は、賃貸人の承諾を得なければ、その賃借権を譲り渡し、又は賃借物を転貸することができない。
2 賃借人が前項の規定に違反して第三者に賃借物の使用又は収益をさせたときは、賃貸人は、契約の解除をすることができる。

第613条（転貸の効果）

1 賃借人が適法に賃借物を転貸

したときは、転借人は、賃貸人と賃借人との間の賃貸借に基づく賃借人の債務の範囲を限度として、賃貸人に対して転貸借に基づく債務を直接履行する義務を負う。この場合においては、賃料の前払をもって賃貸人に対抗することができない。
2 前項の規定は、賃貸人が賃借人に対してその権利を行使することを妨げない。
3 賃借人が適法に賃借物を転貸した場合には、賃貸人は、賃借人との間の賃貸借を合意により解除したことをもって転借人に対抗することができない。ただし、その解除の当時、賃貸人が賃借人の債務不履行による解除権を有していたときは、この限りでない。

第614条（賃料の支払時期）
賃料は、動産、建物及び宅地については毎月末に、その他の土地については毎年末に、支払わなければならない。ただし、収穫の季節があるものについては、その季節の後に遅滞なく支払わなければならない。

第615条（賃借人の通知義務）
賃借物が修繕を要し、又は賃借物について権利を主張する者があるときは、賃借人は、遅滞なくその旨を賃貸人に通知しなければならない。ただし、賃貸人が既にこれを知っているときは、この限りでない。

第616条（賃借人による使用及び収益）
第594条第1項の規定は、賃貸借について準用する。

第3款　賃貸借の終了

第616条の2（賃借物の全部滅失等による賃貸借の終了）
賃借物の全部が滅失その他の事由により使用及び収益をすることができなくなった場合には、賃貸借は、これによって終了する。

第617条（期間の定めのない賃貸借の解約の申入れ）
1 当事者が賃貸借の期間を定めなかったときは、各当事者は、いつでも解約の申入れをすることができる。この場合においては、次の各号に掲げる賃貸借は、解約の申入れの日からそれぞれ当該各号に定める期間を経過することによって終了する。
一　土地の賃貸借　1年
二　建物の賃貸借　3箇月
三　動産及び貸席の賃貸借　1日
2 収穫の季節がある土地の賃貸借については、その季節の後次の耕作に着手する前に、解約の申入れをしなければならない。

第618条（期間の定めのある賃貸借の解約をする権利の留保）
当事者が賃貸借の期間を定めた場合であっても、その一方又は双方がその期間内に解約をする権利を留保したときは、前条の規定を準用する。

第619条（賃貸借の更新の推定等）
1 賃貸借の期間が満了した後賃借人が賃借物の使用又は収益を継続する場合において、賃貸人がこれを知りながら異議を述べないときは、従前の賃貸借と同一の条件で更に賃貸借をしたものと推定する。この場合において、各当事者は、第617条の規定により解約の申入れをすることができる。
2 従前の賃貸借について当事者が担保を供していたときは、その担保は、期間の満了によって消滅する。ただし、第622条の2第1項に規定する敷金については、この限りでない。

第620条（賃貸借の解除の効力）
賃貸借の解除をした場合には、その解除は、将来に向かってのみその効力を生ずる。この場合においては、損害賠償の請求を妨げない。

第621条（賃借人の原状回復義務）
賃借人は、賃借物を受け取った後にこれに生じた損傷（通常の使用及び収益によって生じた賃借物の損耗並びに賃借物の経年変化を除く。以下この条において同じ。）がある場合において、賃貸借が終了したときは、その損傷を原状に復する義務を負う。ただし、その損傷が賃借人の責めに帰することができない事由によるものであるときは、この限りでない。

第622条（使用貸借の規定の準用）
第597条第1項、第599条第1項及び第2項並びに第600条の規定は、賃貸借について準用する。

第4款　敷金

第622条の2〔敷金〕
1 賃貸人は、敷金（いかなる名目によるかを問わず、賃料債務その他の賃貸借に基づいて生ずる賃借人の賃貸人に対する金銭の給付を目的とする債務を担保する目的で、賃借人が賃貸人に交付する金銭をいう。以下この条において同じ。）を受け取っている場合において、次に掲げるときは、賃借人に対し、その受け取った敷金の額から賃貸借に基づいて生じた賃借人の賃貸人に対する金銭の給付を目的とする債務の額を控除した残額を返還しなければならない。
一　賃貸借が終了し、かつ、賃貸物の返還を受けたとき。
二　賃借人が適法に賃借権を譲り渡したとき。
2 賃貸人は、賃借人が賃貸借に基づいて生じた金銭の給付を目的とする債務を履行しないときは、敷金をその債務の弁済に充てることができる。この場合において、賃借人は、賃貸人に対し、敷金をその債務の弁済に充てることを請求することができない。

第8節　雇用

第623条（雇用）

雇用は、当事者の一方が相手方に対して労働に従事することを約し、相手方がこれに対してその報酬を与えることを約することによって、その効力を生ずる。

第624条（報酬の支払時期）

1 労働者は、その約した労働を終わった後でなければ、報酬を請求することができない。
2 期間によって定めた報酬は、その期間を経過した後に、請求することができる。

第624条の2（履行の割合に応じた報酬）

労働者は、次に掲げる場合には、既にした履行の割合に応じて報酬を請求することができる。

一　使用者の責めに帰することができない事由によって労働に従事することができなくなったとき。
二　雇用が履行の中途で終了したとき。

第625条（使用者の権利の譲渡の制限等）

1 使用者は、労働者の承諾を得なければ、その権利を第三者に譲り渡すことができない。
2 労働者は、使用者の承諾を得なければ、自己に代わって第三者を労働に従事させることができない。
3 労働者が前項の規定に違反して第三者を労働に従事させたときは、使用者は、契約の解除をすることができる。

第626条（期間の定めのある雇用の解除）

1 雇用の期間が5年を超え、又はその終期が不確定であるときは、当事者の一方は、5年を経過した後、いつでも契約の解除をすることができる。
2 前項の規定により契約の解除をしようとする者は、それが使用者であるときは3箇月前、労働者であるときは2週間前に、その予告をしなければならない。

第627条（期間の定めのない雇用の解約の申入れ）

1 当事者が雇用の期間を定めなかったときは、各当事者は、いつでも解約の申入れをすることができる。この場合において、雇用は、解約の申入れの日から2週間を経過することによって終了する。
2 期間によって報酬を定めた場合には、使用者からの解約の申入れは、次期以後についてすることができる。ただし、その解約の申入れは、当期の前半にしなければならない。
3 6箇月以上の期間によって報酬を定めた場合には、前項の解約の申入れは、3箇月前にしなければならない。

第628条（やむを得ない事由による雇用の解除）

当事者が雇用の期間を定めた場合であっても、やむを得ない事由があるときは、各当事者は、直ちに契約の解除をすることができる。この場合において、その事由が当事者の一方の過失によって生じたものであるときは、相手方に対して損害賠償の責任を負う。

第629条（雇用の更新の推定等）

1 雇用の期間が満了した後労働者が引き続きその労働に従事する場合において、使用者がこれを知りながら異議を述べないときは、従前の雇用と同一の条件で更に雇用をしたものと推定する。この場合において、各当事者は、第627条の規定により解約の申入れをすることができる。
2 従前の雇用について当事者が担保を供していたときは、その担保は、期間の満了によって消滅する。ただし、身元保証金については、この限りでない。

第630条（雇用の解除の効力）

第620条の規定は、雇用について準用する。

第631条（使用者についての破産手続の開始による解約の申入れ）

使用者が破産手続開始の決定を受けた場合には、雇用に期間の定めがあるときであっても、労働者又は破産管財人は、第627条の規定により解約の申入れをすることができる。この場合において、各当事者は、相手方に対し、解約によって生じた損害の賠償を請求することができない。

第9節　請負

第632条（請負）

請負は、当事者の一方がある仕事を完成することを約し、相手方がその仕事の結果に対してその報酬を支払うことを約することによって、その効力を生ずる。

第633条（報酬の支払時期）

報酬は、仕事の目的物の引渡しと同時に、支払わなければならない。ただし、物の引渡しを要しないときは、第624条第1項の規定を準用する。

第634条（注文者が受ける利益の割合に応じた報酬）

次に掲げる場合において、請負人が既にした仕事の結果のうち可分な部分の給付によって注文者が利益を受けるときは、その部分を仕事の完成とみなす。この場合において、請負人は、注文者が受ける利益の割合に応じて報酬を請求することができる。

一　注文者の責めに帰することができない事由によって仕事を完成することができなくなったとき。
二　請負が仕事の完成前に解除されたとき。

第635条　削除

第636条（請負人の担保責任の制限）

請負人が種類又は品質に関して契約の内容に適合しない仕事の目

的物を注文者に引き渡したとき(その引渡しを要しない場合にあっては、仕事が終了した時に仕事の目的物が種類又は品質に関して契約の内容に適合しないとき)は、注文者は、注文者の供した材料の性質又は注文者の与えた指図によって生じた不適合を理由として、履行の追完の請求、報酬の減額の請求、損害賠償の請求及び契約の解除をすることができない。ただし、請負人がその材料又は指図が不適当であることを知りながら告げなかったときは、この限りでない。

第637条(目的物の種類又は品質に関する担保責任の期間の制限)

1 前条本文に規定する場合において、注文者がその不適合を知った時から1年以内にその旨を請負人に通知しないときは、注文者は、その不適合を理由として、履行の追完の請求、報酬の減額の請求、損害賠償の請求及び契約の解除をすることができない。

2 前項の規定は、仕事の目的物を注文者に引き渡した時(その引渡しを要しない場合にあっては、仕事が終了した時)において、請負人が同項の不適合を知り、又は重大な過失によって知らなかったときは、適用しない。

第638条~第640条　削除

第641条(注文者による契約の解除)

請負人が仕事を完成しない間は、注文者は、いつでも損害を賠償して契約の解除をすることができる。

第642条(注文者についての破産手続の開始による解除)

1 注文者が破産手続開始の決定を受けたときは、請負人又は破産管財人は、契約の解除をすることができる。ただし、請負人による契約の解除については、仕事を完成した後は、この限りでない。

2 前項に規定する場合において、請負人は、既にした仕事の報酬及びその中に含まれていない費用について、破産財団の配当に加入することができる。

3 第1項の場合には、契約の解除によって生じた損害の賠償は、破産管財人が契約の解除をした場合における請負人に限り、請求することができる。この場合において、請負人は、その損害賠償について、破産財団の配当に加入する。

第10節　委任

第643条(委任)

委任は、当事者の一方が法律行為をすることを相手方に委託し、相手方がこれを承諾することによって、その効力を生ずる。

第644条(受任者の注意義務)

受任者は、委任の本旨に従い、善良な管理者の注意をもって、委任事務を処理する義務を負う。

第644条の2(復受任者の選任等)

1 受任者は、委任者の許諾を得たとき、又はやむを得ない事由があるときでなければ、復受任者を選任することができない。

2 代理権を付与する委任において、受任者が代理権を有する復受任者を選任したときは、復受任者は、委任者に対して、その権限の範囲内において、受任者と同一の権利を有し、義務を負う。

第645条(受任者による報告)

受任者は、委任者の請求があるときは、いつでも委任事務の処理の状況を報告し、委任が終了した後は、遅滞なくその経過及び結果を報告しなければならない。

第646条(受任者による受取物の引渡し等)

1 受任者は、委任事務を処理するに当たって受け取った金銭その他の物を委任者に引き渡さなければならない。その収取した果実についても、同様とする。

2 受任者は、委任者のために自己の名で取得した権利を委任者に移転しなければならない。

第647条(受任者の金銭の消費についての責任)

受任者は、委任者に引き渡すべき金額又はその利益のために用いるべき金額を自己のために消費したときは、その消費した日以後の利息を支払わなければならない。この場合において、なお損害があるときは、その賠償の責任を負う。

第648条(受任者の報酬)

1 受任者は、特約がなければ、委任者に対して報酬を請求することができない。

2 受任者は、報酬を受けるべき場合には、委任事務を履行した後でなければ、これを請求することができない。ただし、期間によって報酬を定めたときは、第624条第2項の規定を準用する。

3 受任者は、次に掲げる場合には、既にした履行の割合に応じて報酬を請求することができる。

一　委任者の責めに帰することができない事由によって委任事務の履行をすることができなくなったとき。

二　委任が履行の中途で終了したとき。

第648条の2(成果等に対する報酬)

1 委任事務の履行により得られる成果に対して報酬を支払うことを約した場合において、その成果が引渡しを要するときは、報酬は、その成果の引渡しと同時に、支払わなければならない。

2 第634条の規定は、委任事務の履行により得られる成果に対して報酬を支払うことを約した場合について準用する。

第649条(受任者による費用の前払請求)

委任事務を処理するについて費用を要するときは、委任者は、受任者の請求により、その前払をしなければならない。

第650条（受任者による費用等の償還請求等）

1 受任者は、委任事務を処理するのに必要と認められる費用を支出したときは、委任者に対し、その費用及び支出の日以後におけるその利息の償還を請求することができる。

2 受任者は、委任事務を処理するのに必要と認められる債務を負担したときは、委任者に対し、自己に代わってその弁済をすることを請求することができる。この場合において、その債務が弁済期にないときは、委任者に対し、相当の担保を供させることができる。

3 受任者は、委任事務を処理するため自己に過失なく損害を受けたときは、委任者に対し、その賠償を請求することができる。

第651条（委任の解除）

1 委任は、各当事者がいつでもその解除をすることができる。

2 前項の規定により委任の解除をした者は、次に掲げる場合には、相手方の損害を賠償しなければならない。ただし、やむを得ない事由があったときは、この限りでない。

一　相手方に不利な時期に委任を解除したとき。

二　委任者が受任者の利益（専ら報酬を得ることによるものを除く。）をも目的とする委任を解除したとき。

第652条（委任の解除の効力）

第620条の規定は、委任について準用する。

第653条（委任の終了事由）

委任は、次に掲げる事由によって終了する。

一　委任者又は受任者の死亡

二　委任者又は受任者が破産手続開始の決定を受けたこと。

三　受任者が後見開始の審判を受けたこと。

第654条（委任の終了後の処分）

委任が終了した場合において、急迫の事情があるときは、受任者又はその相続人若しくは法定代理人は、委任者又はその相続人若しくは法定代理人が委任事務を処理することができるに至るまで、必要な処分をしなければならない。

第655条（委任の終了の対抗要件）

委任の終了事由は、これを相手方に通知したとき、又は相手方がこれを知っていたときでなければ、これをもってその相手方に対抗することができない。

第656条（準委任）

この節の規定は、法律行為でない事務の委託について準用する。

第11節　寄託

第657条（寄託）

寄託は、当事者の一方がある物を保管することを相手方に委託し、相手方がこれを承諾することによって、その効力を生ずる。

第657条の2（寄託物受取り前の寄託者による寄託の解除等）

1 寄託者は、受寄者が寄託物を受け取るまで、契約の解除をすることができる。この場合において、受寄者は、その契約の解除によって損害を受けたときは、寄託者に対し、その賠償を請求することができる。

2 無報酬の受寄者は、寄託物を受け取るまで、契約の解除をすることができる。ただし、書面による寄託については、この限りでない。

3 受寄者（無報酬で寄託を受けた場合にあっては、書面による寄託の受寄者に限る。）は、寄託物を受け取るべき時期を経過したにもかかわらず、寄託者が寄託物を引き渡さない場合において、相当の期間を定めてその引渡しの催告をし、その期間内に引渡しがないときは、契約の解除をすることができる。

第658条（寄託物の使用及び第三者による保管）

1 受寄者は、寄託者の承諾を得なければ、寄託物を使用することができない。

2 受寄者は、寄託者の承諾を得たとき、又はやむを得ない事由があるときでなければ、寄託物を第三者に保管させることができない。

3 再受寄者は、寄託者に対して、その権限の範囲内において、受寄者と同一の権利を有し、義務を負う。

第659条（無報酬の受寄者の注意義務）

無報酬の受寄者は、自己の財産に対するのと同一の注意をもって、寄託物を保管する義務を負う。

第660条（受寄者の通知義務等）

1 寄託物について権利を主張する第三者が受寄者に対して訴えを提起し、又は差押え、仮差押え若しくは仮処分をしたときは、受寄者は、遅滞なくその事実を寄託者に通知しなければならない。ただし、寄託者が既にこれを知っているときは、この限りでない。

2 第三者が寄託物について権利を主張する場合であっても、受寄者は、寄託者の指図がない限り、寄託者に対しその寄託物を返還しなければならない。ただし、受寄者が前項の通知をした場合又は同項ただし書の規定によりその通知を要しない場合において、その寄託物をその第三者に引き渡すべき旨を命ずる確定判決（確定判決と同一の効力を有するものを含む。）があったときであって、その第三者にその寄託物を引き渡したときは、この限りでない。

3 受寄者は、前項の規定により寄

託者に対して寄託物を返還しなければならない場合には、寄託者にその寄託物を引き渡したことによって第三者に損害が生じたときであっても、その賠償の責任を負わない。

第661条（寄託者による損害賠償）

寄託者は、寄託物の性質又は瑕疵によって生じた損害を受寄者に賠償しなければならない。ただし、寄託者が過失なくその性質若しくは瑕疵を知らなかったとき、又は受寄者がこれを知っていたときは、この限りでない。

第662条（寄託者による返還請求等）

1 当事者が寄託物の返還の時期を定めたときであっても、寄託者は、いつでもその返還を請求することができる。
2 前項に規定する場合において、受寄者は、寄託者がその時期の前に返還を請求したことによって損害を受けたときは、寄託者に対し、その賠償を請求することができる。

第663条（寄託物の返還の時期）

1 当事者が寄託物の返還の時期を定めなかったときは、受寄者は、いつでもその返還をすることができる。
2 返還の時期の定めがあるときは、受寄者は、やむを得ない事由がなければ、その期限前に返還をすることができない。

第664条（寄託物の返還の場所）

寄託物の返還は、その保管をすべき場所でしなければならない。ただし、受寄者が正当な事由によってその物を保管する場所を変更したときは、その現在の場所で返還をすることができる。

第664条の2（損害賠償及び費用の償還の請求権についての期間の制限）

1 寄託物の一部滅失又は損傷によって生じた損害の賠償及び受寄者が支出した費用の償還は、寄託者が返還を受けた時から1年以内に請求しなければならない。
2 前項の損害賠償の請求権については、寄託者が返還を受けた時から1年を経過するまでの間は、時効は、完成しない。

第665条（委任の規定の準用）

第646条から第648条まで、第649条並びに第650条第1項及び第2項の規定は、寄託について準用する。

第665条の2（混合寄託）

1 複数の者が寄託した物の種類及び品質が同一である場合には、受寄者は、各寄託者の承諾を得たときに限り、これらを混合して保管することができる。
2 前項の規定に基づき受寄者が複数の寄託者からの寄託物を混合して保管したときは、寄託者は、その寄託した物と同じ数量の物の返還を請求することができる。
3 前項に規定する場合において、寄託物の一部が滅失したときは、寄託者は、混合して保管されている総寄託物に対するその寄託した物の割合に応じた数量の物の返還を請求することができる。この場合においては、損害賠償の請求を妨げない。

第666条（消費寄託）

1 受寄者が契約により寄託物を消費することができる場合には、受寄者は、寄託された物と種類、品質及び数量の同じ物をもって返還しなければならない。
2 第590条及び第592条の規定は、前項に規定する場合について準用する。
3 第591条第2項及び第3項の規定は、預金又は貯金に係る契約により金銭を寄託した場合について準用する。

第12節　組合

第667条（組合契約）

1 組合契約は、各当事者が出資をして共同の事業を営むことを約することによって、その効力を生ずる。
2 出資は、労務をその目的とすることができる。

第667条の2（他の組合員の債務不履行）

1 第533条及び第536条の規定は、組合契約については、適用しない。
2 組合員は、他の組合員が組合契約に基づく債務の履行をしないことを理由として、組合契約を解除することができない。

第667条の3（組合員の1人についての意思表示の無効等）

組合員の1人について意思表示の無効又は取消しの原因があっても、他の組合員の間においては、組合契約は、その効力を妨げられない。

第668条（組合財産の共有）

各組合員の出資その他の組合財産は、総組合員の共有に属する。

第669条（金銭出資の不履行の責任）

金銭を出資の目的とした場合において、組合員がその出資をすることを怠ったときは、その利息を支払うほか、損害の賠償をしなければならない。

第670条（業務の決定及び執行の方法）

1 組合の業務は、組合員の過半数をもって決定し、各組合員がこれを執行する。
2 組合の業務の決定及び執行は、組合契約の定めるところにより、1人又は数人の組合員又は第三者に委任することができる。
3 前項の委任を受けた者（以下「業務執行者」という。）は、組合の業務を決定し、これを執行する。この場合において、業務執行者が数人あるときは、組合の業務は、業務執行者の過半数をもって決定し、各業務執行者がこれを執行する。
4 前項の規定にかかわらず、組合の業務については、総組合員の同意によって決定し、又は総組合員が執行することを妨げない。
5 組合の常務は、前各項の規定にかかわらず、各組合員又は各業務執行者が単独で行うことができる。ただし、その完了前に他の組合員又は業務執行者が異議を述べたときは、この限りでない。

第670条の2（組合の代理）
1 各組合員は、組合の業務を執行する場合において、組合員の過半数の同意を得たときは、他の組合員を代理することができる。
2 前項の規定にかかわらず、業務執行者があるときは、業務執行者のみが組合員を代理することができる。この場合において、業務執行者が数人あるときは、各業務執行者は、業務執行者の過半数の同意を得たときに限り、組合員を代理することができる。
3 前2項の規定にかかわらず、各組合員又は各業務執行者は、組合の常務を行うときは、単独で組合員を代理することができる。

第671条（委任の規定の準用）
第644条から第650条までの規定は、組合の業務を決定し、又は執行する組合員について準用する。

第672条（業務執行組合員の辞任及び解任）
1 組合契約の定めるところにより1人又は数人の組合員に業務の決定及び執行を委任したときは、その組合員は、正当な事由がなければ、辞任することができない。
2 前項の組合員は、正当な事由がある場合に限り、他の組合員の一致によって解任することができる。

第673条（組合員の組合の業務及び財産状況に関する検査）
各組合員は、組合の業務の決定及び執行をする権利を有しないときであっても、その業務及び組合財産の状況を検査することができる。

第674条（組合員の損益分配の割合）
1 当事者が損益分配の割合を定めなかったときは、その割合は、各組合員の出資の価額に応じて定める。
2 利益又は損失についてのみ分配の割合を定めたときは、その割合は、利益及び損失に共通であるものと推定する。

第675条（組合の債権者の権利の行使）
1 組合の債権者は、組合財産についてその権利を行使することができる。
2 組合の債権者は、その選択に従い、各組合員に対して損失分担の割合又は等しい割合でその権利を行使することができる。ただし、組合の債権者がその債権の発生の時に各組合員の損失分担の割合を知っていたときは、その割合による。

第676条（組合員の持分の処分及び組合財産の分割）
1 組合員は、組合財産についてその持分を処分したときは、その処分をもって組合及び組合と取引をした第三者に対抗することができない。
2 組合員は、組合財産である債権について、その持分についての権利を単独で行使することができない。
3 組合員は、清算前に組合財産の分割を求めることができない。

第677条（組合財産に対する組合員の債権者の権利の行使の禁止）
組合員の債権者は、組合財産についてその権利を行使することができない。

第677条の2（組合員の加入）
1 組合員は、その全員の同意によって、又は組合契約の定めるところにより、新たに組合員を加入させることができる。
2 前項の規定により組合の成立後に加入した組合員は、その加入前に生じた組合の債務については、これを弁済する責任を負わない。

第678条（組合員の脱退）
1 組合契約で組合の存続期間を定めなかったとき、又はある組合員の終身の間組合が存続すべきことを定めたときは、各組合員は、いつでも脱退することができる。ただし、やむを得ない事由がある場合を除き、組合に不利な時期に脱退することができない。
2 組合の存続期間を定めた場合であっても、各組合員は、やむを得ない事由があるときは、脱退することができる。

第679条〔同前〕
前条の場合のほか、組合員は、次に掲げる事由によって脱退する。
一 死亡
二 破産手続開始の決定を受けたこと。
三 後見開始の審判を受けたこと。
四 除名

第680条（組合員の除名）
組合員の除名は、正当な事由がある場合に限り、他の組合員の一致によってすることができる。ただし、除名した組合員にその旨を通知しなければ、これをもってその組合員に対抗することができない。

第680条の2（脱退した組合員の責任等）
1 脱退した組合員は、その脱退前に生じた組合の債務について、従前の責任の範囲内でこれを弁済する責任を負う。この場合において、債権者が全部の弁済を受けない間は、脱退した組合員は、組合に担保を供させ、又は組合に対して自己に免責を得させることを請求することができる。
2 脱退した組合員は、前項に規定する組合の債務を弁済したときは、組合に対して求償権を有する。

第681条（脱退した組合員の持分の払戻し）
1 脱退した組合員と他の組合員との間の計算は、脱退の時における組合財産の状況に従ってしなければならない。
2 脱退した組合員の持分は、その出資の種類を問わず、金銭で払い戻すことができる。
3 脱退の時にまだ完了していない事項については、その完了後に計算をすることができる。

第682条（組合の解散事由）
組合は、次に掲げる事由によって解散する。
一　組合の目的である事業の成功又はその成功の不能
二　組合契約で定めた存続期間の満了
三　組合契約で定めた解散の事由の発生
四　総組合員の同意

第683条（組合の解散の請求）
やむを得ない事由があるときは、各組合員は、組合の解散を請求することができる。

第684条（組合契約の解除の効力）
第620条の規定は、組合契約について準用する。

第685条（組合の清算及び清算人の選任）
1 組合が解散したときは、清算は、総組合員が共同して、又はその選任した清算人がこれをする。
2 清算人の選任は、組合員の過半数で決する。

第686条（清算人の業務の決定及び執行の方法）
第670条第3項から第5項まで並びに第670条の2第2項及び第3項の規定は、清算人について準用する。

第687条（組合員である清算人の辞任及び解任）
第672条の規定は、組合契約の定めるところにより組合員の中から清算人を選任した場合について準用する。

第688条（清算人の職務及び権限並びに残余財産の分割方法）
1 清算人の職務は、次のとおりとする。
一　現務の結了
二　債権の取立て及び債務の弁済
三　残余財産の引渡し
2 清算人は、前項各号に掲げる職務を行うために必要な一切の行為をすることができる。
3 残余財産は、各組合員の出資の価額に応じて分割する。

第13節　終身定期金

第689条（終身定期金契約）
終身定期金契約は、当事者の一方が、自己、相手方又は第三者の死亡に至るまで、定期に金銭その他の物を相手方又は第三者に給付することを約することによって、その効力を生ずる。

第690条（終身定期金の計算）
終身定期金は、日割りで計算する。

第691条（終身定期金契約の解除）
1 終身定期金債務者が終身定期金の元本を受領した場合において、その終身定期金の給付を怠り、又はその他の義務を履行しないときは、相手方は、元本の返還を請求することができる。この場合において、相手方は、既に受け取った終身定期金の中からその元本の利息を控除した残額を終身定期金債務者に返還しなければならない。
2 前項の規定は、損害賠償の請求を妨げない。

第692条（終身定期金契約の解除と同時履行）
第533条の規定は、前条の場合について準用する。

第693条（終身定期金債権の存続の宣告）
1 終身定期金債務者の責めに帰すべき事由によって第689条に規定する死亡が生じたときは、裁判所は、終身定期金債権者又はその相続人の請求により、終身定期金債権が相当の期間存続することを宣告することができる。
2 前項の規定は、第691条の権利の行使を妨げない。

第694条（終身定期金の遺贈）
この節の規定は、終身定期金の遺贈について準用する。

第14節　和解

第695条（和解）
和解は、当事者が互いに譲歩をしてその間に存する争いをやめることを約することによって、その効力を生ずる。

第696条（和解の効力）
当事者の一方が和解によって争いの目的である権利を有するものと認められ、又は相手方がこれを有しないものと認められた場合において、その当事者の一方が従来その権利を有していなかった旨の確証又は相手方がこれを有していた旨の確証が得られたときは、その権利は、和解によってその当事者の一方に移転し、又は消滅したものとする。

第3章　事務管理

第697条（事務管理）
1 義務なく他人のために事務の管理を始めた者（以下この章において「管理者」という。）は、その事務の性質に従い、最も本人の利益に適合する方法によって、その事務の管理（以下「事務管理」という。）をしなければならない。
2 管理者は、本人の意思を知っているとき、又はこれを推知することができるときは、その意思に従って事務管理をしなければならない。

第698条（緊急事務管理）
管理者は、本人の身体、名誉又は財産に対する急迫の危害を免れさせるために事務管理をしたときは、悪意又は重大な過失があるのでなければ、これによって生じた損害を賠償する責任を負わない。

第699条（管理者の通知義務）
管理者は、事務管理を始めたことを遅滞なく本人に通知しなければならない。ただし、本人が既にこれを知っているときは、この限りでない。

第700条（管理者による事務管理の継続）
管理者は、本人又はその相続人若しくは法定代理人が管理をすることができるに至るまで、事務管理を継続しなければならない。ただし、事務管理の継続が本人の意思に反し、又は本人に不利であることが明らかであるときは、この限りでない。

第701条（委任の規定の準用）
第645条から第647条までの規定は、事務管理について準用する。

第702条（管理者による費用の償還請求等）
1 管理者は、本人のために有益な費用を支出したときは、本人に対し、その償還を請求することができる。
2 第650条第2項の規定は、管理者が本人のために有益な債務を負担した場合について準用する。
3 管理者が本人の意思に反して事務管理をしたときは、本人が現に利益を受けている限度においてのみ、前2項の規定を適用する。

第4章　不当利得

第703条（不当利得の返還義務）
法律上の原因なく他人の財産又は労務によって利益を受け、そのために他人に損失を及ぼした者（以下この章において「受益者」という。）は、その利益の存する限度において、これを返還する義務を負う。

第704条（悪意の受益者の返還義務等）
悪意の受益者は、その受けた利益に利息を付して返還しなければならない。この場合において、なお損害があるときは、その賠償の責任を負う。

第705条（債務の不存在を知ってした弁済）
債務の弁済として給付をした者は、その時において債務の存在しないことを知っていたときは、その給付したものの返還を請求することができない。

第706条（期限前の弁済）
債務者は、弁済期にない債務の弁済として給付をしたときは、その給付したものの返還を請求することができない。ただし、債務者が錯誤によってその給付をしたときは、債権者は、これによって得た利益を返還しなければならない。

第707条（他人の債務の弁済）
1 債務者でない者が錯誤によって債務の弁済をした場合において、債権者が善意で証書を滅失させ若しくは損傷し、担保を放棄し、又は時効によってその債権を失ったときは、その弁済をした者は、返還の請求をすることができない。
2 前項の規定は、弁済をした者から債務者に対する求償権の行使を妨げない。

第708条（不法原因給付）
不法な原因のために給付をした者は、その給付したものの返還を請求することができない。ただし、不法な原因が受益者についてのみ存したときは、この限りでない。

第5章　不法行為

第709条（不法行為による損害賠償）
故意又は過失によって他人の権利又は法律上保護される利益を侵害した者は、これによって生じた損害を賠償する責任を負う。

第710条（財産以外の損害の賠償）
他人の身体、自由若しくは名誉を侵害した場合又は他人の財産権を侵害した場合のいずれであるかを問わず、前条の規定により損害賠償の責任を負う者は、財産以外の損害に対しても、その賠償をしなければならない。

第711条（近親者に対する損害の賠償）
他人の生命を侵害した者は、被害者の父母、配偶者及び子に対しては、その財産権が侵害されなかった場合においても、損害の賠償をしなければならない。

第712条（責任能力）
未成年者は、他人に損害を加えた場合において、自己の行為の責任を弁識するに足りる知能を備えていなかったときは、その行為について賠償の責任を負わない。

第713条〔同前〕
精神上の障害により自己の行為の責任を弁識する能力を欠く状態にある間に他人に損害を加えた者は、その賠償の責任を負わない。ただし、故意又は過失によって一時的にその状態を招いたときは、この限りでない。

第714条（責任無能力者の監督義務者等の責任）
1 前2条の規定により責任無能力者がその責任を負わない場合において、その責任無能力者を監督する法定の義務を負う者は、その責任無能力者が第三者に加えた損害を賠償する責任を負う。ただし、監督義務者がその義務を怠らなかったとき、又はその義務を怠らなくても損害が生ずべきであったときは、この限りでない。
2 監督義務者に代わって責任無能力者を監督する者も、前項の責任を負う。

第715条（使用者等の責任）
1 ある事業のために他人を使用する者は、被用者がその事業の執行について第三者に加えた損害を賠償する責任を負う。ただし、使用者が被用者の選任及びその事業の監督について相当の注意をしたとき、又は相当の注意をしても損害が生ずべきであったときは、この限りでない。
2 使用者に代わって事業を監督する者も、前項の責任を負う。
3 前2項の規定は、使用者又は監督者から被用者に対する求償権の行使を妨げない。

第716条（注文者の責任）
注文者は、請負人がその仕事について第三者に加えた損害を賠償する責任を負わない。ただし、注文又は指図についてその注文者に過失があったときは、この限りでない。

第717条（土地の工作物等の占有者及び所有者の責任）
1 土地の工作物の設置又は保存に瑕疵があることによって他人に損害を生じたときは、その工作物の占有者は、被害者に対してその損害を賠償する責任を負う。ただし、占有者が損害の発生を防止するのに必要な注意をしたときは、所有者がその損害を賠償しなければならない。
2 前項の規定は、竹木の栽植又は支持に瑕疵がある場合について準用する。
3 前2項の場合において、損害の原因について他にその責任を負う者があるときは、占有者又は所有者は、その者に対して求償権を行使することができる。

第718条（動物の占有者等の責任）
1 動物の占有者は、その動物が他人に加えた損害を賠償する責任を負う。ただし、動物の種類及び性質に従い相当の注意をもってその管理をしたときは、この限りでない。
2 占有者に代わって動物を管理する者も、前項の責任を負う。

第719条（共同不法行為者の責任）
1 数人が共同の不法行為によって他人に損害を加えたときは、各自が連帯してその損害を賠償する責任を負う。共同行為者のうちいずれの者がその損害を加えたかを知ることができないときも、同様とする。
2 行為者を教唆した者及び幇(ほう)助した者は、共同行為者とみなして、前項の規定を適用する。

第720条（正当防衛及び緊急避難）
1 他人の不法行為に対し、自己又は第三者の権利又は法律上保護される利益を防衛するため、やむを得ず加害行為をした者は、損害賠償の責任を負わない。ただし、被害者から不法行為をした者に対する損害賠償の請求を妨げない。
2 前項の規定は、他人の物から生じた急迫の危難を避けるためその物を損傷した場合について準用する。

第721条（損害賠償請求権に関する胎児の権利能力）
胎児は、損害賠償の請求権については、既に生まれたものとみなす。

第722条（損害賠償の方法、中間利息の控除及び過失相殺）
1 第417条及び第417条の2の規定は、不法行為による損害賠償について準用する。
2 被害者に過失があったときは、裁判所は、これを考慮して、損害賠償の額を定めることができる。

第723条（名誉毀(き)損における原状回復）
他人の名誉を毀(き)損した者に対しては、裁判所は、被害者の請求により、損害賠償に代えて、又は損害賠償とともに、名誉を回復するのに適当な処分を命ずることができる。

第724条（不法行為による損害賠償請求権の消滅時効）
不法行為による損害賠償の請求権は、次に掲げる場合には、時効によって消滅する。
一　被害者又はその法定代理人が損害及び加害者を知った時から3年間行使しないとき。
二　不法行為の時から20年間行使しないとき。

第724条の2（人の生命又は身体を害する不法行為による損害賠償請求権の消滅時効）
人の生命又は身体を害する不法行為による損害賠償請求権の消滅時効についての前条第一号の規定の適用については、同号中「3年間」とあるのは、「5年間」とする。

親族

第4編　親族

第1章　総則

第725条（親族の範囲）
次に掲げる者は、親族とする。
一　6親等内の血族
二　配偶者
三　3親等内の姻族

第726条（親等の計算）
1 親等は、親族間の世代数を数えて、これを定める。
2 傍系親族の親等を定めるには、その1人又はその配偶者から同一の祖先にさかのぼり、その祖先から他の1人に下るまでの世代数による。

第727条（縁組による親族関係の発生）

養子と養親及びその血族との間においては、養子縁組の日から、血族間におけるのと同一の親族関係を生ずる。

第728条（離婚等による姻族関係の終了）

1 姻族関係は、離婚によって終了する。

2 夫婦の一方が死亡した場合において、生存配偶者が姻族関係を終了させる意思を表示したときも、前項と同様とする。

第729条（離縁による親族関係の終了）

養子及びその配偶者並びに養子の直系卑属及びその配偶者と養親及びその血族との親族関係は、離縁によって終了する。

第730条（親族間の扶（たす）け合い）

直系血族及び同居の親族は、互いに扶（たす）け合わなければならない。

第2章　婚姻

第1節　婚姻の成立

第1款　婚姻の要件

第731条（婚姻適齢）

婚姻は、18歳にならなければ、することができない。

第732条（重婚の禁止）

配偶者のある者は、重ねて婚姻をすることができない。

第733条　削除

第734条（近親者間の婚姻の禁止）

1 直系血族又は3親等内の傍系血族の間では、婚姻をすることができない。ただし、養子と養方の傍系血族との間では、この限りでない。

2 第817条の9の規定により親族関係が終了した後も、前項と同様とする。

第735条（直系姻族間の婚姻の禁止）

直系姻族の間では、婚姻をすることができない。第728条又は第817条の9の規定により姻族関係が終了した後も、同様とする。

第736条（養親子等の間の婚姻の禁止）

養子若しくはその配偶者又は養子の直系卑属若しくはその配偶者と養親又はその直系尊属との間では、第729条の規定により親族関係が終了した後でも、婚姻をすることができない。

第737条　削除

第738条（成年被後見人の婚姻）

成年被後見人が婚姻をするには、その成年後見人の同意を要しない。

第739条（婚姻の届出）

1 婚姻は、戸籍法（昭和22年法律第224号）の定めるところにより届け出ることによって、その効力を生ずる。

2 前項の届出は、当事者双方及び成年の証人2人以上が署名した書面で、又はこれらの者から口頭で、しなければならない。

第740条（婚姻の届出の受理）

婚姻の届出は、その婚姻が第731条、第732条、第734条から第736条まで及び前条第2項の規定その他の法令の規定に違反しないことを認めた後でなければ、受理することができない。

第741条（外国に在る日本人間の婚姻の方式）

外国に在る日本人間で婚姻をしようとするときは、その国に駐在する日本の大使、公使又は領事にその届出をすることができる。この場合においては、前2条の規定を準用する。

第2款　婚姻の無効及び取消し

第742条（婚姻の無効）

婚姻は、次に掲げる場合に限り、無効とする。

一　人違いその他の事由によって当事者間に婚姻をする意思がないとき。

二　当事者が婚姻の届出をしないとき。ただし、その届出が第739条第2項に定める方式を欠くだけであるときは、婚姻は、そのためにその効力を妨げられない。

第743条（婚姻の取消し）

婚姻は、次条、第745条及び第747条の規定によらなければ、取り消すことができない。

第744条（不適法な婚姻の取消し）

1 第731条、第732条及び第734条から第736条までの規定に違反した婚姻は、各当事者、その親族又は検察官から、その取消しを家庭裁判所に請求することができる。ただし、検察官は、当事者の一方が死亡した後は、これを請求することができない。

2 第732条の規定に違反した婚姻については、前婚の配偶者も、その取消しを請求することができる。

第745条（不適齢者の婚姻の取消し）

1 第731条の規定に違反した婚姻は、不適齢者が適齢に達したときは、その取消しを請求することができない。

2 不適齢者は、適齢に達した後、なお3箇月間は、その婚姻の取消しを請求することができる。ただし、適齢に達した後に追認をしたときは、この限りでない。

第746条　削除

第747条（詐欺又は強迫による婚姻の取消し）

1 詐欺又は強迫によって婚姻をした者は、その婚姻の取消しを家庭裁判所に請求することができる。

2 前項の規定による取消権は、当事者が、詐欺を発見し、若しくは強迫を免れた後3箇月を経過し、又は追認をしたときは、消滅する。

第748条（婚姻の取消しの効力）

1 婚姻の取消しは、将来に向かっ

てのみその効力を生ずる。

2 婚姻の時においてその取消しの原因があることを知らなかった当事者が、婚姻によって財産を得たときは、現に利益を受けている限度において、その返還をしなければならない。

3 婚姻の時においてその取消しの原因があることを知っていた当事者は、婚姻によって得た利益の全部を返還しなければならない。この場合において、相手方が善意であったときは、これに対して損害を賠償する責任を負う。

第749条（離婚の規定の準用）

第728条第1項、第766条から第769条まで、第790条第1項ただし書並びに第819条第2項、第3項、第5項及び第6項の規定は、婚姻の取消しについて準用する。

第2節　婚姻の効力

第750条（夫婦の氏）

夫婦は、婚姻の際に定めるところに従い、夫又は妻の氏を称する。

第751条（生存配偶者の復氏等）

1 夫婦の一方が死亡したときは、生存配偶者は、婚姻前の氏に復することができる。

2 第769条の規定は、前項及び第728条第2項の場合について準用する。

第752条（同居、協力及び扶助の義務）

夫婦は同居し、互いに協力し扶助しなければならない。

第753条　削除

第754条（夫婦間の契約の取消権）

夫婦間でした契約は、婚姻中、いつでも、夫婦の一方からこれを取り消すことができる。ただし、第三者の権利を害することはできない。

第3節　夫婦財産制

第1款　総則

第755条（夫婦の財産関係）

夫婦が、婚姻の届出前に、その財産について別段の契約をしなかったときは、その財産関係は、次款に定めるところによる。

第756条（夫婦財産契約の対抗要件）

夫婦が法定財産制と異なる契約をしたときは、婚姻の届出までにその登記をしなければ、これを夫婦の承継人及び第三者に対抗することができない。

第757条　削除

第758条（夫婦の財産関係の変更の制限等）

1 夫婦の財産関係は、婚姻の届出後は、変更することができない。

2 夫婦の一方が、他の一方の財産を管理する場合において、管理が失当であったことによってその財産を危うくしたときは、他の一方は、自らその管理をすることを家庭裁判所に請求することができる。

3 共有財産については、前項の請求とともに、その分割を請求することができる。

第759条（財産の管理者の変更及び共有財産の分割の対抗要件）

前条の規定又は第755条の契約の結果により、財産の管理者を変更し、又は共有財産の分割をしたときは、その登記をしなければ、これを夫婦の承継人及び第三者に対抗することができない。

第2款　法定財産制

第760条（婚姻費用の分担）

夫婦は、その資産、収入その他一切の事情を考慮して、婚姻から生ずる費用を分担する。

第761条（日常の家事に関する債務の連帯責任）

夫婦の一方が日常の家事に関して第三者と法律行為をしたときは、他の一方は、これによって生じた債務について、連帯してその責任を負う。ただし、第三者に対し責任を負わない旨を予告した場合は、この限りでない。

第762条（夫婦間における財産の帰属）

1 夫婦の一方が婚姻前から有する財産及び婚姻中自己の名で得た財産は、その特有財産（夫婦の一方が単独で有する財産をいう。）とする。

2 夫婦のいずれに属するか明らかでない財産は、その共有に属するものと推定する。

第4節　離婚

第1款　協議上の離婚

第763条（協議上の離婚）

夫婦は、その協議で、離婚をすることができる。

第764条（婚姻の規定の準用）

第738条、第739条及び第747条の規定は、協議上の離婚について準用する。

第765条（離婚の届出の受理）

1 離婚の届出は、その離婚が前条において準用する第739条第2項の規定及び第819条第1項の規定その他の法令の規定に違反しないことを認めた後でなければ、受理することができない。

2 離婚の届出が前項の規定に違反して受理されたときであっても、離婚は、そのためにその効力を妨げられない。

第766条（離婚後の子の監護に関する事項の定め等）

1 父母が協議上の離婚をするときは、子の監護をすべき者、父又は母と子との面会及びその他の交流、子の監護に要する費用の分担その他の子の監護について必要な事項は、その協議で定める。この場合においては、子の利益を最も優先して考慮しなければならない。

2 前項の協議が調わないとき、又は協議をすることができないときは、家庭裁判所が、同項の事項を定める。

3 家庭裁判所は、必要があると認めるときは、前2項の規定による定めを変更し、その他子の監護について相当な処分を命ずることができる。
4 前3項の規定によっては、監護の範囲外では、父母の権利義務に変更を生じない。

第767条（離婚による復氏等）
1 婚姻によって氏を改めた夫又は妻は、協議上の離婚によって婚姻前の氏に復する。
2 前項の規定により婚姻前の氏に復した夫又は妻は、離婚の日から3箇月以内に戸籍法の定めるところにより届け出ることによって、離婚の際に称していた氏を称することができる。

第768条（財産分与）
1 協議上の離婚をした者の一方は、相手方に対して財産の分与を請求することができる。
2 前項の規定による財産の分与について、当事者間に協議が調わないとき、又は協議をすることができないときは、当事者は、家庭裁判所に対して協議に代わる処分を請求することができる。ただし、離婚の時から2年を経過したときは、この限りでない。
3 前項の場合には、家庭裁判所は、当事者双方がその協力によって得た財産の額その他一切の事情を考慮して、分与をさせるべきかどうか並びに分与の額及び方法を定める。

第769条（離婚による復氏の際の権利の承継）
1 婚姻によって氏を改めた夫又は妻が、第897条第1項の権利を承継した後、協議上の離婚をしたときは、当事者その他の関係人の協議で、その権利を承継すべき者を定めなければならない。
2 前項の協議が調わないとき、又は協議をすることができないときは、同項の権利を承継すべき者は、家庭裁判所がこれを定める。

第2款　裁判上の離婚

第770条（裁判上の離婚）
1 夫婦の一方は、次に掲げる場合に限り、離婚の訴えを提起することができる。
　一　配偶者に不貞な行為があったとき。
　二　配偶者から悪意で遺棄されたとき。
　三　配偶者の生死が3年以上明らかでないとき。
　四　配偶者が強度の精神病にかかり、回復の見込みがないとき。
　五　その他婚姻を継続し難い重大な事由があるとき。
2 裁判所は、前項第一号から第四号までに掲げる事由がある場合であっても、一切の事情を考慮して婚姻の継続を相当と認めるときは、離婚の請求を棄却することができる。

第771条（協議上の離婚の規定の準用）
第766条から第769条までの規定は、裁判上の離婚について準用する。

第3章　親子

第1節　実子

第772条（嫡出の推定）
1 妻が婚姻中に懐胎した子は、当該婚姻における夫の子と推定する。女が婚姻前に懐胎した子であって、婚姻が成立した後に生まれたものも、同様とする。
2 前項の場合において、婚姻の成立の日から200日以内に生まれた子は、婚姻前に懐胎したものと推定し、婚姻の成立の日から200日を経過した後又は婚姻の解消若しくは取消しの日から300日以内に生まれた子は、婚姻中に懐胎したものと推定する。
3 第1項の場合において、女が子を懐胎した時から子の出生の時までの間に2以上の婚姻をしていたときは、その子は、その出生の直近の婚姻における夫の子と推定する。
4 前3項の規定により父が定められた子について、第774条の規定によりその父の嫡出であることが否認された場合における前項の規定の適用については、同項中「直近の婚姻」とあるのは、「直近の婚姻（第774条の規定により子がその嫡出であることが否認された夫との間の婚姻を除く。）」とする。

第773条（父を定めることを目的とする訴え）
第732条の規定に違反して婚姻をした女が出産した場合において、前条の規定によりその子の父を定めることができないときは、裁判所が、これを定める。

第774条（嫡出の否認）
1 第772条の規定により子の父が定められる場合において、父又は子は、子が嫡出であることを否認することができる。
2 前項の規定による子の否認権は、親権を行う母、親権を行う養親又は未成年後見人が、子のために行使することができる。
3 第1項に規定する場合において、母は、子が嫡出であることを否認することができる。ただし、その否認権の行使が子の利益を害することが明らかなときは、この限りでない。
4 第772条第3項の規定により子の父が定められる場合において、子の懐胎の時から出生の時までの間に母と婚姻していた者であって、子の父以外のもの（以下「前夫」という。）は、子が嫡出であることを否認することができる。ただし、その否認権の行使が子の利益を害することが明らかなときは、この限りでない。

5 前項の規定による否認権を行使し、第772条第4項の規定により読み替えられた同条第3項の規定により新たに子の父と定められた者は、第1項の規定にかかわらず、子が自らの嫡出であることを否認することができない。

第775条（嫡出否認の訴え）

1 次の各号に掲げる否認権は、それぞれ当該各号に定める者に対する嫡出否認の訴えによって行う。
　一　父の否認権　子又は親権を行う母
　二　子の否認権　父
　三　母の否認権　父
　四　前夫の否認権　父及び子又は親権を行う母
2 前項第一号又は第四号に掲げる否認権を親権を行う母に対し行使しようとする場合において、親権を行う母がないときは、家庭裁判所は、特別代理人を選任しなければならない。

第776条（嫡出の承認）

父又は母は、子の出生後において、その嫡出であることを承認したときは、それぞれその否認権を失う。

第777条（嫡出否認の訴えの出訴期間）

次の各号に掲げる否認権の行使に係る嫡出否認の訴えは、それぞれ当該各号に定める時から3年以内に提起しなければならない。
一　父の否認権　父が子の出生を知った時
二　子の否認権　その出生の時
三　母の否認権　子の出生の時
四　前夫の否認権　前夫が子の出生を知った時

第778条〔同前〕

第772条第3項の規定により父が定められた子について第774条の規定により嫡出であることが否認されたときは、次の各号に掲げる否認権の行使に係る嫡出否認の訴えは、前条の規定にかかわらず、それぞれ当該各号に定める時から1年以内に提起しなければならない。
一　第772条第4項の規定により読み替えられた同条第3項の規定により新たに子の父と定められた者の否認権　新たに子の父と定められた者が当該子に係る嫡出否認の裁判が確定したことを知った時
二　子の否認権　子が前号の裁判が確定したことを知った時
三　母の否認権　母が第一号の裁判が確定したことを知った時
四　前夫の否認権　前夫が第一号の裁判が確定したことを知った時

第778条の2〔同前〕

1 第777条（第二号に係る部分に限る。）又は前条（第二号に係る部分に限る。）の期間の満了前6箇月以内の間に親権を行う母、親権を行う養親及び未成年後見人がないときは、子は、母若しくは養親の親権停止の期間が満了し、親権喪失若しくは親権停止の審判の取消しの審判が確定し、若しくは親権が回復された時、新たに養子縁組が成立した時又は未成年後見人が就職した時から6箇月を経過するまでの間は、嫡出否認の訴えを提起することができる。
2 子は、その父と継続して同居した期間（当該期間が2以上あるときは、そのうち最も長い期間）が3年を下回るときは、第777条（第二号に係る部分に限る。）及び前条（第二号に係る部分に限る。）の規定にかかわらず、21歳に達するまでの間、嫡出否認の訴えを提起することができる。ただし、子の否認権の行使が父による養育の状況に照らして父の利益を著しく害するときは、この限りでない。
3 第774条第2項の規定は、前項の場合には、適用しない。
4 第777条（第四号に係る部分に限る。）及び前条（第四号に係る部分に限る。）に掲げる否認権の行使に係る嫡出否認の訴えは、子が成年に達した後は、提起することができない。

第778条の3（子の監護に要した費用の償還の制限）

第774条の規定により嫡出であることが否認された場合であっても、子は、父であった者が支出した子の監護に要した費用を償還する義務を負わない。

第778条の4（相続の開始後に新たに子と推定された者の価額の支払請求権）

相続の開始後、第774条の規定により否認権が行使され、第772条第4項の規定により読み替えられた同条第3項の規定により新たに被相続人がその父と定められた者が相続人として遺産の分割を請求しようとする場合において、他の共同相続人が既にその分割その他の処分をしていたときは、当該相続人の遺産分割の請求は、価額のみによる支払の請求により行うものとする。

第779条（認知）

嫡出でない子は、その父又は母がこれを認知することができる。

第780条（認知能力）

認知をするには、父又は母が未成年者又は成年被後見人であるときであっても、その法定代理人の同意を要しない。

第781条（認知の方式）

1 認知は、戸籍法の定めるところにより届け出ることによってする。
2 認知は、遺言によっても、することができる。

第782条（成年の子の認知）

成年の子は、その承諾がなければ、これを認知することができない。

第783条（胎児又は死亡した子の認知）

1 父は、胎内に在る子でも、認知

することができる。この場合においては、母の承諾を得なければならない。

2 前項の子が出生した場合において、第772条の規定によりその子の父が定められるときは、同項の規定による認知は、その効力を生じない。

3 父又は母は、死亡した子でも、その直系卑属があるときに限り、認知することができる。この場合において、その直系卑属が成年者であるときは、その承諾を得なければならない。

第784条（認知の効力）

認知は、出生の時にさかのぼってその効力を生ずる。ただし、第三者が既に取得した権利を害することはできない。

第785条（認知の取消しの禁止）

認知をした父又は母は、その認知を取り消すことができない。

第786条（認知の無効の訴え）

1 次の各号に掲げる者は、それぞれ当該各号に定める時（第783条第1項の規定による認知がされた場合にあっては、子の出生の時）から7年以内に限り、認知について反対の事実があることを理由として、認知の無効の訴えを提起することができる。ただし、第三号に掲げる者について、その認知の無効の主張が子の利益を害することが明らかなときは、この限りでない。

一 子又はその法定代理人 子又はその法定代理人が認知を知った時

二 認知をした者 認知の時

三 子の母 子の母が認知を知った時

2 子は、その子を認知した者と認知後に継続して同居した期間（当該期間が2以上あるときは、そのうち最も長い期間）が3年を下回るときは、前項（第一号に係る部分に限る。）の規定にかかわらず、21歳に達するまでの間、認知の無効の訴えを提起することができる。ただし、子による認知の無効の主張が認知をした者による養育の状況に照らして認知をした者の利益を著しく害するときは、この限りでない。

3 前項の規定は、同項に規定する子の法定代理人が第1項の認知の無効の訴えを提起する場合には、適用しない。

4 第1項及び第2項の規定により認知が無効とされた場合であっても、子は、認知をした者が支出した子の監護に要した費用を償還する義務を負わない。

第787条（認知の訴え）

子、その直系卑属又はこれらの者の法定代理人は、認知の訴えを提起することができる。ただし、父又は母の死亡の日から3年を経過したときは、この限りでない。

第788条（認知後の子の監護に関する事項の定め等）

第766条の規定は、父が認知する場合について準用する。

第789条（準正）

1 父が認知した子は、その父母の婚姻によって嫡出子の身分を取得する。

2 婚姻中父母が認知した子は、その認知の時から、嫡出子の身分を取得する。

3 前2項の規定は、子が既に死亡していた場合について準用する。

第790条（子の氏）

1 嫡出である子は、父母の氏を称する。ただし、子の出生前に父母が離婚したときは、離婚の際における父母の氏を称する。

2 嫡出でない子は、母の氏を称する。

第791条（子の氏の変更）

1 子が父又は母と氏を異にする場合には、子は、家庭裁判所の許可を得て、戸籍法の定めるところにより届け出ることによって、その父又は母の氏を称することができる。

2 父又は母が氏を改めたことにより子が父母と氏を異にする場合には、子は、父母の婚姻中に限り、前項の許可を得ないで、戸籍法の定めるところにより届け出ることによって、その父母の氏を称することができる。

3 子が15歳未満であるときは、その法定代理人が、これに代わって、前2項の行為をすることができる。

4 前3項の規定により氏を改めた未成年の子は、成年に達した時から1年以内に戸籍法の定めるところにより届け出ることによって、従前の氏に復することができる。

第2節　養子

第1款　縁組の要件

第792条（養親となる者の年齢）

20歳に達した者は、養子をすることができる。

第793条（尊属又は年長者を養子とすることの禁止）

尊属又は年長者は、これを養子とすることができない。

第794条（後見人が被後見人を養子とする縁組）

後見人が被後見人（未成年被後見人及び成年被後見人をいう。以下同じ。）を養子とするには、家庭裁判所の許可を得なければならない。後見人の任務が終了した後、まだその管理の計算が終わらない間も、同様とする。

第795条（配偶者のある者が未成年者を養子とする縁組）

配偶者のある者が未成年者を養子とするには、配偶者とともにしなければならない。ただし、配偶者の嫡出である子を養子とする場合又は配偶者がその意思を表示することができない場合は、この限りでない。

第796条（配偶者のある者の縁組）

配偶者のある者が縁組をするには、その配偶者の同意を得なければばならない。ただし、配偶者とともに縁組をする場合又は配偶者がその意思を表示することができない場合は、この限りでない。

第797条（15歳未満の者を養子とする縁組）

1 養子となる者が15歳未満であるときは、その法定代理人が、これに代わって、縁組の承諾をすることができる。

2 法定代理人が前項の承諾をするには、養子となる者の父母でその監護をすべき者であるものが他にあるときは、その同意を得なければならない。養子となる者の父母で親権を停止されているものがあるときも、同様とする。

第798条（未成年者を養子とする縁組）

未成年者を養子とするには、家庭裁判所の許可を得なければならない。ただし、自己又は配偶者の直系卑属を養子とする場合は、この限りでない。

第799条（婚姻の規定の準用）

第738条及び第739条の規定は、縁組について準用する。

第800条（縁組の届出の受理）

縁組の届出は、その縁組が第792条から前条までの規定その他の法令の規定に違反しないことを認めた後でなければ、受理することができない。

第801条（外国に在る日本人間の縁組の方式）

外国に在る日本人間で縁組をしようとするときは、その国に駐在する日本の大使、公使又は領事にその届出をすることができる。この場合においては、第799条において準用する第739条の規定及び前条の規定を準用する。

第2款　縁組の無効及び取消し

第802条（縁組の無効）

縁組は、次に掲げる場合に限り、無効とする。

一　人違いその他の事由によって当事者間に縁組をする意思がないとき。

二　当事者が縁組の届出をしないとき。ただし、その届出が第799条において準用する第739条第2項に定める方式を欠くだけであるときは、縁組は、そのためにその効力を妨げられない。

第803条（縁組の取消し）

縁組は、次条から第808条までの規定によらなければ、取り消すことができない。

第804条（養親が20歳未満の者である場合の縁組の取消し）

第792条の規定に違反した縁組は、養親又はその法定代理人から、その取消しを家庭裁判所に請求することができる。ただし、養親が、20歳に達した後6箇月を経過し、又は追認をしたときは、この限りでない。

第805条（養子が尊属又は年長者である場合の縁組の取消し）

第793条の規定に違反した縁組は、各当事者又はその親族から、その取消しを家庭裁判所に請求することができる。

第806条（後見人と被後見人との間の無許可縁組の取消し）

1 第794条の規定に違反した縁組は、養子又はその実方の親族から、その取消しを家庭裁判所に請求することができる。ただし、管理の計算が終わった後、養子が追認をし、又は6箇月を経過したときは、この限りでない。

2 前項ただし書の追認は、養子が、成年に達し、又は行為能力を回復した後にしなければ、その効力を生じない。

3 養子が、成年に達せず、又は行為能力を回復しない間に、管理の計算が終わった場合には、第1項ただし書の期間は、養子が、成年に達し、又は行為能力を回復した時から起算する。

第806条の2（配偶者の同意のない縁組等の取消し）

1 第796条の規定に違反した縁組は、縁組の同意をしていない者から、その取消しを家庭裁判所に請求することができる。ただし、その者が、縁組を知った後6箇月を経過し、又は追認をしたときは、この限りでない。

2 詐欺又は強迫によって第796条の同意をした者は、その縁組の取消しを家庭裁判所に請求することができる。ただし、その者が、詐欺を発見し、若しくは強迫を免れた後6箇月を経過し、又は追認をしたときは、この限りでない。

第806条の3（子の監護をすべき者の同意のない縁組等の取消し）

1 第797条第2項の規定に違反した縁組は、縁組の同意をしていない者から、その取消しを家庭裁判所に請求することができる。ただし、その者が追認をしたとき、又は養子が15歳に達した後6箇月を経過し、若しくは追認をしたときは、この限りでない。

2 前条第2項の規定は、詐欺又は強迫によって第797条第2項の同意をした者について準用する。

第807条（養子が未成年者である場合の無許可縁組の取消し）

第798条の規定に違反した縁組は、養子、その実方の親族又は養子に代わって縁組の承諾をした者から、その取消しを家庭裁判所に請求することができる。ただし、養子が、成年に達した後6箇月を経過し、又は追認をしたときは、この限りでない。

第808条（婚姻の取消し等の規定の準用）

1 第747条及び第748条の規定は、縁組について準用する。この場合において、第747条第2項中「3箇月」とあるのは、「6箇月」と読み替えるものとする。

2 第769条及び第816条の規定は、縁組の取消しについて準用する。

第3款　縁組の効力

第809条（嫡出子の身分の取得）

養子は、縁組の日から、養親の嫡出子の身分を取得する。

第810条（養子の氏）

養子は、養親の氏を称する。ただし、婚姻によって氏を改めた者については、婚姻の際に定めた氏を称すべき間は、この限りでない。

第4款　離縁

第811条（協議上の離縁等）

1 縁組の当事者は、その協議で、離縁をすることができる。
2 養子が15歳未満であるときは、その離縁は、養親と養子の離縁後にその法定代理人となるべき者との協議でこれをする。
3 前項の場合において、養子の父母が離婚しているときは、その協議で、その一方を養子の離縁後にその親権者となるべき者と定めなければならない。
4 前項の協議が調わないとき、又は協議をすることができないときは、家庭裁判所は、同項の父若しくは母又は養親の請求によって、協議に代わる審判をすることができる。
5 第2項の法定代理人となるべき者がないときは、家庭裁判所は、養子の親族その他の利害関係人の請求によって、養子の離縁後にその未成年後見人となるべき者を選任する。
6 縁組の当事者の一方が死亡した後に生存当事者が離縁をしようとするときは、家庭裁判所の許可を得て、これをすることができる。

第811条の2（夫婦である養親と未成年者との離縁）

養親が夫婦である場合において未成年者と離縁をするには、夫婦が共にしなければならない。ただし、夫婦の一方がその意思を表示することができないときは、この限りでない。

第812条（婚姻の規定の準用）

第738条、第739条及び第747条の規定は、協議上の離縁について準用する。この場合において、同条第2項中「3箇月」とあるのは、「6箇月」と読み替えるものとする。

第813条（離縁の届出の受理）

1 離縁の届出は、その離縁が前条において準用する第739条第2項の規定並びに第811条及び第811条の2の規定その他の法令の規定に違反しないことを認めた後でなければ、受理することができない。
2 離縁の届出が前項の規定に違反して受理されたときであっても、離縁は、そのためにその効力を妨げられない。

第814条（裁判上の離縁）

1 縁組の当事者の一方は、次に掲げる場合に限り、離縁の訴えを提起することができる。
　一　他の一方から悪意で遺棄されたとき。
　二　他の一方の生死が3年以上明らかでないとき。
　三　その他縁組を継続し難い重大な事由があるとき。
2 第770条第2項の規定は、前項第一号及び第二号に掲げる場合について準用する。

第815条（養子が15歳未満である場合の離縁の訴えの当事者）

養子が15歳に達しない間は、第811条の規定により養親と離縁の協議をすることができる者から、又はこれに対して、離縁の訴えを提起することができる。

第816条（離縁による復氏等）

1 養子は、離縁によって縁組前の氏に復する。ただし、配偶者とともに養子をした養親の一方のみと離縁をした場合は、この限りでない。
2 縁組の日から7年を経過した後に前項の規定により縁組前の氏に復した者は、離縁の日から3箇月以内に戸籍法の定めるところにより届け出ることによって、離縁の際に称していた氏を称することができる。

第817条（離縁による復氏の際の権利の承継）

第769条の規定は、離縁について準用する。

第5款　特別養子

第817条の2（特別養子縁組の成立）

1 家庭裁判所は、次条から第817条の7までに定める要件があるときは、養親となる者の請求により、実方の血族との親族関係が終了する縁組（以下この款において「特別養子縁組」という。）を成立させることができる。
2 前項に規定する請求をするには、第794条又は第798条の許可を得ることを要しない。

第817条の3（養親の夫婦共同縁組）

1 養親となる者は、配偶者のある者でなければならない。
2 夫婦の一方は、他の一方が養親とならないときは、養親となることができない。ただし、夫婦の一方が他の一方の嫡出である子（特別養子縁組以外の縁組による養子を除く。）の養親となる場合は、この限りでない。

第817条の4（養親となる者の年齢）

25歳に達しない者は、養親となることができない。ただし、養親となる夫婦の一方が25歳に達していない場合においても、その者が20歳に達しているときは、この限りでない。

第817条の5（養子となる者の年齢）

1 第817条の2に規定する請求の時に15歳に達している者は、養子となることができない。特別養子縁組が成立するまでに18歳に達した者についても、同様とする。
2 前項前段の規定は、養子となる者が15歳に達する前から引き続き養親となる者に監護されている場合において、15歳に達するまでに第817条の2に規定する請求がされなかったことについてやむを得ない事由があるときは、適用しない。
3 養子となる者が15歳に達している場合においては、特別養子縁組の成立には、その者の同意がなければならない。

第817条の6（父母の同意）
特別養子縁組の成立には、養子となる者の父母の同意がなければならない。ただし、父母がその意思を表示することができない場合又は父母による虐待、悪意の遺棄その他養子となる者の利益を著しく害する事由がある場合は、この限りでない。

第817条の7（子の利益のための特別の必要性）
特別養子縁組は、父母による養子となる者の監護が著しく困難又は不適当であることその他特別の事情がある場合において、子の利益のため特に必要があると認めるときに、これを成立させるものとする。

第817条の8（監護の状況）
1 特別養子縁組を成立させるには、養親となる者が養子となる者を6箇月以上の期間監護した状況を考慮しなければならない。
2 前項の期間は、第817条の2に規定する請求の時から起算する。ただし、その請求前の監護の状況が明らかであるときは、この限りでない。

第817条の9（実方との親族関係の終了）
養子と実方の父母及びその血族との親族関係は、特別養子縁組によって終了する。ただし、第817条の3第2項ただし書に規定する他の一方及びその血族との親族関係については、この限りでない。

第817条の10（特別養子縁組の離縁）
1 次の各号のいずれにも該当する場合において、養子の利益のため特に必要があると認めるときは、家庭裁判所は、養子、実父母又は検察官の請求により、特別養子縁組の当事者を離縁させることができる。
一 養親による虐待、悪意の遺棄その他養子の利益を著しく害する事由があること。
二 実父母が相当の監護をすることができること。
2 離縁は、前項の規定による場合のほか、これをすることができない。

第817条の11（離縁による実方との親族関係の回復）
養子と実父母及びその血族との間においては、離縁の日から、特別養子縁組によって終了した親族関係と同一の親族関係を生ずる。

第4章　親権

第1節　総則

第818条（親権者）
1 成年に達しない子は、父母の親権に服する。
2 子が養子であるときは、養親の親権に服する。
3 親権は、父母の婚姻中は、父母が共同して行う。ただし、父母の一方が親権を行うことができないときは、他の一方が行う。

第819条（離婚又は認知の場合の親権者）
1 父母が協議上の離婚をするときは、その協議で、その一方を親権者と定めなければならない。
2 裁判上の離婚の場合には、裁判所は、父母の一方を親権者と定める。
3 子の出生前に父母が離婚した場合には、親権は、母が行う。ただし、子の出生後に、父母の協議で、父を親権者と定めることができる。
4 父が認知した子に対する親権は、父母の協議で父を親権者と定めたときに限り、父が行う。
5 第1項、第3項又は前項の協議が調わないとき、又は協議をすることができないときは、家庭裁判所は、父又は母の請求によって、協議に代わる審判をすることができる。
6 子の利益のため必要があると認めるときは、家庭裁判所は、子の親族の請求によって、親権者を他の一方に変更することができる。

第2節　親権の効力

第820条（監護及び教育の権利義務）
親権を行う者は、子の利益のために子の監護及び教育をする権利を有し、義務を負う。

第821条（子の人格の尊重等）
親権を行う者は、前条の規定による監護及び教育をするに当たっては、子の人格を尊重するとともに、その年齢及び発達の程度に配慮しなければならず、かつ、体罰その他の子の心身の健全な発達に有害な影響を及ぼす言動をしてはならない。

第822条（居所の指定）
子は、親権を行う者が指定した場所に、その居所を定めなければならない。

第823条（職業の許可）
1 子は、親権を行う者の許可を得なければ、職業を営むことができない。
2 親権を行う者は、第6条第2項の場合には、前項の許可を取り消し、又はこれを制限することができる。

第824条（財産の管理及び代表）
親権を行う者は、子の財産を管理し、かつ、その財産に関する法律行為についてその子を代表する。ただし、その子の行為を目的とする債務を生ずべき場合には、本人の同意を得なければならない。

第825条（父母の一方が共同の名義でした行為の効力）

父母が共同して親権を行う場合において、父母の一方が、共同の名義で、子に代わって法律行為をし又は子がこれをすることに同意したときは、その行為は、他の一方の意思に反したときであっても、そのためにその効力を妨げられない。ただし、相手方が悪意であったときは、この限りでない。

第826条（利益相反行為）

1 親権を行う父又は母とその子との利益が相反する行為については、親権を行う者は、その子のために特別代理人を選任することを家庭裁判所に請求しなければならない。
2 親権を行う者が数人の子に対して親権を行う場合において、その1人と他の子との利益が相反する行為については、親権を行う者は、その一方のために特別代理人を選任することを家庭裁判所に請求しなければならない。

第827条（財産の管理における注意義務）

親権を行う者は、自己のためにするのと同一の注意をもって、その管理権を行わなければならない。

第828条（財産の管理の計算）

子が成年に達したときは、親権を行った者は、遅滞なくその管理の計算をしなければならない。ただし、その子の養育及び財産の管理の費用は、その子の財産の収益と相殺したものとみなす。

第829条〔適用除外〕

前条ただし書の規定は、無償で子に財産を与える第三者が反対の意思を表示したときは、その財産については、これを適用しない。

第830条（第三者が無償で子に与えた財産の管理）

1 無償で子に財産を与える第三者が、親権を行う父又は母にこれを管理させない意思を表示したときは、その財産は、父又は母の管理に属しないものとする。
2 前項の財産につき父母が共に管理権を有しない場合において、第三者が管理者を指定しなかったときは、家庭裁判所は、子、その親族又は検察官の請求によって、その管理者を選任する。
3 第三者が管理者を指定したときであっても、その管理者の権限が消滅し、又はこれを改任する必要がある場合において、第三者が更に管理者を指定しないときも、前項と同様とする。
4 第27条から第29条までの規定は、前2項の場合について準用する。

第831条（委任の規定の準用）

第654条及び第655条の規定は、親権を行う者が子の財産を管理する場合及び前条の場合について準用する。

第832条（財産の管理について生じた親子間の債権の消滅時効）

1 親権を行った者とその子との間に財産の管理について生じた債権は、その管理権が消滅した時から5年間これを行使しないときは、時効によって消滅する。
2 子がまだ成年に達しない間に管理権が消滅した場合においてその子に法定代理人がないときは、前項の期間は、その子が成年に達し、又は後任の法定代理人が就職した時から起算する。

第833条（子に代わる親権の行使）

親権を行う者は、その親権に服する子に代わって親権を行う。

第3節　親権の喪失

第834条（親権喪失の審判）

父又は母による虐待又は悪意の遺棄があるときその他父又は母による親権の行使が著しく困難又は不適当であることにより子の利益を著しく害するときは、家庭裁判所は、子、その親族、未成年後見人、未成年後見監督人又は検察官の請求により、その父又は母について、親権喪失の審判をすることができる。ただし、2年以内にその原因が消滅する見込みがあるときは、この限りでない。

第834条の2（親権停止の審判）

1 父又は母による親権の行使が困難又は不適当であることにより子の利益を害するときは、家庭裁判所は、子、その親族、未成年後見人、未成年後見監督人又は検察官の請求により、その父又は母について、親権停止の審判をすることができる。
2 家庭裁判所は、親権停止の審判をするときは、その原因が消滅するまでに要すると見込まれる期間、子の心身の状態及び生活の状況その他一切の事情を考慮して、2年を超えない範囲内で、親権を停止する期間を定める。

第835条（管理権喪失の審判）

父又は母による管理権の行使が困難又は不適当であることにより子の利益を害するときは、家庭裁判所は、子、その親族、未成年後見人、未成年後見監督人又は検察官の請求により、その父又は母について、管理権喪失の審判をすることができる。

第836条（親権喪失、親権停止又は管理権喪失の審判の取消し）

第834条本文、第834条の2第1項又は前条に規定する原因が消滅したときは、家庭裁判所は、本人又はその親族の請求によって、それぞれ親権喪失、親権停止又は管理権喪失の審判を取り消すことができる。

第837条（親権又は管理権の辞任及び回復）

1 親権を行う父又は母は、やむを得ない事由があるときは、家庭裁判所の許可を得て、親権又は管理権を辞することができる。

2 前項の事由が消滅したときは、父又は母は、家庭裁判所の許可を得て、親権又は管理権を回復することができる。

第5章　後見

第1節　後見の開始

第838条〔後見の開始〕

後見は、次に掲げる場合に開始する。

一　未成年者に対して親権を行う者がないとき、又は親権を行う者が管理権を有しないとき。

二　後見開始の審判があったとき。

第2節　後見の機関

第1款　後見人

第839条（未成年後見人の指定）

1 未成年者に対して最後に親権を行う者は、遺言で、未成年後見人を指定することができる。ただし、管理権を有しない者は、この限りでない。

2 親権を行う父母の一方が管理権を有しないときは、他の一方は、前項の規定により未成年後見人の指定をすることができる。

第840条（未成年後見人の選任）

1 前条の規定により未成年後見人となるべき者がないときは、家庭裁判所は、未成年被後見人又はその親族その他の利害関係人の請求によって、未成年後見人を選任する。未成年後見人が欠けたときも、同様とする。

2 未成年後見人がある場合においても、家庭裁判所は、必要があると認めるときは、前項に規定する者若しくは未成年後見人の請求により又は職権で、更に未成年後見人を選任することができる。

3 未成年後見人を選任するには、未成年被後見人の年齢、心身の状態並びに生活及び財産の状況、未成年後見人となる者の職業及び経歴並びに未成年被後見人との利害関係の有無（未成年後見人となる者が法人であるときは、その事業の種類及び内容並びにその法人及びその代表者と未成年被後見人との利害関係の有無）、未成年被後見人の意見その他一切の事情を考慮しなければならない。

第841条（父母による未成年後見人の選任の請求）

父若しくは母が親権若しくは管理権を辞し、又は父若しくは母について親権喪失、親権停止若しくは管理権喪失の審判があったことによって未成年後見人を選任する必要が生じたときは、その父又は母は、遅滞なく未成年後見人の選任を家庭裁判所に請求しなければならない。

第842条　削除

第843条（成年後見人の選任）

1 家庭裁判所は、後見開始の審判をするときは、職権で、成年後見人を選任する。

2 成年後見人が欠けたときは、家庭裁判所は、成年被後見人若しくはその親族その他の利害関係人の請求により又は職権で、成年後見人を選任する。

3 成年後見人が選任されている場合においても、家庭裁判所は、必要があると認めるときは、前項に規定する者若しくは成年後見人の請求により又は職権で、更に成年後見人を選任することができる。

4 成年後見人を選任するには、成年被後見人の心身の状態並びに生活及び財産の状況、成年後見人となる者の職業及び経歴並びに成年被後見人との利害関係の有無（成年後見人となる者が法人であるときは、その事業の種類及び内容並びにその法人及びその代表者と成年被後見人との利害関係の有無）、成年被後見人の意見その他一切の事情を考慮しなければならない。

第844条（後見人の辞任）

後見人は、正当な事由があるときは、家庭裁判所の許可を得て、その任務を辞することができる。

第845条（辞任した後見人による新たな後見人の選任の請求）

後見人がその任務を辞したことによって新たに後見人を選任する必要が生じたときは、その後見人は、遅滞なく新たな後見人の選任を家庭裁判所に請求しなければならない。

第846条（後見人の解任）

後見人に不正な行為、著しい不行跡その他後見の任務に適しない事由があるときは、家庭裁判所は、後見監督人、被後見人若しくはその親族若しくは検察官の請求により又は職権で、これを解任することができる。

第847条（後見人の欠格事由）

次に掲げる者は、後見人となることができない。

一　未成年者

二　家庭裁判所で免ぜられた法定代理人、保佐人又は補助人

三　破産者

四　被後見人に対して訴訟をし、又はした者並びにその配偶者及び直系血族

五　行方の知れない者

第2款　後見監督人

第848条（未成年後見監督人の指定）

未成年後見人を指定することが

できる者は、遺言で、未成年後見監督人を指定することができる。

第849条（後見監督人の選任）

家庭裁判所は、必要があると認めるときは、被後見人、その親族若しくは後見人の請求により又は職権で、後見監督人を選任することができる。

第850条（後見監督人の欠格事由）

後見人の配偶者、直系血族及び兄弟姉妹は、後見監督人となることができない。

第851条（後見監督人の職務）

後見監督人の職務は、次のとおりとする。

一　後見人の事務を監督すること。

二　後見人が欠けた場合に、遅滞なくその選任を家庭裁判所に請求すること。

三　急迫の事情がある場合に、必要な処分をすること。

四　後見人又はその代表する者と被後見人との利益が相反する行為について被後見人を代表すること。

第852条（委任及び後見人の規定の準用）

第644条、第654条、第655条、第844条、第846条、第847条、第861条第2項及び第862条の規定は後見監督人について、第840条第3項及び第857条の2の規定は未成年後見監督人について、第843条第4項、第859条の2及び第859条の3の規定は成年後見監督人について準用する。

第3節　後見の事務

第853条（財産の調査及び目録の作成）

1　後見人は、遅滞なく被後見人の財産の調査に着手し、1箇月以内に、その調査を終わり、かつ、その目録を作成しなければならない。ただし、この期間は、家庭裁判所において伸長することができる。

2　財産の調査及びその目録の作成は、後見監督人があるときは、その立会いをもってしなければ、その効力を生じない。

第854条（財産の目録の作成前の権限）

後見人は、財産の目録の作成を終わるまでは、急迫の必要がある行為のみをする権限を有する。ただし、これをもって善意の第三者に対抗することができない。

第855条（後見人の被後見人に対する債権又は債務の申出義務）

1　後見人が、被後見人に対し、債権を有し、又は債務を負う場合において、後見監督人があるときは、財産の調査に着手する前に、これを後見監督人に申し出なければならない。

2　後見人が、被後見人に対し債権を有することを知ってこれを申し出ないときは、その債権を失う。

第856条（被後見人が包括財産を取得した場合についての準用）

前3条の規定は、後見人が就職した後被後見人が包括財産を取得した場合について準用する。

第857条（未成年被後見人の身上の監護に関する権利義務）

未成年後見人は、第820条から第823条までに規定する事項について、親権を行う者と同一の権利義務を有する。ただし、親権を行う者が定めた教育の方法及び居所を変更し、営業を許可し、その許可を取り消し、又はこれを制限するには、未成年後見監督人があるときは、その同意を得なければならない。

第857条の2（未成年後見人が数人ある場合の権限の行使等）

1　未成年後見人が数人あるときは、共同してその権限を行使する。

2　未成年後見人が数人あるときは、家庭裁判所は、職権で、その一部の者について、財産に関する権限のみを行使すべきことを定めることができる。

3　未成年後見人が数人あるときは、家庭裁判所は、職権で、財産に関する権限について、各未成年後見人が単独で又は数人の未成年後見人が事務を分掌して、その権限を行使すべきことを定めることができる。

4　家庭裁判所は、職権で、前2項の規定による定めを取り消すことができる。

5　未成年後見人が数人あるときは、第三者の意思表示は、その1人に対してすれば足りる。

第858条（成年被後見人の意思の尊重及び身上の配慮）

成年後見人は、成年被後見人の生活、療養看護及び財産の管理に関する事務を行うに当たっては、成年被後見人の意思を尊重し、かつ、その心身の状態及び生活の状況に配慮しなければならない。

第859条（財産の管理及び代表）

1　後見人は、被後見人の財産を管理し、かつ、その財産に関する法律行為について被後見人を代表する。

2　第824条ただし書の規定は、前項の場合について準用する。

第859条の2（成年後見人が数人ある場合の権限の行使等）

1　成年後見人が数人あるときは、家庭裁判所は、職権で、数人の成年後見人が、共同して又は事務を分掌して、その権限を行使すべきことを定めることができる。

2　家庭裁判所は、職権で、前項の規定による定めを取り消すことができる。

3　成年後見人が数人あるときは、第三者の意思表示は、その1人に対してすれば足りる。

第859条の3（成年被後見人の居住用不動産の処分についての許可）

成年後見人は、成年被後見人

に代わって、その居住の用に供する建物又はその敷地について、売却、賃貸、賃貸借の解除又は抵当権の設定その他これらに準ずる処分をするには、家庭裁判所の許可を得なければならない。

第860条（利益相反行為）

第826条の規定は、後見人について準用する。ただし、後見監督人がある場合は、この限りでない。

第860条の2（成年後見人による郵便物等の管理）

1 家庭裁判所は、成年後見人がその事務を行うに当たって必要があると認めるときは、成年後見人の請求により、信書の送達の事業を行う者に対し、期間を定めて、成年被後見人に宛てた郵便物又は民間事業者による信書の送達に関する法律（平成14年法律第99号）第2条第3項に規定する信書便物（次条において「郵便物等」という。）を成年後見人に配達すべき旨を嘱託することができる。

2 前項に規定する嘱託の期間は、6箇月を超えることができない。

3 家庭裁判所は、第1項の規定による審判があった後事情に変更を生じたときは、成年被後見人、成年後見人若しくは成年後見監督人の請求により又は職権で、同項に規定する嘱託を取り消し、又は変更することができる。ただし、その変更の審判においては、同項の規定による審判において定められた期間を伸長することができない。

4 成年後見人の任務が終了したときは、家庭裁判所は、第1項に規定する嘱託を取り消さなければならない。

第860条の3〔同前〕

1 成年後見人は、成年被後見人に宛てた郵便物等を受け取ったときは、これを開いて見ることができる。

2 成年後見人は、その受け取った前項の郵便物等で成年後見人の事務に関しないものは、速やかに成年被後見人に交付しなければならない。

3 成年被後見人は、成年後見人に対し、成年後見人が受け取った第1項の郵便物等（前項の規定により成年被後見人に交付されたものを除く。）の閲覧を求めることができる。

第861条（支出金額の予定及び後見の事務の費用）

1 後見人は、その就職の初めにおいて、被後見人の生活、教育又は療養看護及び財産の管理のために毎年支出すべき金額を予定しなければならない。

2 後見人が後見の事務を行うために必要な費用は、被後見人の財産の中から支弁する。

第862条（後見人の報酬）

家庭裁判所は、後見人及び被後見人の資力その他の事情によって、被後見人の財産の中から、相当な報酬を後見人に与えることができる。

第863条（後見の事務の監督）

1 後見監督人又は家庭裁判所は、いつでも、後見人に対し後見の事務の報告若しくは財産の目録の提出を求め、又は後見の事務若しくは被後見人の財産の状況を調査することができる。

2 家庭裁判所は、後見監督人、被後見人若しくはその親族その他の利害関係人の請求により又は職権で、被後見人の財産の管理その他後見の事務について必要な処分を命ずることができる。

第864条（後見監督人の同意を要する行為）

後見人が、被後見人に代わって営業若しくは第13条第1項各号に掲げる行為をし、又は未成年被後見人がこれをすることに同意するには、後見監督人があるときは、その同意を得なければならない。ただし、同項第一号に掲げる元本の領収については、この限りでない。

第865条〔同意の取消し〕

1 後見人が、前条の規定に違反してし又は同意を与えた行為は、被後見人又は後見人が取り消すことができる。この場合においては、第20条の規定を準用する。

2 前項の規定は、第121条から第126条までの規定の適用を妨げない。

第866条（被後見人の財産等の譲受けの取消し）

1 後見人が被後見人の財産又は被後見人に対する第三者の権利を譲り受けたときは、被後見人は、これを取り消すことができる。この場合においては、第20条の規定を準用する。

2 前項の規定は、第121条から第126条までの規定の適用を妨げない。

第867条（未成年被後見人に代わる親権の行使）

1 未成年後見人は、未成年被後見人に代わって親権を行う。

2 第853条から第857条まで及び第861条から前条までの規定は、前項の場合について準用する。

第868条（財産に関する権限のみを有する未成年後見人）

親権を行う者が管理権を有しない場合には、未成年後見人は、財産に関する権限のみを有する。

第869条（委任及び親権の規定の準用）

第644条及び第830条の規定は、後見について準用する。

第4節　後見の終了

第870条（後見の計算）

後見人の任務が終了したときは、後見人又はその相続人は、2箇月以内にその管理の計算（以下「後見の計算」という。）をしなければならない。ただし、この期間は、家庭裁判所において伸長することができる。

第871条〔同前〕
後見の計算は、後見監督人があるときは、その立会いをもってしなければならない。

第872条（未成年被後見人と未成年後見人等との間の契約等の取消し）
1 未成年被後見人が成年に達した後後見の計算の終了前に、その者と未成年後見人又はその相続人との間でした契約は、その者が取り消すことができる。その者が未成年後見人又はその相続人に対してした単独行為も、同様とする。
2 第20条及び第121条から第126条までの規定は、前項の場合について準用する。

第873条（返還金に対する利息の支払等）
1 後見人が被後見人に返還すべき金額及び被後見人が後見人に返還すべき金額には、後見の計算が終了した時から、利息を付さなければならない。
2 後見人は、自己のために被後見人の金銭を消費したときは、その消費の時から、これに利息を付さなければならない。この場合において、なお損害があるときは、その賠償の責任を負う。

第873条の2（成年被後見人の死亡後の成年後見人の権限）
成年後見人は、成年被後見人が死亡した場合において、必要があるときは、成年被後見人の相続人の意思に反することが明らかなときを除き、相続人が相続財産を管理することができるに至るまで、次に掲げる行為をすることができる。ただし、第三号に掲げる行為をするには、家庭裁判所の許可を得なければならない。
一 相続財産に属する特定の財産の保存に必要な行為
二 相続財産に属する債務（弁済期が到来しているものに限る。）の弁済
三 その死体の火葬又は埋葬に関する契約の締結その他相続財産の保存に必要な行為（前二号に掲げる行為を除く。）

第874条（委任の規定の準用）
第654条及び第655条の規定は、後見について準用する。

第875条（後見に関して生じた債権の消滅時効）
1 第832条の規定は、後見人又は後見監督人と被後見人との間において後見に関して生じた債権の消滅時効について準用する。
2 前項の消滅時効は、第872条の規定により法律行為を取り消した場合には、その取消しの時から起算する。

第6章　保佐及び補助

第1節　保佐

第876条（保佐の開始）
保佐は、保佐開始の審判によって開始する。

第876条の2（保佐人及び臨時保佐人の選任等）
1 家庭裁判所は、保佐開始の審判をするときは、職権で、保佐人を選任する。
2 第843条第2項から第4項まで及び第844条から第847条までの規定は、保佐人について準用する。
3 保佐人又はその代表する者と被保佐人との利益が相反する行為については、保佐人は、臨時保佐人の選任を家庭裁判所に請求しなければならない。ただし、保佐監督人がある場合は、この限りでない。

第876条の3（保佐監督人）
1 家庭裁判所は、必要があると認めるときは、被保佐人、その親族若しくは保佐人の請求により又は職権で、保佐監督人を選任することができる。
2 第644条、第654条、第655条、第843条第4項、第844条、第846条、第847条、第850条、第851条、第859条の2、第859条の3、第861条第2項及び第862条の規定は、保佐監督人について準用する。この場合において、第851条第四号中「被後見人を代表する」とあるのは、「被保佐人を代表し、又は被保佐人がこれをすることに同意する」と読み替えるものとする。

第876条の4（保佐人に代理権を付与する旨の審判）
1 家庭裁判所は、第11条本文に規定する者又は保佐人若しくは保佐監督人の請求によって、被保佐人のために特定の法律行為について保佐人に代理権を付与する旨の審判をすることができる。
2 本人以外の者の請求によって前項の審判をするには、本人の同意がなければならない。
3 家庭裁判所は、第1項に規定する者の請求によって、同項の審判の全部又は一部を取り消すことができる。

第876条の5（保佐の事務及び保佐人の任務の終了等）
1 保佐人は、保佐の事務を行うに当たっては、被保佐人の意思を尊重し、かつ、その心身の状態及び生活の状況に配慮しなければならない。
2 第644条、第859条の2、第859条の3、第861条第2項、第862条及び第863条の規定は保佐の事務について、第824条ただし書の規定は保佐人が前条第1項の代理権を付与する旨の審判に基づき被保佐人を代表する場合について準用する。
3 第654条、第655条、第870条、第871条及び第873条の規定は保佐人の任務が終了した場合について、第832条の規定は保佐人又は保佐監督人と被保佐人との間において保佐に関して生じた債権について準用する。

第2節　補助

第876条の6（補助の開始）

補助は、補助開始の審判によって開始する。

第876条の7（補助人及び臨時補助人の選任等）

1 家庭裁判所は、補助開始の審判をするときは、職権で、補助人を選任する。
2 第843条第2項から第4項まで及び第844条から第847条までの規定は、補助人について準用する。
3 補助人又はその代表する者と被補助人との利益が相反する行為については、補助人は、臨時補助人の選任を家庭裁判所に請求しなければならない。ただし、補助監督人がある場合は、この限りでない。

第876条の8（補助監督人）

1 家庭裁判所は、必要があると認めるときは、被補助人、その親族若しくは補助人の請求により又は職権で、補助監督人を選任することができる。
2 第644条、第654条、第655条、第843条第4項、第844条、第846条、第847条、第850条、第851条、第859条の2、第859条の3、第861条第2項及び第862条の規定は、補助監督人について準用する。この場合において、第851条第四号中「被後見人を代表する」とあるのは、「被補助人を代表し、又は被補助人がこれをすることに同意する」と読み替えるものとする。

第876条の9（補助人に代理権を付与する旨の審判）

1 家庭裁判所は、第15条第1項本文に規定する者又は補助人若しくは補助監督人の請求によって、被補助人のために特定の法律行為について補助人に代理権を付与する旨の審判をすることができる。
2 第876条の4第2項及び第3項の規定は、前項の審判について準用する。

第876条の10（補助の事務及び補助人の任務の終了等）

1 第644条、第859条の2、第859条の3、第861条第2項、第862条、第863条及び第876条の5第1項の規定は補助の事務について、第824条ただし書の規定は補助人が前条第1項の代理権を付与する旨の審判に基づき被補助人を代表する場合について準用する。
2 第654条、第655条、第870条、第871条及び第873条の規定は補助人の任務が終了した場合について、第832条の規定は補助人又は補助監督人と被補助人との間において補助に関して生じた債権について準用する。

第7章　扶養

第877条（扶養義務者）

1 直系血族及び兄弟姉妹は、互いに扶養をする義務がある。
2 家庭裁判所は、特別の事情があるときは、前項に規定する場合のほか、3親等内の親族間においても扶養の義務を負わせることができる。
3 前項の規定による審判があった後事情に変更を生じたときは、家庭裁判所は、その審判を取り消すことができる。

第878条（扶養の順位）

扶養をする義務のある者が数人ある場合において、扶養をすべき者の順序について、当事者間に協議が調わないとき、又は協議をすることができないときは、家庭裁判所が、これを定める。扶養を受ける権利のある者が数人ある場合において、扶養義務者の資力がその全員を扶養するのに足りないときの扶養を受けるべき者の順序についても、同様とする。

第879条（扶養の程度又は方法）

扶養の程度又は方法について、当事者間に協議が調わないとき、又は協議をすることができないときは、扶養権利者の需要、扶養義務者の資力その他一切の事情を考慮して、家庭裁判所が、これを定める。

第880条（扶養に関する協議又は審判の変更又は取消し）

扶養をすべき者若しくは扶養を受けるべき者の順序又は扶養の程度若しくは方法について協議又は審判があった後事情に変更を生じたときは、家庭裁判所は、その協議又は審判の変更又は取消しをすることができる。

第881条（扶養請求権の処分の禁止）

扶養を受ける権利は、処分することができない。

相続

第5編　相続

第1章　総則

第882条（相続開始の原因）

相続は、死亡によって開始する。

第883条（相続開始の場所）

相続は、被相続人の住所において開始する。

第884条（相続回復請求権）

相続回復の請求権は、相続人又はその法定代理人が相続権を侵害された事実を知った時から5年間行使しないときは、時効によって消滅する。相続開始の時から20年を経過したときも、同様とする。

第885条（相続財産に関する費用）

相続財産に関する費用は、その財産の中から支弁する。ただし、相続人の過失によるものは、この限りでない。

第2章　相続人

第886条（相続に関する胎児の権利能力）

1 胎児は、相続については、既に生まれたものとみなす。
2 前項の規定は、胎児が死体で生まれたときは、適用しない。

第887条（子及びその代襲者等の相続権）

1 被相続人の子は、相続人となる。

2 被相続人の子が、相続の開始以前に死亡したとき、又は第891条の規定に該当し、若しくは廃除によって、その相続権を失ったときは、その者の子がこれを代襲して相続人となる。ただし、被相続人の直系卑属でない者は、この限りでない。

3 前項の規定は、代襲者が、相続の開始以前に死亡し、又は第891条の規定に該当し、若しくは廃除によって、その代襲相続権を失った場合について準用する。

第888条　削除

第889条（直系尊属及び兄弟姉妹の相続権）

1 次に掲げる者は、第887条の規定により相続人となるべき者がない場合には、次に掲げる順序の順位に従って相続人となる。

一　被相続人の直系尊属。ただし、親等の異なる者の間では、その近い者を先にする。

二　被相続人の兄弟姉妹

2 第887条第2項の規定は、前項第二号の場合について準用する。

第890条（配偶者の相続権）

被相続人の配偶者は、常に相続人となる。この場合において、第887条又は前条の規定により相続人となるべき者があるときは、その者と同順位とする。

第891条（相続人の欠格事由）

次に掲げる者は、相続人となることができない。

一　故意に被相続人又は相続について先順位若しくは同順位にある者を死亡するに至らせ、又は至らせようとしたために、刑に処せられた者

二　被相続人の殺害されたことを知って、これを告発せず、又は告訴しなかった者。ただし、その者に是非の弁別がないとき、又は殺害者が自己の配偶者若しくは直系血族であったときは、この限りでない。

三　詐欺又は強迫によって、被相続人が相続に関する遺言をし、撤回し、取り消し、又は変更することを妨げた者

四　詐欺又は強迫によって、被相続人に相続に関する遺言をさせ、撤回させ、取り消させ、又は変更させた者

五　相続に関する被相続人の遺言書を偽造し、変造し、破棄し、又は隠匿した者

第892条（推定相続人の廃除）

遺留分を有する推定相続人（相続が開始した場合に相続人となるべき者をいう。以下同じ。）が、被相続人に対して虐待をし、若しくはこれに重大な侮辱を加えたとき、又は推定相続人にその他の著しい非行があったときは、被相続人は、その推定相続人の廃除を家庭裁判所に請求することができる。

第893条（遺言による推定相続人の廃除）

被相続人が遺言で推定相続人を廃除する意思を表示したときは、遺言執行者は、その遺言が効力を生じた後、遅滞なく、その推定相続人の廃除を家庭裁判所に請求しなければならない。この場合において、その推定相続人の廃除は、被相続人の死亡の時にさかのぼってその効力を生ずる。

第894条（推定相続人の廃除の取消し）

1 被相続人は、いつでも、推定相続人の廃除の取消しを家庭裁判所に請求することができる。

2 前条の規定は、推定相続人の廃除の取消しについて準用する。

第895条（推定相続人の廃除に関する審判確定前の遺産の管理）

1 推定相続人の廃除又はその取消しの請求があった後その審判が確定する前に相続が開始したときは、家庭裁判所は、親族、利害関係人又は検察官の請求によって、遺産の管理について必要な処分を命ずることができる。推定相続人の廃除の遺言があったときも、同様とする。

2 第27条から第29条までの規定は、前項の規定により家庭裁判所が遺産の管理人を選任した場合について準用する。

第3章　相続の効力

第1節　総則

第896条（相続の一般的効力）

相続人は、相続開始の時から、被相続人の財産に属した一切の権利義務を承継する。ただし、被相続人の一身に専属したものは、この限りでない。

第897条（祭祀に関する権利の承継）

1 系譜、祭具及び墳墓の所有権は、前条の規定にかかわらず、慣習に従って祖先の祭祀を主宰すべき者が承継する。ただし、被相続人の指定に従って祖先の祭祀を主宰すべき者があるときは、その者が承継する。

2 前項本文の場合において慣習が明らかでないときは、同項の権利を承継すべき者は、家庭裁判所が定める。

第897条の2（相続財産の保存）

1 家庭裁判所は、利害関係人又は検察官の請求によって、いつでも、相続財産の管理人の選任その他の相続財産の保存に必要な処分を命ずることができる。ただし、相続人が1人である場合においてその相続人が相続の単純承認をしたとき、相続人が数人ある場合において遺産の全部の分割がされたとき、又は第952条第1項の規定

により相続財産の清算人が選任されているときは、この限りでない。

2 第27条から第29条までの規定は、前項の規定により家庭裁判所が相続財産の管理人を選任した場合について準用する。

第898条（共同相続の効力）

1 相続人が数人あるときは、相続財産は、その共有に属する。

2 相続財産について共有に関する規定を適用するときは、第900条から第902条までの規定により算定した相続分をもって各相続人の共有持分とする。

第899条〔同前〕

各共同相続人は、その相続分に応じて被相続人の権利義務を承継する。

第899条の2（共同相続における権利の承継の対抗要件）

1 相続による権利の承継は、遺産の分割によるものかどうかにかかわらず、次条及び第901条の規定により算定した相続分を超える部分については、登記、登録その他の対抗要件を備えなければ、第三者に対抗することができない。

2 前項の権利が債権である場合において、次条及び第901条の規定により算定した相続分を超えて当該債権を承継した共同相続人が当該債権に係る遺言の内容（遺産の分割により当該債権を承継した場合にあっては、当該債権に係る遺産の分割の内容）を明らかにして債務者にその承継の通知をしたときは、共同相続人の全員が債務者に通知をしたものとみなして、同項の規定を適用する。

第2節　相続分

第900条（法定相続分）

同順位の相続人が数人あるときは、その相続分は、次の各号の定めるところによる。

一　子及び配偶者が相続人であるときは、子の相続分及び配偶者の相続分は、各2分の1とする。

二　配偶者及び直系尊属が相続人であるときは、配偶者の相続分は、3分の2とし、直系尊属の相続分は、3分の1とする。

三　配偶者及び兄弟姉妹が相続人であるときは、配偶者の相続分は、4分の3とし、兄弟姉妹の相続分は、4分の1とする。

四　子、直系尊属又は兄弟姉妹が数人あるときは、各自の相続分は、相等しいものとする。ただし、父母の一方のみを同じくする兄弟姉妹の相続分は、父母の双方を同じくする兄弟姉妹の相続分の2分の1とする。

第901条（代襲相続人の相続分）

1 第887条第2項又は第3項の規定により相続人となる直系卑属の相続分は、その直系尊属が受けるべきであったものと同じとする。ただし、直系卑属が数人あるときは、その各自の直系尊属が受けるべきであった部分について、前条の規定に従ってその相続分を定める。

2 前項の規定は、第889条第2項の規定により兄弟姉妹の子が相続人となる場合について準用する。

第902条（遺言による相続分の指定）

1 被相続人は、前2条の規定にかかわらず、遺言で、共同相続人の相続分を定め、又はこれを定めることを第三者に委託することができる。

2 被相続人が、共同相続人中の1人若しくは数人の相続分のみを定め、又はこれを第三者に定めさせたときは、他の共同相続人の相続分は、前2条の規定により定める。

第902条の2（相続分の指定がある場合の債権者の権利の行使）

被相続人が相続開始の時において有した債務の債権者は、前条の規定による相続分の指定がされた場合であっても、各共同相続人に対し、第900条及び第901条の規定により算定した相続分に応じてその権利を行使することができる。ただし、その債権者が共同相続人の1人に対してその指定された相続分に応じた債務の承継を承認したときは、この限りでない。

第903条（特別受益者の相続分）

1 共同相続人中に、被相続人から、遺贈を受け、又は婚姻若しくは養子縁組のため若しくは生計の資本として贈与を受けた者があるときは、被相続人が相続開始の時において有した財産の価額にその贈与の価額を加えたものを相続財産とみなし、第900条から第902条までの規定により算定した相続分の中からその遺贈又は贈与の価額を控除した残額をもってその者の相続分とする。

2 遺贈又は贈与の価額が、相続分の価額に等しく、又はこれを超えるときは、受遺者又は受贈者は、その相続分を受けることができない。

3 被相続人が前2項の規定と異なった意思を表示したときは、その意思に従う。

4 婚姻期間が20年以上の夫婦の一方である被相続人が、他の一方に対し、その居住の用に供する建物又はその敷地について遺贈又は贈与をしたときは、当該被相続人は、その遺贈又は贈与について第1項の規定を適用しない旨の意思を表示したものと推定する。

第904条〔同前〕

前条に規定する贈与の価額は、受贈者の行為によって、その目的である財産が滅失し、又はその価格の増減があったときであっても、相続開始の時においてなお原状のままであるものとみなしてこれを定める。

第904条の2（寄与分）

1 共同相続人中に、被相続人の事業に関する労務の提供又は財産上の給付、被相続人の療養看護その他の方法により被相続人の財産の維持又は増加について特別の寄与をした者があるときは、被相続人が相続開始の時において有した財産の価額から共同相続人の協議で定めたその者の寄与分を控除したものを相続財産とみなし、第900条から第902条までの規定により算定した相続分に寄与分を加えた額をもってその者の相続分とする。
2 前項の協議が調わないとき、又は協議をすることができないときは、家庭裁判所は、同項に規定する寄与をした者の請求により、寄与の時期、方法及び程度、相続財産の額その他一切の事情を考慮して、寄与分を定める。
3 寄与分は、被相続人が相続開始の時において有した財産の価額から遺贈の価額を控除した残額を超えることができない。
4 第2項の請求は、第907条第2項の規定による請求があった場合又は第910条に規定する場合にすることができる。

第904条の3（期間経過後の遺産の分割における相続分）

前3条の規定は、相続開始の時から10年を経過した後にする遺産の分割については、適用しない。ただし、次の各号のいずれかに該当するときは、この限りでない。

一　相続開始の時から10年を経過する前に、相続人が家庭裁判所に遺産の分割の請求をしたとき。
二　相続開始の時から始まる10年の期間の満了前6箇月以内の間に、遺産の分割を請求することができないやむを得ない事由が相続人にあった場合において、その事由が消滅した時から6箇月を経過する前に、当該相続人が家庭裁判所に遺産の分割の請求をしたとき。

第905条（相続分の取戻権）

1 共同相続人の1人が遺産の分割前にその相続分を第三者に譲り渡したときは、他の共同相続人は、その価額及び費用を償還して、その相続分を譲り受けることができる。
2 前項の権利は、1箇月以内に行使しなければならない。

第3節　遺産の分割

第906条（遺産の分割の基準）

遺産の分割は、遺産に属する物又は権利の種類及び性質、各相続人の年齢、職業、心身の状態及び生活の状況その他一切の事情を考慮してこれをする。

第906条の2（遺産の分割前に遺産に属する財産が処分された場合の遺産の範囲）

1 遺産の分割前に遺産に属する財産が処分された場合であっても、共同相続人は、その全員の同意により、当該処分された財産が遺産の分割時に遺産として存在するものとみなすことができる。
2 前項の規定にかかわらず、共同相続人の1人又は数人により同項の財産が処分されたときは、当該共同相続人については、同項の同意を得ることを要しない。

第907条（遺産の分割の協議又は審判）

1 共同相続人は、次条第1項の規定により被相続人が遺言で禁じた場合又は同条第2項の規定により分割をしない旨の契約をした場合を除き、いつでも、その協議で、遺産の全部又は一部の分割をすることができる。
2 遺産の分割について、共同相続人間に協議が調わないとき、又は協議をすることができないときは、各共同相続人は、その全部又は一部の分割を家庭裁判所に請求することができる。ただし、遺産の一部を分割することにより他の共同相続人の利益を害するおそれがある場合におけるその一部の分割については、この限りでない。

第908条（遺産の分割の方法の指定及び遺産の分割の禁止）

1 被相続人は、遺言で、遺産の分割の方法を定め、若しくはこれを定めることを第三者に委託し、又は相続開始の時から5年を超えない期間を定めて、遺産の分割を禁ずることができる。
2 共同相続人は、5年以内の期間を定めて、遺産の全部又は一部について、その分割をしない旨の契約をすることができる。ただし、その期間の終期は、相続開始の時から10年を超えることができない。
3 前項の契約は、5年以内の期間を定めて更新することができる。ただし、その期間の終期は、相続開始の時から10年を超えることができない。
4 前条第2項本文の場合において特別の事由があるときは、家庭裁判所は、5年以内の期間を定めて、遺産の全部又は一部について、その分割を禁ずることができる。ただし、その期間の終期は、相続開始の時から10年を超えることができない。
5 家庭裁判所は、5年以内の期間を定めて前項の期間を更新することができる。ただし、その期間の終期は、相続開始の時から10年を超えることができない。

第909条（遺産の分割の効力）

遺産の分割は、相続開始の時にさかのぼってその効力を生ずる。ただし、第三者の権利を害することはできない。

第909条の2（遺産の分割前に

おける預貯金債権の行使）
各共同相続人は、遺産に属する預貯金債権のうち相続開始の時の債権額の3分の1に第900条及び第901条の規定により算定した当該共同相続人の相続分を乗じた額（標準的な当面の必要生計費、平均的な葬式の費用の額その他の事情を勘案して預貯金債権の債務者ごとに法務省令で定める額を限度とする。）については、単独でその権利を行使することができる。この場合において、当該権利の行使をした預貯金債権については、当該共同相続人が遺産の一部の分割によりこれを取得したものとみなす。

第910条（相続の開始後に認知された者の価額の支払請求権）
相続の開始後認知によって相続人となった者が遺産の分割を請求しようとする場合において、他の共同相続人が既にその分割その他の処分をしたときは、価額のみによる支払の請求権を有する。

第911条（共同相続人間の担保責任）
各共同相続人は、他の共同相続人に対して、売主と同じく、その相続分に応じて担保の責任を負う。

第912条（遺産の分割によって受けた債権についての担保責任）
1 各共同相続人は、その相続分に応じ、他の共同相続人が遺産の分割によって受けた債権について、その分割の時における債務者の資力を担保する。
2 弁済期に至らない債権及び停止条件付きの債権については、各共同相続人は、弁済をすべき時における債務者の資力を担保する。

第913条（資力のない共同相続人がある場合の担保責任の分担）
担保の責任を負う共同相続人中に償還をする資力のない者があるときは、その償還することができない部分は、求償者及び他の資力のある者が、それぞれその相続分に応じて分担する。ただし、求償者に過失があるときは、他の共同相続人に対して分担を請求することができない。

第914条（遺言による担保責任の定め）
前3条の規定は、被相続人が遺言で別段の意思を表示したときは、適用しない。

第4章　相続の承認及び放棄

第1節　総則

第915条（相続の承認又は放棄をすべき期間）
1 相続人は、自己のために相続の開始があったことを知った時から3箇月以内に、相続について、単純若しくは限定の承認又は放棄をしなければならない。ただし、この期間は、利害関係人又は検察官の請求によって、家庭裁判所において伸長することができる。
2 相続人は、相続の承認又は放棄をする前に、相続財産の調査をすることができる。

第916条〔同前〕
相続人が相続の承認又は放棄をしないで死亡したときは、前条第1項の期間は、その者の相続人が自己のために相続の開始があったことを知った時から起算する。

第917条〔同前〕
相続人が未成年者又は成年被後見人であるときは、第915条第1項の期間は、その法定代理人が未成年者又は成年被後見人のために相続の開始があったことを知った時から起算する。

第918条（相続人による管理）
相続人は、その固有財産におけるのと同一の注意をもって、相続財産を管理しなければならない。ただし、相続の承認又は放棄をしたときは、この限りでない。

第919条（相続の承認及び放棄の撤回及び取消し）
1 相続の承認及び放棄は、第915条第1項の期間内でも、撤回することができない。
2 前項の規定は、第1編（総則）及び前編（親族）の規定により相続の承認又は放棄の取消しをすることを妨げない。
3 前項の取消権は、追認をすることができる時から6箇月間行使しないときは、時効によって消滅する。相続の承認又は放棄の時から10年を経過したときも、同様とする。
4 第2項の規定により限定承認又は相続の放棄の取消しをしようとする者は、その旨を家庭裁判所に申述しなければならない。

第2節　相続の承認

第1款　単純承認

第920条（単純承認の効力）
相続人は、単純承認をしたときは、無限に被相続人の権利義務を承継する。

第921条（法定単純承認）
次に掲げる場合には、相続人は、単純承認をしたものとみなす。
一　相続人が相続財産の全部又は一部を処分したとき。ただし、保存行為及び第602条に定める期間を超えない賃貸をすることは、この限りでない。
二　相続人が第915条第1項の期間内に限定承認又は相続の放棄をしなかったとき。
三　相続人が、限定承認又は相続の放棄をした後であっても、相続財産の全部若しくは一部を隠匿し、私にこれを消費し、又は悪意でこれを相続財産の目録中に記載しなかったとき。ただし、その相続人が相続の放棄をしたことによって相続人となった者が相続の承認をした後は、この限りでない。

第2款　限定承認

第922条（限定承認）

相続人は、相続によって得た財産の限度においてのみ被相続人の債務及び遺贈を弁済すべきことを留保して、相続の承認をすることができる。

第923条（共同相続人の限定承認）

相続人が数人あるときは、限定承認は、共同相続人の全員が共同してのみこれをすることができる。

第924条（限定承認の方式）

相続人は、限定承認をしようとするときは、第915条第1項の期間内に、相続財産の目録を作成して家庭裁判所に提出し、限定承認をする旨を申述しなければならない。

第925条（限定承認をしたときの権利義務）

相続人が限定承認をしたときは、その被相続人に対して有した権利義務は、消滅しなかったものとみなす。

第926条（限定承認者による管理）

1 限定承認者は、その固有財産におけるのと同一の注意をもって、相続財産の管理を継続しなければならない。

2 第645条、第646条並びに第650条第1項及び第2項の規定は、前項の場合について準用する。

第927条（相続債権者及び受遺者に対する公告及び催告）

1 限定承認者は、限定承認をした後5日以内に、すべての相続債権者（相続財産に属する債務の債権者をいう。以下同じ。）及び受遺者に対し、限定承認をしたこと及び一定の期間内にその請求の申出をすべき旨を公告しなければならない。この場合において、その期間は、2箇月を下ることができない。

2 前項の規定による公告には、相続債権者及び受遺者がその期間内に申出をしないときは弁済から除斥されるべき旨を付記しなければならない。ただし、限定承認者は、知れている相続債権者及び受遺者を除斥することができない。

3 限定承認者は、知れている相続債権者及び受遺者には、各別にその申出の催告をしなければならない。

4 第1項の規定による公告は、官報に掲載してする。

第928条（公告期間満了前の弁済の拒絶）

限定承認者は、前条第1項の期間の満了前には、相続債権者及び受遺者に対して弁済を拒むことができる。

第929条（公告期間満了後の弁済）

第927条第1項の期間が満了した後は、限定承認者は、相続財産をもって、その期間内に同項の申出をした相続債権者その他知れている相続債権者に、それぞれその債権額の割合に応じて弁済をしなければならない。ただし、優先権を有する債権者の権利を害することはできない。

第930条（期限前の債務等の弁済）

1 限定承認者は、弁済期に至らない債権であっても、前条の規定に従って弁済をしなければならない。

2 条件付きの債権又は存続期間の不確定な債権は、家庭裁判所が選任した鑑定人の評価に従って弁済をしなければならない。

第931条（受遺者に対する弁済）

限定承認者は、前2条の規定に従って各相続債権者に弁済をした後でなければ、受遺者に弁済をすることができない。

第932条（弁済のための相続財産の換価）

前3条の規定に従って弁済をするにつき相続財産を売却する必要があるときは、限定承認者は、これを競売に付さなければならない。ただし、家庭裁判所が選任した鑑定人の評価に従い相続財産の全部又は一部の価額を弁済して、その競売を止めることができる。

第933条（相続債権者及び受遺者の換価手続への参加）

相続債権者及び受遺者は、自己の費用で、相続財産の競売又は鑑定に参加することができる。この場合においては、第260条第2項の規定を準用する。

第934条（不当な弁済をした限定承認者の責任等）

1 限定承認者は、第927条の公告若しくは催告をすることを怠り、又は同条第1項の期間内に相続債権者若しくは受遺者に弁済をしたことによって他の相続債権者若しくは受遺者に弁済をすることができなくなったときは、これによって生じた損害を賠償する責任を負う。第929条から第931条までの規定に違反して弁済をしたときも、同様とする。

2 前項の規定は、情を知って不当に弁済を受けた相続債権者又は受遺者に対する他の相続債権者又は受遺者の求償を妨げない。

3 第724条の規定は、前2項の場合について準用する。

第935条（公告期間内に申出をしなかった相続債権者及び受遺者）

第927条第1項の期間内に同項の申出をしなかった相続債権者及び受遺者で限定承認者に知れなかったものは、残余財産についてのみその権利を行使することができる。ただし、相続財産について特別担保を有する者は、この限りでない。

第936条（相続人が数人ある場合の相続財産の清算人）

1 相続人が数人ある場合には、家庭裁判所は、相続人の中から、相続財産の清算人を選任しなければならない。
2 前項の相続財産の清算人は、相続人のために、これに代わって、相続財産の管理及び債務の弁済に必要な一切の行為をする。
3 第926条から前条までの規定は、第1項の相続財産の清算人について準用する。この場合において、第927条第1項中「限定承認をした後5日以内」とあるのは、「その相続財産の清算人の選任があった後10日以内」と読み替えるものとする。

第937条（法定単純承認の事由がある場合の相続債権者）
限定承認をした共同相続人の1人又は数人について第921条第一号又は第三号に掲げる事由があるときは、相続債権者は、相続財産をもって弁済を受けることができなかった債権額について、当該共同相続人に対し、その相続分に応じて権利を行使することができる。

第3節 相続の放棄

第938条（相続の放棄の方式）
相続の放棄をしようとする者は、その旨を家庭裁判所に申述しなければならない。

第939条（相続の放棄の効力）
相続の放棄をした者は、その相続に関しては、初めから相続人とならなかったものとみなす。

第940条（相続の放棄をした者による管理）
1 相続の放棄をした者は、その放棄の時に相続財産に属する財産を現に占有しているときは、相続人又は第952条第1項の相続財産の清算人に対して当該財産を引き渡すまでの間、自己の財産におけるのと同一の注意をもって、その財産を保存しなければならない。
2 第645条、第646条並びに第650条第1項及び第2項の規定は、前項の場合について準用する。

第5章 財産分離

第941条（相続債権者又は受遺者の請求による財産分離）
1 相続債権者又は受遺者は、相続開始の時から3箇月以内に、相続人の財産の中から相続財産を分離することを家庭裁判所に請求することができる。相続財産が相続人の固有財産と混合しない間は、その期間の満了後も、同様とする。
2 家庭裁判所が前項の請求によって財産分離を命じたときは、その請求をした者は、5日以内に、他の相続債権者及び受遺者に対し、財産分離の命令があったこと及び一定の期間内に配当加入の申出をすべき旨を公告しなければならない。この場合において、その期間は、2箇月を下ることができない。
3 前項の規定による公告は、官報に掲載してする。

第942条（財産分離の効力）
財産分離の請求をした者及び前条第2項の規定により配当加入の申出をした者は、相続財産について、相続人の債権者に先立って弁済を受ける。

第943条（財産分離の請求後の相続財産の管理）
1 財産分離の請求があったときは、家庭裁判所は、相続財産の管理について必要な処分を命ずることができる。
2 第27条から第29条までの規定は、前項の規定により家庭裁判所が相続財産の管理人を選任した場合について準用する。

第944条（財産分離の請求後の相続人による管理）
1 相続人は、単純承認をした後でも、財産分離の請求があったときは、以後、その固有財産におけるのと同一の注意をもって、相続財産の管理をしなければならない。ただし、家庭裁判所が相続財産の管理人を選任したときは、この限りでない。
2 第645条から第647条まで並びに第650条第1項及び第2項の規定は、前項の場合について準用する。

第945条（不動産についての財産分離の対抗要件）
財産分離は、不動産については、その登記をしなければ、第三者に対抗することができない。

第946条（物上代位の規定の準用）
第304条の規定は、財産分離の場合について準用する。

第947条（相続債権者及び受遺者に対する弁済）
1 相続人は、第941条第1項及び第2項の期間の満了前には、相続債権者及び受遺者に対して弁済を拒むことができる。
2 財産分離の請求があったときは、相続人は、第941条第2項の期間の満了後に、相続財産をもって、財産分離の請求又は配当加入の申出をした相続債権者及び受遺者に、それぞれその債権額の割合に応じて弁済をしなければならない。ただし、優先権を有する債権者の権利を害することはできない。
3 第930条から第934条までの規定は、前項の場合について準用する。

第948条（相続人の固有財産からの弁済）
財産分離の請求をした者及び配当加入の申出をした者は、相続財産をもって全部の弁済を受けることができなかった場合に限り、相続人の固有財産についてその権利を行使することができる。この場合においては、相続人の債権者は、その者に先立って弁済を受けることができる。

第949条（財産分離の請求の防止等）
相続人は、その固有財産をもって相続債権者若しくは受遺者に弁済をし、又はこれに相当の担保を供して、財産分離の請求を防止し、又はその効力を消滅させることができる。ただし、相続人の債権者が、これによって損害を受けるべきことを証明して、異議を述べたときは、この限りでない。

第950条（相続人の債権者の請求による財産分離）

1 相続人が限定承認をすることができる間又は相続財産が相続人の固有財産と混合しない間は、相続人の債権者は、家庭裁判所に対して財産分離の請求をすることができる。

2 第304条、第925条、第927条から第934条まで、第943条から第945条まで及び第948条の規定は、前項の場合について準用する。ただし、第927条の公告及び催告は、財産分離の請求をした債権者がしなければならない。

第6章 相続人の不存在

第951条（相続財産法人の成立）

相続人のあることが明らかでないときは、相続財産は、法人とする。

第952条（相続財産の清算人の選任）

1 前条の場合には、家庭裁判所は、利害関係人又は検察官の請求によって、相続財産の清算人を選任しなければならない。

2 前項の規定により相続財産の清算人を選任したときは、家庭裁判所は、遅滞なく、その旨及び相続人があるならば一定の期間内にその権利を主張すべき旨を公告しなければならない。この場合において、その期間は、6箇月を下ることができない。

第953条（不在者の財産の管理人に関する規定の準用）

第27条から第29条までの規定は、前条第1項の相続財産の清算人（以下この章において単に「相続財産の清算人」という。）について準用する。

第954条（相続財産の清算人の報告）

相続財産の清算人は、相続債権者又は受遺者の請求があるときは、その請求をした者に相続財産の状況を報告しなければならない。

第955条（相続財産法人の不成立）

相続人のあることが明らかになったときは、第951条の法人は、成立しなかったものとみなす。ただし、相続財産の清算人がその権限内でした行為の効力を妨げない。

第956条（相続財産の清算人の代理権の消滅）

1 相続財産の清算人の代理権は、相続人が相続の承認をした時に消滅する。

2 前項の場合には、相続財産の清算人は、遅滞なく相続人に対して清算に係る計算をしなければならない。

第957条（相続債権者及び受遺者に対する弁済）

1 第952条第2項の公告があったときは、相続財産の清算人は、全ての相続債権者及び受遺者に対し、2箇月以上の期間を定めて、その期間内にその請求の申出をすべき旨を公告しなければならない。この場合において、その期間は、同項の規定により相続人が権利を主張すべき期間として家庭裁判所が公告した期間内に満了するものでなければならない。

2 第927条第2項から第4項まで及び第928条から第935条まで（第932条ただし書を除く。）の規定は、前項の場合について準用する。

第958条（権利を主張する者がない場合）

第952条第2項の期間内に相続人としての権利を主張する者がないときは、相続人並びに相続財産の清算人に知れなかった相続債権者及び受遺者は、その権利を行使することができない。

第958条の2（特別縁故者に対する相続財産の分与）

1 前条の場合において、相当と認めるときは、家庭裁判所は、被相続人と生計を同じくしていた者、被相続人の療養看護に努めた者その他被相続人と特別の縁故があった者の請求によって、これらの者に、清算後残存すべき相続財産の全部又は一部を与えることができる。

2 前項の請求は、第952条第2項の期間の満了後3箇月以内にしなければならない。

第959条（残余財産の国庫への帰属）

前条の規定により処分されなかった相続財産は、国庫に帰属する。この場合においては、第956条第2項の規定を準用する。

第7章 遺言

第1節 総則

第960条（遺言の方式）

遺言は、この法律に定める方式に従わなければ、することができない。

第961条（遺言能力）

15歳に達した者は、遺言をすることができる。

第962条〔適用除外〕

第5条、第9条、第13条及び第17条の規定は、遺言については、適用しない。

第963条〔遺言能力〕

遺言者は、遺言をする時においてその能力を有しなければならない。

第964条（包括遺贈及び特定遺贈）

遺言者は、包括又は特定の名義で、その財産の全部又は一部を処分することができる。

第965条（相続人に関する規定の準用）

第886条及び第891条の規定は、受遺者について準用する。

第966条（被後見人の遺言の制限）

1 被後見人が、後見の計算の終了前に、後見人又はその配偶者若しくは直系卑属の利益となるべき遺言をしたときは、その遺言は、無効とする。

2 前項の規定は、直系血族、配偶者又は兄弟姉妹が後見人である場合には、適用しない。

第2節 遺言の方式

第1款 普通の方式

第967条（普通の方式による遺言の種類）

遺言は、自筆証書、公正証書又は秘密証書によってしなければならない。ただし、特別の方式によることを許す場合は、この限りでない。

第968条（自筆証書遺言）

1 自筆証書によって遺言をするには、遺言者が、その全文、日付及び氏名を自書し、これに印を押さなければならない。

2 前項の規定にかかわらず、自筆証書にこれと一体のものとして相続財産（第997条第1項に規定する場合における同項に規定する権利を含む。）の全部又は一部の目録を添付する場合には、その目録については、自書することを要しない。この場合において、遺言者は、その目録の毎葉（自書によらない記載がその両面にある場合にあっては、その両面）に署名し、印を押さなければならない。

3 自筆証書（前項の目録を含む。）中の加除その他の変更は、遺言者が、その場所を指示し、これを変更した旨を付記して特にこれに署名し、かつ、その変更の場所に印を押さなければ、その効力を生じない。

第969条（公正証書遺言）

公正証書によって遺言をするには、次に掲げる方式に従わなければならない。

一 証人2人以上の立会いがあること。

二 遺言者が遺言の趣旨を公証人に口授すること。

三 公証人が、遺言者の口述を筆記し、これを遺言者及び証人に読み聞かせ、又は閲覧させること。

四 遺言者及び証人が、筆記の正確なことを承認した後、各自これに署名し、印を押すこと。ただし、遺言者が署名することができない場合は、公証人がその事由を付記して、署名に代えることができる。

五 公証人が、その証書は前各号に掲げる方式に従って作ったものである旨を付記して、これに署名し、印を押すこと。

第969条の2（公正証書遺言の方式の特則）

1 口がきけない者が公正証書によって遺言をする場合には、遺言者は、公証人及び証人の前で、遺言の趣旨を通訳人の通訳により申述し、又は自書して、前条第二号の口授に代えなければならない。この場合における同条第三号の規定の適用については、同号中「口述」とあるのは、「通訳人の通訳による申述又は自書」とする。

2 前条の遺言者又は証人が耳が聞こえない者である場合には、公証人は、同条第三号に規定する筆記した内容を通訳人の通訳により遺言者又は証人に伝えて、同号の読み聞かせに代えることができる。

3 公証人は、前2項に定める方式に従って公正証書を作ったときは、その旨をその証書に付記しなければならない。

第970条（秘密証書遺言）

1 秘密証書によって遺言をするには、次に掲げる方式に従わなければならない。

一 遺言者が、その証書に署名し、印を押すこと。

二 遺言者が、その証書を封じ、証書に用いた印章をもってこれに封印すること。

三 遺言者が、公証人1人及び証人2人以上の前に封書を提出して、自己の遺言書である旨並びにその筆者の氏名及び住所を申述すること。

四 公証人が、その証書を提出した日付及び遺言者の申述を封紙に記載した後、遺言者及び証人とともにこれに署名し、印を押すこと。

2 第968条第3項の規定は、秘密証書による遺言について準用する。

第971条（方式に欠ける秘密証書遺言の効力）

秘密証書による遺言は、前条に定める方式に欠けるものがあっても、第968条に定める方式を具備しているときは、自筆証書による遺言としてその効力を有する。

第972条（秘密証書遺言の方式の特則）

1 口がきけない者が秘密証書によって遺言をする場合には、遺言者は、公証人及び証人の前で、その証書は自己の遺言書である旨並びにその筆者の氏名及び住所を通訳人の通訳により申述し、又は封紙に自書して、第970条第1項第三号の申述に代えなければならない。

2 前項の場合において、遺言者が通訳人の通訳により申述したときは、公証人は、その旨を封紙に記載しなければならない。

3 第1項の場合において、遺言者が封紙に自書したときは、公証人は、その旨を封紙に記載して、第970条第1項第四号に規定する申述の記載に代えなければならない。

第973条（成年被後見人の遺言）

1 成年被後見人が事理を弁識す

る能力を一時回復した時において遺言をするには、医師2人以上の立会いがなければならない。
2 遺言に立ち会った医師は、遺言者が遺言をする時において精神上の障害により事理を弁識する能力を欠く状態になかった旨を遺言書に付記して、これに署名し、印を押さなければならない。ただし、秘密証書による遺言にあっては、その封紙にその旨の記載をし、署名し、印を押さなければならない。

第974条（証人及び立会人の欠格事由）
次に掲げる者は、遺言の証人又は立会人となることができない。
一　未成年者
二　推定相続人及び受遺者並びにこれらの配偶者及び直系血族
三　公証人の配偶者、4親等内の親族、書記及び使用人

第975条（共同遺言の禁止）
遺言は、2人以上の者が同一の証書ですることができない。

第2款　特別の方式

第976条（死亡の危急に迫った者の遺言）
1 疾病その他の事由によって死亡の危急に迫った者が遺言をしようとするときは、証人3人以上の立会いをもって、その1人に遺言の趣旨を口授して、これをすることができる。この場合においては、その口授を受けた者が、これを筆記して、遺言者及び他の証人に読み聞かせ、又は閲覧させ、各証人がその筆記の正確なことを承認した後、これに署名し、印を押さなければならない。
2 口がきけない者が前項の規定により遺言をする場合には、遺言者は、証人の前で、遺言の趣旨を通訳人の通訳により申述して、同項の口授に代えなければならない。
3 第1項後段の遺言者又は他の証人が耳が聞こえない者である場合には、遺言の趣旨の口授又は申述を受けた者は、同項後段に規定する筆記した内容を通訳人の通訳によりその遺言者又は他の証人に伝えて、同項後段の読み聞かせに代えることができる。
4 前3項の規定によりした遺言は、遺言の日から20日以内に、証人の1人又は利害関係人から家庭裁判所に請求してその確認を得なければ、その効力を生じない。
5 家庭裁判所は、前項の遺言が遺言者の真意に出たものであるとの心証を得なければ、これを確認することができない。

第977条（伝染病隔離者の遺言）
伝染病のため行政処分によって交通を断たれた場所に在る者は、警察官1人及び証人1人以上の立会いをもって遺言書を作ることができる。

第978条（在船者の遺言）
船舶中に在る者は、船長又は事務員1人及び証人2人以上の立会いをもって遺言書を作ることができる。

第979条（船舶遭難者の遺言）
1 船舶が遭難した場合において、当該船舶中に在って死亡の危急に迫った者は、証人2人以上の立会いをもって口頭で遺言をすることができる。
2 口がきけない者が前項の規定により遺言をする場合には、遺言者は、通訳人の通訳によりこれをしなければならない。
3 前2項の規定に従ってした遺言は、証人が、その趣旨を筆記して、これに署名し、印を押し、かつ、証人の1人又は利害関係人から遅滞なく家庭裁判所に請求してその確認を得なければ、その効力を生じない。
4 第976条第5項の規定は、前項の場合について準用する。

第980条（遺言関係者の署名及び押印）
第977条及び第978条の場合には、遺言者、筆者、立会人及び証人は、各自遺言書に署名し、印を押さなければならない。

第981条（署名又は押印が不能の場合）
第977条から第979条までの場合において、署名又は印を押すことのできない者があるときは、立会人又は証人は、その事由を付記しなければならない。

第982条（普通の方式による遺言の規定の準用）
第968条第3項及び第973条から第975条までの規定は、第976条から前条までの規定による遺言について準用する。

第983条（特別の方式による遺言の効力）
第976条から前条までの規定によりした遺言は、遺言者が普通の方式によって遺言をすることができるようになった時から6箇月間生存するときは、その効力を生じない。

第984条（外国に在る日本人の遺言の方式）
日本の領事の駐在する地に在る日本人が公正証書又は秘密証書によって遺言をしようとするときは、公証人の職務は、領事が行う。この場合においては、第969条第四号又は第970条第1項第四号の規定にかかわらず、遺言者及び証人は、第969条第四号又は第970条第1項第四号の印を押すことを要しない。

第3節　遺言の効力

第985条（遺言の効力の発生時期）
1 遺言は、遺言者の死亡の時からその効力を生ずる。
2 遺言に停止条件を付した場合において、その条件が遺言者の死亡後に成就したときは、遺

言は、条件が成就した時からその効力を生ずる。

第986条（遺贈の放棄）

1 受遺者は、遺言者の死亡後、いつでも、遺贈の放棄をすることができる。

2 遺贈の放棄は、遺言者の死亡の時にさかのぼってその効力を生ずる。

第987条（受遺者に対する遺贈の承認又は放棄の催告）

遺贈義務者（遺贈の履行をする義務を負う者をいう。以下この節において同じ。）その他の利害関係人は、受遺者に対し、相当の期間を定めて、その期間内に遺贈の承認又は放棄をすべき旨の催告をすることができる。この場合において、受遺者がその期間内に遺贈義務者に対してその意思を表示しないときは、遺贈を承認したものとみなす。

第988条（受遺者の相続人による遺贈の承認又は放棄）

受遺者が遺贈の承認又は放棄をしないで死亡したときは、その相続人は、自己の相続権の範囲内で、遺贈の承認又は放棄をすることができる。ただし、遺言者がその遺言に別段の意思を表示したときは、その意思に従う。

第989条（遺贈の承認及び放棄の撤回及び取消し）

1 遺贈の承認及び放棄は、撤回することができない。

2 第919条第2項及び第3項の規定は、遺贈の承認及び放棄について準用する。

第990条（包括受遺者の権利義務）

包括受遺者は、相続人と同一の権利義務を有する。

第991条（受遺者による担保の請求）

受遺者は、遺贈が弁済期に至らない間は、遺贈義務者に対して相当の担保を請求することができる。停止条件付きの遺贈についてその条件の成否が未定である間も、同様とする。

第992条（受遺者による果実の取得）

受遺者は、遺贈の履行を請求することができる時から果実を取得する。ただし、遺言者がその遺言に別段の意思を表示したときは、その意思に従う。

第993条（遺贈義務者による費用の償還請求）

1 第299条の規定は、遺贈義務者が遺言者の死亡後に遺贈の目的物について費用を支出した場合について準用する。

2 果実を収取するために支出した通常の必要費は、果実の価格を超えない限度で、その償還を請求することができる。

第994条（受遺者の死亡による遺贈の失効）

1 遺贈は、遺言者の死亡以前に受遺者が死亡したときは、その効力を生じない。

2 停止条件付きの遺贈については、受遺者がその条件の成就前に死亡したときも、前項と同様とする。ただし、遺言者がその遺言に別段の意思を表示したときは、その意思に従う。

第995条（遺贈の無効又は失効の場合の財産の帰属）

遺贈が、その効力を生じないとき、又は放棄によってその効力を失ったときは、受遺者が受けるべきであったものは、相続人に帰属する。ただし、遺言者がその遺言に別段の意思を表示したときは、その意思に従う。

第996条（相続財産に属しない権利の遺贈）

遺贈は、その目的である権利が遺言者の死亡の時において相続財産に属しなかったときは、その効力を生じない。ただし、その権利が相続財産に属するかどうかにかかわらず、これを遺贈の目的としたものと認められるときは、この限りでない。

第997条〔同前〕

1 相続財産に属しない権利を目的とする遺贈が前条ただし書の規定により有効であるときは、遺贈義務者は、その権利を取得して受遺者に移転する義務を負う。

2 前項の場合において、同項に規定する権利を取得することができないとき、又はこれを取得するについて過分の費用を要するときは、遺贈義務者は、その価額を弁償しなければならない。ただし、遺言者がその遺言に別段の意思を表示したときは、その意思に従う。

第998条（遺贈義務者の引渡義務）

遺贈義務者は、遺贈の目的である物又は権利を、相続開始の時（その後に当該物又は権利について遺贈の目的として特定した場合にあっては、その特定した時）の状態で引き渡し、又は移転する義務を負う。ただし、遺言者がその遺言に別段の意思を表示したときは、その意思に従う。

第999条（遺贈の物上代位）

1 遺言者が、遺贈の目的物の滅失若しくは変造又はその占有の喪失によって第三者に対して償金を請求する権利を有するときは、その権利を遺贈の目的としたものと推定する。

2 遺贈の目的物が、他の物と付合し、又は混和した場合において、遺言者が第243条から第245条までの規定により合成物又は混和物の単独所有者又は共有者となったときは、その全部の所有権又は持分を遺贈の目的としたものと推定する。

第1000条　削除

第1001条（債権の遺贈の物上代位）

1 債権を遺贈の目的とした場合において、遺言者が弁済を受け、かつ、その受け取った物がなお相続財産中に在るときは、その物を遺贈の目的としたものと推定する。
2 金銭を目的とする債権を遺贈の目的とした場合においては、相続財産中にその債権額に相当する金銭がないときであっても、その金額を遺贈の目的としたものと推定する。

第1002条（負担付遺贈）
1 負担付遺贈を受けた者は、遺贈の目的の価額を超えない限度においてのみ、負担した義務を履行する責任を負う。
2 受遺者が遺贈の放棄をしたときは、負担の利益を受けるべき者は、自ら受遺者となることができる。ただし、遺言者がその遺言に別段の意思を表示したときは、その意思に従う。

第1003条（負担付遺贈の受遺者の免責）
負担付遺贈の目的の価額が相続の限定承認又は遺留分回復の訴えによって減少したときは、受遺者は、その減少の割合に応じて、その負担した義務を免れる。ただし、遺言者がその遺言に別段の意思を表示したときは、その意思に従う。

第4節 遺言の執行

第1004条（遺言書の検認）
1 遺言書の保管者は、相続の開始を知った後、遅滞なく、これを家庭裁判所に提出して、その検認を請求しなければならない。遺言書の保管者がない場合において、相続人が遺言書を発見した後も、同様とする。
2 前項の規定は、公正証書による遺言については、適用しない。
3 封印のある遺言書は、家庭裁判所において相続人又はその代理人の立会いがなければ、開封することができない。

第1005条（過料）
前条の規定により遺言書を提出することを怠り、その検認を経ないで遺言を執行し、又は家庭裁判所外においてその開封をした者は、5万円以下の過料に処する。

第1006条（遺言執行者の指定）
1 遺言者は、遺言で、1人又は数人の遺言執行者を指定し、又はその指定を第三者に委託することができる。
2 遺言執行者の指定の委託を受けた者は、遅滞なく、その指定をして、これを相続人に通知しなければならない。
3 遺言執行者の指定の委託を受けた者がその委託を辞そうとするときは、遅滞なくその旨を相続人に通知しなければならない。

第1007条（遺言執行者の任務の開始）
1 遺言執行者が就職を承諾したときは、直ちにその任務を行わなければならない。
2 遺言執行者は、その任務を開始したときは、遅滞なく、遺言の内容を相続人に通知しなければならない。

第1008条（遺言執行者に対する就職の催告）
相続人その他の利害関係人は、遺言執行者に対し、相当の期間を定めて、その期間内に就職を承諾するかどうかを確答すべき旨の催告をすることができる。この場合において、遺言執行者が、その期間内に相続人に対して確答をしないときは、就職を承諾したものとみなす。

第1009条（遺言執行者の欠格事由）
未成年者及び破産者は、遺言執行者となることができない。

第1010条（遺言執行者の選任）
遺言執行者がないとき、又はなくなったときは、家庭裁判所は、利害関係人の請求によって、これを選任することができる。

第1011条（相続財産の目録の作成）
1 遺言執行者は、遅滞なく、相続財産の目録を作成して、相続人に交付しなければならない。
2 遺言執行者は、相続人の請求があるときは、その立会いをもって相続財産の目録を作成し、又は公証人にこれを作成させなければならない。

第1012条（遺言執行者の権利義務）
1 遺言執行者は、遺言の内容を実現するため、相続財産の管理その他遺言の執行に必要な一切の行為をする権利義務を有する。
2 遺言執行者がある場合には、遺贈の履行は、遺言執行者のみが行うことができる。
3 第644条、第645条から第647条まで及び第650条の規定は、遺言執行者について準用する。

第1013条（遺言の執行の妨害行為の禁止）
1 遺言執行者がある場合には、相続人は、相続財産の処分その他遺言の執行を妨げるべき行為をすることができない。
2 前項の規定に違反してした行為は、無効とする。ただし、これをもって善意の第三者に対抗することができない。
3 前2項の規定は、相続人の債権者（相続債権者を含む。）が相続財産についてその権利を行使することを妨げない。

第1014条（特定財産に関する遺言の執行）
1 前3条の規定は、遺言が相続財産のうち特定の財産に関する場合には、その財産についてのみ適用する。
2 遺産の分割の方法の指定として遺産に属する特定の財産を共同相続人の1人又は数人に承継させる旨の遺言（以下「特定財産承継遺言」という。）があったときは、遺言執行者は、当該共同相続人が第899条の2第1項に規定する対抗要件を備えるために必要な行為をすることができる。
3 前項の財産が預貯金債権であ

る場合には、遺言執行者は、同項に規定する行為のほか、その預金又は貯金の払戻しの請求及びその預金又は貯金に係る契約の解約の申入れをすることができる。ただし、解約の申入れについては、その預貯金債権の全部が特定財産承継遺言の目的である場合に限る。
4 前2項の規定にかかわらず、被相続人が遺言で別段の意思を表示したときは、その意思に従う。

第1015条（遺言執行者の行為の効果）
遺言執行者がその権限内において遺言執行者であることを示してした行為は、相続人に対して直接にその効力を生ずる。

第1016条（遺言執行者の復任権）
1 遺言執行者は、自己の責任で第三者にその任務を行わせることができる。ただし、遺言者がその遺言に別段の意思を表示したときは、その意思に従う。
2 前項本文の場合において、第三者に任務を行わせることについてやむを得ない事由があるときは、遺言執行者は、相続人に対してその選任及び監督についての責任のみを負う。

第1017条（遺言執行者が数人ある場合の任務の執行）
1 遺言執行者が数人ある場合には、その任務の執行は、過半数で決する。ただし、遺言者がその遺言に別段の意思を表示したときは、その意思に従う。
2 各遺言執行者は、前項の規定にかかわらず、保存行為をすることができる。

第1018条（遺言執行者の報酬）
1 家庭裁判所は、相続財産の状況その他の事情によって遺言執行者の報酬を定めることができる。ただし、遺言者がその遺言に報酬を定めたときは、この限りでない。
2 第648条第2項及び第3項並びに第648条の2の規定は、遺言執行者が報酬を受けるべき場合について準用する。

第1019条（遺言執行者の解任及び辞任）
1 遺言執行者がその任務を怠ったときその他正当な事由があるときは、利害関係人は、その解任を家庭裁判所に請求することができる。
2 遺言執行者は、正当な事由があるときは、家庭裁判所の許可を得て、その任務を辞することができる。

第1020条（委任の規定の準用）
第654条及び第655条の規定は、遺言執行者の任務が終了した場合について準用する。

第1021条（遺言の執行に関する費用の負担）
遺言の執行に関する費用は、相続財産の負担とする。ただし、これによって遺留分を減ずることができない。

第5節　遺言の撤回及び取消し

第1022条（遺言の撤回）
遺言者は、いつでも、遺言の方式に従って、その遺言の全部又は一部を撤回することができる。

第1023条（前の遺言と後の遺言との抵触等）
1 前の遺言が後の遺言と抵触するときは、その抵触する部分については、後の遺言で前の遺言を撤回したものとみなす。
2 前項の規定は、遺言が遺言後の生前処分その他の法律行為と抵触する場合について準用する。

第1024条（遺言書又は遺贈の目的物の破棄）
遺言者が故意に遺言書を破棄したときは、その破棄した部分については、遺言を撤回したものとみなす。遺言者が故意に遺贈の目的物を破棄したときも、同様とする。

第1025条（撤回された遺言の効力）
前3条の規定により撤回された遺言は、その撤回の行為が、撤回され、取り消され、又は効力を生じなくなるに至ったときであっても、その効力を回復しない。ただし、その行為が錯誤、詐欺又は強迫による場合は、この限りでない。

第1026条（遺言の撤回権の放棄の禁止）
遺言者は、その遺言を撤回する権利を放棄することができない。

第1027条（負担付遺贈に係る遺言の取消し）
負担付遺贈を受けた者がその負担した義務を履行しないときは、相続人は、相当の期間を定めてその履行の催告をすることができる。この場合において、その期間内に履行がないときは、その負担付遺贈に係る遺言の取消しを家庭裁判所に請求することができる。

第8章　配偶者の居住の権利

第1節　配偶者居住権

第1028条（配偶者居住権）
1 被相続人の配偶者（以下この章において単に「配偶者」という。）は、被相続人の財産に属した建物に相続開始の時に居住していた場合において、次の各号のいずれかに該当するときは、その居住していた建物（以下この節において「居住建物」という。）の全部について無償で使用及び収益をする権利（以下この章において「配偶者居住権」という。）を取得する。ただし、被相続人が相続開始の時に居住建物を配偶者以外の者と共有していた場合にあっては、この限りでない。
一　遺産の分割によって配偶者居住権を取得するものとされたとき。
二　配偶者居住権が遺贈の目的とされたとき。
2 居住建物が配偶者の財産に属することとなった場合であって

も、他の者がその共有持分を有するときは、配偶者居住権は、消滅しない。
3 第903条第4項の規定は、配偶者居住権の遺贈について準用する。

第1029条（審判による配偶者居住権の取得）
遺産の分割の請求を受けた家庭裁判所は、次に掲げる場合に限り、配偶者が配偶者居住権を取得する旨を定めることができる。
一 共同相続人間に配偶者が配偶者居住権を取得することについて合意が成立しているとき。
二 配偶者が家庭裁判所に対して配偶者居住権の取得を希望する旨を申し出た場合において、居住建物の所有者の受ける不利益の程度を考慮してもなお配偶者の生活を維持するために特に必要があると認めるとき（前号に掲げる場合を除く。）。

第1030条（配偶者居住権の存続期間）
配偶者居住権の存続期間は、配偶者の終身の間とする。ただし、遺産の分割の協議若しくは遺言に別段の定めがあるとき、又は家庭裁判所が遺産の分割の審判において別段の定めをしたときは、その定めるところによる。

第1031条（配偶者居住権の登記等）
1 居住建物の所有者は、配偶者（配偶者居住権を取得した配偶者に限る。以下この節において同じ。）に対し、配偶者居住権の設定の登記を備えさせる義務を負う。
2 第605条の規定は配偶者居住権について、第605条の4の規定は配偶者居住権の設定の登記を備えた場合について準用する。

第1032条（配偶者による使用及び収益）
1 配偶者は、従前の用法に従い、善良な管理者の注意をもって、居住建物の使用及び収益をしなければならない。ただし、従前居住の用に供していなかった部分について、これを居住の用に供することを妨げない。
2 配偶者居住権は、譲渡することができない。
3 配偶者は、居住建物の所有者の承諾を得なければ、居住建物の改築若しくは増築をし、又は第三者に居住建物の使用若しくは収益をさせることができない。
4 配偶者が第1項又は前項の規定に違反した場合において、居住建物の所有者が相当の期間を定めてその是正の催告をし、その期間内に是正がされないときは、居住建物の所有者は、当該配偶者に対する意思表示によって配偶者居住権を消滅させることができる。

第1033条（居住建物の修繕等）
1 配偶者は、居住建物の使用及び収益に必要な修繕をすることができる。
2 居住建物の修繕が必要である場合において、配偶者が相当の期間内に必要な修繕をしないときは、居住建物の所有者は、その修繕をすることができる。
3 居住建物が修繕を要するとき（第1項の規定により配偶者が自らその修繕をするときを除く。）、又は居住建物について権利を主張する者があるときは、配偶者は、居住建物の所有者に対し、遅滞なくその旨を通知しなければならない。ただし、居住建物の所有者が既にこれを知っているときは、この限りでない。

第1034条（居住建物の費用の負担）
1 配偶者は、居住建物の通常の必要費を負担する。
2 第583条第2項の規定は、前項の通常の必要費以外の費用について準用する。

第1035条（居住建物の返還等）
1 配偶者は、配偶者居住権が消滅したときは、居住建物の返還をしなければならない。ただし、配偶者が居住建物について共有持分を有する場合は、居住建物の所有者は、配偶者居住権が消滅したことを理由としては、居住建物の返還を求めることができない。
2 第599条第1項及び第2項並びに第621条の規定は、前項本文の規定により配偶者が相続の開始後に附属させた物がある居住建物又は相続の開始後に生じた損傷がある居住建物の返還をする場合について準用する。

第1036条（使用貸借及び賃貸借の規定の準用）
第597条第1項及び第3項、第600条、第613条並びに第616条の2の規定は、配偶者居住権について準用する。

第2節　配偶者短期居住権

第1037条（配偶者短期居住権）
1 配偶者は、被相続人の財産に属した建物に相続開始の時に無償で居住していた場合には、次の各号に掲げる区分に応じてそれぞれ当該各号に定める日までの間、その居住していた建物（以下この節において「居住建物」という。）の所有権を相続又は遺贈により取得した者（以下この節において「居住建物取得者」という。）に対し、居住建物について無償で使用する権利（居住建物の一部のみを無償で使用していた場合にあっては、その部分について無償で使用する権利。以下この節において「配偶者短期居住権」という。）を有する。ただし、配偶者が、相続開始の時において居住建物に係る配偶者居住権を取得したとき、又は第891条の規定に該当し若しくは廃除によってその相続権を失ったときは、この限りでない。

一　居住建物について配偶者を含む共同相続人間で遺産の分割をすべき場合　遺産の分割により居住建物の帰属が確定した日又は相続開始の時から6箇月を経過する日のいずれか遅い日

二　前号に掲げる場合以外の場合　第3項の申入れの日から6箇月を経過する日

2 前項本文の場合においては、居住建物取得者は、第三者に対する居住建物の譲渡その他の方法により配偶者の居住建物の使用を妨げてはならない。

3 居住建物取得者は、第1項第一号に掲げる場合を除くほか、いつでも配偶者短期居住権の消滅の申入れをすることができる。

第1038条（配偶者による使用）

1 配偶者（配偶者短期居住権を有する配偶者に限る。以下この節において同じ。）は、従前の用法に従い、善良な管理者の注意をもって、居住建物の使用をしなければならない。

2 配偶者は、居住建物取得者の承諾を得なければ、第三者に居住建物の使用をさせることができない。

3 配偶者が前2項の規定に違反したときは、居住建物取得者は、当該配偶者に対する意思表示によって配偶者短期居住権を消滅させることができる。

第1039条（配偶者居住権の取得による配偶者短期居住権の消滅）

配偶者が居住建物に係る配偶者居住権を取得したときは、配偶者短期居住権は、消滅する。

第1040条（居住建物の返還等）

1 配偶者は、前条に規定する場合を除き、配偶者短期居住権が消滅したときは、居住建物の返還をしなければならない。ただし、配偶者が居住建物について共有持分を有する場合は、居住建物取得者は、配偶者短期居住権が消滅したことを理由としては、居住建物の返還を求めることができない。

2 第599条第1項及び第2項並びに第621条の規定は、前項本文の規定により配偶者が相続の開始後に附属させた物がある居住建物又は相続の開始後に生じた損傷がある居住建物の返還をする場合について準用する。

第1041条（使用貸借等の規定の準用）

第597条第3項、第600条、第616条の2、第1032条第2項、第1033条及び第1034条の規定は、配偶者短期居住権について準用する。

第9章　遺留分

第1042条（遺留分の帰属及びその割合）

1 兄弟姉妹以外の相続人は、遺留分として、次条第1項に規定する遺留分を算定するための財産の価額に、次の各号に掲げる区分に応じてそれぞれ当該各号に定める割合を乗じた額を受ける。

一　直系尊属のみが相続人である場合　3分の1

二　前号に掲げる場合以外の場合　2分の1

2 相続人が数人ある場合には、前項各号に定める割合は、これらに第900条及び第901条の規定により算定したその各自の相続分を乗じた割合とする。

第1043条（遺留分を算定するための財産の価額）

1 遺留分を算定するための財産の価額は、被相続人が相続開始の時において有した財産の価額にその贈与した財産の価額を加えた額から債務の全額を控除した額とする。

2 条件付きの権利又は存続期間の不確定な権利は、家庭裁判所が選任した鑑定人の評価に従って、その価格を定める。

第1044条〔同前〕

1 贈与は、相続開始前の1年間にしたものに限り、前条の規定によりその価額を算入する。当事者双方が遺留分権利者に損害を加えることを知って贈与をしたときは、1年前の日より前にしたものについても、同様とする。

2 第904条の規定は、前項に規定する贈与の価額について準用する。

3 相続人に対する贈与についての第1項の規定の適用については、同項中「1年」とあるのは「10年」と、「価額」とあるのは「価額（婚姻若しくは養子縁組のため又は生計の資本として受けた贈与の価額に限る。）」とする。

第1045条〔同前〕

1 負担付贈与がされた場合における第1043条第1項に規定する贈与した財産の価額は、その目的の価額から負担の価額を控除した額とする。

2 不相当な対価をもってした有償行為は、当事者双方が遺留分権利者に損害を加えることを知ってしたものに限り、当該対価を負担の価額とする負担付贈与とみなす。

第1046条（遺留分侵害額の請求）

1 遺留分権利者及びその承継人は、受遺者（特定財産承継遺言により財産を承継し又は相続分の指定を受けた相続人を含む。以下この章において同じ。）又は受贈者に対し、遺留分侵害額に相当する金銭の支払を請求することができる。

2 遺留分侵害額は、第1042条の規定による遺留分から第一号及び第二号に掲げる額を控除し、これに第三号に掲げる額を加算して算定する。

一　遺留分権利者が受けた遺贈又は第903条第1項に規定する贈与の価額

二　第900条から第902条まで、第903条及び第904条の規定により算定した相続分に応じて遺留分権利者が取得すべき遺産の価額

三　被相続人が相続開始の時において有した債務のうち、第899条の規定により遺留分権利者が承継する債務（次条第3項において「遺留分権利者承継債務」という。）の額

第1047条（受遺者又は受贈者の負担額）

1　受遺者又は受贈者は、次の各号の定めるところに従い、遺贈（特定財産承継遺言による財産の承継又は相続分の指定による遺産の取得を含む。以下この章において同じ。）又は贈与（遺留分を算定するための財産の価額に算入されるものに限る。以下この章において同じ。）の目的の価額（受遺者又は受贈者が相続人である場合にあっては、当該価額から第1042条の規定による遺留分として当該相続人が受けるべき額を控除した額）を限度として、遺留分侵害額を負担する。

一　受遺者と受贈者とがあるときは、受遺者が先に負担する。

二　受遺者が複数あるとき、又は受贈者が複数ある場合においてその贈与が同時にされたものであるときは、受遺者又は受贈者がその目的の価額の割合に応じて負担する。ただし、遺言者がその遺言に別段の意思を表示したときは、その意思に従う。

三　受贈者が複数あるとき（前号に規定する場合を除く。）は、後の贈与に係る受贈者から順次前の贈与に係る受贈者が負担する。

2　第904条、第1043条第2項及び第1045条の規定は、前項に規定する遺贈又は贈与の目的の価額について準用する。

3　前条第1項の請求を受けた受遺者又は受贈者は、遺留分権利者承継債務について弁済その他の債務を消滅させる行為をしたときは、消滅した債務の額の限度において、遺留分権利者に対する意思表示によって第1項の規定により負担する債務を消滅させることができる。この場合において、当該行為によって遺留分権利者に対して取得した求償権は、消滅した当該債務の額の限度において消滅する。

4　受遺者又は受贈者の無資力によって生じた損失は、遺留分権利者の負担に帰する。

5　裁判所は、受遺者又は受贈者の請求により、第1項の規定により負担する債務の全部又は一部の支払につき相当の期限を許与することができる。

第1048条（遺留分侵害額請求権の期間の制限）

遺留分侵害額の請求権は、遺留分権利者が、相続の開始及び遺留分を侵害する贈与又は遺贈があったことを知った時から1年間行使しないときは、時効によって消滅する。相続開始の時から10年を経過したときも、同様とする。

第1049条（遺留分の放棄）

1　相続の開始前における遺留分の放棄は、家庭裁判所の許可を受けたときに限り、その効力を生ずる。

2　共同相続人の1人のした遺留分の放棄は、他の各共同相続人の遺留分に影響を及ぼさない。

第10章　特別の寄与

第1050条〔特別の寄与〕

1　被相続人に対して無償で療養看護その他の労務の提供をしたことにより被相続人の財産の維持又は増加について特別の寄与をした被相続人の親族（相続人、相続の放棄をした者及び第891条の規定に該当し又は廃除によってその相続権を失った者を除く。以下この条において「特別寄与者」という。）は、相続の開始後、相続人に対し、特別寄与者の寄与に応じた額の金銭（以下この条において「特別寄与料」という。）の支払を請求することができる。

2　前項の規定による特別寄与料の支払について、当事者間に協議が調わないとき、又は協議をすることができないときは、特別寄与者は、家庭裁判所に対して協議に代わる処分を請求することができる。ただし、特別寄与者が相続の開始及び相続人を知った時から6箇月を経過したとき、又は相続開始の時から1年を経過したときは、この限りでない。

3　前項本文の場合には、家庭裁判所は、寄与の時期、方法及び程度、相続財産の額その他一切の事情を考慮して、特別寄与料の額を定める。

4　特別寄与料の額は、被相続人が相続開始の時において有した財産の価額から遺贈の価額を控除した残額を超えることができない。

5　相続人が数人ある場合には、各相続人は、特別寄与料の額に第900条から第902条までの規定により算定した当該相続人の相続分を乗じた額を負担する。

法律の「本則」と「附則」について

法律は**「本則」**という部分と、**「附則」**という部分に分けることができます。

本則とは、民法でいうと**1条から1050条までの部分**をいい、まさに**民法の本体部分**です。なお、この本則には「ここからが本則ですよ」という記述などはありません。そのように呼ばれるということです。

次に**附則**ですが、前ページまでの民法条文には掲載していませんが、民法の原典において、民法1050条の次に「附則」と書かれている部分です。市販されている六法でも省略されているものが多く、何が書かれているのかというと、その法令の**施行期日、経過措置、関係法令の改廃**といった、その法令の**付属的事項**が書かれています。あくまで付属的な事項なので、六法では省略されていることが多く、本書でも省略しています。

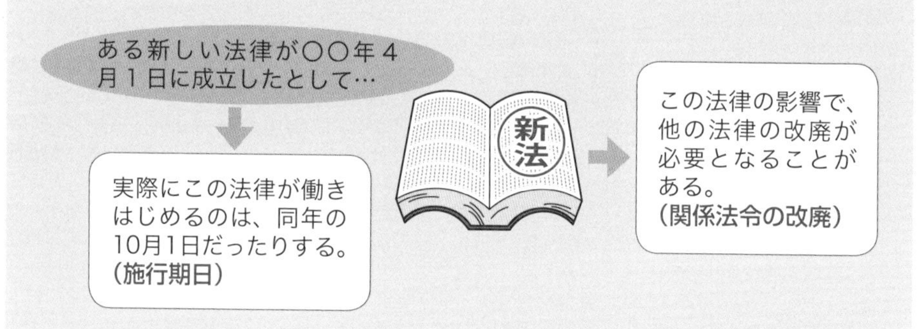

なお、**施行期日**とは、その**法律や特定の条文（規定）が働きはじめる日**のことです。法律によっては、すべての条文が同時に施行されず、部分ごとに、別々の日に施行されることもよくあり、令和4年12月16日に公布された民法の改正規定も規定ごとに施行日が異なっています。

また、附則の中に**経過措置**というものが規定される場合もあり、例えば、その法律や改正法を施行することで、すでに運用されている制度との間に矛盾が生じ、混乱を生じてしまいそうな場合など、スムーズに新しい制度に移行できるよう、一定の期間は、本則と異なる定めがされているケースとなっています。本書では、改正規定が完全に適用された状態を前提として解説を行っていますので、経過措置についても省略しています。

あ

か

さ

た

本書編集基準日以降の法改正や正誤等の最新情報は、
下記のアドレスでご確認ください。
http://www.s-henshu.info/atminpo2303/

上記掲載以外の箇所で正誤についてお気づきの場合は、**書名・発行日・質問事項（該当ページ・行数**など**と誤りだと思う理由）・氏名・連絡先**を明記のうえ、お問い合わせください。

・webからのお問い合わせ：上記アドレス内【正誤情報】へ

・郵便またはFAXでのお問い合わせ：下記住所またはFAX番号へ

※電話でのお問い合わせはお受けできません。

[宛先] コンデックス情報研究所
『新しい民法がわかる本【全条文付】』係
住　所：〒359-0042　所沢市並木3-1-9
FAX番号：04-2995-4362（10:00 ～ 17:00　土日祝日を除く）

※本書の正誤以外に関するご質問にはお答えいたしかねます。また、受験指導などは行っておりません。
※回答日時の指定はできません。また、ご質問の内容によっては回答まで10日前後お時間をいただく場合があります。
あらかじめご了承ください。

監修者：太田雅幸（おおた まさゆき）
弁護士。1984年東京大学法学部卒業、同年衆議院法制局に入局。元衆議院法制局第1部第1課長。訴訟事件等の執務のほか、条例案の立案等の法制立案に参画。主要著書は『政策立案者のための条例づくり入門』（共著、学陽書房2006年）、『情報公開法の解説』（一橋出版2006年）、『資料 高校生のための日本国憲法ー立憲主義とは何か』（清水書院2016年）、『行政不服審査法の使いかた』（共著、法律文化社2016年）など。

イラスト：ひらのんさ

編著：コンデックス情報研究所
1990年6月設立。法律・福祉・技術・教育分野において、書籍の企画・執筆・編集、大学および通信教育機関との共同教材開発を行っている研究者・実務家・編集者のグループ。

新しい民法がわかる本【全条文付】

2023年4月20日発行

監　修　太田雅幸
編　著　コンデックス情報研究所
発行者　深見公子
発行所　成美堂出版
〒162-8445　東京都新宿区新小川町1-7
電話(03)5206-8151　FAX(03)5206-8159
印　刷　壮光舎印刷株式会社

ISBN978-4-415-33259-8
落丁·乱丁などの不良本はお取り替えします
定価はカバーに表示してあります